汽车板
生产技术与管理

张雨泉　杨 芃　许秀飞　著

化学工业出版社

·北京·

本书全面介绍了现代汽车板生产的各流程与工艺,包括一贯制生产流程、带钢连续退火工艺、带钢热浸镀工艺、热镀锌铁合金板生产、热镀锌板缺陷分析、电镀锌板生产、汽车板表面形貌的控制、辊子的运行与管理、汽车板的认证与应用等各项技术和管理细节,这些都是著者及其同事多年来在汽车板生产方面自主研发、创新突破的技术和管理实践的总结,相信对国内汽车板制造行业具有极强的指导和带动作用。

本书适合从事汽车板生产的技术人员、研发人员和管理人员阅读参考。

图书在版编目(CIP)数据

汽车板生产技术与管理/张雨泉,杨苁,许秀飞著.
北京:化学工业出版社,2018.7
ISBN 978-7-122-32194-7

Ⅰ.①汽… Ⅱ.①张…②杨…③许… Ⅲ.①汽车-板件-生产管理 Ⅳ.①U463

中国版本图书馆CIP数据核字(2018)第106013号

责任编辑:刘丽宏　段志兵　　　　　文字编辑:孙凤英
责任校对:王　静　　　　　　　　　装帧设计:刘丽华

出版发行:化学工业出版社(北京市东城区青年湖南街13号　邮政编码100011)
印　　刷:大厂聚鑫印刷有限责任公司
装　　订:三河市宇新装订厂
787mm×1092mm　1/16　印张23¾　字数643千字　2018年9月北京第1版第1次印刷

购书咨询:010-64518888(传真:010-64519686)　售后服务:010-64518899
网　　址:http://www.cip.com.cn
凡购买本书,如有缺损质量问题,本社销售中心负责调换。

定　价:118.00元　　　　　　　　　　　　　　　　　　　　版权所有　违者必究

前言

汽车工业是国民经济的一大支柱产业，汽车的生产、销售和使用已同国家的经济、交通、物流、能源、资源、环境以及人民的生活密不可分。我国的汽车工业从21世纪初开始迅猛发展，目前已成为世界汽车产销大国。统计数据表明，自2009年以来，我国汽车产销量连续9年世界排名第一。2017年，我国汽车产、销量分别达到2901万辆和2887万辆。

汽车用材料是汽车工业发展的基础，随着科技的不断进步，近几年来汽车用钢铁材料、铝合金、镁合金、工程塑料以及复合材料发展迅猛。大量的研究结果表明，钢铁材料具有明显的优势和良好的前景，是汽车工业的基本结构和功能材料，用量占汽车自重的60%～80%。而在汽车用钢中，技术含量和质量要求最高的是冷轧钢板，占轿车自重的30%～50%（约600kg），主要用于汽车白车身和覆盖件。

汽车用冷轧钢板也是钢铁产品的一座高峰，在从钢铁大国向钢铁强国进军的过程中，发展汽车用冷轧钢板是我国钢铁工业的重点战略。近几年来，我国汽车用冷轧钢板生产技术得到了飞速的发展，实现了从无到有、从全套引进到自主研发的过程，冷轧钢板的制造技术、产量和品种也都在迅速发展，产品性能和表面质量有了很大提高，高强钢和超高强钢的发展及应用为汽车的轻量化、节能减排提供了重要路径，镀层板的发展为汽车车身使用寿命提高给予了保证，钢板表面缺陷和形貌的改善为汽车车身美观提供了支撑。据不完全统计，截至2017年年底，我国汽车用冷轧钢板的生产线达到30多条，产能接近5000万吨。生产技术来源的途径有全套引进、中外合资和自主研发三种形式，在这当中难能可贵的就是自主研发，只有通过艰难的自主创新过程，才能掌握汽车用冷轧钢板生产技术的真谛和精髓。在我国汽车用冷轧钢板生产线中也有完全依靠自主力量进行广泛集成和创新形成的成套技术，不但打破了国外技术的垄断和壁垒，拥有自主知识产权，而且走出了符合中国国情的汽车用冷轧钢板生产之路，这条路走得艰难曲折，但意义重大、成果辉煌，走出了中国民族钢铁工业的自信和骄傲。

汽车用冷轧钢板的生产过程涉及炼钢、连铸、热轧、酸轧、退火、热镀、电镀、表面处理等全流程严格精确的控制，引领并带动冷轧产品的技术进步和管理提升。它的批量供货标志着钢铁厂冷轧产品全流程的制造技术和管理水平，是一项复杂的系统工程。目前，我国汽车用冷轧钢板的制造技术和产品质量水平还参差不齐，企业之间技术壁垒森严，行业缺乏关于汽车用冷轧钢板制造技术和一贯管理的专著，广大读者都迫切希望系统地了解这方面的相关知识。因此，我们结合在国外先进钢铁企业和研究机构学习研修的收获以及自主开发冷轧汽车板的探索历程，编著了本书。

书中对汽车用冷轧钢板的一贯制造技术和管理进行了全面和系统的论述，重点论述了对产品性能以及表面缺陷和形貌控制起关键作用的连续退火工艺、热浸镀工艺、合金化工艺、电镀锌工艺、轧制工艺、辊子运行与管理、汽车板的认证和应用，包括产品品种开发、工艺设计优化、质量改进提升、生产组织优化和产品推广应用等方面的内容，以实际问题为导向，介绍了如何一步一步地解决了一系列技术和管理难题，成功生产出高水平冷轧汽车板的过程，既有成功的经验，也有失败的教训。书中许多资料和图表、数据来自生产实践，同时参考了近几年来国内外有关文献。本书是我国汽车板生产技术的一本专著，也是对钢带冷轧技术综合性的总结。

在本书的编撰过程中得到了笔者工作过的单位的领导和同事的热情帮助，书中引用了国内外自主研发汽车板方面的部分技术资料，在此对各方面的支持表示衷心的感谢！

由于笔者水平有限，书中难免有不足之处，欢迎广大读者批评指正。

著者

2018 年 4 月

目录

第一章 一贯制生产流程

第一节 一贯制的质量控制

一、汽车板的技术要求 …………………………………… 1
二、常见的汽车板材质 …………………………………… 1
三、常见的汽车板种类 …………………………………… 4
四、汽车板的发展历程 …………………………………… 6
五、汽车板生产流程控制 ………………………………… 7

第二节 化学成分的质量控制

一、影响钢质纯净度的因素 ……………………………… 9
二、提高钢质纯净度的措施 ……………………………… 10
三、超低碳汽车板钢的冶炼 ……………………………… 12

第三节 酸洗生产质量控制

一、原料板形的改善 ……………………………………… 16
二、热轧板的预破鳞 ……………………………………… 19
三、酸洗化学除鳞 ………………………………………… 21
四、酸洗表面分级 ………………………………………… 25
五、酸洗缺陷分析 ………………………………………… 26
六、带钢的剪边 …………………………………………… 29

第四节 高强钢冷轧生产优化

一、高强钢轧制理论分析 ………………………………… 30
二、高强 IF 钢冷轧优化 …………………………………… 32
三、双相钢冷轧优化 ……………………………………… 34

第五节 冷轧生产质量控制

一、乳化液质量的控制 …………………………………… 36
二、带钢表面清洁度的控制 ……………………………… 38
三、带钢表面缺陷控制 …………………………………… 40

第二章 带钢连续退火技术

第一节 高强钢焊接工艺

一、常规焊接试验 ………………………………………… 44
二、焊接方式改进试验 …………………………………… 45
三、退火温度调整试验 …………………………………… 46
四、含磷高强钢成分优化 ………………………………… 46
五、激光焊接工艺优化 …………………………………… 47

第二节 前处理工艺

一、轧硬板表面残留物 …………………………………… 47
二、脱脂原理分析 ………………………………………… 48
三、脱脂系统管理 ………………………………………… 50
四、平床过滤器 …………………………………………… 51
五、脱脂过程质量控制 …………………………………… 52

第三节 退火炉内氧含量的控制

一、氧含量对高强钢可镀锌性的影响 …………………… 53
二、氧含量对高强钢镀层附着力的影响 ………………… 56
三、降低炉内氧含量 ……………………………………… 60

第四节 连续退火产品质量改进

一、高强 IF 钢性能优化 ………………………………… 63
二、烘烤硬化钢性能优化 ………………………………… 68
三、低合金高强钢橘皮缺陷的解决 ……………………… 76
四、冷轧双相钢性能优化 ………………………………… 83

第三章 带钢热浸镀技术

第一节 镀锌工艺基础

一、镀锌的基本条件 ……………………………………… 87

二、铁在锌液中的溶解度 ……………………………………… 89
三、影响锌渣产生的因素 ……………………………………… 93

第二节 锌液温度的控制

一、锌液温度控制的方法 ……………………………………… 94
二、锌液设定温度的选择 ……………………………………… 96
三、锌液的温度分布场 ………………………………………… 97
四、锌液温度场的优化 ………………………………………… 98

第三节 带钢入锅温度的控制

一、采用带钢辅助加热锌液的分析 …………………………… 99
二、带钢入锅温度对锌液温度的影响 ………………………… 99
三、带钢入锅温度的控制方法 ………………………………… 100
四、带钢入锅温度调整试验论证 ……………………………… 100

第四节 锌液的流动与液位控制

一、锌液的流动速度场 ………………………………………… 101
二、锌液面波动的控制 ………………………………………… 103
三、实现锌锭的自动添加功能 ………………………………… 104

第五节 锌液中铝的控制

一、锌液中有效铝的控制 ……………………………………… 104
二、锌液中铝的消耗 …………………………………………… 106
三、锌锅加铝的方法 …………………………………………… 109

第六节 锌液中铁的去除

一、国内一般方法 ……………………………………………… 110
二、国外先进方法 ……………………………………………… 110
三、创新方法 …………………………………………………… 111

第四章 热镀锌铁合金板生产技术

第一节 热镀锌铁合金板及合金化反应

一、热镀锌铁合金板的特点 …………………………………… 116
二、合金化度及其检测 ………………………………………… 119
三、合金化镀层的粉化及其评定 ……………………………… 120
四、影响合金化进程的主要因素 ……………………………… 125

第二节 合金化退火生产工艺

一、合金化炉加热工艺控制 …………………………………… 126

二、加热功率与镀层粉化 ················ 129
三、合金化程度与镀层粉化 ················ 134

第三节 GA 板热浸镀生产工艺

一、热浸镀工艺参数试验 ················ 139
二、镀前过程控制 ················ 144
三、锌锅成分的控制 ················ 146

第四节 合金化产品的生产管理

一、冲压脱锌缺陷分析 ················ 148
二、生产过程的质量控制 ················ 151
三、合金化汽车板排程规范优化 ················ 156
四、产品质量的管理 ················ 158

第五节 GA 板产品开发

一、深冲 GA 板的开发 ················ 159
二、GA 汽车外板的开发 ················ 163

第六节 自润滑合金化板的开发

一、自润滑合金化板技术指标要求 ················ 165
二、试验过程 ················ 166
三、自润滑合金化板检测结果 ················ 166
四、脱脂和磷化试验 ················ 167

第五章 热镀锌板缺陷分析

第一节 综合类点状缺陷

一、点状缺陷分类和分析方法 ················ 169
二、黑点类缺陷分析 ················ 170

第二节 亮点缺陷分析

一、原材料造成的亮点缺陷 ················ 177
二、由于合金元素造成的亮点缺陷 ················ 182
三、由于锌液飞溅造成的亮点 ················ 183
四、由于光整造成的亮点缺陷 ················ 185

五、镀锌板表面损伤亮点缺陷 …………………………………… 193
　　六、冲压过程产生的亮点缺陷 …………………………………… 194

第三节　镀层杂质类缺陷

　　一、镀层杂质类缺陷的分类 …………………………………… 196
　　二、锌粒类表面缺陷的产生机理 ……………………………… 197
　　三、镀层表面和内部氧化锌类锌渣分析 ……………………… 198
　　四、镀层表面和内部锌灰类缺陷分析 ………………………… 200
　　五、镀层中嵌入锌渣类缺陷分析 ……………………………… 201
　　六、镀层下隐形锌灰缺陷分析 ………………………………… 202

第四节　带钢表面缺陷检测系统

　　一、系统的原理与组成 ………………………………………… 204
　　二、系统的特点与功能 ………………………………………… 206
　　三、缺陷分类的优化 …………………………………………… 209
　　四、制定表面判定内控标准 …………………………………… 213
　　五、质量管理信息化系统 ……………………………………… 215

第六章　电镀锌板生产技术

第一节　电镀生产线简介

　　一、生产线组成 ………………………………………………… 218
　　二、机组的特点 ………………………………………………… 220
　　三、镀锌段循环系统 …………………………………………… 222
　　四、闪镀镍系统 ………………………………………………… 225

第二节　电镀锌生产工艺

　　一、镀锌前处理 ………………………………………………… 227
　　二、电镀锌镀层控制 …………………………………………… 227
　　三、电镀液位的控制 …………………………………………… 229
　　四、电镀生产工艺 ……………………………………………… 230
　　五、基板表面 R_{pc} 值的改进 …………………………………… 232

第三节　汽车用电镀锌板的开发

　　一、汽车用电镀锌板开发策略 ………………………………… 236
　　二、汽车配件用电镀锌板的开发 ……………………………… 237
　　三、客车蒙皮产品的开发 ……………………………………… 238
　　四、电镀锌汽车外板产品的开发 ……………………………… 239
　　五、电镀锌外板生产操作要点 ………………………………… 241

第四节 电镀锌后处理

一、镀后处理流程 ………………………………………… 243
二、磷化处理工艺 ………………………………………… 244
三、磷化工艺参数对磷化膜的影响 ……………………… 246
四、电镀锌磷化处理工艺优化 …………………………… 250

第五节 电镀锌缺陷分析

一、基板类缺陷 …………………………………………… 251
二、生产工艺类缺陷 ……………………………………… 257
三、污物类表面缺陷 ……………………………………… 262

第七章 汽车板表面形貌的控制

第一节 汽车板表面形貌

一、汽车板表面形貌参数 ………………………………… 265
二、汽车外板涂装质量分析 ……………………………… 267
三、汽车板表面形貌改善 ………………………………… 272
四、重点改进措施 ………………………………………… 274

第二节 光整机工作状态改进

一、存在的问题 …………………………………………… 275
二、振动特性研究分析 …………………………………… 276
三、轧制力研究分析 ……………………………………… 283
四、支承辊辊形分析 ……………………………………… 287

第三节 光整液引入改进

一、光整液引入的必要性 ………………………………… 290
二、光整液工艺参数试验 ………………………………… 290
三、光整液自动配制 ……………………………………… 292

第四节 轧制及光整辊面形貌改进

一、轧辊磨削精度改善 …………………………………… 292
二、轧辊毛化方式的选择 ………………………………… 295
三、毛化辊粗糙度精度改进 ……………………………… 297
四、冷轧镀铬辊应用技术 ………………………………… 301

第五节 带钢表面粗糙度改进

一、辊面粗糙度的优选 …………………………………… 304
二、使用高 R_{pc} 值轧辊 …………………………………… 305

三、板面粗糙度控制稳定性评价 …………………………………… 307
　　四、汽车外板表面形貌改进效果验证 …………………………… 309

第六节　光整缺陷分析

　　一、光整辊印 ……………………………………………………… 311
　　二、湿光整斑 ……………………………………………………… 311
　　三、光整纵向条痕 ………………………………………………… 312
　　四、外圈欠光整 …………………………………………………… 313

第八章　辊子的运行与管理

第一节　带钢瓢曲与跑偏的控制

　　一、瓢曲产生机理 ………………………………………………… 317
　　二、影响瓢曲产生的因素分析 …………………………………… 318
　　三、实际解决措施 ………………………………………………… 323

第二节　辊子技术改进

　　一、连退辊子结瘤处理技术 ……………………………………… 327
　　二、塔顶辊自动清理技术 ………………………………………… 330
　　三、塔顶辊辊套应用技术 ………………………………………… 331
　　四、沉没辊刮刀应用技术 ………………………………………… 331

第三节　辊系管理标准

　　一、炉辊相关标准与规范 ………………………………………… 333
　　二、张力辊相关标准与规范 ……………………………………… 334
　　三、沉没辊标准 …………………………………………………… 335
　　四、稳定辊、校正辊标准 ………………………………………… 335
　　五、镀铬转向辊管理标准 ………………………………………… 336

第四节　辊子管理系统

　　一、系统开发意义 ………………………………………………… 336
　　二、系统设计 ……………………………………………………… 337
　　三、主要功能及运行界面 ………………………………………… 338
　　四、软件特点分析 ………………………………………………… 340

第五节　辊子相关缺陷分析

　　一、表面短线状细小擦伤 ………………………………………… 341
　　二、压印缺陷 ……………………………………………………… 343
　　三、水淬辊斑 ……………………………………………………… 343

四、掉胶辊印 …… 344

第九章 汽车板的认证与应用

第一节 汽车板的认证

一、二方审核工作流程 …… 345
二、新车型先期介入工作流程 …… 346
三、钢种和零件认证工作流程 …… 346
四、试模料库管理 …… 346

第二节 汽车板冲压成形

一、汽车板的冲压 …… 348
二、汽车板的二次加工脆性 …… 349
三、镀锌板的冲压特性 …… 351

第三节 汽车板的选择

一、汽车板的选材 …… 355
二、高强钢使用过程中的主要问题 …… 357

第四节 汽车板的使用

一、汽车板的点焊 …… 358
二、车身的磷化 …… 360
三、车身的涂装 …… 362
四、电泳涂装技术 …… 363

参考文献 …… 365

第一章 一贯制生产流程

第一节 一贯制的质量控制

汽车板是钢铁板材中加工程度较深、质量要求较高的产品,最终产品是从冷轧厂生产出来的。要确保汽车板的产品质量,在生产过程中,必须采用一贯制的质量控制体系,从炼钢、连铸、热轧、酸洗、冷轧、热处理,到热镀锌、合金化处理、电镀锌,以及平整或光整的表面形貌控制,甚至汽车板的使用的整个过程,进行全面性的、全方位的质量控制。

一、汽车板的技术要求

汽车板主要用于制造汽车车身。对于常见的承载式车身,整个车身是一体的,钢铁组成了它的骨架,而发动机、传动系统、前后悬挂等部件都装配在这副骨架上。

1. 车身外板用钢

汽车车身外板用钢主要用于制造前、后、左、右车门外板,发动机罩外板,后备厢盖外板,侧围,顶盖等零件。它应具有很好的成形性、抗凹性、抗腐蚀性和良好的焊接性,特别是需要非常好的表面质量,必须达到O5级的要求。汽车车身外板多用镀层板,以满足防腐要求;为了提高抗凹性,多用烘烤硬化钢、高强IF钢以及高成形性的冷轧退火双相钢。镀层板多用热镀锌板、热镀锌铁合金板、电镀锌板、电镀锌-镍板等。

2. 车身内板用钢

和车身外板相比车身内板的零件形状更为复杂,这要求车身内板用钢应具有更高的成形性和深冲性能,因此车身内板多用冲压成形性和深冲性能优良的IF钢,少量用高强IF钢,其镀层要求与外板类同。

3. 汽车车身结构件

汽车车身结构件与汽车的安全和轻量化息息相关,因此选材需要既有高强度又有高塑性。先进高强度钢(AHSS)由于具有较好的强塑性结合、良好的碰撞特性和较长的疲劳寿命,多被用在车身结构件上,比如它在前、后保险杠骨架以及A柱、B柱等重点部位得到了广泛的应用,在发生撞击时,尤其在正面和侧面撞击时,可有效减少驾驶舱变形,保护驾乘人员的安全。先进汽车高强度钢包括双相钢、马氏体钢、相变诱导塑性钢、复相钢、淬火延性钢等。

二、常见的汽车板材质

1. 常见的汽车板材质

在目前的生产工艺和技术条件下,常见的汽车板材质如表1-1和图1-1所示。

表 1-1　常见的汽车板材质

种类	简称	组织图片	组织成分特点	性能特点	用途
低碳钢	LC		主要组织为铁素体、少量珠光体以及极少量的三次渗碳体	较为常见和普通的材料,有一定的时效性	一般冲压件
无间隙原子钢	IF	见图 1-1(a)	组织为铁素体	冲压性能优良,无时效性,但强度较低	形状复杂但不受力的冲压件
高强度无间隙原子钢	HSS-IF		组织为铁素体	冲压性能较好,无时效性,强度较高	形状复杂且需要一定强度的零件
各向同性钢	IS		主要组织为铁素体,是对各向塑性应变比差值(Δr 值)进行限定的钢	具有各向同性性能,因此具有良好的拉伸成形性能	适合于汽车外覆盖件的制作
低合金高强度钢	HSLA		主要组织为铁素体、少量珠光体以及极少量的三次渗碳体	加入一定合金元素,强度略有提高	形状简单但需要一定强度的零件
烘烤硬化钢	BH	见图 1-1(b)	主要组织为铁素体以及极少量的三次渗碳体	加工性能较好,可以通过烘烤提高强度,时效性很强	形状复杂且需要一定强度的零件,常用于汽车外覆盖件的制作
加磷钢	P		通过添加最大不超过 0.12% 的磷等固溶强化元素来提高铁素体的强度	具有高强度和良好的冷成形性能,且具备良好的耐冲击和抗疲劳性能	通常用于汽车内板和结构件制作
双相钢	DP	见图 1-1(c)	主要为铁素体和马氏体,马氏体组织以岛状弥散分布在铁素体基体上。铁素体较软,使钢材具备较好的成形性。马氏体较硬,使钢材具备较高的强度。强度随较硬的马氏体所占比例的提高而增强	与普通高强钢冷轧产品相比,成分控制更精确、力学性能更稳定;具有较低的屈强比,因而冷成形后产生的回弹较小,对零件尺寸精度控制更为准确	应用于结构件、加强件和防撞件,比如车底十字构件、轨、防撞杆、防撞杆加强结构件等
复相钢	CP	见图 1-1(d)	铁素体、贝氏体和马氏体,少量的马氏体分布在细小的铁素体和贝氏体基体中	晶粒细小,抗拉强度较高。具有良好的弯曲性能、高扩孔性能、高能量吸收能力和优良的翻边成形性能	B 柱、底盘悬挂件、保险杠、座椅滑轨、车门和防撞杆等
相变诱导塑性钢	TRIP	见图 1-1(e)	显微组织为铁素体、贝氏体和残余奥氏体,其中残余奥氏体的含量在 5% 以上	具有良好的成形性能,在成形过程中会逐渐转变为硬的马氏体,实现了强度和塑性较好的统一,较好地解决了强度和塑性矛盾,有利于均匀变形。具备高碰撞吸收能、高强度塑性积、高 n 值、高延伸率的特点	B 柱加强板、前纵梁、保险杠、汽车底盘、汽车结构件及其加强件,以及拉延深的汽车零件,如机油盘等
马氏体钢	MS	见图 1-1(f)	显微组织为马氏体、少量铁素体或贝氏体	具备较高的抗拉强度,通常需要进行回火处理以改善塑性,使得其在高的强度下仍具有一定足够的成形性能	主要应用于汽车的结构加强和安全件,例如汽车前后保险杠、车门内的防撞杆和门槛板等关键部件上
淬火延性钢	QP	见图 1-1(g)	贫碳的板条马氏体和富碳的残留奥氏体	马氏体组织保证了钢的强度,残余奥氏体由于在变形过程中发生了相变诱发塑性,而提高了钢的塑性。因此具有高强度、高塑(韧)性	形状较为复杂的汽车安全件和结构件,如 A、B 柱加强件等
孪晶诱导塑性钢	TWIP	见图 1-1(h)	高 C、高 Mn、高 Al 成分的全奥氏体钢	通过孪晶诱发的动态细化作用,能实现极高的加工硬化能力。TWIP 钢具有超高强度和超高塑性,强塑积可达 50GPa·% 以上,对冲击能量的吸收程度是现有高强钢的 2 倍	复杂形状的汽车安全件和结构件
热成形钢	PHS	见图 1-1(i)	在冷轧退火板和镀层板交货状态的组织由铁素体加珠光体组成,最终冲压出的零件成品的组织基本全部是均匀化的板条状马氏体组织	将钢板加热到高温奥氏体区后进行变形加工,这时钢板的塑性非常高,并通过压保和快速冷却淬火等工艺,最终在室温下获得尺寸精度稳定的具有马氏体组织的超高强度零件	复杂形状的汽车安全件和结构件

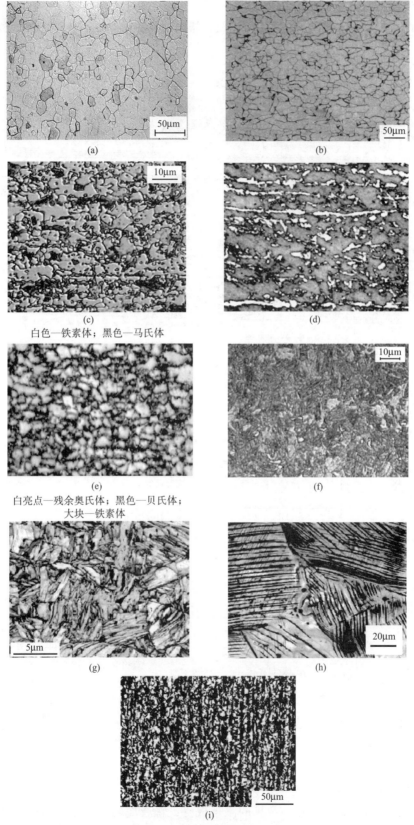

图 1-1 常见汽车板材金相组织

2. 常见汽车板材质的性能

在目前的生产工艺和技术条件下,常见汽车板材质所能够达到的性能如图1-2所示。

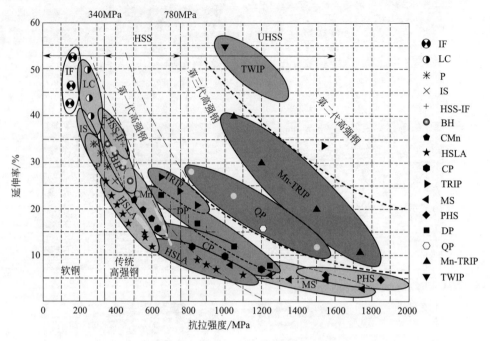

图1-2 常见汽车板材质的性能区间

3. 汽车板性能的划分

一般按强度将汽车板分为软钢、高强钢和超高强钢,如表1-2所示。

表1-2 汽车板的强度划分

区 分	简 称	屈服强度 Y_S/MPa	抗拉强度 T_S/MPa
软钢		<210	<340
高强钢	HSS	210~550	340~780
超高强钢	UHSS	>550	>780

随着高强钢的不断发展,也有按照钢种将高强钢分为三代,如表1-3所示。

表1-3 汽车板的强度划分

区 分	主要基体组织	强塑积/GPa·%	钢 种
传统高强钢(HSS)	铁素体		碳锰钢(C-Mn)、烘烤硬化钢(BH)、高强度无间隙原子钢(HSS-IF)和低合金高强度钢(HSLA)
第一代先进高强钢(AHSS)	铁素体和马氏体(贝氏体)	15以下	双相钢(DP)、相变诱导塑性钢(TRIP)、马氏体钢(MS)、复相钢(CP)、热成形钢(PHS)
第二代先进高强钢(AHSS)	奥氏体	50以上	孪晶诱导塑性钢(TWIP)
第三代先进高强钢(AHSS)	马氏体和残余奥氏体	20~40	淬火延性钢(QP)、高锰相变诱导塑性钢(Mn-TRIP)

三、常见的汽车板种类

1. 常见的汽车板种类

根据汽车板的表面状态区分,常见的汽车板有:普通冷轧板、热镀锌板、热镀锌铁合金板、电镀锌板和热镀铝硅板等等,各自的特点如表1-4所示。

第一章 一贯制生产流程

表 1-4 常见汽车板的特点

种类	简称	生产方法	产品特点	产品用途
普通冷轧板	CR	采用轧硬板经过连续退火或罩式退火获得	生产工艺流程简单,生产成本低,同成分产品的冲压性能较好,但不耐腐蚀	普通经济型汽车的制造
热镀锌板	GI	采用轧硬板在连续热浸镀锌线中经过退火和热浸镀锌获得	生产工艺流程比 CR 复杂、比其他板简单,生产成本比 CR 高、比其他板低,具有较好的耐腐蚀性,但表面质量较 EG 略差,焊接性能比 GA 差	欧洲汽车厂的外板和内板
热镀锌铁合金板	GA	采用轧硬板在连续热浸镀锌线中经过退火和热浸镀锌,并进一步进行合金化退火获得	生产工艺流程复杂和生产成本较高,具有较好的耐腐蚀性,焊接性能最好,但表面质量较 EG 略差	日本和美国汽车厂的外板和内板
电镀锌板	EG	采用 CR 板在连续电镀锌生产线中经过电镀锌获得	生产工艺流程复杂和生产成本较高,具有较好的耐腐蚀性,焊接性能比 GA 差,表面质量最高	欧洲和美国汽车厂的外板
热镀铝硅合金板	AS	采用轧硬板在连续热浸镀铝线中经过退火和热浸镀铝获得	生产工艺流程复杂和生产成本较高,具有较好的耐腐蚀性,耐高温性能最高	采用热成形工艺生产的受力件

2. 各类汽车板的性能

在目前的生产工艺和技术条件下,常见各类汽车板所能够达到的性能如表 1-5 所示。

表 1-5 常见各类汽车板所能够达到的性能

产品种类	钢种	Y_S, T_S/MPa																		
		<180	180	220	260	300	340	380	420	450	500	590	690	780	980	1180	1300	1400	1500	1700
CR	IF(DDQ~SEDDQ)	●	—	—	—	—	—	—	—	—	—	—	—	—	—	—	—	—	—	—
	P-added	—	●	●	●	●	—	—	—	—	—	—	—	—	—	—	—	—	—	—
	HSS-IF	—	●	●	●	●	—	—	—	—	—	—	—	—	—	—	—	—	—	—
	IS	—	—	●	●	—	—	—	—	—	—	—	—	—	—	—	—	—	—	—
	BH	—	●	●	●	○	—	—	—	—	—	—	—	—	—	—	—	—	—	—
	HSLA	—	—	—	—	●	●	●	●	●	●	—	○	—	—	—	—	—	—	—
	DP	—	—	—	—	—	—	—	—	○	●	●	—	●	●	○	—	—	—	—
	TRIP	—	—	—	—	—	—	—	—	—	●	●	●	○	—	—	—	—	—	—
	Mart	—	—	—	—	—	—	—	—	—	—	—	—	—	●	●	●	●	●	○
	QP	—	—	—	—	—	—	—	—	—	—	—	—	—	●	—	—	—	—	—
	TWIP	—	—	—	—	—	—	—	—	—	—	—	○	●	—	—	—	—	—	—
	B steel	—	—	—	—	—	—	—	—	—	●	—	—	—	—	—	—	—	—	—
	CP	—	—	—	—	—	—	—	—	—	●	●	○	—	—	—	—	—	—	—
GI	IF(DDQ~SEDDQ)	●	—	—	—	—	—	—	—	—	—	—	—	—	—	—	—	—	—	—
	P-added	—	●	●	●	●	—	—	—	—	—	—	—	—	—	—	—	—	—	—
	HSS-IF	—	—	●	●	●	—	—	—	—	—	—	—	—	—	—	—	—	—	—
	BH	—	●	●	●	○	—	—	—	—	—	—	—	—	—	—	—	—	—	—
	HSLA	—	—	—	—	●	●	●	●	●	—	—	—	—	—	—	—	—	—	—
	DP	—	—	—	—	—	—	—	—	●	●	●	—	○	—	—	—	—	—	—
	TRIP	—	—	—	—	—	—	—	—	—	—	●	—	—	—	—	—	—	—	—
	QP	—	—	—	—	—	—	—	—	—	—	—	—	—	○	○	—	—	—	—
	CP	—	—	—	—	—	—	—	—	—	○	●	○	—	—	—	—	—	—	—
	B steel	—	—	—	—	—	—	—	—	●	—	—	—	—	—	—	—	—	—	—

续表

产品种类	钢种	<180	180	220	260	300	340	380	420	450	500	590	690	780	980	1180	1300	1400	1500	1700
GA	IF(DDQ~SEDDQ)	●	—	—	—	—	—	—	—	—	—	—	—	—	—	—	—	—	—	—
	P-added	—	●	●	●	●	—	—	—	—	—	—	—	—	—	—	—	—	—	—
	HSS-IF	—	—	●	●	●	—	—	—	—	—	—	—	—	—	—	—	—	—	—
	IS	—	—	●	●	●	—	—	—	—	—	—	—	—	—	—	—	—	—	—
	BH	—	●	●	●	○	—	—	—	—	—	—	—	—	—	—	—	—	—	—
	HSLA	—	—	—	●	●	●	●	●	○	●	—	—	—	—	—	—	—	—	—
	DP	—	—	—	—	—	—	—	—	○	○	●	—	●	○	—	—	—	—	—
	TRIP	—	—	—	—	—	—	—	—	—	—	●	—	●	○	—	—	—	—	—
	QP	—	—	—	—	—	—	—	—	—	—	—	—	—	—	—	—	—	—	—
	CP	—	—	—	—	—	—	—	—	—	—	○	—	●	○	—	—	—	—	—
	B steel	—	—	—	—	—	—	—	—	—	—	●	—	—	—	—	—	—	—	—

注：1. ●—商业生产；○—开发中。
2. 阴影部分为屈服强度 Y_S。

3. 各类汽车板的用途

由于各汽车厂的生产工艺不尽相同，对汽车质量的注重点不同，因此在选材方面也各具特色，不同主流汽车厂选材情况如表 1-6 所示。

表 1-6 不同主流汽车厂选材情况

国家或地区	汽车外板	汽车内板
日本	GA 板为主	GA 板为主
美国	EG 板或 GA 板	GA 板或 EG 板
欧洲（德国、法国、意大利、瑞典等）	GI 板为主	GI 板为主

四、汽车板的发展历程

1. 汽车板强度发展的历程

近代汽车板的发展主要经历了软钢、普通高强钢和三代先进高强钢三大阶段。

软钢是针对冷轧汽车板发展初期受冲压加工技术的限制，以改善汽车板的加工性能为目标，在普通冷轧结构钢的基础上发展起来的，主要手段是降低碳含量和 P、S、N、O、H 等杂质元素，获得低碳洁净钢。所谓的第一代沸腾钢早已被淘汰，在 20 世纪 60～80 年代广泛应用的是所谓的第二代铝镇静低碳钢（LC），在 20 世纪 60～80 年代以后开始使用的是所谓的第三代超低碳钢的无间隙原子钢（IF），以及各相同性钢（IS）。目前，低碳钢只应用于低档的汽车制造中，主要是采用 IF 钢经过电镀以后制造对表面质量和加工性能要求比较高的外覆盖件，或经热镀锌以后制造形状复杂但受力较小的内板或结构件。

普通高强钢是为了满足汽车的轻量化和安全性在软钢的基础上发展起来的，主要目的是在保证加工性能的基础上提高带钢的强度，主要途径是增加少量的合金元素强化铁素体。在低碳钢（LC）的基础上添加合金元素得到高强度低合金钢（HSLA）、碳锰钢（C-Mn）、加磷钢（P）、烘烤硬化钢（BH），在无间隙原子钢（IF）的基础上添加合金元素得到了高强度无间隙原子钢（HSS-IF）。

先进高强钢（AHSS）是为了进一步实现汽车的轻量化和安全性而发展起来的，目的是获得更高的强度，主要途径是通过增加合金含量或热处理的方法改变带钢的显微组织来提高强度。

第一代先进高强钢（AHSS）加入的合金量比较少，在5%以内，在出厂时带钢的组织主要是以铁素体为主，其强塑积在15GPa·%以内，包括双相钢（DP）、复相钢（CP）、相变诱导塑性钢（TRIP）、马氏体钢（MS）、热成形钢（PHS）等，是目前主要实现工业化生产和应用的先进高强钢。由于具有改善的强度、成形性以及良好的焊接性、相对容易生产，DP钢是目前应用最广泛的先进高强钢，DP钢和TRIP钢因具有较高的吸收能，适用于发动机舱和后备厢；MS钢和PHS钢因具有较高的强度，适用于驾驶舱和乘客舱。

第二代先进高强钢（AHSS）是20世纪90年代钢铁研究的热点，添加了大量的铬、镍、锰、硅和铝等合金元素，其总合金含量高达25%以上。其最大特点是不但强度高、塑性也较高，强塑积达到了较高的（50±10）GPa·%的水平，例如抗拉强度为1000MPa的TWIP钢，其伸长率可以达到50%。第二代AHSS也有显著的缺点，由于合金含量高，相比于合金含量小于5%的第一代先进高强钢，第二代先进高强钢成本较高、工艺性能较差及冶金生产困难较大；而且由于合金含量高，对汽车厂的焊接工艺也是一个挑战。研究表明，TWIP钢易于发生延迟断裂，虽然通过在钢中加铝可以减轻氢脆敏感性。目前世界上还没有哪个汽车厂大量使用第二代先进高强钢。

第三代先进高强钢（AHSS）是最新研究出来的科研成果，是为了适应节约资源、降低成本、汽车轻量化和提高安全性的要求，研发出的强度和塑性组合显著优于第一代先进高强钢而成本显著低于第二代先进高强钢的低成本高强高塑钢。第三代汽车用薄板钢的强度和塑性定位在抗拉强度为800~1500MPa，塑性为40%~20%，强塑积达到30~40GPa·%的级别。第三代AHSS目前主要研发成功的是QP钢，已经得到工业化应用。

2. 汽车板表面处理发展历程

一开始，汽车用钢板采用普通冷轧钢板，为了满足政府和顾客关于外观锈蚀（5年以上）和穿孔锈蚀（10年或12年以上）的更高要求，汽车用钢板开始采用涂镀层钢板。汽车用涂镀层钢板分为热镀系列、电镀系列和有机涂层系列。目前中档以上车型大量采用涂镀层钢板，部分中高档车型应用涂镀层钢板的比例达到90%以上。20世纪30年代，汽车上开始使用电镀锌钢板（EG）；20世纪80年代，开始广泛使用电镀锌钢板。随着热镀锌技术的不断进步，热镀锌钢板表面质量大为改善，热镀纯锌钢板（GI）于1987年首先被用于汽车车身外板；20世纪90年代，合金化热镀锌钢板（GA）广泛用于汽车。目前，欧洲汽车企业多采用GI替代EG；日、美汽车企业多采用GA替代EG。

3. 汽车板表面质量发展历程

对于现代汽车，尤其是中、高档轿车，涂漆表面的光亮、美观是非常重要的。因而，要求轿车外覆盖件用钢板的表面光洁、没有影响涂漆后质量的缺陷，即所谓零缺陷。

汽车内部件用钢板表面质量级别为FB级（或O3级），轿车外覆盖件用钢板表面质量级别为FD级（或O5级），但不同部位的汽车内部件对钢板表面质量的要求会有不同，不同部位的轿车外覆盖件对钢板表面质量的要求也有不同。

随着钢板强度、涂漆工艺的变化，尤其是油漆减薄、油漆种类的变化，对轿车外覆盖件用钢板的表面质量要求越来越高。

五、汽车板生产流程控制

1. 一般汽车板生产流程

一般汽车板生产流程如图1-3所示。

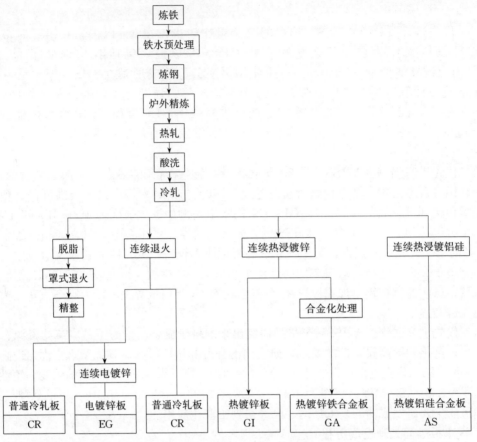

图 1-3 一般汽车板生产流程

2. 全流程汽车板质量控制

汽车板的质量必须实行全流程一贯制的控制,各工序质量控制的关键技术如表 1-7 所示。

表 1-7 汽车板质量控制关键技术

工序	关键技术	控制目标
铁水预处理	喷吹、KR 法粉剂脱硫	S 含量
转炉冶炼	炉渣碱度、ORP 技术 造渣剂 S,P 含量 铁矿石用量、底吹 Ar 终点控制技术 挡渣出钢、钢包渣改质	P 含量 P,S 含量 N 含量 O、C 含量;适于 RH 精炼 防止回 P、回 S;降低 T.O 含量
RH 精炼	真空度、环流量 脱碳后钢液氧含量控制 净循环时间 合金、覆盖剂 C 含量	脱碳速度 减少 Al_2O_3 夹杂物生成量 促进 Al_2O_3 夹杂物上浮 防止增碳
连铸	钢包下渣检测 长水口、浸入式水口及接口 Ar 封 采用中间包密封、Ar 清扫 中间包结构优化 碱性中间包覆盖剂、包衬 中间包加热 中间包液位控制 无碳中间包覆盖剂、结晶器保护渣	降低中间包渣氧化性、T.O 含量 防止二次氧化、增 N 促进夹杂物上浮去除 防止增 Si,控制洁净度 钢水过热度控制 防止卷渣、稳定拉速 防止增 C

续表

工序	关键技术	控制目标
连铸	浸入式水口结构 Ar 流量控制 拉速控制 结晶器震动技术 高黏度结晶器保护渣	流场与液面波动控制 保护渣熔化与流入 防止卷渣 控制大颗粒夹杂物含量
热轧	低加热温度 稍高于 Ar3 的终轧温度 高的卷曲温度	防止 C、N 化物溶解 防止混晶 促进 C、N 化物长大
冷轧	足够大压下率	促进{111}织构形成
退火	高的退火温度 连续退火技术	再结晶晶粒长大和{111}织构 提高钢板性能均一性

第二节 化学成分的质量控制

对于汽车外板，在其性能满足冲压成形的同时，钢板的表面质量也要达到非常高的水平，不能出现严重影响外观的线状或点状缺陷，而这些缺陷的形成是由于炼钢过程铸坯中的夹杂物在后续轧制过程中被碾碎拉长所致。为减小成品缺陷率、提高冷轧汽车板表面质量，对汽车板冶炼过程中的钢质纯净度有着严格的要求。

钢质纯净度反映了钢的总体质量水平，也是钢材内在品质的保证指标。钢质纯净度通常由钢中夹杂物的数量、形态、尺寸及有害元素的含量来评价。非金属夹杂物对超低碳钢的影响尤为显著，在生产时必须严格控制夹杂物的含量、尺寸及分布形式。不同用途的钢种对纯净度的要求是不同的。对于冷轧超深冲汽车用钢，钢中夹杂物的尺寸必须控制在 $100\mu m$ 以下。此外，在钢材冶炼过程中要求 $w(C)<0.003\%$，$w(N)<0.003\%$，$w(T.O)<0.002\%$，才能保证较高的钢质纯净度，从而生产出高品质的汽车板。

一、影响钢质纯净度的因素

目前冷轧汽车板普遍的冶炼流程为：铁水预处理—转炉炼钢—RH 精炼—连铸。每个环节钢中非金属夹杂物的数量、尺寸、形态及杂质元素的控制水平都会影响到钢质纯净度，而 RH 精炼和连铸两个环节对钢质纯净度的影响尤为关键。

1. 典型夹杂物控制

通过实验分析得到冷轧超低碳钢铸坯中的夹杂物，按照其形貌和成分主要可分为以下几种。

（1）Al_2O_3 夹杂物 Al_2O_3 夹杂物是冷轧超低碳钢中广泛存在的一种夹杂物，其主要存在方式有三种：

群络状 Al_2O_3 夹杂物由颗粒状夹杂物互相聚集长大形成，尺寸一般较大，有些甚至可以达到 $100\mu m$，主要分布在头坯表层；颗粒状 Al_2O_3 夹杂物主要为脱氧产物，一般尺寸小于 $10\mu m$，但数量较多；块状 Al_2O_3 夹杂物的尺寸较大且形状不规则，可能由于钢水二次氧化而产生。较大尺寸 Al_2O_3 夹杂物轧制后将形成夹杂物条带，严重影响成品质量。

（2）Al_2O_3-TiN 夹杂物 这类夹杂物的外层形状多为方形的 TiN，而中心细小的 Al_2O_3 作为外层 TiN 的异质形核中心。此类夹杂大量分布在钢中，尺寸一般小于 $5\mu m$。

（3）Ar 气泡＋Al_2O_3 夹杂物 连铸过程为密封和防止 Al_2O_3 夹杂物黏结、堆积在水口内壁，需要在中间包塞棒、水口、滑板处吹氩，进入结晶器后的氩形成 Ar 气泡，在上浮过程中碰撞捕捉 Al_2O_3 夹杂物，从而形成 Ar 气泡＋Al_2O_3 夹杂物结构。Ar 气泡被坯壳捕捉，在后续轧制过程中破碎、延伸，从而形成钢板表面线形缺陷。

(4) SiO_2-CaO-Na_2O 复合夹杂物 这类夹杂物直径为 $100\sim200\mu m$，含有 K、Na、Si、Ca、Al、Mg 等元素，与保护渣成分基本吻合，是由于卷入结晶器保护渣形成的。因其尺寸较大，故对成品质量危害很大。

由上所述，脱氧产物类夹杂物由于分布弥散且粒度较小，一般对成品质量影响较小。但二次氧化类和保护渣类夹杂物由于粒度较大、数量较多且难以去除，严重影响了钢质纯净度，容易导致成品出现各种缺陷。

2. 全氧（T.O）含量控制

在炼钢过程中，控制钢液中的氧含量是非常重要的。钢中全氧为溶解氧与结合氧的总和。冷轧深冲钢在 RH 精炼中用铝脱氧，钢液中的溶解氧与钢中溶解的铝元素互相平衡，其含量很低且波动较小，结合氧则以夹杂物的形式分布在钢液中。因此全氧含量可以代表钢液中显微夹杂物的水平。值得注意的是，全氧含量代表钢中尺寸较小的氧化夹杂物的数量，而显著影响产品质量的是夹杂物的类别、尺寸、形貌以及分布等。全氧含量作为评价钢质的一项重要指标只有在钢质相对纯净的条件下才有意义。

当结晶器中全氧含量（质量分数）低于 0.002% 时，冷轧板表面的线形和鼓包缺陷数量明显减少。关于冷轧板缺陷和中间包钢水中 T.O 含量的关系，有人进行了实验，结果显示中间包 $w(T.O)<0.003\%$ 时，钢板缺陷很少；T.O 含量在 $0.003\%\sim0.005\%$ 范围内时，钢板可能会产生缺陷；当 $w(T.O)>0.005\%$ 时，钢板自动降级使用。

3. 非稳态浇铸

非稳态浇铸是指开浇、浇铸结束、换钢包、快速更换浸入式水口等钢液面出现较大波动、拉速频繁变化的状态。非稳态情况下钢水的二次氧化以及湍流卷渣比较严重，造成钢中夹杂物增加，降低了钢质纯净度和铸坯质量。

根据实验研究可知，开浇头坯中大型夹杂物的数量明显大于正常值，这往往是由于开浇阶段的二次氧化所致。钢水中合金元素与保护渣、空气中的氧以及其他外来氧化物发生化学反应，继而生成新的氧化物造成污染。对于拉速快的薄板坯连铸连轧，更容易卷渣引发二次氧化。同样在停浇尾坯及换包交接坯中也存在很多大型保护渣类夹杂物，虽然数量相对于头坯较少，但仍会对产品质量造成很大影响。

各钢厂对于非稳态浇铸的铸坯通常降级或判废处理，采用此法经常会发生漏判或错判，导致钢板缺陷增加。因此非稳态浇铸过程的控制水平很大程度上决定了钢质纯净度及冷轧汽车板表面质量。

4. 钢包顶渣成分

在汽车用钢转炉冶炼过程中，虽然出钢时采取了挡渣处理，仍然会有部分炉渣随着钢水进入到钢包中，称为钢包顶渣。一般钢包顶渣的氧化性比较强，其中 FeO 的质量分数可以达到 $11\%\sim17\%$，容易使钢中的夹杂物增加，尤其容易产生大颗粒 Al_2O_3 夹杂。一方面造成 Al、Ti 的收得率下降；另一方面，形成的夹杂物可能会引起水口结瘤或残留于钢中，降低钢质纯净度，严重影响冷轧板表面质量。

二、提高钢质纯净度的措施

提高钢质纯净度、控制钢中非金属夹杂物的途径首先是减少冶炼及浇铸工艺操作过程中夹杂物的产生和外来夹杂物对钢水的污染，其次是设法排出已存在于钢水中的夹杂物。为了保证钢质纯净度，需要对全流程冶炼过程进行严格控制，减少夹杂物，提高纯净度。

1. 转炉冶炼控制

转炉冶炼终点时的工艺过程控制非常关键。此时钢水氧含量经常有很大波动，为了减少夹杂物的数量，必须降低冶炼终点的氧含量，按其波动范围的最下限进行控制。

控制转炉钢水氧含量主要采取以下措施：氧气顶底复吹转炉，能保证较好的底吹搅拌效果；炼钢终点自动控制技术，可以尽量提高终点控制精度，减少过吹以及后吹；出钢挡渣对于生产纯净钢也至关重要，避免因为钢水温度不均匀引发的自然对流以及浇铸过程造成的钢水流动。冶炼纯净钢的前提是控制好转炉下渣量。为了避免下渣，保证转炉挡渣效果，在吹炼后期加入适量石灰，把终渣碱度提高到 4.5 以上，提高钢渣黏度。同时出钢前期使用挡渣塞，后期使用挡渣棒，最大程度避免下渣，使钢质纯净度得到保证，为精炼过程营造良好条件。

2. 精炼过程控制

二次精炼的主要作用是调节钢液成分、温度及去除夹杂物，精炼过程可以去除钢液中 80% 左右的夹杂物，是冶炼纯净钢的重要环节。其中 RH 精炼是将真空精炼和钢水循环流动结合起来，可以均匀钢水成分和温度，实现脱氧、微合金化、吹氧深脱碳等效果，具有精炼效果好、处理周期短、生产能力强的特点。

RH 精炼前期钢水夹杂物数量较多且存在较大颗粒的显微夹杂。钢水在铝氧升温及循环脱碳过程后，夹杂物的数量与进站时基本一致，可知在精炼前期升温生成的夹杂物数量和循环上浮到钢渣中的数量一致，大颗粒夹杂物能上浮到钢渣中，但是铝氧升温会使得钢渣全体系夹杂物数量增加，若生成的夹杂物数量过多，则会影响钢渣夹杂物的饱和度，从而影响精炼后期夹杂吸附能力。因此降低或避免精炼过程铝氧升温是提高钢质纯净度的基础。

在 RH 精炼后期加铝脱氧后，钢水中夹杂物数量明显降低。通过实验研究了钢液循环过程中全氧含量与氮含量的变化，结果发现随着纯循环时间的增加，钢液全氧含量逐渐下降，而氮含量基本不变。在钢液温度和现场生产允许的条件下，适当延长纯循环时间有利于钢质纯净度的提高。

3. 连铸过程控制

钢水精炼后能达到很高的纯净度，连铸工序对钢质纯净度影响同样很大，如果控制良好，则可更进一步提高钢质纯净度。采用保护浇铸、新型中间包覆盖剂、调整保护渣性能及设置电磁搅拌等手段可继续去除及控制夹杂物，降低废品率。

（1）全程保护浇铸 如何保持精炼后钢质纯净度是连铸工序中需要解决的问题。目前世界各钢厂广泛采用钢包—中间包—结晶器全过程保护浇铸，避免钢水的二次氧化。在结晶器中使用性能相适的保护渣从而在液面上形成熔渣层，隔离钢液与空气，使钢液不被氧化；此外它还能吸收聚集在钢-渣界面处的夹杂物，净化钢-渣界面。保护渣应当有良好的铺展性、保温性、透气性及与钢种相匹配性，才能实现均匀流入吸附夹杂、提高润滑、减少散热等功能。

（2）中间包控制操作 中间包操作对钢质纯净度影响很大。连铸过程中大部分夹杂物来自中间包。为了减少中间包夹杂物或者防止夹杂物进入结晶器，可以采取如下措施：一方面促使夹杂物上浮、分离并排除，在液面深度不变的情况下，增加中间包的容量，相当于延长了钢液在中间包的停留时间，促进夹杂物上浮；另一方面，换钢包时保持中间包稳定浇铸，可以防止液面低于临界值，产生涡流而导致卷渣。在中间包中设置挡渣墙，延长钢液的停留时间，并消除底部死区，改善钢水的流动轨迹，使钢水沿着钢-渣界面流动，缩短夹杂物的上浮距离，有利于吸收渣子，避免卷渣。此外，采用合适的中间包覆盖剂以及合理控制中间包内流场，都有利于提高夹杂物的去除效率。

（3）结晶器液面控制 结晶器液面波动过大，容易破坏保护渣的平衡，把熔化的保护渣卷到铸坯中形成夹杂物。影响结晶器液面波动的因素很多，一般从以下几个方面采取措施：第一，精炼过程中保证早脱氧、造渣、脱氧剂使用铝粒替代钢芯铝。脱氧完成后通过软吹促使夹杂物上浮充分,尽量减少夹杂物,防止保护渣变性,减小结晶器液面波动;第二,使用对夹杂物吸附能力较强的优质保护渣,避免保护渣吸附夹杂以后变性,使得结晶器液面波动较大;第三,保证铸机机况良好,随时要监测铸机低倍以及二冷水流量状况,加强塞棒机构的维护,避免因为设备原因导致结晶器液面出现大幅度波动。

4. 非稳态浇铸控制

近年来国内钢铁企业生产冷轧薄板时在控制结晶器保护渣卷渣方面进步很快,大部分钢厂通过水模型以及数值模拟等方法对结晶器内钢水流动控制以及合理浸入式水口参数等进行了优化。目前存在的主要问题是开浇、终浇、换包及快换水口等非稳态浇铸阶段由于拉速变化引起卷渣;此外,Al_2O_3夹杂物黏结堆积在浸入式水口造成结晶器内钢水流动异常导致卷渣。非稳态浇铸在很多情况下难以避免,在线更换浸入式水口前后拉速变化较大,并且结晶器内的流场发生了较大变化,易于卷渣形成夹杂物。对于超低碳钢而言,为了减少在冷轧阶段出现夹杂缺陷,连铸机更换水口前后的两支铸坯在订单匹配时只送热轧,尽可能不再送冷轧。其他异常情况出现时,要严格执行非稳态铸坯管理办法,以保证冷轧的原料质量。

三、超低碳汽车板钢的冶炼

超低碳汽车板钢具有优越的深冲性能、高塑性应变比、高伸长率、高硬化指数、较低的屈强比和优异的非时效性,在汽车行业得到广泛使用,而钢中C、S、N等元素对钢的性能和表面质量均有很大影响。在生产汽车板钢时,由于过程控制不稳定,如果C、S、N、O的质量分数平均值的和达到125×10^{-6}以上,表示钢水洁净度不高,需要通过有效控制措施提高汽车板钢的洁净度,使C、S、N、O的质量分数平均值的和达到100×10^{-6}以下。

1. 工艺及成分要求

超低碳汽车板钢的一般生产工艺流程为:铁水倒罐站→铁水脱硫预处理→顶底复吹转炉冶炼→RH炉外精炼→板坯连铸。典型超低碳汽车板钢化学成分见表1-8,要求C、S、N、O的含量越低越好。

表1-8 典型超低碳汽车板钢化学成分(质量分数) %

C	Si	Mn	P	S	Al_s	N	T.O
≤0.0020	≤0.010	0.06~0.12	≤0.012	≤0.009	0.020~0.050	≤0.0030	≤0.00252

2. C的冶炼控制

钢中C对钢的性能影响最大,C含量高能增加钢的强度,但使塑性下降、冲压性能变坏。IF钢要求C含量不大于0.0070%,有资料表明,如钢中C含量从0.0040%降低到0.0020%,深冲钢的伸长率可增加7%,因此要尽量降低超低碳汽车板钢中的碳含量。

(1) 转炉出钢C的控制 从冶炼角度来讲,转炉终点C含量可控制到0.0400%以下,但是终点C含量控制太低,势必造成钢水的氧化性增强,随着钢中的O含量增大,不仅造成转炉钢水吹损增大,而且使钢中夹杂物增加,影响钢的质量。

另外,在冶炼后期如果终点C含量控制过低,冶炼后期炉内碳氧反应减弱,甚至停滞,就会造成炉内产生的废气量减少,炉内形成负压,造成钢水增N。所以终点C含量不宜控制过低,同时为了满足RH真空深脱C钢对到站O含量的要求,转炉终点C含量不宜控制过高。因此,结合生产实践,将转炉终点温度控制在$T \geq 1690℃$、C含量控制在0.03%~0.05%效果最好。图1-4所示为200炉w系列钢的数据,其中转炉终点C含量在0.0238%~0.0840%波动,平均终点C含量为0.0487%;终点O含量在0.0318%~0.1147%波动,平均终点O含量为0.0630%;终点碳氧积范围为0.00188~0.00372,平均碳氧积为0.0029。图1-5为碳氧含量与理论计算对比图。

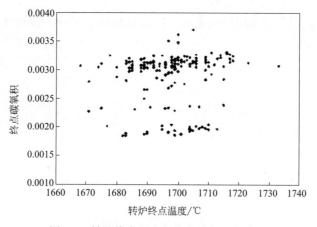

图 1-4　转炉终点温度与终点碳氧积的关系

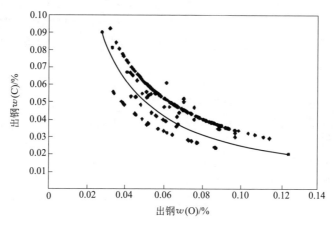

图 1-5　转炉出钢碳氧分布
(图中曲线为 1600℃ 碳氧分布曲线)

(2) RH 真空深脱 C 控制　RH 真空处理设备主要技术参数见表 1-9。在 RH 真空处理条件下，钢水中的 C 和 O 存在如下反应：

$$C + O \rightleftharpoons CO$$

$$w(C)w(O) = \frac{P_{CO}}{K_C} \tag{1-1}$$

式中，$w(C)$ 为钢水中 C 的质量分数；$w(O)$ 为钢水中 O 的质量分数；P_{CO} 为 CO 气体分压与标准大气压的比值；K_C 为反应平衡常数。

表 1-9　RH 真空处理设备的主要参数

项　目	参　数	项　目	参　数
处理量	210t	环流气体流量	最大 270m³/h
极限真空度	<26Pa	吹氧流量	最大 2500m³/h
真空泵能力	在 66.7Pa、20℃ 时为 1000kg/h	平均处理周期	29min
插入管直径	650mm	年处理能力	122.6 万吨×2 座
环流量	210t/min		

在 1600℃ 左右碳氧之间存在如下的关系：

$$w(C)w(O)=0.0025P_{CO} \tag{1-2}$$

由式(1-1)可知,当真空室压力降低时,碳氧反应向右进行,反应生成CO,碳氧含量迅速降低,如图1-5中曲线所示,从而达到深度脱碳的目的,碳氧之间的平衡关系可见图1-6。

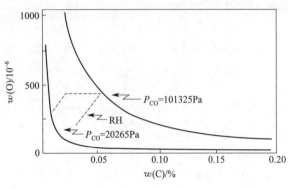

图1-6 碳氧之间的平衡关系

为了满足超低碳汽车板钢成品碳含量尽量低的要求,RH真空处理采用深脱碳处理工艺,在RH真空处理过程中,采用真空室快速降压和RH吹氧强制脱碳模式快速脱碳,在实际生产过程中,在真空开始处理3min后系统废气量就大幅下降了,此时可快速启动真空泵,实现系统的快速降压,既满足了深脱碳的需求,又避开了脱碳反应强烈的时机,既不会造成过多的喷溅,又减少了真空室的结瘤;其次对于到站碳高氧低炉次,在处理3min后进行吹氧强制脱碳操作,实行快速脱碳;将脱碳结束O含量目标设定为350×10^{-6}左右,根据处理前真空室的不同状态及返氧量,确定最佳吹氧量。

真空处理前钢水C含量在$(190\sim640)\times10^{-6}$。实践证明,在处理过程中系统最高真空度达到0.026kPa,在经过15min深脱碳处理后,钢中的C含量降低到10×10^{-6}左右,真空处理结束时钢水C含量平均控制在11×10^{-6}以内,满足了超低碳汽车板钢的生产要求。

3. S的冶炼控制

一般来说,S是有害元素,它主要来自于炼铁、炼钢时加入的原材料和燃烧产物SO_2,S最大的危害是引起钢在加工时开裂。S及硫化物含量的增加,会降低钢的韧塑性指标,使钢的断裂韧性随着夹杂物数量或长度的增加而下降;所以生产中要求S含量尽量低。

(1) 铁水预处理 铁水预处理的主要任务是将高炉送来的铁水进行脱硫处理,从而降低入炉铁水中的S含量,降低转炉出钢S含量,以提高转炉炼钢的产品质量。铁水预处理工序设计为双工位,采取机械搅拌法和添加钝化脱硫剂进行脱硫,同时铁水温度对脱硫效率有很大的影响,为了最大限度提高脱硫效率,降低入炉S含量,挑选铁水温度为1280~1350℃的铁水罐作为生产超低碳汽车板钢的铁水条件,同时脱硫工序采取二次扒渣的铁水预处理脱硫工艺,铁水脱硫效率达到95%以上,保证入炉$w(S)\leq0.0010\%$,保证入炉铁水中杂质元素S含量尽量低的需求。

(2) 转炉出钢S的控制 对于入炉S含量极低的铁水,转炉冶炼工艺是一个增S的过程,增S主要来自铁水渣(43%)、石灰(17%)、铁水(14%)、废钢(11%)、轻烧(4%)等。

为了确保转炉终点$w(S)\leq0.0080\%$,铁水脱硫后渣要扒净,要求尽量降低入炉铁水S含量,严格采用超低S含量废钢冶炼,使用$w(S)\leq0.020\%$的新鲜、干燥、干净的石灰降低转炉增硫,同时,提高转炉终点炉渣碱度,控制在3.0~5.0之间,增大S在渣中的分配系数,提高脱S率,减少回S。通过严格的控制措施,使转炉终点S含量可以由56.98×10^{-6}下降到45.5×10^{-6},成品S含量平均值也由54.43×10^{-6}下降到47.21×10^{-6}。

4. N的控制

N是一种有害元素。钢中的N来自炉料;同时,在冶炼、浇铸过程中,钢液也会从炉气和大气中吸收N。在含Ti钢中,如果N含量较高,会形成角状不变性TiN或Ti(C,N)夹杂物,质地坚硬,对钢的冷变形有较大的破坏作用。所以要严格控制钢中的N含量,控制的原则是转炉炼钢工序最大限度地降 N 和真空工序最大限度地防止增 N。

(1) 转炉工序 N 的控制 转炉吹炼过程实行全程供 Ar,加强出钢前的 Ar 底吹效果。由于钢水冶炼后期,脱 C 反应基本完成,钢水温度高,流动性好,N 容易溶解。另外,冶炼后期倒炉次数多,炉内废气量减少容易形成负压,空气进入炉内使 [N] 极易回升。为了避免增 N,必须加强底吹 Ar 的效果,尽可能把钢中 N 控制在最低水平。

控制好转炉末期的点吹,转炉冶炼终点避免点吹,出钢过程加入干燥的石灰 600kg,避免钢水与空气接触造成钢水吸 N。转炉终点 N 含量控制在平均 13.7×10^{-6}。严禁出钢过程中加入强脱 O 剂脱 O,采用带 O 出钢。O 是钢水中表面活性元素,大量 O 原子占据钢水表面,能阻止 N 向钢液中溶解和扩散;确保 Ar 站底吹效果、加强 Ar 站底吹 Ar 流量控制管理,严禁钢水大气量底吹,避免钢液裸露与空气接触吸 N。

(2) 真空工序 N 的控制 生产前加强真空室密封检查,确保真空处理过程中废气量 $\leqslant 900 \mathrm{m}^{3}/\mathrm{h}$;插入管的侵蚀程度,特别是下降管下口侵蚀脱落,是处理过程中钢水增 N 的主要来源,因此要加强对插入管的维护工作,特别是插入管下口维护工作,同时要加强对底部循环管及底部工作层侵蚀程度的检查及维护工作,防止处理过程中发生穿漏事故;真空脱氧合金化后,必须保持极限真空度运行钢水处理结束为止,防止钢水在真空处理过程中发生增 N 行为,采取措施后真空处理结束 N 含量可以达到 16.6×10^{-6}。

(3) 连铸工序 N 的控制 加强生产设备的清理及连铸保护浇铸操作的控制,避免由于保护浇铸工作的不到位,造成中包钢水增 N 行为的发生;在连铸浇钢过程中,中包钢水 N 含量控制在 18.17×10^{-6}。

5. 铸坯 T.O 的控制

入炉铁水比一定要保证在 85% 以上,以保证冶炼的过程中熔池有足够的物理热和化学热,转炉工序冶炼时根据入炉铁水及废钢条件准确计算好热平衡,确保出钢 C-T.O 协调,避免终点钢水过氧化或温低点吹。

出钢过程采取挡渣塞加挡渣棒的操作模式,提高挡渣成功率,减少下渣量。如果判断挡渣失败,应及时抬炉,减少炉渣流入钢包,下渣量控制在 100mm 以下,平均为 60mm 左右。

严格按炉机节奏进行生产,避免因节奏积压引起真空开始温度低而出现加铝吹氧升温行为,钢水合金化后严禁吹氧升温,并且在真空处理结束后,在钢水表面均匀加入 200kg 精炼剂进行渣脱氧,另外从真空结束到开浇时保持钢镇静时间在 20min 以上。

为防止钢水二次氧化,在浇铸过程中

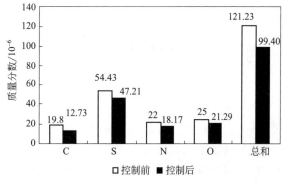

图 1-7 控制前后成品 C、S、N、O 及总和含量的对比图

要做好从钢包到结晶器的全程密封工作;采用钢包下渣监测技术,确保极少的大包渣进入中包;确保浇铸过程结晶器液面稳定,结晶器液面自动控制精度在 ±3mm 的合格率大于 95%;稳定浇铸过程中间包的钢水量,使钢水中夹杂物充分上浮分离,正常浇铸时中间包钢水量 $\geqslant 50t$,小于 35t 所浇铸的铸坯必须降级。

通过以上措施,铸坯 T.O 含量可以降低到 25×10^{-6} 以下。

表 1-10 所示为某厂超低碳汽车板钢生产过程中 C、S、N、O 的控制情况。图 1-7 为控制前后成品 C、S、N、O 及总和含量的对比图。

表 1-10　各工序流程 C、S、N、O 的控制（质量分数）　10^{-6}

项　目	O	C	S	N
真空处理前	599.00	387.50	45.00	13.70
真空处理结束	2.50	10.13	45.57	16.60
连铸中间包	21.29①	12.73	47.21	18.17

① 为 T.O 含量。

第三节　酸洗生产质量控制

一、原料板形的改善

1. 原料板形形貌

冷轧产品的原料厚度一般为 2~6mm，最理想的状态下原料带钢横切面板形是平直的，在实际使用中，由于残余应力的存在，导致带钢出现边浪及中间浪。中间浪及边浪区域，会与冷轧机组设备摩擦，造成带钢表面擦划伤。

严重的中间浪，称为拱背，拱背带钢的上表面会与机组上方挡板剧烈摩擦，造成严重的划伤缺陷；在带钢的运行过程中，拱背带钢通过机组较长的水平平台区域，由于带钢自身重力作用，会向下坍塌，形成凹折，一方面与机组摩擦造成擦划伤，另一方面在轧制过程中，凹折无法完全消除，造成折印缺陷。

拱背缺陷的主要形貌如图 1-8 和图 1-9 所示。

图 1-8　带钢拱背部位与机组上方挡板剧烈摩擦

图 1-9　带钢拱背部位向下坍塌形成的凹折

由于拱背缺陷造成的擦划伤与凹折都是在酸洗机组的入口部位，冷轧酸轧机组在入口区域均无法对此缺陷进行矫正。发现拱背缺陷，只能进行退料处理，退回到热轧精整机组进行重新平整，减弱带钢残余应力，改善板形。

针对此种现象，热轧应对送冷轧的钢卷进行凸度曲线、楔形曲线、平直度曲线进行工艺判定，不合格不下送冷轧。冷轧酸轧机组查询每一卷热轧钢卷的凸度曲线、楔形曲线、平直度曲线，对不符合标准的钢卷执行拒收或退料处理，杜绝拱背钢卷上机生产。

2. 热轧板原料板形验收标准

冷轧用热轧板原料板形验收标准如下：

(1) 凸度　凸度是指带钢截面中心处厚度与两侧标志点平均厚度之差，通常取测量位置为带钢距边部 40mm 处的凸度，凸度目标值来源于范围中间值。

凸度评价方法：将每帧断面检测结果的带钢凸度与凸度控制标准范围进行比较，落在凸度控制标准范围内，则认为是该断面凸度合格。

凸度精度命中率要求：带钢断面凸度合格率达 90% 以上的可以下送冷轧，否则必须返修后再下送。

带钢凸度目标值和控制范围执行表 1-11 的规定。

表 1-11 带钢凸度目标值及控制范围标准

厚度/mm	宽度/mm	凸度控制标准/μm		厚度/mm	宽度/mm	凸度控制标准/μm	
		目标	范围			目标	范围
≤2.5	≤1500	40	20～70	>2.5～6.0	≤1500	50	20～80
	>1500	50	20～80		>1500	60	20～100

(2) 楔形 楔形是指带钢两侧标志点处厚度之差的绝对值,取 W_{40} 作为评价标准,即认为边部标志点距离边部 40mm。

楔形评价方法：将每帧断面检测结果的带钢楔形与楔形控制标准范围进行比较,落在楔形控制标准范围内,并且小于成品凸度的即认为该断面楔形合格。

楔形精度命中率要求：带钢断面楔形合格率达 70% 以上的可以下送冷轧,否则必须返修后再下送。

带钢楔形目标值及控制范围执行表 1-12 的规定。

表 1-12 带钢楔形目标值及控制范围标准

公称厚度/mm	楔形控制标准/μm	
	头尾 100m 以内	中部
1.20～2.50	≤40	≤25
2.51～4.00	≤50	≤30
4.01～6.00	≤60	≤35

(3) 平直度、浪高 平直度评价方法：将每段检测结果的带钢平直度与控制标准范围进行比较,落在控制标准范围内即为该段平直度合格。

平直度精度命中率要求：带钢平直度合格率达 90% 以上的可以下送冷轧,否则必须返修后再下送。

带钢的平直度和浪高应符合表 1-13 规定。

表 1-13 带钢平直度、浪高控制标准

公称厚度/mm	平直度、浪高控制标准	
	头尾 10m 以内	中部
1.20～6.00	≤150IU(12mm)	≤34IU(12mm)

3. 七辊矫直机的作用

在酸洗冷轧生产线改善板形的设备有七辊矫直机和拉伸矫直机。

七辊矫直机是通过调整三根上辊的升降实现辊缝调节的。热轧板的厚度相对于材质而言,对七辊矫直机影响更大,随着带钢厚度的增加,七辊矫直机所需矫直的精度级别增高。带钢通过反复弯曲实现矫直的功能,在这一过程中迫使带钢表面氧化铁皮间产生裂缝,为后面的拉伸矫直机创造条件。因此七辊矫直机一方面起着矫直带钢的作用,另一方面起着疏松带钢表面氧化铁皮的作用（图 1-10）。

4. 拉伸矫直机的原理

一般而言,七辊矫直机只能起到预矫直的作用。要想改善板形、消除残余应力,就要使带钢反复产生超过材料弹性变形区域的应力进入塑性变形状态。酸洗冷轧机组对带钢残余应力的消除,主要通过拉伸矫直机进行,拉伸矫直机一般设置在酸洗槽的前端。拉伸矫直机布置形式如图 1-11 所示。

拉伸弯曲矫直机组是由张力辊组和拉伸机座两大部分组成的。

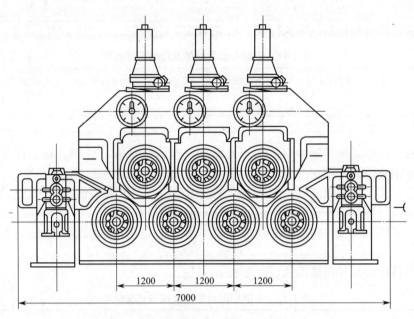

图 1-10 七辊矫直机碎裂氧化铁皮示意图

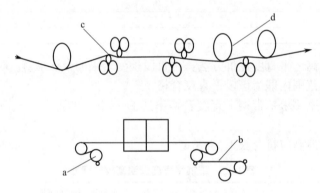

图 1-11 酸洗冷轧机组拉伸矫直机布置形式
a—前张力辊组；b—后张力辊组；c—弯曲辊组件；d—矫直辊组件

(1) 拉伸弯曲机座 拉伸弯曲机座是使带钢产生拉伸弯曲变形的设备。它一般由两个基本组件——弯曲辊组件和矫直辊组件组成。弯曲辊组件的作用是使带钢在张力作用下，经过剧烈的反复弯曲变形，达到工艺要求的延伸率。矫直辊组件的作用是将剧烈弯曲后的带钢矫直。由于弯曲辊和矫直辊直径较小（弯曲、矫直辊直径一般为 60mm），因此它们都由一组支撑辊支撑，以确保辊系刚度。

(2) 张力辊组 张力辊组在拉伸矫直机中的作用不仅是使带钢产生拉力，还包括有效地控制矫直过程中带钢的延伸率。拉伸矫直机设有前后两个张力辊组，两个辊组分别驱动，后张力辊组的线速度高于前张力辊组的线速度。矫直带钢的张力就是由前、后张力辊组的线速度差产生的，而矫直过程中带钢产生的延伸率大小也取决于前、后张力辊的线速度差。

酸轧机组拉伸矫直机综合了张力矫直和辊式矫直的特点，使带钢在拉伸应力和弯曲应力的共同作用下产生延伸变形，从而矫直带钢。

在拉伸矫直机中，弯曲辊和矫直辊是从动的，只有前、后张力辊组进行驱动，这样既可简化拉伸矫直机的结构，又可保证弯曲辊和矫直辊与带钢同步运行。

拉伸矫直机的主要工艺参数是带钢的延伸率和弯曲辊/矫直辊的压下量。按照工艺要求，带钢延伸率的范围大致为 0.5%~3%，弯曲辊/矫直辊的压下量的范围大致为 10~30mm。

5. 延伸率和压下量的控制

(1) 延伸率的概念　在拉伸矫直过程中，在带钢与张力辊表面不打滑的情况下，决定带钢延伸率大小的是前、后张力辊组的线速度差，即：

$$\lambda = \frac{v_2 - v_1}{v_1} \times 100\%$$

式中　λ——带钢延伸率；

v_1——拉伸矫直机入口张力辊组的线速度；

v_2——拉伸矫直机出口张力辊组的线速度。

如果在矫直过程中控制线速度差相对恒定，就等于控制了带钢的延伸率，而改变弯曲辊辊径与带钢厚度的比值、调节弯曲辊的压下量只能改变张力的大小，这时相当于延伸率闭环自动控制。因此前、后张力辊线速度差控制的稳定性与准确度直接影响带钢的延伸率控制。

(2) 延伸率和压下量设定规范　通过现场长时间的调整和试验，总结出不同厚度、钢种延伸率和压下量的设定规范，如表 1-14 所示。

表 1-14　不同厚度、不同钢种对应的延伸率和压下量

原料情况			延伸率/%	拉伸矫直机工作辊压下设定值		
材料等级	屈服强度/MPa	厚度/mm		拉伸矫直机出口张力/t	1号弯曲辊与2号弯曲辊重合量/mm	矫直辊压下量/mm
CQ-DQ-DDQ-EDDQ/SEDDQ	210	1.5 to 2.0	0.9	6.7	25	15
		2.01 to 3.0	0.8	9	24	14
		3.01 to 4.5	0.8	13	22	13
		4.51 to 6.0	0.6	15.4	20	12
	290	1.5 to 2.0	0.9	9.8	25	15
		2.01 to 3.0	0.8	13.4	24	14
		3.01 to 4.5	0.8	19.2	22	13
		4.51 to 6.0	0.6	22.9	20	12
HSS	350	1.5 to 2.0	0.6	11.9	25	15
		2.01 to 3.0	0.6	15.5	24	14
		3.01 to 4.5	0.5	21.2	22	13
		4.51 to 6.0	0.4	26	20	12
	500	1.5 to 2.0	0.6	14.7	25	15
		2.01 to 3.0	0.5	19.8	24	14
		3.01 to 4.5	0.3	21.2	22	13
		4.51 to 6.0	0.1	25	20	12

二、热轧板的预破鳞

1. 氧化铁皮的特点

热轧带钢表面鳞片厚度通常在 7.5~15μm 之间，鳞片层的形成和厚度主要由终轧温度、卷取温度、冷却速度决定。合金元素的含量对鳞片层的形成和厚度也有影响，但是在低合金钢

中影响较小。高终轧温度、高卷取温度和低冷却速度导致鳞片层增厚大约为 $15\mu m$ 并产生各种不利的氧化混合物。

氧化铁皮主要由 FeO、Fe_3O_4、Fe_2O_3 组成，一般邻铁层是比较疏松的 FeO，呈蓝色；依次向外是比较致密的 Fe_3O_4 和 Fe_2O_3，分别呈黑色和红色。铁皮的颜色随各种氧化成分比例的不同而变化：当 Fe_2O_3 所占比例较高时，表现为红色；当 FeO 较多时，表现为蓝灰色；当 Fe_3O_4 占多数时，表现为黑色。

FeO 为天然多孔隙富士体，在酸洗过程中酸液极其容易渗入基体与之发生化学反应；而 Fe_2O_3 为致密氧化铁皮，极难溶解。因此，冷轧主要采用机械法和化学法结合的方法去除带钢表面氧化铁皮，先将带钢表层的致密氧化铁皮 Fe_2O_3 通过机械法去除，再通过化学法去除疏松氧化铁皮 FeO。

2. 拉矫机预破鳞

汽车板部分品种钢必须高温卷取，高温卷取的热卷上产生的特别厚的鳞片层很难酸洗掉，因此必须降低酸洗速度。对于这种原料卷来说，如果要提高酸洗速度，通过机械拉矫机预破鳞是必需的。

拉矫机除了具有改善板形的作用以外，还有一个重要作用就是机械破鳞。拉伸矫直机是通过调节前后带钢线速度差致使带钢表面产生巨大张力，实现带钢延伸率的调节，达到改善板形的目的。同时产生的巨大张应力与弯曲应力，迫使氧化铁皮组织与基铁组织之间由于延伸不一致而产生裂缝，促使带钢表面氧化铁皮更容易分离，为化学段产生酸洗气泡分离氧化铁皮创造了有利的条件。

长期以来，比较流行的观点是破鳞现象发生在弯曲带钢的张力区，现已确认张力区仅以不规律的间隔形成鳞片层裂缝，而且仅有少量破鳞现象发生。而在压力区，裂缝扩大直至多个裂纹相连，并产生鳞片的破碎，对实际的预除鳞有持续影响，如图 1-12 所示。

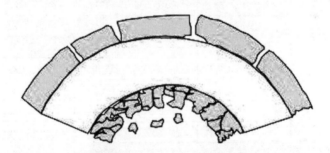

图 1-12 拉伸矫直机带钢氧化皮经弯曲破碎示意图

如图 1-13 所示，带钢在拉矫机弯曲辊面产生的除鳞作用，是由于前后张力辊提供的张应力和弯曲辊作用产生的弯曲应力共同叠加造成的。弯曲应力在整个带钢横截面厚度方向分布是相反的，使得带钢远离辊面的一侧受拉而靠近辊面的一侧受压。张应力在整个带钢横截面厚度方向分布是一致的，都使带钢受拉。这两者叠加后，就有一个应力为零的中性面，即图 1-13 中所示的 NF 面；最合适的张应力和弯曲应力的配合之处，是 NF 面接近带钢厚度一半的位置，如图 1-13(a) 所示。在这样的情况下，假如带钢经过前面的一个弯曲辊时所受的弯曲作用是上面受拉、下面受压，则在经过接下来后面的弯曲辊时所受的作用是上面受压、下面受拉。带钢如此交替受压和受拉，就能够得到很好的除鳞效果，这与矫直板形的要求也是相符的。如图 1-13(b) 所示，如果张力很大，应力为零的中性面将接近带钢横截面厚度方向上靠近辊面的位置，就会使得下面的压应力很小，受压区也很小，就会明显减弱破鳞效果。所以，弯曲辊的直径与前、后张力的大小必须有一个最佳配合。

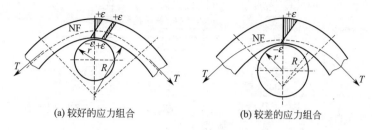

(a) 较好的应力组合　　　　(b) 较差的应力组合

图 1-13　不同的拉应力与压应力组合

大量的资料及实践表明，60%以上的氧化铁皮是依靠机械破鳞除去的。

三、酸洗化学除鳞

化学法去除氧化铁皮主要是通过盐酸清洗带钢表面，使得带钢表面氧化铁皮与酸液发生化学反应，形成铁盐溶入液体中，获得清洁的带钢表面。

1. 浅槽紊流酸洗

目前大部分汽车板冷轧厂酸轧联合机组采用的都是浅槽紊流酸洗工艺。酸洗槽横截面如图 1-14 所示。酸洗槽由钢质罐组成，钢质罐内衬橡胶以防腐蚀，还有一层可防酸但不密封的砖墙作为机械保护。

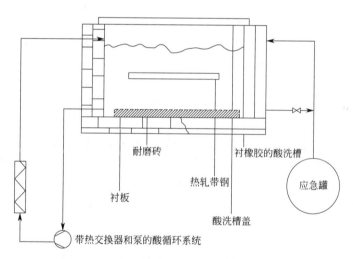

图 1-14　酸洗槽横截面结构

利用浅槽紊流技术，摆脱了原始的单一依靠化学反应的老式酸洗工艺。紊流酸洗技术利用酸洗工作液的高紊流技术使得酸洗表面产生盐酸工作液的紊流作用，在带钢上表面喷淋及下表面紊流的高动能作用的同时提高热量的传导速度，可以缩短酸洗时间并提高酸洗效果。

紊流酸洗时的带钢在酸槽内是在较大的张力状态下运行的，而酸洗工作液的流动方向与带钢运行方向相反，且酸洗工作液呈紊流状态，因此，可以提高酸洗速度并改善带钢酸洗质量。一般传统深槽酸洗后带钢表面残留物高达 200～300mg/m²，而浅槽紊流酸洗后带钢表面残留物可≤50mg/m²。

酸洗段工艺一般包括 3 个酸洗槽和 1 个漂洗槽，酸洗段工艺布置如图 1-15 所示。每个酸洗槽之间都用一对挤干辊分开，以防止一个酸洗槽中的酸液直接进入另一个酸洗槽中，从而使得各个酸洗槽中的盐酸浓度有明显差异。随着带钢从 1 号酸洗槽到 3 号酸洗槽酸洗的不断进行，带钢表面的氧化铁皮逐渐减少，即酸液中亚铁离子浓度逐渐降低，而盐酸浓度逐渐升高，这样一来，不但改善了带钢的酸洗质量，而且大大降低了酸耗。

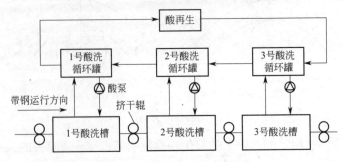

图 1-15　酸洗段工艺布置图

每个酸洗槽都有自己独立的酸洗循环罐，对酸洗槽内补充酸液，同时也负责回收从酸洗槽回流的酸液。当机组因故障长时间停机时，酸洗槽内的酸液全部回流到酸洗循环罐内，不会导致带钢长时间浸泡在酸液中使带钢基体被盐酸工作液腐蚀。

酸洗循环罐还可以保证酸洗槽中酸液的温度满足工艺要求。酸洗循环罐内的酸液经离心泵输送到石墨加热器加热后通过喷嘴喷射进入酸洗槽，后又通过管道回流到酸洗循环罐内，这就形成了一个不断往复的循环的系统。在机组正常生产状态下，酸洗工作液不停地经过整个循环系统，从而保证了酸液的温度稳定。

带钢在紊流酸洗过程中，一直处在较高的稳定张力状态下运行，这样带钢就不容易跑偏，同时酸洗工作液也获得紊流所需的动能，产生紊流效果，加快酸洗过程。另外，每个酸洗槽的入口和出口都布置有一个主喷射梁，上面均匀分布着多个喷嘴，以一定的角度和速度向带钢上表面喷射酸液；同时，每个酸洗槽还备有 3 个侧喷嘴，从侧面向带钢上下表面喷射酸液，以使酸液形成良好的紊流效果，提高酸洗速度。各酸液喷嘴的压力可调整，以达到最好的酸洗质量。

由于酸洗槽配备有槽盖，并且当槽盖关闭时，槽盖的边缘一直浸在水封槽中，使得整个酸洗槽具有良好的密封性，因此防止了酸液的挥发，减少了酸耗。另外，槽盖的内盖迫使酸液的流动空间减小，减少了酸雾的产生。紊流酸洗工艺还配置了酸雾洗涤净化装置，其原理是使用脱盐水对整个酸洗过程中产生的酸雾进行喷淋稀释，并对稀释后的酸液进行回收利用，大大地减少了酸液的消耗。

2. 酸洗的过程

实际上酸洗的过程不是在带钢一浸入酸中就开始的，酸必须渗入鳞片的裂缝直到铁的自由基体才能开始发生反应，实际的酸洗过程在反应一段时间后开始。由拉矫机产生的鳞片中的裂缝尺寸接近 0.1mm，裂缝的尺寸和形状都很重要，裂缝形成得越致密、越规则，反应速度就越快。总的来说，Fe_2O_3 因为比较脆，所以比 Fe_3O_4 更容易形成裂缝，也更容易破除鳞片，而 FeO 则几乎不受机械除鳞的影响。这一点对高温卷取的热卷影响更明显，如图 1-16 所示。

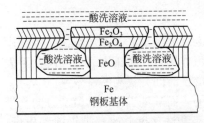

图 1-16　酸与带钢表面鳞片的作用

如果鳞片中含有的氧化亚铁足够多，那么酸洗过程会变得更容易。这样的氧化层结构，可通过高的热轧速度、低的终轧温度、低的卷取温度和热轧后高的冷却速度来获得。因为 FeO 和 Fe_3O_4 在酸洗过程中的分解很缓慢，所以热轧后低于 300℃时的快速冷却有利于酸洗效果的改善。

酸洗溶液与铁和铁氧化物的反应按照下述反应式发生：

$$Fe + 2HCl \longrightarrow FeCl_2 + H_2 \uparrow$$

$$FeO + 2HCl \longrightarrow FeCl_2 + H_2O$$
$$Fe_3O_4 + 8HCl \longrightarrow 2FeCl_3 + FeCl_2 + 4H_2O$$
$$Fe_2O_3 + 6HCl \longrightarrow 2FeCl_3 + 3H_2O$$

盐酸浓度大约为32%时是比较经济的，对应HCl含量为360g/L，盐酸密度约为1.15kg/L。溶液通常还包括铁离子和三氧化二砷，这些物质的浓度低于0.002%，所以在酸洗过程中可以忽略其影响。

实际使用的酸液中HCl含量为190～220g/L，因此需要用脱盐水进行稀释。不推荐使用饮用水，因为饮用水中含有碱的成分（如Ca和Na等）而污染酸液。

3. 酸洗质量的控制

(1) 酸液浓度 酸洗工作液中盐酸浓度是影响带钢酸洗质量的重要因素之一。在一般情况下，酸洗速度随着盐酸浓度的增大而加快。但盐酸浓度过大时，可能造成带钢表面过酸洗、带钢钢基被浸蚀；而盐酸浓度过小时，又有可能造成酸洗后的带钢表面有氧化铁皮残留，产生欠酸洗缺陷。因此，适当的盐酸浓度对带钢的酸洗质量至关重要。

在实际酸洗过程中，随着带钢表面的氧化铁皮的不断溶解，酸液中的亚铁离子含量不断提高，盐酸的浓度不断降低，酸洗速度便开始减慢，欠酸洗缺陷也随之出现。

(2) 酸液温度 酸液的温度直接影响盐酸工作液的活性，温度越高，盐酸的活性越强，酸洗效率越高。与盐酸浓度的影响相同，酸液温度过高时，可能造成带钢表面过酸洗，还会加速盐酸挥发，造成不必要的消耗。因此，在实际生产过程中，适当升高酸液温度可以改善酸洗效果。

(3) 带钢运行速度 带钢运行速度的快慢直接影响带钢表面酸洗质量。带钢运行速度过快，可能造成酸洗后带钢表面的氧化铁皮残留；相反，速度过慢，又可能导致带钢钢基被盐酸腐蚀。

对于不同的钢种，酸洗速度也不同。通常，针对质量要求高的深冲级以上级别的钢种，酸洗时带钢的运行速度不宜过快。这是因为此类钢在热轧时卷取温度较高，冷却过程中氧化相对更严重，氧化铁皮厚度更厚，不利于酸洗。

(4) 氧化铁皮 酸洗过程实际上就是去掉带钢表面氧化铁皮的过程，因此，原料带钢表面氧化铁皮的多少是影响酸洗质量的重要因素。氧化铁皮越厚，酸洗的难度越大，酸洗的时间也相应越长，酸洗后带钢表面出现欠酸洗缺陷的概率也越大。

带钢在进入酸洗槽进行酸洗之前，先要经过破鳞机进行破鳞。由于氧化铁皮相对于带钢钢基的塑性较差，因此经过破鳞机的拉伸矫直辊反复弯曲和拉伸之后，氧化铁皮将会有不同程度的破碎而从带钢表面剥落下来或产生许多微细裂缝，在进入酸槽进行酸洗时酸洗工作液更容易进入破裂的氧化皮裂纹内部，与底层的氧化铁皮接触并产生化学反应，从而加速了酸洗过程，改善了酸洗质量。因此，拉伸矫直机对带钢的破鳞情况直接影响酸洗质量以及酸洗速度。

除了上述的几种因素外，影响带钢酸洗质量的因素还包括带钢的化学成分、酸液的紊流速度以及喷淋流量等。

4. 酸洗后的漂洗

(1) 漂洗工艺控制 经过酸洗后的带钢表面会有酸液残留。对于经过酸槽出口挤干辊挤干后残留的薄膜，如果不进行漂洗，酸液膜中的游离酸会与带钢表面发生反应，对带钢基体有一定的腐蚀危害。因此在酸洗工艺结束后，需要对带钢进行漂洗，及时去除酸液膜并控制带钢表面残留的氯离子、游离酸，保证带钢的表面清洁。

酸轧线的漂洗段一般均采用五级漂洗，过程为逆流，采用五台卧式离心泵将漂洗水循环打向带钢表面，冲洗由酸槽带过来的残余氯化氢溶液。在第五级有检测漂洗水电导率的装置，根据电导率值进行控制和调整打水量，以保证带钢表面清洁。

在经过最后一道漂洗后,带钢表面的氯含量最高不能超过 $2\sim 5\mathrm{mg/m^2}$,所有漂洗段的水的电导率控制标准如表 1-15 所示。

表 1-15 漂洗水电导率控制标准

区分	漂洗 1 段	漂洗 2 段	漂洗 3 段	漂洗 4 段	漂洗 5 段	添加脱盐水
电导率	15mS/cm	1mS/cm	400μS/cm	50μS/cm	15μS/cm	10μS/cm

(2) 带钢表面生锈 漂洗工艺处理的带钢表面存在铁锈现象的主要原因是带钢表面存在氯离子。铁锈是一种三价铁氧化物,它的存在形式介于 Fe_2O_3 和 $Fe(OH)_3$ 之间,是 $Fe(OH)_3$ 失去一个水分子的形式,其简单表达形式是 $FeO(OH)$。

带钢表面的 Cl 是以 $FeCl_2$ 形式存在的,在带钢表面的红褐色铁锈物和带钢表面的 Cl 的相互转换关系如下:

$$2FeCl_2 + 4H_2O \longrightarrow 2Fe(OH)_2 + 4HCl \tag{1-3}$$

$$2Fe(OH)_2 + H_2O + 1/2O_2 \longrightarrow 2Fe(OH)_3 \tag{1-4}$$

$$2Fe(OH)_3 \longrightarrow 2FeO(OH) + 2H_2O \tag{1-5}$$

$$2Fe + 4HCl \longrightarrow 2FeCl_2 + 2H_2 \uparrow \tag{1-6}$$

不管酸洗过的带钢表面是否干燥,以上反应都会依次地发生在带钢表面上。方程式(1-3)和方程式(1-4)只有在有水的情况下才能发生,这水来自潮湿的空气。这就说明了随着空气的湿度增加,红褐色铁锈也会加重。

(3) 氯化物残留的控制 在带钢表面形成的铁锈也与黏附在带钢表面的氯化物的量有关。在实际的操作中,当最后一级漂洗槽的漂洗水氯离子含量低于 20mg/L 时,生成铁锈的速度非常地低;当氯离子的含量超过 30mg/L 时,铁锈会急剧地增加。

为了避免带钢表面产生铁锈,工艺上要求最后几段漂洗槽的氯离子浓度必须小于 20mg/L,这个值是通过电导率来控制的,在生产线上安装有电导率测量计进行测量。氯离子浓度(mg/L)和电导率的关系如图 1-17 所示。

图 1-17 表示的电导率可能和漂洗水的实际电导率不一致。当要启动生产线时,应该检查一下氯离子的浓度和所测的电导率是否一致,测电导率时的温度是 25℃。

通过控制漂洗槽中氯离子的含量,提高漂洗水水质,就可以减少或杜绝带钢出漂洗段表面产生红褐色铁锈的现象。

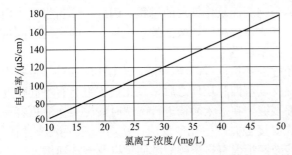

图 1-17 氯离子浓度与电导率的关系图

(4) 漂洗槽电导率的控制 正常生产时,漂洗槽电导率突然异常升高,可能的原因有:

① 挤干辊状态不好或者压力偏小导致挤干效果差,带到下一级漂洗段的漂洗水多,短时间内大量含高氯离子的漂洗水进入第五级漂洗槽,导致电导率异常;

② 循环管路堵塞,造成堵塞的漂洗段功能缺失;

③ 溢流管路堵塞,造成漂洗水无法正常溢流到洗涤塔,在漂洗槽内液位逐渐升高出现倒灌,进而导致电导率急速升高。

出现电导率突然异常升高现象时可以采取以下措施:

① 每次检修或停车时都要检查漂洗段挤干辊辊面情况,发现胶皮破损及时进行更换。检

查挤干辊压力情况，挤干辊压力设定标准为：(3±0.5)bar (1bar=10^5Pa)。

② 安装上限限位装置。针对漂洗溢流管路堵塞造成全部漂洗段内漂洗水污染现象，在第一级漂洗槽内加装上限限位装置，限位高度和第三级高度保持水平；当上限限位一致时，说明漂洗段溢流管路可能已经堵塞造成漂洗水开始倒灌，此时在HMI画面上出现报警提醒，可避免第四级和第五级漂洗槽被污染。

5. 漂洗后的烘干

(1) 烘干质量 由于带钢从漂洗槽出来后，带钢表面会有水分残留，因此若不及时将水分进行处理，会在带钢表面形成锈蚀，影响带钢表面质量。烘干机位于漂洗槽出口，利用高温水蒸气对烘干机进行加热，使得烘干机内部空气温度升高到120～150℃，再利用循环系统使得烘干机内空气进行流动，烘干带钢表面。

烘干过程最常见的问题是带钢出烘干机边部带水。带钢出烘干机后，由于边部水分过大，未能被完全烘干，导致边部存在明显的水渍；水渍会加快带钢的生锈过程，导致带钢表面形成锈蚀。

(2) 原因分析
① 挤干辊硬度偏高或者上下两辊间压力过小，挤干效果差；
② 烘干机热风量小或者热风温度低；
③ 漂洗水温度过低。

(3) 采取措施
① 每次接收挤干辊时，抽查30%以上进行硬度测量；
② 每次检修或停车时都要检查漂洗段挤干辊辊面情况，发现胶皮破损及时进行更换；检查挤干辊压力情况，挤干辊压力设定标准为(3±0.5)bar；
③ 每次检修时清理鼓风机过滤网以保证风量，热风温度低于110℃时，打开烘干机蒸汽放水阀门，放掉管路中的冷凝水；
④ 启车前漂洗水温度大于65℃。

四、酸洗表面分级

根据酸洗效果、表面清洁程度等将酸洗后表面分为五个等级，从优到劣依次是：Ⅰ级、Ⅱ级、Ⅲ级、Ⅳ级、Ⅴ级。对于深冲钢系列面板，第Ⅱ级是最高级别；对于高强钢系列面板，第Ⅲ级是最高级别；而第Ⅳ级是机组连续生产时工艺控制、酸洗质量最低放行标准；第Ⅴ级是酸洗表面最低等级，会影响到轧后及成品质量，以及会对整个乳化液系统产生较大影响（如破乳等），该级别原则上应停机或立即采取反应措施，不允许连续生产。对于表面分级的判定、外观、鉴别及相应反应措施见表1-16。

表1-16 酸洗后表面质量分级表

等级	Ⅰ级	Ⅱ级	Ⅲ级	Ⅳ级	Ⅴ级
外观	酸洗后上下表面具有明显金属光泽，肉眼观察表面颜色亮白，洗后无铁皮压入，无过洗发黄，不带水	酸洗后上下表面具有金属光泽，肉眼观察表面颜色为银白/银青色，洗后无铁皮压入，无过洗发黄，不带水	酸洗后肉眼观察上下表面金属光泽暗淡 或略微发黄 或略微有铁皮压入（轻微不连续山水状纹路）	酸洗后肉眼观察上下表面颜色轻微发黄（轻微过洗） 或洗后表面呈暗淡银灰、土灰色 或有轻微铁皮压入	酸洗后上下表面颜色暗黄甚至棕黄（严重过洗、带水） 或洗后表面具有明显连续的山水状铁皮压入 或欠洗，同时具有上述一种以上缺陷的

续表

等级	Ⅰ级	Ⅱ级	Ⅲ级	Ⅳ级	Ⅴ级
鉴别方法	①肉眼观察颜色 ②用干净的手摸,表面不会留下暗色指印,同时手指无黑色 ③用干净的纸巾擦拭,纸巾上无黑色粉状物	①肉眼观察颜色 ②用干净的手摸,表面会留下轻微暗色指印,同时手指略带黑色 ③用纸巾擦拭,纸巾上略带黑色粉状物	①肉眼观察颜色 ②用干净的手摸,表面会留下暗色指印,同时手指略带黑色 ③用纸巾擦拭,纸巾上带黑色粉状物	①肉眼观察颜色 ②用干净的手摸,表面会留下暗色指印,同时手指带黑色 ③用纸巾擦拭,纸巾上带黑色粉状物	①肉眼观察颜色 ②用干净的手摸,表面会留下明显黑色指印,同时手指带黑色 ③用纸巾擦拭,纸巾上明显带黑色粉状物
钢种级别分布	对于CQ\DQ系列,该级别属最高级	对于深冲系列,该级别属最高级	对于高强系列,该级别属最高级	该级别是连续生产时工艺控制最低放行标准,原则上相应钢种应按最高级别控制	该级别原则上应停机或立即采取反应措施,不允许连续生产
反应措施	—	跟热轧卷曲温度有关,适当加大拉矫延伸率	①发黄:停止进酸,更换漂洗水,提高酸洗速度 ②暗淡有铁皮压入:适当加大拉矫延伸率,提高酸洗工艺温度	①发黄:停止进酸,更换漂洗水,提高酸洗速度 ②暗淡有铁皮压入:适当加大拉矫延伸率,提高酸洗工艺温度,降低工艺速度	①棕黄:停止进酸,更换漂洗水,提高酸洗速度 ②铁皮压入或欠洗:适当加大拉矫延伸率,提高酸洗工艺温度,降低工艺速度

五、酸洗缺陷分析

1. 酸洗气泡（氢脆）

(1) 气泡的形成 在带钢浸入酸液后,不仅氧化铁皮和酸发生反应,还会有金属铁与酸反应而生成氢。生成的氢原子一般都结合成氢分子自酸液中逸出,但也有部分氢原子渗透到金属的结晶格子中去,并使金属晶格变形而产生了内应力。在带钢表面呈现出条状小鼓泡,这就是酸洗气泡。气泡破裂后成为黑色细小裂缝,使带钢冲击韧性降低,即称为氢脆。

(2) 氢的扩散 影响氢扩散的因素很多,主要有以下几点。

① 酸的浓度 酸的浓度决定金属溶解的快慢。金属溶解快,生成的氢就多,扩散到金属内的氢也就多。但是,氢的渗透并非随酸的浓度无限增大,而是有一定限度的,在一定的浓度界限内,浓度高金属溶解得快;而当酸的浓度超过一定极限时,金属溶解的速度反而减慢,这时氢脆也减弱了。

② 酸的温度 温度高,氢渗透就快,氢脆就严重,而且温度的影响比浓度影响更大。

③ 带钢表面的状态 带钢表面光滑,氢原子不易结合成氢分子,氢脆就变得更为严重,反之粗糙表面氢脆就会弱一些。但与氧化铁皮也有关,有氧化铁皮时比没有氧化铁皮时氢脆更加严重。

④ 碳含量 随碳含量提高,氢脆加重。但当碳含量超过 0.9% 以后,氢脆反而减弱。

⑤ 钢中的杂质 钢中若有铝和硅的氧化物,则易于氢的扩散,使氢脆更加严重,而且杂质所引起的气泡比较大。

⑥ 酸溶液中的有害杂质 酸溶液中含有砷化物、硫化氢、硫化钠、二硫化碳、胶态磷、胶态硫等都阻碍氢分子化,促使生成的氢原子扩散到钢铁中,是极有害的,应尽量减少。

(3) 防止措施 防止气泡产生的具体措施如下：

① 严格按照技术及操作规程要求的酸液浓度、温度进行控制，要求酸液温度控制在70～85℃。各酸槽的酸液浓度控制规范如表1-17所示。

表1-17 各酸槽的酸液浓度控制规范

槽号	总酸度/(g/L)	自由酸/(g/L)	Fe^{2+}/(g/L)
1	190～220	≥30	≤130
2	190～220	≥60	≤110
3	190～220	≥110	≤60

② 严格控制原酸的杂质，冷轧酸液验收标准如表1-18所示。

表1-18 盐酸验收标准

序号	项 目	指标	序号	项 目	指标
1	总酸度(以HCl计)的质量分数	≥31.0	5	砷的质量分数①	≤0.0001
2	铁(以Fe计)的质量分数①	≤0.008	6	硫酸盐(以SO_4^{2-}计)的质量分数①	≤0.03
3	灼烧残渣的质量分数①	≤0.10	7	氟化物(以F计)的质量分数①	≤5×10^{-6}
4	游离氯(以Cl计)的质量分数①	≤0.008			

① 砷指标强制，其余为形式检验项目。

注：其余为常规检验项目。

③ 控制原料带钢温度，温度过高会大大提高酸的局部温度而加速铁的溶解、氢原子的扩散，因此要求原料上料温度≤80℃。

2. 过酸洗

(1) 过酸洗的产生 过酸洗的带钢表面发黑，板面粗糙，有点状凹坑。严重的过酸洗的带钢表面呈麻面，金属晶粒裸露，甚至使带钢厚度减薄。在酸洗机组正常连续运行时，带钢是不会发生过酸洗的。过酸洗是机组因处理断带或其他设备故障，使带钢较长时间浸泡在酸洗液里，或者酸洗液的浓度和温度偏高所造成的。

(2) 过酸洗的原因

① 酸洗的温度、浓度过高，酸洗时间过长；

② 酸洗机组发生故障导致停机，带钢长时间停留在酸槽中。

(3) 过酸洗带钢的处理 过酸洗的带钢伸长率大大降低，在轧制过程中很容易断裂或破碎并造成粘辊，即使轧成材以后，其力学性能也很差。严重过酸洗使带钢的厚度减薄，力学性能下降，进入轧机会造成断带。因此，对于轻微过酸洗的带钢必须认真涂油并通知轧钢生产工序，对于严重过酸洗的带钢必须在酸洗机组尾部切除。

(4) 防止过酸洗的措施

① 严格按照前述的酸液浓度、温度要求进行控制；

② 减少异常停机的次数和缩短每次停机的时间。较长时间停机时，将酸液排出酸洗槽进入酸罐。

3. 欠酸洗

欠酸洗的特征是带钢表面残留着黑色的铁皮斑点或条纹，用纸擦拭，可以抹下黑灰。严重的欠酸洗会使整个带钢表面全部呈黑色。欠酸洗的带钢在冷轧时容易弄脏轧制乳化液和增加轧辊的磨损，而且在轧制过的带钢表面呈横向黑色条纹，多伴有黑色的浮灰层。

(1) 形貌特征 形貌特征见表1-19。

表 1-19 形貌特征

缺陷分类	图 片	形貌描述
欠酸洗		多分布在带钢头部,形貌为片状、条状、块状,经过连续退火后成白色,无手感

(2) 产生机理

① 酸洗段机组速度过快,导致酸洗时间短,带钢表面的氧化物和盐酸反应未完全进行;

② 酸液浓度低,铁的氧化物和酸的反应速度慢,酸洗后有残留的氧化铁皮;

③ 酸液温度低,导致反应速度慢;

④ 酸液喷射流量偏小,导致酸液量不足;

⑤ 拉矫机延伸率偏小,破鳞效果不好,导致氧化铁皮未洗干净。

(3) 控制措施

① 严格按照标准规定的酸槽介质工艺要求进行操作;

② 使用拉伸矫直机时应按照要求保证啮合量和延伸率,改善来料板形及使带钢表面氧化铁皮充分破鳞。

4. 停车斑点

(1) 产生机理

① 由于生产线停车导致酸洗段内带钢发生氧化反应,同时水解过程中形成沉淀物存积在带钢表面形成停车斑;

② 酸洗启车时倒带长度不够,导致漂洗段内发生电化学反应的带钢没有全部回到酸洗段,就会在带钢表面形成停车斑。

(2) 控制措施

① 当酸洗工艺段故障停机时,延时期过后,自动启动酸洗槽排放模式,同时将工艺段从酸洗模式切换到加热循环模式,使带钢不会被长时间浸泡在酸液中;

② 停机检修时,停止加热循环模式和工艺模式后,仍应继续保持排酸雾系统运行一段时间,降低酸槽中酸雾浓度,降低带钢腐蚀程度。

5. 酸洗板锈蚀

(1) 产生原因 造成酸洗板锈蚀的原因除了前面介绍的表面氯离子以外,还有以下因素。

① 机组排酸雾效果不好,厂房酸雾大,再加上厂房不通风,容易出现结露、滴漏问题,产生锈蚀;

② 生产区域密封性不好,容易出现掉灰尘、滴漏问题,产生带钢表面粘异物、锈蚀现象。

③ 剪边频繁出现跳边、跑边问题,造成工艺段停机,产生黄斑、锈蚀。

④ 挤干辊压力偏小,带钢表面水挤不干,经过烘干机不能完全烘干,产生锈蚀。

(2) 预防及控制措施

① 改善现场生产环境:一是加大酸排雾风机能力;二是在厂房顶加装抽风机。

② 全线搭棚防雨防灰尘;封闭出口活套。

③ 优化圆盘剪工艺参数:一方面使碎边剪运转速度比机组运行速度快10%;另一方面增加钥匙开关,保持碎边剪常转不停机,解决剪边跳边、跑边问题。

④ 挤干辊增加顶丝装置,加大挤干辊压力。

⑤ 确保吹边机功能，保证烘干机能将带钢边部水完全烘干。

⑥ 酸洗钢用的防锈油由用于冷轧板的普通防锈油改为酸洗钢专用防锈油，提高防锈性能和提高光洁度。

⑦ 在水槽最后一级增加漂洗水 pH 值检测设备，实时监控漂洗水水质。

六、带钢的剪边

1. 剪边质量的控制

冷轧机上带钢的宽度公差必须控制在 0～6mm 范围内，而热轧板的宽度公差范围较宽，必须在酸洗线处进行剪边，以满足后续冷轧工序的要求。

除剪刃本身的质量和精度外，带钢剪边后的质量和剪刃的使用寿命很大程度上取决于剪刃的安装和调整。所有剪刃必须具有相同的外部直径，但是根据厚度不同寿命有所不同。

2. 剪切断面的要求

切断过程分为两个区域，即切断区和撕裂区。

切断从最初的弹性变形开始，随着切断力增加，带钢出现塑性变形，同时出现加工硬化，切断区域在切断面中以一个窄的光亮带形式呈现，可以被清楚地看出。

在更进一步的切断过程中，钢板中的应力越来越大，接近撕裂强度，在剪应力作用下两边产生裂缝。裂缝的形成改变了剪刃切断的应力特性，因此实际的分离不是沿变形面发生的，而是沿两个裂缝发生的。

从切断面的形貌可以确认剪刃间隙设定是否正确。切断区与撕裂区的厚度比至少为 1∶2，且必须平整光滑；切断区上部边角的圆角越小越好；撕裂区下部边部应该没有毛刺，这些都与剪刃间隙关系很大。

3. 刀片质量的控制

圆盘剪刀片经过一段时间使用后必须重新磨削，磨削时只磨厚度方向的平面，这样就不会改变剪刃的外部直径。正确的重磨对于保证剪刃的使用寿命及正常使用是非常重要的，必须确保磨床夹紧盘及刀片在磨削前的仔细清洁，必须确保在磨削过程中有足够的冷却液和低的磨床进给速度以避免剪刃过热，实际操作要求剪刃精确磨削并且满足图 1-18 所示的公差要求。刀片最小厚度不能少于 15mm 以确保刀具刚度。

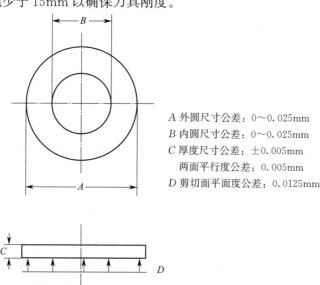

A 外圆尺寸公差：0～0.025mm
B 内圆尺寸公差：0～0.025mm
C 厚度尺寸公差：±0.005mm
　　两面平行度公差：0.005mm
D 剪切面平面度公差：0.0125mm

图 1-18　圆盘剪刀片精度要求

第四节　高强钢冷轧生产优化

高强钢具有硬度高、强度大、变形难的显著特点，一般的工艺参数及轧制策略不能实现高强钢厚度的稳定控制和正常速度生产。

一、高强钢轧制理论分析

一般而言，从理论上分析，引起厚度异常波动的主要原因有张力、速度和辊缝的变化，以及来料厚度和力学性能的波动而引起的轧制压力的变化。

1. 轧机弹跳方程

如图 1-19 所示，带钢的实际轧出厚度 h 与预调辊缝值 S_0 和轧机弹跳值 ΔS 之间的关系可用弹跳方程描述：

$$h = S_0 + \Delta S = S_0 + P/k_m \tag{1-7}$$

式中，P 为轧制力，t。

由式(1-7)所绘成的曲线称为轧机弹性曲线，如图 1-20 中曲线 A 所示。其斜率 k_m 称为轧机刚度，它表示使轧机产生单位弹跳量所需的轧制压力。

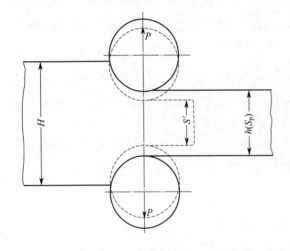

图 1-19　弹跳现象

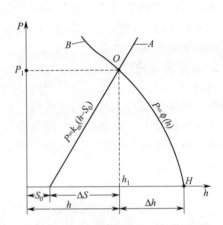

图 1-20　弹塑性曲线叠加的 P-h 图

2. 影响厚度的因素

带钢实际轧出厚度主要取决于 S_0、k_m 和 P 这三个因素。因此，无论是分析轧制过程中厚度变化的基本规律，还是阐明厚度自动控制在工艺方面的基本原理，都应从深入分析这三个因素入手。

轧制时的轧制压力 P 是所轧带钢的宽度 B、来料入口与出口厚度 H 与 h、摩擦系数 f、轧辊半径 R、温度 t、前后张力 σ_h 与 σ_H 以及变形抗力 σ_s 等的函数。

$$P = F(B, R, H, h, f, t, \sigma_h, \sigma_H, \sigma_s) \tag{1-8}$$

式(1-8)为金属的压力方程，当 B、R、H、f、t、σ_h、σ_H、σ_s 均为一定时，P 将只随轧出厚度 h 改变而改变，这样便可以在图 1-20 的 P-h 图上绘出曲线 B，称为金属的塑性曲线，其斜率 M 称为轧件的塑性刚度，它表征使轧件产生单位压下量所需的轧制压力。

轧机的原始预调辊缝值 S_0 决定着弹性曲线 A 的起始位置。随着压下螺钉设定位置的改变，S_0 将发生变化。在其他条件相同的情况下，它将按如图 1-21 所示的方式引起带钢的实际轧出厚度 h 的改变。例如因压下调整，轧缝变小，故 A 曲线平移，从而使得 A 曲线与 B 曲线的交点由 O_1 变为 O_2，此时实际轧出厚度便由 h_1 变为 h_2，$\Delta h_2 > \Delta h_1$，带钢便被轧得更薄。

若轧机的刚度系数由 k_{m1} 增大到 k_{m2}，则实际轧出厚度由 h_1 减小到 h_2，如图 1-22 所示。可见，提高轧机刚度有利于轧出更薄的带钢。目前板带钢轧机刚度通常大于 500~600t/mm。

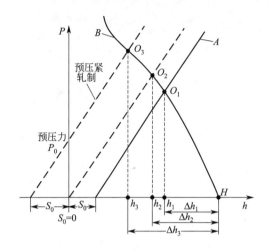

图 1-21　原始预调辊缝值变化对轧出厚度的影响

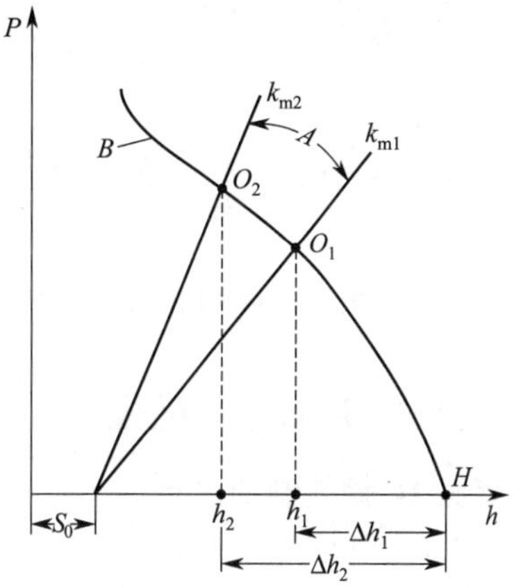

图 1-22　刚度系数变化对轧出厚度的影响

当来料厚度 H 发生变化时，便会使 B 曲线的相对位置和斜率都发生变化，如图 1-23 所示。在 S_0 和 k_m 值一定的条件下，来料厚度 H 增大，则 B 曲线的起始位置右移，并且其斜率稍有增大，即材料的塑性刚度稍有增大，故实际轧出厚度也增大；反之，实际轧出厚度要减小。所以当来料厚度不均匀时，所轧出的带钢厚度也将出现相应的波动。

在轧制过程中，当减小摩擦系数时，轧制压力会降低，可以使得带钢轧得更薄，如图 1-24 所示。轧制速度对实际轧出厚度的影响，也主要是通过对摩擦系数的影响来起作用的，当轧制速度增大时，摩擦系数减小，则实际轧出厚度也减小，反之则实际轧出厚度增大。

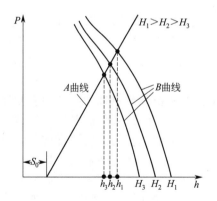
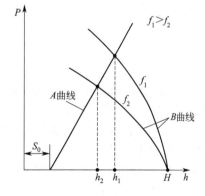

图 1-23　来料厚度对轧出厚度的影响

图 1-24　摩擦系数对轧出厚度的影响

当变形抗力 σ_s 增大时，B 曲线斜率增大，实际轧出厚度也增大，反之则实际轧出厚度减小，如图 1-25 所示。这就说明当来料力学性能不均或轧制温度发生波动时，金属的变形抗力也会不一样，因此，必然使轧出厚度产生相应的波动。

轧制张力对实际轧出厚度的影响也是通过改变 B 曲线的斜率来实现的，张力增大时，会

使 B 曲线的斜率减小，因而可使带钢轧得更薄，如图 1-26 所示。热连轧时的张力微调，冷轧时采用较大张力的轧制，也都是通过对张力的控制，使带钢轧得更薄和控制厚度精度。

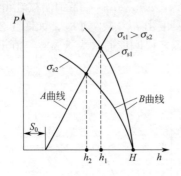

图 1-25　变形抗力对轧出厚度的影响

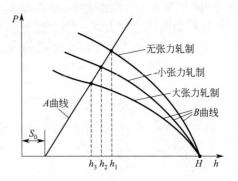

图 1-26　张力对轧出厚度的影响

二、高强 IF 钢冷轧优化

1. 高强 IF 钢轧制的难点

采用 6.0mm 的热轧板轧制厚度为 1.7mm 的高强 IF 钢 HC260YD 轧硬板，利用轧机组过程数据分析系统采集的数据进行诊断，采集到的数据曲线如图 1-27 所示。

通过图 1-27 所示连续数据采集分析，在此钢种轧制的升速阶段，轧制力及转矩均存在较大异常，特别是 4 号机架轧制转矩达 110%，2 号机架轧制力在升速及稳态轧制过程中变化及波动剧烈，均会导致轧机轧制及厚度控制稳定能力大幅下降。基于以上分析，可初步诊断为轧制咬入能力不足，导致轧制厚度稳定性下降。

高强 IF 钢轧制厚度稳定性控制的难点具体可以归纳为两个方面：一是轧机高速轧制过程中厚度控制稳定性下降，无法满足汽车厂家高精度要求；二是轧机 1 号机架及 2 号机架道次变形量相对较大，对轧机本身要求能力较高，轧机咬入条件不稳定，轧机负荷较大，无法满足正常生产需求。

2. 高强 IF 钢轧制的措施

① 针对 1、2 号机架打滑及震动的情况，分析可能原因是该钢种前期加工硬化增速剧烈，或者是因为 1、2 号机架变形率过大，从带钢咬入到建立稳定轧制过程的效果不佳。因此，将 1、2 号机架的变形率降低 5%～10%，以实现加工硬化的缓解和更好的咬入，提升前滑值和厚调速度比。

② 针对 2 号机架轧制力异常偏低的情况，考虑增大 2 号机架轧制速度，利用轧制速度的调厚效应，实现 2 号机架出口厚度控制。因此，将 2 号机架上下工作辊辊径分别改小 2～3mm，使主传动转速增加，轧辊线速度增加，轧辊间和轧辊轴承座间油膜厚度增加，进而带钢减薄。2 号机架辊径改小后，微调现有的秒流量系统，建立新平衡张力状态。同时，实现了 2 号机架后张力的微量增加，使带钢在 2 号机架后滑区易于减薄，轧制状态更稳定。

③ 针对 HC260YD 进入轧机及甩尾阶段张力波动相对较大的问题，考虑将附加张力的比张力改小到 1MPa，实现在低速阶段的升降速张力波动趋于稳定。

④ 针对 3、4 号机架轧制力过大，主传动电流超高报警及 4、5 号机架张力超调严重的问题，考虑进一步增大 3～5 号机架间张力，加大 5 号机架轧制力。因此，将 2～5 号机架间比张力增大，减小轧制力和电动机能耗，实现轧制升速。但需保证比张力控制在带钢屈服强度值 σ_s 的 35%～60% 之间，防止带钢被拉断。同时，增加 5 号机架轧制力，出口厚度>1.5mm 以上时可增加到 600t，出口厚度为 1.0～1.5mm 时可增加到 500～550t，根据 5 号机架出口板形

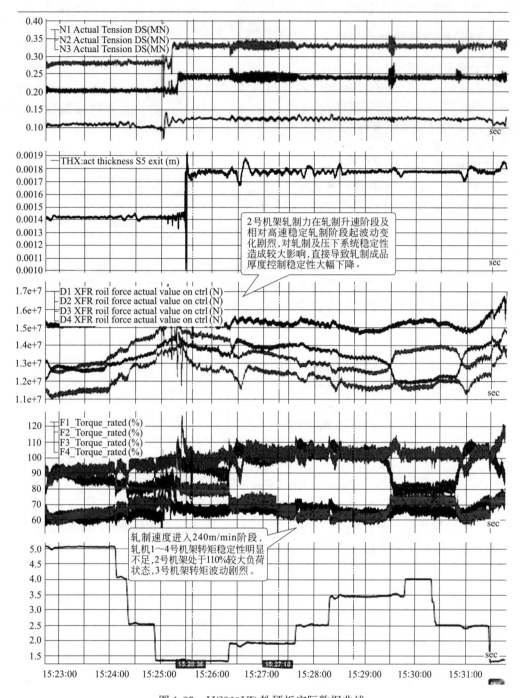

图 1-27 HC260YD 轧硬板实际数据曲线

设定（这是为了改善 4 号机架出口带钢超厚，5 号机架被迫增加速度，增加 5 号机架后张力，减薄带钢的状况）。

⑤ 针对轧辊粗糙度偏低及轧辊老化的情况，考虑备用新工作辊和大辊径工作辊。在利于咬入的条件下，可同时实现新工作辊淬火层深度加大，使轧辊硬度更趋于理想值。同时，将 2 号机架工作辊粗糙度增加 $0.2\sim0.3\mu m$，适度使 2 号机架轧制力提升。

⑥ 针对乳化液浓度偏低的情况，考虑适度提高乳化液浓度，使 1～4 号机架乳化液浓度不低

于 4.0%，同时定期对机架乳化液喷嘴堵塞物进行清理，防止乳化液流量偏低和影响喷射角度。

三、双相钢冷轧优化

1. 双相钢轧制的难点

在酸轧机组生产 HC420/780DP 高强钢时，发现在轧制过程中出现非常严重的加工硬化现象，因轧制力大、压下偏斜造成工作辊辊面严重伤损，部分工作辊直接报废，同时机组因轧机断带等原因频繁停机。因带钢断带废品、擦划伤、厚度不合格等缺陷，导致冷轧生产合格率很低。

2. 双相钢加工硬化曲线

加工硬化是指金属材料在再结晶温度以下塑性变形时强度和硬度升高、塑性和韧性降低的现象，又称冷作硬化。其产生原因是：金属在塑性变形时，晶粒发生滑移，出现位错的缠结，使晶粒拉长、破碎和纤维化，金属内部产生了残余应力等。加工硬化的程度通常用加工后与加工前表面层显微硬度的比值和硬化层深度来表示。

加工硬化使金属继续变形更加困难，常常造成生产中生产工序的增加和能耗的提高，对材料的加工是不利的，尤其是在冷轧高强钢轧制过程中，加工硬化现象尤为严重，对轧制过程造成严重影响，造成机组生产困难，无法通板轧制或者轧制力、电流超标的情况。通常情况下，通过降低变形量、调整轧前带钢强度、优化模型分配来降低加工硬化对轧制过程的影响。

HC420/780DP 高强钢虽然设计强度为抗拉强度 780MPa、屈服强度 550MPa，但热轧后带钢强度却出现了超出机组设计强度的现象，如表 1-20 所示。

表 1-20 HC420/780DP 高强钢热轧板性能实际数据

位置	屈服强度/MPa	抗拉强度/MPa	延伸率/%
头部	659	771	21
中部	547	781	22
尾部	551	809	20

此钢种设计给酸轧机组生产带来极大困难，轧机轧制力达到 3300t 以上，而且在轧制过程中加工硬化现象变化异常明显，随着变形抗力的增加，轧制变形难度增大，轧机轧制厚度、板形均无法控制。实测加工硬化曲线见图 1-28。

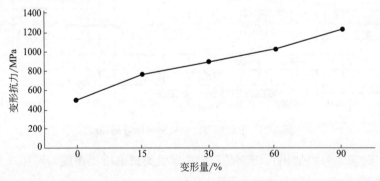

图 1-28 双相钢加工硬化曲线

3. 轧制摩擦条件优化

一般情况下，影响轧制力的因素就是变形抗力和摩擦系数。要解决轧制力过高问题，在变形抗力增加的情况下，只能从摩擦系数方面采取措施。

摩擦系数是轧制力、润滑条件、带钢材质、轧辊材质、粗糙度以及速度等综合因素作用的一个动态平衡参数。在高强钢轧制过程中，摩擦系数的改变主要通过改善润滑条件和轧辊表面以及合理分配变形量来进行优化。

在改善润滑条件方面，轧制过程中，轧辊与带钢接触区处于混合润滑状态，混合润滑以膜厚值为主要特征，润滑油油膜的厚度直接影响到带钢表面质量和轧辊的使用寿命，也对摩擦系数起决定作用。为降低轧制力，在轧制高强钢时，必须改善变形区润滑条件，提高乳化液浓度，将乳化液浓度在原来的基础上提高5%，以确保轧制过程有良好的润滑条件。

在改善轧辊表面状态方面，当生产HC420/780DP产品时，1~4号机架均采用光辊轧制，粗糙度为0.4~1.2μm，考虑镀铬辊可以有效降低轧辊与带钢表面之间的摩擦系数，为改善带钢表面摩擦系数以及提高轧辊的使用效率，在生产该品种时在2、3号机架采用镀铬辊。

4. 轧制模型参数的优化

冷轧轧制模型参数分配的核心就是变形量和张力的分配。

高强钢冷轧过程变形制度首先必须按照冷轧板带钢的工艺特点确定，即必须有一定的冷轧总变形量，才能通过热处理获得所需的组织和性能，因此原料厚度的选择主要依据冷轧总变形量确定，并考虑板带的表面质量和提高冷轧生产能力。

确定总变形量后，必须合理地选择轧制中各机架张力的数值。实际生产中若张力过大，会把带钢拉断或产生拉伸变形；若张力过小，则起不到应有的作用。因此作用在带钢上的最大张应力应满足：

$$\sigma_{\max} < \sigma_s$$

式中　　$\sigma_{\max}$——作用在带钢单位截面积上的最大张应力；

　　　　σ_s——带钢的屈服极限。

实践表明，作用在带钢截面上的张应力，即单位张力q，其数值选择范围为$q=(0.1~0.6)\sigma_s$，具体取值要考虑带钢的材质、板形、厚度波动、边部情况等。冷连轧的特点之一是采用大张力轧制，这样既可得到良好的板形，又可减小轧制压力。一般单位张力q达到$(0.2~0.4)\sigma_s$，后机架单位张力要比前机架大些。

实际生产中，综合考虑加工硬化曲线无明显斜率增加的情况下，总体分配原则是：各机架变形量逐次下降，确保1~4号机架轧制力基本相当。

因此，对机架压下分配进行以下调整：

① 适当降低1、4号机架变形量，降低幅度约为5%；

② 适当增加2、3号机架压下量，增加幅度约为3%，以此来适当调节各机架轧制力，轧制力可降低100~200t；

③ 增加1~4号机架张力，参考该钢种变形抗力曲线，轧制过程中各机架张力在原来的基础上增加10%；

④ 对变形量进行调整，原板厚度由5.0mm下调为4.5mm，以此来解决轧制过程轧制力超出机组设计范围的问题；

⑤ 调整热轧卷取温度，由原来的580℃提高至610℃，以降低热轧来料强度，减小变形抗力。

通过这些措施，使该钢种在机组轧制过程中的生产情况明显好转，轧制力由原来的3000t以上降低到2400t，爆辊、断带、板形厚度失控现象减少。

第五节　冷轧生产质量控制

一、乳化液质量的控制

乳化液是由可溶性油、水和少量无水碳酸钠配制成的混合乳状润滑剂。冷轧中采用乳化液，具有冷却和润滑的作用。乳化液质量控制是冷轧生产质量控制的核心点之一，一旦出现异常情况，其冷却或润滑作用就会减弱，导致带钢表面产生缺陷以及带钢表面残留升高。

1. 乳化液的管理

(1) 乳化液喷射压力　当乳化液回流泵的功率一定时，调节阀门大小可调节乳化液喷射的压力。同时，乳化液喷嘴脱落、堵塞等则会造成乳化液喷射压力不均，造成冷却和润滑效果不佳，而使带钢表面产生色差、色带或热划痕等缺陷。

因此，每次检修时必须检查喷嘴堵塞情况。乳化液喷射压力设定值为 (5 ± 1)bar。

(2) 乳化液喷射角度　乳化液喷射角度一般为 45°或 60°，其原则是冷却液要最大限度地喷射到辊缝及带钢上，以起到冷却轧辊及减少辊缝和带钢间摩擦的作用。

在处理故障或在穿带过程中，断带或堆钢可能造成乳化液喷嘴脱离喷射梁，严重时喷射梁被挤歪，导致乳化液不能准确喷入辊缝。此时，润滑效果不佳，带钢与轧辊之间的磨损较大，产生铁粉颗粒较多，表面残留增多。

因此，每次停机检修时必须检查机架内喷嘴有无脱落、喷射梁有无变形、喷嘴角度是否准确。

(3) 乳化液浓度　乳化液的浓度主要与润滑性能有关，浓度增大，润滑性能增强，同时能提高轧后带钢表面的清洁度。浓度过高或过低时，都不利于带钢质量的保证。浓度过高时，产生过润滑，会造成轧件和轧辊之间打滑，容易产生划伤、轧机震颤、板形不良等危害；浓度过低时，润滑不足，容易产生黏着及热划伤、轧机震颤等危害。

一般高浓度（3.0%～4.0%）时适合轧制成品较薄（0.2～0.4mm）的钢板，低浓度（2.0%～2.5%）时适合轧制成品较厚（1.25～1.6mm）的钢板。杂质及杂油会造成乳化液系统有效浓度的降低，因此，可在净油箱中先撇油再分批次加新油（或脱盐水）。

(4) 乳化液温度　乳化液的温度过高、过低都不利于润滑和轧后的清洁，而且还会对轧辊的冷却造成影响，使板形调节不好。温度过低时，影响润滑效果，还有可能使乳化液产生酸败、滋生细菌。温度过高时，从热力学的角度看，乳化液细小的油滴本来是均匀地分散在乳化液中的，温度升高、体系能量升高的话，油滴相互碰撞时就会自动聚结以减少其相界面，降低体系能量，使油滴颗粒增大；当油滴离水粘到钢板后，油膜厚度增加，轧制润滑性增强，摩擦减小，钢板变形容易，但是稳定性差，乳化液老化加快，产生大量废液。

(5) 乳化液 pH 值和电导率　每一个乳化液系统配方都是在特定的 pH 范围内才是最有效的。pH 值主要是影响乳化液的颗粒度分布从而影响其润滑效果，pH 值过高或过低对润滑都不利，要根据油品及轧制要求合理控制。当 pH 值过高时，颗粒度减小，系统稳定性增加，油水不易分离，可能会导致润滑不足；当 pH 值过低时，颗粒度增加，乳化液稳定性降低。

电导率过高时，会使 pH 值升高，生成钙皂、镁皂，破坏乳化液体系，降低带钢表面的清洁度，也使乳化液颗粒度变小、润滑性能下降。电导率一方面与软水中的钙、镁等离子含量有关，另一方面与乳化液系统循环过滤程度有关。在实际生产中，要严格控制水质及其离子含量，检查工艺润滑系统的循环过滤器。

(6) 乳化液皂化值　乳化液用的基础油主要分为矿物油、动植物油和合成油。矿物油是由石油中的烷烃、环烷烃和芳香烃裂解蒸馏炼制的。动植物油是由动物脂肪和植物种子炼制的，常温下固体为脂肪，液体为油。合成油是由醇和各种合成脂肪酸形成聚酯而得到的，脂肪酸链长度和结构不同，合成油的性能也不同。乳化液中还含有添加剂，其功能不尽相同，油性剂一般为脂肪酸，极压剂一般为硫，抗氧化剂可防止轧制油氧化酸败，其他还有防锈剂、耐磨剂、增黏剂、降凝剂和抗泡剂等。乳化液的皂化值对其润滑性和清洁性有很大影响，所以基础油的皂化值选择非常重要。图1-29所示为基础油皂化值与润滑性和清洁性的关系。

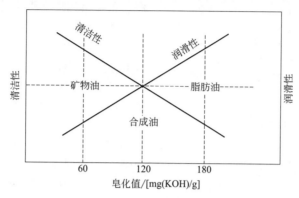

图1-29 基础油皂化值与润滑性和清洁性的关系

（7）乳化液铁粉含量 在轧制生产中，由于轧辊与带钢的摩擦以及机械设备的磨损将产生大量的微细铁粉颗粒，直径小于$1\mu m$，这些铁粉微粒的存在既加剧了设备磨损又形成表面残留物，影响了表面质量。如果乳化液与铁粉的分离性不好，或者因为油膜破裂生成皂类物质等有机铁，也会造成乳化液中铁含量高，还容易起浮渣，从而使板面产生压印。

（8）乳化液稳定性 乳化液的稳定性体现在其离水性上，稳定性差则说明油水易分离，这将有利于润滑，但要加强搅拌和循环，否则过早分离的油会附着在输送管壁上造成堵塞；反之，若乳化液过于稳定，则油水不易分离，可能导致润滑不足。乳化液的稳定性受到颗粒度、pH值、温度等因素影响较大，但集中体现在颗粒度上，颗粒度越大，系统越不稳定。

在实际使用过程中应注意：

① 润滑工艺系统的磁性过滤器、反冲洗过滤器是保证乳化液自身清洁性的关键，应该时常打开并检查其是否运转正常；

② 在乳化液使用过程中，对影响其润滑效果的浓度、皂化值、pH值及铁粉含量等参数的波动进行快速调整，也是实现良好工艺润滑的重要前提；

③ 在生产过程中，根据不同品种规格的轧材、不同轧机及工作辊，把乳化液浓度、温度及流量参数作为研究对象，优化润滑工艺，对于提高润滑冷却效果、指导生产是具有极重大意义的。

2. 乳化液清洁系统

乳化液由安装在乳化液箱体上的主泵将其打入管道，然后通过冷却装置和反冲洗过滤装置在轧机底部打入各机架，在机架内安装有乳化液喷射装置，将乳化液喷射在轧辊辊缝之上，起到润滑和冷却的作用。机架内的乳化液会全部回流到机架底部的收集槽内，收集槽外装有回流泵，通过回流泵将乳化液打回乳化液处理间，然后再通过磁棒过滤装置和平床过滤装置，将乳化液打回乳化液箱，从而形成循环。

（1）磁棒过滤装置 磁性过滤机是轧机乳化液系统中的关键设备之一，主要用于去除轧机乳化液中的铁粉等杂质，从而保持乳化液的清洁度。该设备的使用效果直接影响到乳化液的品质。某公司冷轧厂所采用的磁棒过滤装置为永磁式磁性过滤机，是利用高性能永磁体为磁源的

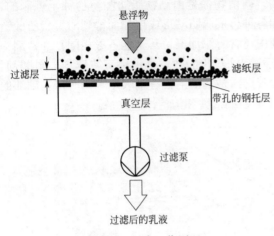

图 1-30 平床工作原理

磁棒,在其周围形成环绕的强大磁场组成磁栅,吸附乳化液中铁粉等颗粒。设备由数十至数百根永磁磁棒组成,磁棒通过链条并排串联在一起,链条的转动带动磁棒的转动,磁棒转动经过乳化液,乳化液中的铁粉等杂质则在磁场的作用下被吸附。磁性过滤机上设有自动刮泥装置,将磁棒上吸附的杂质刮下,通过螺旋传动将杂质带入污泥收集槽中,最后外运进行废物回收利用。磁棒的数量根据单位磁棒的磁性和系统处理能力确定。

(2) 平床过滤装置　平床过滤系统是净化乳化液的重要环节。干净的乳化液在对轧机进行冷却后,必然携带了一些铁屑和其他杂质,如果不经过过滤就再次循环使用的话,必然会对冷轧带钢的表面和轧辊表面造成划痕,导致严重的产品质量问题。其过滤介质是铺在带孔的钢托板层上的过滤纸,经过一段时间的过滤,会在滤纸的上方积累一层杂质层,随着过滤杂质的增多,其密度增大,在下方的真空层中形成了真空,并且产生了一定的真空抽力,从而给乳化液的过滤提供动力(图1-30)。

综上所述,乳化液理化指标和检验频次如表1-21所示。

表 1-21　乳化液理化指标和检验频次

指标项目	单位	1～4号机架	5号机架	检测频次
浓度	%	2.0～4.5	0.5～1.5	每班1次
pH 值	—	5～8	5～8	每班1次
电导率	μS/cm	≤120	≤70	每班1次
皂化值	mg(KOH)/g	≥130	≥130	每周1次
杂油含量	%	≤25	≤25	每周1次
氯离子含量	10^{-6}	≤30	≤30	每周1次
铁粉含量	10^{-6}	≤150	≤80	每周1次
酸值	mg(KOH)/g	≤15	≤15	每周1次
灰分	10^{-6}	≤650	≤280	每周1次
稳定系数	%	65～85	65～85	每周1次
温度	℃	50±5	50±5	每班抽查至少3次
总残留(单面)	mg/m²	≤240		每周1次
残铁(单面)	mg/m²	≤45		每周1次
表面反射率	%	≥60		每班抽查至少3次

二、带钢表面清洁度的控制

轧制后带钢表面清洁度的控制是汽车板生产的重点,常用的考核指标如下。

① 带钢表面反射率。目前采用的是复制法,先用胶带粘贴带钢表面,再用仪器测量胶带的反射率,测量值越大,表面清洁度越高。

② 带钢表面杂质残留。主要包括表面残铁和残油量,其值表示带钢表面每平方米内的残铁质量(mg)和残油质量(mg)。其值越小,表面越干净。

下面介绍影响带钢表面清洁度的主要因素。乳化液的质量对带钢表面清洁度的影响也很大,前面已经专题介绍,这里不再赘述。

1. 轧机漏油和机架掉油泥

(1) 轧机漏油　轧机滴漏的油主要分为液压油和油膜油。与液压油相比,油膜油密度更大、不易漂浮、不易去除，混合于乳化液中，对乳化液理化性能和所轧制带钢表面清洁度影响较大。

杂质油的危害有两个方面：一是杂质油在轧制时形成油膜附着在带钢表面，这种油膜在退火过程中不易挥发，燃烧后形成的碳氢化合物残留在带钢表面，造成带钢表面黑斑、碳化物等缺陷；二是杂质油破坏乳化液理化性能，油膜油和液压油本身没有皂化、乳化作用，会使活性油的润滑乳化作用降低，导致皂化值降低，乳化液的清洁效果变差。

(2) 机架掉油泥 通风管道和机架上方黏结的油泥，会因轧机振动脱落在带钢表面上，经过轧辊轧制就有可能粘在带钢表面形成黑斑等缺陷。

因此必须做到：一是逢修必清，用高压水冲洗机架，将机架上方黏结的油滴、油泥冲洗干净；二是加减速控制得当，避免造成轧机振动较大，从剪切完成到升到正常轧制速度，采用3、4分段式加速。

2. 轧制变形率

轧制变形率在生产前就已经在轧制规程中确定，变形率越大，带钢与轧辊磨损越严重，带钢表面反射率就越低，表面残留就越少。因此，必须将其控制在一定范围内。

3. 出口吹扫及出口辊组清洁度

出口采用高压喷嘴对轧机带钢表面进行吹扫，清除带钢表面的乳化液等，能够防止带钢带水引起的锈蚀和乳化液斑。压力较小和吹扫喷嘴与水平夹角太大会造成吹扫效果下降，因此在换辊后应确认出口喷吹角度是否正确、压力是否达标，出口吹扫压力标准为(3 ± 0.5)bar。

出口带钢在轧制或过焊缝时上下表面必须与板形辊、出口夹送辊、甩尾辊等辊组接触，辊组在长时间运转或检修过程中表面沾上油污等，造成带钢表面二次污染，因此每次检修时都要对出口辊组进行清洁。

4. 轧辊粗糙度、硬度

轧辊也是影响带钢表面清洁度的重要因素，轧辊的影响主要有硬度和粗糙度两个方面。

(1) 轧辊硬度 轧辊硬度越低，在轧制过程中越易发生磨损，对带钢表面清洁度影响越大。一些轧辊的毛化是通过喷丸方式进行的，所以轧辊表面的粗糙度分布不均，在轧制过程中易产生铁粉。这些铁粉是在轧制变形时产生的，仅靠乳化液的冲洗很难清除。

(2) 轧辊粗糙度 轧辊表面粗糙度（包括纵向、横向粗糙度）也会对轧后板面质量产生影响。目前较先进的轧机普遍采用高铬辊代替原先的低铬辊，有的轧机还应用了工作辊表面镀铬的新工艺，这样大大提高了轧辊表面的耐磨性，避免了轧制过程中的铁粉的产生，提高了轧后的板面清洁度。

轧辊硬度及粗糙度规范如表1-22和表1-23所示。

表1-22 轧辊硬度要求

项目	硬度(HS)	材质	热处理方式	润滑方式
工作辊	93~98	MC3、MC5	表面淬火	油气润滑
中间辊	82~86	MC3、MC5	表面淬火	油气润滑
支持辊	65~70	YB~65	表面淬火	稀油润滑

表1-23 轧辊粗糙度要求

项目	粗糙度/μm				
	1号机架	2号机架	3号机架	4号机架	5号机架
工作辊	≥0.7	≥0.7	0.5~0.7	0.5~0.7	4.0±0.5(电火花毛化) ≤1.0(光辊)
中间辊	0.7~1.0				
支持辊	0.8~1.2				

三、带钢表面缺陷控制

1. 乳化液斑

(1) 缺陷特征 在带钢表面的边部、浪形等部位存在的乳化液痕迹,一般呈黄褐色,轻者呈黄色,重者呈灰黑色,很难手工擦除,见表1-24。

表1-24 缺陷特征

缺陷分类	图片	形貌描述
乳化液斑		多分布在带钢边部,形貌为带状、长条状、斑状,经过连续退火后成白色,无手感

(2) 产生机理 乳化液斑是残留在带钢表面的乳化液与带钢接触,在空气、盐酸等介质条件下发生化学反应最终形成的小面积锈蚀斑迹。乳化液斑的产生原因主要有以下几方面的原因:

① 轧机区域吹扫喷嘴的压缩空气吹扫压力偏低,残留的乳化液未能吹干净;
② 部分吹扫喷嘴堵塞,造成局部区域漏吹;
③ 喷射的乳化液发生异常飞溅或反弹,污染带钢表面。

(3) 控制措施

① 保证吹扫喷嘴压力,减少由于吹扫压力波动产生的乳化液残留;吹扫压力的标准设定值为:(3 ± 0.5)bar。
② 每次检修时清理轧机出口喷嘴,进行喷嘴压力测试,保证喷嘴正常的工作状态。
③ 提高酸洗出口带钢漂洗效果,控制漂洗水电导率,尤其是减少Cl^-含量;漂洗槽水质电导率应控制在60μS/cm以下。
④ 轧机钢卷下线后尽早安排后续机组生产,停留时间越长,发生带钢锈蚀的概率越高,一般将在轧后库放置时间控制在10天以内。

2. 热划痕

(1) 缺陷形态 热划痕缺陷沿轧制方向分布,通常在带钢宽度方向整板面分布,或单一表面、或上下表面同时存在,分布一般无规律。该缺陷的形貌呈划痕、细长条、细线状,颜色比较均匀,多数缺陷无手感。产生热划痕缺陷时,在轧辊辊面和带钢表面均能找到此类缺陷,如图1-31和图1-32所示。

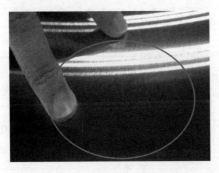

图1-31 轧辊辊面的热划痕

图1-32 带钢表面的热划痕

(2) 产生机理 轧制过程是通过轧辊与带钢的摩擦力使带钢在辊缝之间产生平面压缩变形的过程。若轧辊与带钢之间的轧制变形区内，因变形功过大产生大量的热能，则润滑油膜分子无法承受高温高压的轧制条件，导致油膜厚度变薄或局部破裂，轧辊与带钢直接接触，发生相对位移后便产生热划痕。换言之，热划痕是由于冷却和润滑效果不良造成的。

(3) 控制措施

可控的减少热划痕缺陷的主要措施有调整压下率、控制轧辊粗糙度、控制润滑状态等。

① 调整压下率 压下率的计算公式为：

$$r = \frac{H-h}{H} \times 100\%$$

式中 r——压下率；

　　　H——轧前带钢厚度；

　　　h——轧后带钢厚度。

随着总压下率的提高，带钢在变形过程中产生的热能增多，造成润滑油膜破裂的概率增大，热划痕出现的概率也相应增大。为了减小这种原因造成热划痕的概率，可以适当减小总压下率，即减小原料厚度或增加轧制后的带钢厚度。

在保证总压下率不变的前提下，各机架的压下率不同，产生热划痕的概率也不一致。某一机架变形量过大时，会造成该机架产生过多的摩擦变形热，就提高了此区域对轧制油润滑性能的要求，增大了热划痕缺陷产生的概率。在保持总压下率不变的前提下，可以通过优化不同机架的压下率来防止热划痕的产生。

② 控制轧辊粗糙度 轧辊的粗糙度直接影响带钢与轧辊之间的摩擦，从而决定轧制变形区产生热能的多与少。轧辊粗糙度增大时，带钢在变形过程中产生的热能增多，造成润滑油膜破裂的概率增大，热划痕出现的概率增大；反之则热划痕出现的概率减小。但轧辊粗糙度过小，可能造成带钢与轧辊之间打滑而产生划伤缺陷。同时，还必须满足客户或后工序对带钢表面粗糙度的要求。因此，必须综合各方面因素选择合适的轧辊粗糙度。

实际生产过程中，轧辊的初始粗糙度已经确定，随着轧制长度的增加，轧辊辊面的粗糙度会逐步降低。但是，随着轧辊轧制长度的增加，轧制变形区产生的热量也大幅急剧上升，从而造成热划痕出现的概率相应增加。因此，需要根据轧辊的轧制里程更换新辊，确保将轧辊的粗糙度控制在需要的范围内。

典型的轧辊换辊周期规范如表 1-25 所示。

表 1-25 典型的轧辊换辊周期规范　　　　　　　　　　　　　　　　　　　　t

机　架	镀铬工作辊轧制量	未镀铬工作辊轧制量	中间辊轧制量	支撑辊轧制量
1 号机架	10000	4500	10000～13000	160000
2 号机架	10000	4500	10000～13000	160000
3 号机架	8000	4000	9000～12000	140000
4 号机架	8000	4000	9000～12000	140000
5 号机架	—	3500(O3 板) 1800(O5 板)	7000～9000	120000

注：该表是针对正常工艺换辊，在遇到由窄料向宽料过渡时应进行工艺换辊。

③ 控制润滑状态 润滑状态包括乳化液的浓度与温度等。

a. 乳化液浓度。乳化液浓度是影响润滑状态的最主要的因素。当乳化液浓度较低时，引发欠润滑，使轧制力增大，带钢在变形过程中产生的热能增多，造成润滑油膜破裂的概率增大，热划痕出现的概率也相应增大；当乳化液浓度较高时，热划痕缺陷出现的概率减小，但又会引发过润滑，造成带钢与轧辊之间打滑，产生划伤缺陷。

b. 乳化液温度。乳化液温度也是影响润滑状态的一个主要因素。当温度过高时，轧制变形区入口的油膜厚度减小，摩擦系数增大，带钢在变形过程中产生的热能增多，热划痕产生的概率增大；相反，如果温度过低，轧制变形区入口的油膜厚度增大，摩擦系数减小，热划痕缺陷出现的概率减小，但可能造成打滑而产生划伤缺陷，同时过低的乳化液温度有可能使乳化液酸化，滋生细菌，且低温不利于轧制油中的极压添加剂等成分发挥作用而影响润滑，油膜易破裂，也可能产生热划痕。

3. 锈蚀

(1) 缺陷形态 锈蚀分为两种。一种是黄斑和黑斑，其主要成分是碱式氧化铁——$FeO(OH)$，俗称铁黄，轻者颜色浅黄；较重者颜色为黄褐色，统称黄斑；严重时为黑色，即黑斑。另一种就是铁和氧气发生化学反应生成的铁的氧化物。

(2) 产生机理 锈蚀形成的化学反应方程式主要有：

$$Fe + 2HCl = FeCl_2 + H_2$$
$$FeCl_2 + 2H_2O = Fe(OH)_2 + 2HCl$$
$$4Fe(OH)_2 + 2H_2O + O_2 = 4Fe(OH)_3$$
$$4Fe(OH)_3 = 4FeO(OH) + 4H_2O$$

由以上方程式可知，锈蚀形成的必要条件是氯化亚铁、水和空气。控制锈蚀的关键就是控制带钢表面的氯离子含量。

(3) 控制措施

① 降低乳化液中的氯离子含量　一般乳化液中的极压剂含氯离子，由于含 Cl^- 的化合物电负性太强，因此会造成乳化液破乳，对冷轧带钢表面造成锈蚀。乳化液的防锈功能主要来自配方中的有机胺盐或无机盐类防锈添加剂及钝化剂，它对带钢的防锈保护仅为工序间的防锈，时间一般为一周左右，并视环境温度和湿度而不同。如配方液中的氯离子含量较高，则氯离子会穿透金属表面钝化膜，造成带钢锈蚀。如果酸洗段的氯离子带入乳化液中也可能造成这种结果。

② 增加轧机出口对乳化液的吹扫作用　加强轧机出口吹扫装置的吹扫作用，而且必须增加带钢两侧的吹扫装置，防止乳化液由带钢两侧带出。带钢上面残留的乳化液和水会造成电化学腐蚀，形成带钢锈蚀。轧机出口吹扫压力标准为：(3 ± 0.5)bar。

③ 优化轧制工艺参数　如果轧制速度过高或者变形量过大，工艺润滑流量不够，润滑效果不好，摩擦力增大，变形热不能有效地交换出去，冷却效果不好，则都会使带钢表面局部温度过高，使带钢表面形成的油膜被破坏，从而造成带钢表面氧化；如果乳化液浓度偏低，则不能在带钢表面形成完整的保护油膜，轧制完成后带钢表面直接和空气接触，也加快了带钢的锈蚀。

④ 控制库存时间　在其他条件不变的情况下，库存时间与带钢表面的锈蚀程度成正比。放置一周左右的钢卷开始有局部锈蚀，两周至三周的钢卷的外表面已经基本完全锈蚀，一个月后钢卷的锈蚀已经相当严重。因此，要合理安排生产计划，缩短冷轧带钢在中间库的库存时间，中间库放置时间尽量控制在一周以内。

4. 库存结露

冷轧各库区一般属于开放式区域，容易受到外界环境的影响，钢卷在库区存放时间过长，可能会导致钢卷结露，从而产生锈蚀缺陷。

(1) 产生机理 各机组下线的钢卷温度均要高于常温，当卷取时环境空气湿度较大时，卷入钢卷缝隙的热空气中含有大量的水蒸气，虽然在高温下不会结露，但与外部空气会发生热交换而逐步冷却。钢卷缝隙空气中的水蒸气遇冷就会凝结成水滴，存在于钢卷缝隙中，导致带钢表面产生锈蚀。

(2) 结露预警 钢卷可能结露的气温条件有两个方面，一是出现气象异常情况，二是钢卷温度低于环境空气的露点。

① 气象异常　如果出现下列条件之一，就必须预警：

天气预报次日最低温度较当天最低温度高3℃以上；

天气预报次日会下雨或有6级以上大风；

最低气象湿度≥70%。

② 钢卷温度与钢卷缝隙空气的露点之差　根据温差ΔT进行预警，温差ΔT=被监视的钢卷温度（或固定参照物）－环境空气的露点温度。

第一次报警（结露注意报警）：$1.5℃<\Delta T\leqslant 3℃$。

第二次报警（结露处理报警）：$0℃<\Delta T\leqslant 1.5℃$。

第三次报警（结露报警）：$\Delta T\leqslant 0℃$。

解除报警：$\Delta T>3℃$。

(3) 控制措施

① 要求精整库区管理员每工作日早晨全面清查前库，发现少量已经结露的潮湿钢卷，立即采用擦拭或吹风的方式清除水滴，并且做好记录，及时汇报，尽量当班安排计划生产。

② 当出现结露报警的气候时，应立即用塑料罩保护钢卷，避免钢卷发生结露现象导致锈蚀缺陷的产生。

第二章 带钢连续退火技术

第一节 高强钢焊接工艺

在高强钢的连续退火和镀锌等生产过程中,焊接性能较差是一大难题,必须对焊接工艺方法进行研究试验。含磷高强钢就是其中的代表。

JSC440P 是一种含磷汽车深冲钢板,广泛用于制作车身内板及车身结构件等。含磷钢主要是利用磷的固溶强化作用提高钢的强度,但磷容易在晶界处偏聚引起钢的晶界脆性。通常情况下,磷的含量影响钢的冷脆性,使焊接性能、可塑性、韧性、冷弯性能降低。

一、常规焊接试验

在连续退火生产线上,采用 CO_2 激光焊机对 JSC440P 带钢进行焊接后,取焊缝样到实验室进行弯曲试验,弯曲终止以焊缝断裂为判据,试验结果见表 2-1。

表 2-1 焊缝弯曲试验结果

试样编号	厚度/mm	宽度/mm	圆柱支座半径/mm	拉紧力/N	弯曲次数 N_b	终止试验判据
1	1.4	20	7.5	—	7	断裂
2	1.4	20	7.5	—	5	断裂
3	1.4	20	7.5	—	4	断裂
4	1.4	20	7.5	—	3	断裂
5	1.4	20	7.5	—	2	断裂
6	1.4	20	7.5	—	3	断裂
7	1.4	20	7.5	—	3	断裂
8	1.4	20	7.5	—	3	断裂
9	1.4	20	7.5	—	3	断裂
10	1.4	20	7.5	—	3	断裂
11	1.4	20	7.5	—	3	断裂
12	1.4	20	7.5	—	3	断裂

可见,一般在反复弯曲 3 次后即出现断裂,而现场生产线上的焊缝需要经过多次反复弯曲,因此这种焊缝质量不能满足生产要求。

同时，制取焊缝拉伸试验样板，进行室温拉伸检测，发现试样在焊缝处断裂，如图2-1所示。

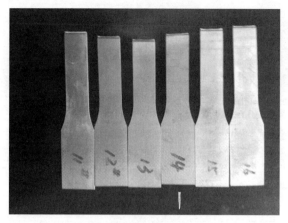

图2-1 焊缝拉伸试验样板

继续对焊缝进行硬度分布检测，如图2-2所示。从图2-2中可知，焊接后依然存在软化区。焊缝中心由于焊接的原因，硬度升高，和母材持平；但两侧的热影响区出现软化，硬度较低。

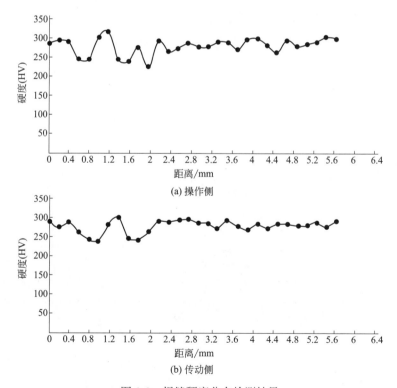

图2-2 焊缝硬度分布检测结果

二、焊接方式改进试验

为了解决焊接困难问题，进行了不同焊接方式的试验，并从现场取样，进行焊接效果评估，评估结果如表2-2所示。

表 2-2 焊接方式改进试验结果

焊接方式	焊缝杯突评价	焊缝弯曲评价
440P 同材质普通焊接	杯突值为 3.34～4.62mm	反复弯曲 1～3 次
440P＋DC01 两种材质"花焊"	杯突值为 3.34～5.24mm	反复弯曲 6～8 次
440P 同材质填丝焊	杯突值为 3.45～4.17mm	反复弯曲 3～4 次

试验表明，常温下"花焊"方式反复弯曲次数较多，稳定性高。根据这一结果，实际生产中采用 JSC440P 与 DC01、DC03 等材质搭配焊接，使焊缝塑性得到了提高。

三、退火温度调整试验

为了了解该钢种焊后退火温度对焊缝的影响规律，进行了不同退火温度下的焊接试验，结果如表 2-3 所示。

表 2-3 退火温度对焊缝的影响

焊后退火温度/℃	杯突值/mm	弯曲	焊后退火温度/℃	杯突值/mm	弯曲
500	3.71～4.34	反复弯曲 2～3 次	800	8.26～8.51	反复弯曲 18～19 次
600	3.55～4.82	反复弯曲 2～3 次	900	3.47～5.92	反复弯曲 18～21 次
700	3.91～5.51	反复弯曲 3～4 次	1000	9.17～9.78	反复弯曲 19～20 次

以上杯突检测结果全部是横向裂纹，为合格试样。从表 2-3 中所示数据可以看出，当退火温度为 800～1000℃时，塑性大幅提高。可见经过适当焊后热处理后，焊缝塑性显著改善，甚至优于与 DC01 搭配焊的焊缝性能。

四、含磷高强钢成分优化

对 JSC440P 带钢焊接性能影响最大的是磷含量，主要原因是磷容易在晶界处偏析，如图 2-3 所示。

图 2-3 含磷高强钢轧硬卷的磷偏析

捕捉到磷含量偏析后，便进行了将磷含量逐步降低的研究。表 2-4 是 JSC440P 磷含量演变表，可以看到最终将 JSC440P 钢种的最高磷含量降到了 0.08%。

表 2-4　JSC440P 带钢中磷含量演变

序号	调整次数	P 含量/%	序号	调整次数	P 含量/%
1	首次开发时	0.06~0.12	3	第二次调整后	0.06~0.095
2	第一次调整后	0.06~0.1	4	第三次调整后	0.06~0.08

五、激光焊接工艺优化

根据现代焊接技术，通常认为，采用普通焊接工艺的话，一般在碳钢的碳当量不超过 0.4% 时焊接性较好；当碳当量超过 0.4% 时，焊接时就需要采取特殊措施，如焊前预热、使用低氢型填充材料、焊后退火等。碳当量的计算公式为，C 当量 $=C+Mn/6+(Cr+V+Mo)/5+(Ni+Cu)/15$。

连退机组一般采用配备 CO_2 激光器的激光焊机，最大激光功率为 3500W，焊接速度是 2.5~12m/min，同时具备同步后加热工艺，最大后加热功率为 30kW，正常完成一次激光焊接的时间为 75s。由于机组炉子速度要求以及入口最大活套量的限制，一般给予焊接的重焊次数仅为一次。

为提高 JSC440P 焊接性能的稳定性，进行了优化焊接参数试验，其中激光功率、焦距、带钢操作侧和传动侧间隙、焊轮压力等焊接参数值没有调整，主要降低了焊接速度、增加了后退火功能，并对焊接参数进行了优化，如表 2-5 所示。

表 2-5　激光焊机焊接工艺参数的对照表

带钢厚度/mm	焊接速度（额定焊接速度为 12m/min）		后退火功率（额定后退火功率为 30kW）	
	原来焊接速度/%	改进后焊接速度/%	原来后退火功率/%	改进后退火功率/%
0.75~0.99	52	48	0	0
1.00~1.24	44	40	0	2
1.25~1.49	40	35	0	4
1.50~1.79	32	28	0	10
1.80~2.29	28	24	0	14

通过上述三项措施的实施，JSC440P 带钢的焊接实现了焊缝零断带。

第二节　前处理工艺

一、轧硬板表面残留物

带钢在退火前的表面状态和清洁程度是确保连续生产机组生产出优良产品表面质量的先决条件。而冷轧后的带钢表面总残留着一些轧制油、铁粉以及轧制过程中的污染物，所以在退火前就必须进行清洗处理，将带钢表面的残留物彻底去除干净。否则这些残留在带钢表面的油类和铁粉类在退火过程中将形成碳质污斑和结瘤，污染炉内气氛、炉辊等设备以及带钢表面，因此退火前的清洗是连续处理机组生产中的一个重要环节，必须十分重视。

1. 残留物的种类

带钢表面残留物主要有以下几种：

① 轧制油。轧制时用作润滑和冷却的乳化液残留在带钢表面，其中的水分蒸发以后便留下轧制油薄膜。轧制油一般是非固化性油，以比较均匀的油膜附在带钢表面，对带钢有一定的防锈作用。轧制油一般情况下与润滑油、铁粉和灰尘混在一起，形成黏性较强的油污，牢牢粘在带钢上，所以要除去这类污染物必须进行脱脂。

② 润滑油。轧制时辊子、轴承等处的润滑油和油脂遇热后黏度降低，滴到带钢表面，由于轧制时的带钢温度较高加上润滑油在冷却液中不易乳化，因此会产生一定的氧化现象，再在轧辊的高压作用下，极易钻进带钢的毛细空隙中，并随着轧制过程中产生延伸，形成大片的油斑，比较难以清洗除去。少量润滑油也可以在炉内挥发，较多时不能完全挥发，它在镀锌时增加带钢表面的张力，影响锌液与带钢的浸润性，造成露钢、镀锌不良等缺陷，使产品报废。

③ 铁粉。铁粉产生的原因主要有：酸洗工艺段的清洗效果不佳，造成带钢铁粉没有清洗干净，在轧制过程中进入乳化液系统和残留在带钢表面；乳化液轧制油的润滑功能有限，在轧制中由于润滑不佳，造成带钢表面铁粉过分脱落；乳化液系统的清洁能力不足，不能够完全清除混入乳化液系统的残铁等杂质。带钢表面的铁粉对镀锌过程十分有害，它在炉内的高温状态下会黏附在炉底辊上，形成炉底辊结瘤，从而产生炉辊印和划伤等缺陷，同时它也会与锌锅中的锌液发生反应形成锌渣。

④ 铁锈。冷硬卷在运输和储存时会吸潮甚至进水，而产生氧化，表面产生铁锈层。铁锈与基板的结合力比铁粉更强，轻微的铁锈可以在炉内还原，但严重的铁锈就会造成镀锌不良缺陷。

提高带钢表面清洁度的主要措施是控制轧后带钢表面残留和提升清洗段的清洗能力。

2. 残留物控制标准

轧硬板表面残铁数量直接影响镀锌板表面质量。为缩减锌粒、锌灰的数量和尺寸，要求锌液铁含量≤0.010%。通过计算，结合生产实践，要求入锌锅带钢表面残铁量双面≤10mg/m^2。考虑到清洗段能去除带钢表面85%～90%的残铁，因此要求镀锌原料轧硬卷表面残铁量双面≤60mg/m^2。

3. 冷轧线对表面残铁的控制

一般对此采取的措施如下：

① 在汽车外板轧制前三天，将乳化液清洁功能全部最大化投入，实施乳化液溢流，进行排污、换油。

② 大力推进轧机无漏油轧制工作，加强液压、润滑设备的点巡检力度，根据轧机机架内恶劣的环境现状，合理优化轧机机架内液压、润滑软管及窜辊块的更换周期，并解决工作辊、中间辊及支承辊轴颈漏油及进水问题。

③ 制定酸轧机组冷轧乳化液及轧后表面残留取、送样规范，每轧10卷取样送检残留、残铁，在生产镀锌汽车内板过渡原料之前对乳化液铁含量进行检验，在生产镀锌汽车外板原料之前进行乳化液全检。保证轧制润滑状态受控，提高热镀锌轿车外板原料的轧后洁净度。

二、脱脂原理分析

清洁表面残留杂质的方法分为三种：化学脱脂、机械脱脂和电解脱脂。轧硬板表面上残留着较厚的轧制油和轧辊磨损物，轧制油又常被润滑油和液压油污染，这些油污必须先采用化学脱脂和机械脱脂（刷洗）方法、再采用电解脱脂方法才能有效地除去。在实际生产中发现，用化学脱脂和刷洗方法能除掉带钢表面的大部分油污，剩下的小部分油污牢固地附着在带钢表面和被轧入带钢孔隙深处，只有在电解产生气泡的作用下才能有效地去除。

1. 化学脱脂

轧制油按照其化学性质可分为两大类：皂化类油和非皂化类油。化学脱脂就是要除掉钢板上的这两类油，对于皂化类油是利用脱脂液中的氢氧化钠与皂化类油发生皂化反应而除去；对于非皂化类油是利用该溶液中的表面活性物质的乳化作用而除去。

皂化类油是指各种动物油和植物油，其主要成分是各种高级脂肪酸的甘油酯，称为甘油三酸酯，它的通式是$(RCOO)_3C_3H_5$。皂化类油与碱发生皂化反应，生成可溶于水的肥皂和甘油，皂化反应的通式是：

$$(RCOO)_3C_3H_5 + 3NaOH \longrightarrow 3RCOONa + C_3H_5(OH)_3$$
甘油三酸酯　　　氢氧化钠　　　　肥皂　　　　甘油

非皂化类油是指矿物油，如汽油和各种润滑油、机油等。矿物油虽然也称油，但与动植物油的成分和性质不同。矿物油是各种烃类等碳氢化合物的混合物，这类油不溶于水、与碱不起皂化作用，但它们能在一定条件下形成乳化液。因此非皂化类油依赖乳化作用也比较容易从带钢表面除去。除去非皂化类油所用的主要除油剂有氢氧化钠、硅酸钠、表面活性剂等。

氢氧化钠在除油剂中碱性最强，皂化作用亦很大。

硅酸钠俗称水玻璃或泡花碱，它是由Na_2O和SiO_2化合而成的。硅酸钠常在变更Na_2O：SiO_2的比值基础上分类。其与其他表面活性剂组合，则是碱类中最好的润湿剂、乳化剂和分散剂。此外，正硅酸钠对强碱具有缓冲作用，对硬水有软化作用。但由于硅酸钠清洗后的带钢表面有硅残留，对镀锌不利，因此不能用于镀锌生产线。

表面活性剂可促进乳化分散作用，加快除油过程。这种物质分子中的亲油端（疏水端）被金属表面的油污所吸附，同时分子中的亲水段与碱液中的水分结合，从而提高了金属表面在溶液中的润湿性，使之充分地与碱液接触。另外，表面活性剂还可以降低油水的界面张力和油滴对金属表面的亲和力，从而促使油滴进入溶液。同时表面活性剂又被吸附在油滴表面形成乳胶体，使溶液中的油滴不会重新聚集，起到乳化分散油脂的作用。

除油剂中常用的表面活性剂有水玻璃、肥皂和烷基芳基聚己二醇（OP乳化剂）等。

根据油污状态和金属材料性质来选择适当的除油剂组成和使用条件。当表面黏附大量油脂，即油层很厚，有滑腻和黏性感时，只用化学脱脂是不能轻易除净的，必须采用刷洗一起进行处理。

碱性除油液呈强碱性，钢铁材料除油用较高碱度的溶液一般来说是可以的，但碱的浓度过高，会使肥皂的溶解度和乳浊液的稳定性下降，从而降低了除油效果。通常将清洗段碱液温度控制在60～80℃，喷淋、刷洗段碱液电导率控制在20～40mS/cm，电解段碱液电导率控制在40～60mS/cm。

2. 电解脱脂

电解脱脂的机理是将带钢作为阴极或阳极时，在带钢表面相应地析出氢气泡或氧气泡，将附着于带钢表面的油膜破坏。小气泡从油滴附着的带钢上脱离而滞留于油滴的表面上，并停留在油与脱脂液的交界面上，由于新的气泡不断析出，小气泡逐渐变大，因此油滴在气泡的作用下脱离带钢表面，被气泡带到脱脂液中去。

电解脱脂最常用的方法是中间导体法，即带钢不直接和电源相连接，电源是接在带钢入口部分和出口部分的两组电极极板上的。当入口部分的极板接阳极时，出口部分的极板接阴极，此时，电流从阳极经过脱脂液到达带钢，然后在带钢内部继续前进，到达与出口部分的极板相对应的位置，并从带钢又经过脱脂液到达阴极。

在入口部分，与阳极极板相应的带钢相对于阳极来说电位为负，则为阴极，此时在带钢上析出氢气。当带钢运行到出口部分与阴极极板相对应的位置时，带钢相应于阴极来说电位为正，则为阳极，此时在带钢上析出氧气。这样，当带钢通过同一个脱脂槽时，就经历了先阴极后阳极的两个脱脂过程。

电解除油时的析出气体的过程实质上是电解水的过程：

$$H_2O \rightleftharpoons H^+ + OH^-$$

当带钢作为阴极时，其表面上进行的是还原过程，并析出氢气：

$$2H^+ + 2e \rightleftharpoons H_2\uparrow$$

当带钢作为阳极时,其表面上进行的是氧化过程,并析出氧气:

$$4OH^- - 4e \rightleftharpoons O_2\uparrow + 2H_2O$$

中间导体法的两组极板的极性可以自动转换。带钢为阴极时析出的氢气量比带钢为阳极时析出的氧气量要大一倍,所以带钢为阴极时的除油速度快、效果好。但析出的氢渗入带钢内部易使带钢产生氢脆,因此电极极性一般是每隔一段时间转换一次。极性转换还可清除带钢表面在带钢为阴极时析出的某些杂质。

与碱液除油相比,电解除油主要是依靠电极化作用及电极上析出气体的机械搅拌和剥离作用。而且在使用表面活性剂时还要防止产生大量泡沫,使产生的氢气和氧气难以逸出,这些气体在泡沫层里混合之后,遇到电极接触不良而打火时,就可能发生爆炸。因此在电解除油时,要选用低泡的表面活性剂,或不加或只加少量的表面活性剂。

电解脱脂的温度一般为 (70 ± 10) ℃,温度高时能加强乳化作用,增强除油效果,但温度过高时,碱液蒸发速度加快,污染环境。选择电流密度时,要保证能析出足够的气泡以提高除油速度,一般采用 $10\sim30A/dm^2$,但随电流密度的增加,阴极除油的渗氢作用增大,所以电流密度要控制在一定的范围内。

使用电解脱脂的优点是时间短、效率高、脱脂质量好。

三、脱脂系统管理

为了保证汽车板质量,必须加强清洗段的各项管理,以提高清洗段的清洗能力。

1. 加强废水排放

生产前导料及外板时,加大清洗段污水排放量,将喷淋段循环罐清洗液排放量从 $0.5m^3/h$ 提高到 $1m^3/h$;增加清洗段污水排放频次,将电解槽循环罐清洗液排放周期由每天排放调整为手阀每 2h 排放一次,每次排放 20～30s;漂洗段循环罐清洗液由每天排放调整为每班打开手阀一次。

通常在检修时将所有槽子都放空、清理干净,然后重新配液;对于 3 号刷洗槽和热水漂洗槽,每次检修时放空更换新水,平时发现水较脏时,也应放空更换新水。

2. 提高设备功能

提高电解清洗能力,加大清洗段电极板电流,由日常的 90% 增至 96%;提高刷洗清洗能力,刷辊电流实际值由 7%～9% 调整到 12%;提高挤干能力,避免钢板表面带水进入退火炉,挤干辊压力由 4kg 调整为 6kg;磁链式过滤器由每天清理调整为每两个小时清理一次。

3. 加强设备维护

加强设备维护,保证设备功能、精度。

每次外板前检修时,更换清洗段挤干辊。刷辊正常生产时,将空载电流调节到 +4A;检修时若检查发现刷毛的长度差超过 5mm,必须进行修剪;若刷毛长度小于 10mm,就必须进行更换;若发现脱毛严重、刷毛硬,或刷毛烧损、刷毛过脏,影响质量和生产时,也应及时更换。

正常生产时,安排生产操作人员和设备维保人员每两个小时对清洗段设备(包括法兰、水泵、污水坑电动机、传动装置)进行检查,及时发现问题,及时整改;检修时,人工清理喷淋清洗段、电解清洗段、漂洗段循环槽内沉积的铁粉、油泥混合物。

4. 过滤设备管理

及时除去脱脂液中的杂质,确保脱脂液清洁,防止对带钢产生二次污染,是提高脱脂效果的关键,因此在没有脱脂液过滤设备的脱脂槽中都增加了磁链过滤器或平床过滤器。

四、平床过滤器

1. 平床过滤器工作原理

在使用碱洗系统的过程中，钢板上的杂质会不断进入到碱洗液中，碱洗液中的悬浮物会不断升高，当碱洗液中的杂质升高到一定程度时会大大影响钢板的碱洗效果，直接影响钢板表面的质量。为此，在碱洗段增加平床过滤器，对脱脂段碱液循环罐中脏液进行过滤，以便向碱液喷洗槽和碱液刷洗槽提供干净碱液，增强对槽内带钢的清洗效果。

平床过滤器的主要过滤元件为无纺过滤布，通称纸带。脱脂段碱液循环罐中脏液通过卧式离心泵输入平床过滤器脏液室，同时平床过滤器输入干净纸带，在压力作用下净液透过纸带进入净液室，并靠压力回流至碱液循环罐；而杂质逐渐积累在脏液室纸带表面，当杂质积累到一定程度时净液不能透过纸带，导致脏液室压力升高，压力升高到一定值后，系统导出废纸带并输入干净纸带进行新一轮过滤。另外，纤维素在循环水罐中加入，同样依靠泵输入到脏液室，纤维素对过滤过程滤饼架桥、保护纸带有一定作用。

2. 平床过滤系统构成

平床过滤系统构成如图 2-4 所示。

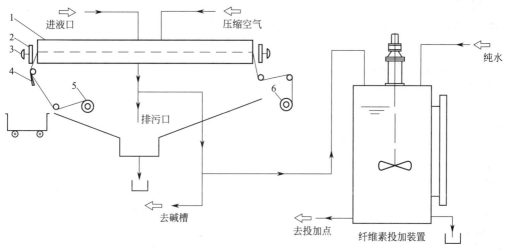

图 2-4　平床过滤系统构成

1—过滤室；2—密封盖；3—压紧气缸；4—刮板；5—驱动轴；6—纸带

（1）**过滤室**　过滤室是设备的核心部件之一，起到主要的过滤作用。过滤室分脏液室和净液室两个部分，以纸带为分界线，纸带上部进液的部分即为脏液室，纸带下部出液的部分即为净液室。

过滤室为长方形中空腔体形状，脏液体以一定的压力进入脏液室，流经纸带，达到过滤的作用。由于进液有一定的压力，因此过滤室需承受进液及气体压榨时的所有压力。

（2）**密封盖**　密封盖处于过滤室两端，其主要作用是在过滤时将过滤室加紧密封，使过滤室成为完全密闭的腔体，这样压力不会外泄，不会有泄漏，进液在压力的作用下才能透过纸带完成过滤。

（3）**压紧气缸**　压紧气缸位于设备两端安装于密封盖外侧，压紧气缸输出伸缩位移，并输出压力来控制密封盖的移动，对密封盖的密封性能起到决定性的作用。当正常过滤时压紧气缸充气推动密封盖将过滤室夹在中间，形成两端可控制的密封空间。

（4）**刮板**　刮板位于脏纸带的输出端，为可旋转活动式，一端由一个气缸连接，当有脏纸带输出时启动气缸带动刮板，使刮板顶端紧贴于纸带表面，将纸带上的杂质刮下掉落于废渣车中。

(5) **驱动轴** 驱动轴由电动机减速机连接，当发信装置提示过滤室内杂质过多时，控制系统打开密封盖，启动刮板，启动驱动轴旋转，将带有杂质的过滤室内的脏纸带卷在驱动轴上，随着驱动轴的旋转，干净的纸带进入过滤室内进行下一次的循环过滤。

(6) **纸带** 纸带起主要的过滤作用，工作时带有杂质的碱液经过泵加压后流经过纸带，碱液中的杂质被吸附到纸带上，当堆积在纸带上的污物增多、将纸带堵塞时，发信机构发信，过滤机进行自动清理杂质，清理程序结束后进入下一工作循环。在纸带上部设置位移监测装置，监测纸带行走的位移量，为系统控制提供关键的控制信号。

(7) **纤维素投加装置** 纤维素投加装置由罐体、搅拌机、气动隔膜泵组成，其作用是自动定时定量地向进入过滤机内的碱液中投加纤维素。纤维素对过滤过程滤饼架桥，使纸带的负荷变小，起到保护纸带的作用。

(8) **废渣车** 废渣车用于储存刮板刮下的杂质。

五、脱脂过程质量控制

一般脱脂清洗系统包括1号喷淋、1号刷洗、2号喷淋、2号刷洗、电解清洗、3号刷洗、热水漂洗、边部吹扫、热风干燥等过程。在实际生产中，必须严格按标准进行，以确保脱脂过程达到良好的效果。

1. 各槽工艺参数管理标准

各槽工艺参数管理标准见表2-6。

表2-6 各槽工艺参数管理标准

区 域	主要成分	碱度	碱液电导率	温度/℃	铁分浓度	油分浓度
1号喷淋槽	NaOH	2.0%～2.1%	20～40mS/cm	70±10	≤1000×10^{-6}	≤2000×10^{-6}
1号刷洗槽	NaOH	2.0%～2.1%	20～40mS/cm	70±10	≤1000×10^{-6}	≤2000×10^{-6}
2号喷淋槽	NaOH	2.0%～2.1%	20～40mS/cm	70±10	≤1000×10^{-6}	≤2000×10^{-6}
2号刷洗槽	NaOH	2.0%～2.1%	20～40mS/cm	70±10	≤1000×10^{-6}	≤2000×10^{-6}
电解脱脂槽	NaOH	2.1%～2.6%	40～70mS/cm	70±10	≤1000×10^{-6}	≤2000×10^{-6}
3号刷洗槽	脱盐水	≈0	<200μS/cm	70±10	≈0	≈0
热水漂洗槽	脱盐水	≈0	<200μS/cm	70±10	≈0	≈0
热风烘干	—	—	—	≥100		
脱脂剂原液槽	NaOH	25%	(32±5)%	40±10		

2. 增加槽液浓度检测

一般主要通过电导率及温度等参数来监控清洗段，为了更精确地管控清洗段NaOH浓度进行检测，每日早班送一次碱液样品检测NaOH浓度，每周送一次碱液样品检测残铁残油。此外，充分利用非正常停机的机会，停机必测清洗后带钢表面的反射率，测试值纳入统计数据库。

3. 脱脂液总油浓度的测定

从带钢上清洗下来的残油全部进入在线脱脂液中，在线脱脂液中的总油浓度是其质量状况的重要参数，对带钢清洗效果的影响很大。为此，采用容量瓶直接测定脱脂液中总油浓度的方法，原理是将脱脂液试样加酸、加热处理，使油水分层，就可以直接读出油含量，测定范围为1%～12%（体积分数）。

步骤如下：

① 将脱脂液试样摇匀后，移取100mL试样。

② 将试样置于 115mL 的刻度容量瓶中，加 10mL 盐酸（$\rho=1.19\text{g/mL}$）摇匀，将混合溶液置于恒温干燥箱中，调整温度至（90 ± 2）℃并保持恒温 3~4h，至容量瓶中油和水彻底分层后取出容量瓶，读出容量瓶颈处油的体积。

③ 总油浓度（%）=读出油的体积（mL）。

4. 黑斑问题解决

在一段时间内出现了脱脂效果不良、清洗后的带钢出现黑斑的现象，如图 2-5 所示。

图 2-5 清洗段电解黑斑缺陷

经分析，产生这一问题的可能原因有：

① 电解段电极板轻度放电，造成基板轻度腐蚀，形成絮状 $Fe(OH)_2/Fe(OH)_3$ 等物质包裹着铁粉、残油等黏附在带钢表面形成黑斑；

② 脱脂剂中某一组分的质量存在问题，在罐子内出现分层，上层的组分包裹着铁粉、残油等黏附在带钢表面形成黑斑；

③ 电解段或电解段前某处带钢与辊面间存在打滑情况，尤其是入口段停机、启动瞬间造成板面局部擦伤，即板面微观形貌呈现疏松多孔，该段疏松多孔的带钢停留在电解罐中将碱液中的铁粉、残油等吸附在带钢表面形成黑斑。

第三节　退火炉内氧含量的控制

由于汽车用镀锌板对产品表面的缺陷和镀层附着力的要求非常高，而汽车用镀锌板基板内需要加入多种、大量的合金元素，极易在退火炉的高温状态下发生氧化，因而在生产汽车板时，对炉内氧含量必须严格控制。即使是采用直焰加热或者预氧化工艺，后面的还原区域也还需要很低的含氧量使得氧化物得到还原。这样才能满足汽车板产品质量的要求。

一般镀锌线是全辐射管的，没有设计预氧化段，在这样的生产线炉内氧含量对产品质量有什么影响？对此进行了一系列的试验研究。

一、氧含量对高强钢可镀锌性的影响

1. 生产工艺与缺陷形态

DP780 热镀锌板的材料成分为：C0.10%、Si0.05%、Mn1.68%、Cr0.45%、P0.01%、S0.004%、N0.004%，余量为 Fe。生产过程中，退火炉均热温度为 810℃，快冷末端温度为 500℃，入锌锅板温度为 480℃，退火炉内保护气体为 5%H_2 与 95%N_2 混合气体，露点为 -38℃，含氧量为 189×10^{-6}。锌锅温度为 460℃，锌液成分为：Al0.19%、Fe0.006%、杂质元素含量≤0.001%，余量为 Zn。生产后，发现部分带钢表面存在图 2-6 所示的点状缺陷，该缺陷在上、下表面呈均匀分布。

将试样切割成约 10mm×10mm 大小，用酒精超声清洗。采用 AURIGA 型电子束-离子束

双束系统对缺陷部位进行了表面形貌观察,并原位切割观察了缺陷部分的截面形貌。用 INCA 能谱仪进行成分分析,分析电压为 15kV,工作距离为 5.1mm。采用试样表面直接喷碳,碳膜有效地将表面氧化物包裹,然后在 10% 的硝酸酒精中将碳膜脱膜并用 Ni 网支撑,在 JEM-2100F 型透射电镜下进行观察。

2. 表面形貌显微分析

缺陷部位的表面形貌显微分析如图 2-7 所示。从图 2-7(a) 中可以看出,在扫描电镜下,点状缺陷处均存在较大面积的凹坑,凹坑较浅,内部存在不规则的堆积物。能谱分析发现,凹坑内没有镀层,

图 2-6 DP780 热镀锌板表面点状缺陷宏观形貌

成分主要是 Fe,其形貌如图 2-7(a) 中的 1 点所示,属于典型的漏镀;漏镀凹坑内的不规则颗粒形貌如图 2-7(a) 中 2 点所示,其成分主要是 Zn 和铁,是铁锌化合物,即锌渣;凹坑周围是正常的纯 Zn 镀层,如图 2-7(a) 中的 3 点所示。

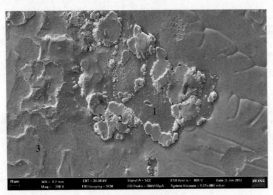

(a) 点状缺陷形貌

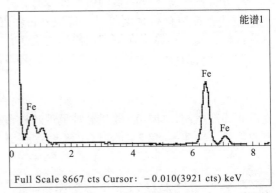

(b) 中心漏镀区成分

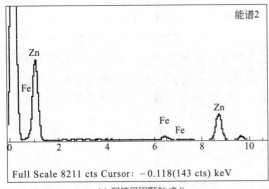

(c) 漏镀周围颗粒成分

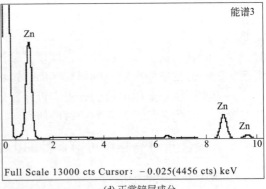

(d) 正常锌层成分

图 2-7 点状缺陷凹坑内部及周围的能谱成分

由表面形貌观察可见,试样表面的点状缺陷其实是均匀分布了较多的漏镀点,每个漏镀点表面或是周围又黏附了一些颗粒状的 Zn 渣颗粒。

3. 缺陷切割面放大形貌

为了分析漏镀产生以及漏镀周围 Zn 渣颗粒形成的原因,采用离子束对凹坑部位进行纵向切割,图 2-8(a) 所示为切割后的表面形貌,图 2-8(b) 所示为切割面局部放大形貌。

可见凹坑周围正常部位锌层与钢基之间存在抑制层。但是，缺陷部位却没有抑制层，其中：凹坑内部的漏镀部分没有抑制层也没有镀层，裸露出钢基；凹坑内有锌渣颗粒的部分没有抑制层，锌渣与钢基直接相连，这说明凹坑附近的 Zn 渣颗粒不是从外部进入的，而是在热浸镀的过程中在带钢表面形成的。这一结果表明，如果在钢基表面不能形成抑制层，钢基板的浸润性就差，锌液不易镀到钢基板上，如果有锌液粘到基板上，则由于失去抑制层的作用，铁和锌灰发生激烈的化合反应，在基板上生成铁锌化合物锌渣颗粒，这就是漏镀缺陷产生的根本原因。

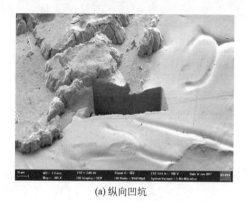

(a) 纵向凹坑　　　　　　　　　　(b) 局部放大

图 2-8　缺陷部位离子束切割形貌

4. 去除锌层后的形貌

为了分析该成分钢种的可镀性，采用 50% 稀盐酸将试样表面的锌层脱除，溶解时间大约为 10s，脱锌后将试样用酒精超声波清洗后再在扫描电镜下观察形貌。

可见漏镀凹坑内完全没有抑制层产生，漏镀周围的 Zn 渣颗粒没有被稀盐酸溶解，如图 2-9(a) 所示；而正常部位 Fe_2Al_5 抑制层致密，如图 2-9(b) 所示。

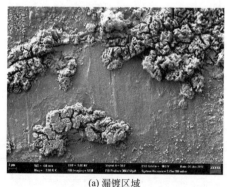 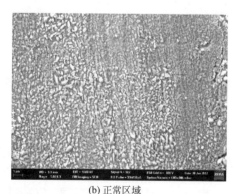

(a) 漏镀区域　　　　　　　　　　(b) 正常区域

图 2-9　锌层去除后的表面形貌

5. 透射电镜萃取复型分析

对漏镀区域研究较多的是采用 XPS 进行元素价态分析，确定表面的氧化物类型，但细小氧化物形貌无法分辨，于是进行透射电镜分析。图 2-10(a) 所示为复型制样后漏镀区域在透射电镜下的形貌，图 2-10(b) 所示为漏镀区的局部放大，可见漏镀区存在较多 30~100nm 的细小颗粒。对该颗粒进行能谱点分析，颜色较深颗粒成分如图 2-10(c) 所示，主要含 O、Cr、Mn 和少量 Al。同时，漏镀区域还有无颗粒的光滑状的或有少量颜色较浅颗粒的部位，这样的区域主要含 Al 和 O 元素，如图 2-10(d) 所示。

复型样品基体是碳膜，能谱分析时没有钢基的干扰，能真实反映材料表面的形貌及能谱成分，不仅确定了漏镀部位存在 Cr、Mn 等氧化物在表面富集，而且观察到这种氧化物颗粒尺寸主要为 30~100nm，形状接近球形。

由于钢基成分不含 Al，因此钢板在加热过程中只可能产生钢基中 Cr、Mn 元素的选择性氧化，而漏镀区域氧化物颗粒以及光滑区域均含有 Al，这说明在热镀锌过程中，锌液中的 Al 置换了钢板表面氧化物中的部分或全部合金元素。漏镀区域中的光滑区域中只有 Al 的氧化物，几乎没有 Cr、Mn 元素，可能是该区域在加热时形成了薄膜状的选择性氧化，在锌液中被 Al 充分置换，因此形成了只有 Al 的氧化物膜。但不管是颗粒状还是光滑状的表面，与锌液的浸润性都较差，从而产生漏镀，裸露出钢基体。

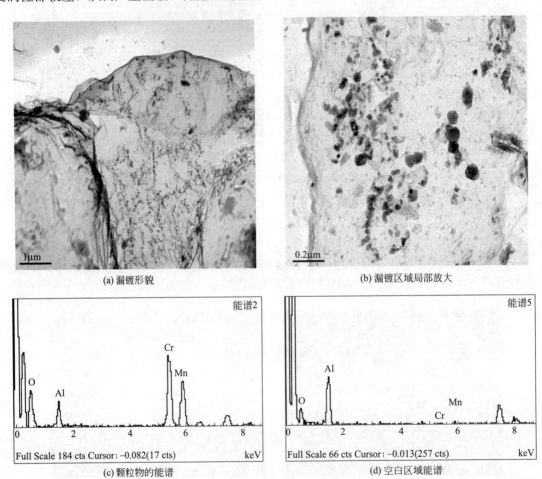

图 2-10 漏镀区域 TEM 形貌及能谱

上述结果说明了两个问题，一是由于汽车用镀锌基板内含有大量的合金元素，炉内含氧量必须严格控制；二是如果不采用预氧化方法，只采用一般炉气成分的生产工艺的话，很难生产出 DP780 以上的产品。

二、氧含量对高强钢镀层附着力的影响

为了进一步分析炉内氧含量对镀层附着力的影响，分别选取厚度为 1.2mm 的高铝系与 Cr-Mo 系两种不同成分体系的双相钢，分别标记为 High Al 和 Cr-Mo1；同时选择对比用 Cr-Mo 系双相钢作为比照对象，标记为 Cr-Mo2。采用 SEM、TEM、GDOES 等多种分析方法深入研究炉内氧含量对镀层附着力的影响。

1. 试样情况和试验方法

High Al 和 Cr-Mo1 试样实际生产中锌锅温度为 460℃，锌液铝含量为 0.20%，退火炉内保护气体为 5%H_2 与 95%N_2 混合气体，炉内氧含量约为 $100×10^{-6}$。三个试样的化学成分如表 2-7 所示。

表 2-7　三个试样的双相钢成分　　　　　　　　　　　　　　%

元　素	C	Si	Mn	Al	Mo	Cr
High Al	0.09	0.07	1.25	0.9	0.20	—
Cr-Mo1	0.16	0.03	1.7	0.04	0.15	0.25
Cr-Mo2	0.15	0.03	1.8	0.04	0.15	0.25

抽取三种产品制成 2cm×2cm 尺寸的试样，将试样放入 50%盐酸水溶液中腐蚀 15s 左右以褪去表面锌层后再做干燥处理，然后放入 Quanta 400 扫描电镜下观察抑制层表面形貌的特点，并采用 LECO GDS-750A 型辉光放电光谱仪检测镀层中元素随深度变化的特点，同时采用球冲试验对三种钢板锌层附着力进行评价。其中，球冲试验在压缩空气锻球试验机上进行，选取沿带钢宽度方向的中心和两侧共三个点进行检测，两侧球冲点距带钢边缘距离大于 20mm，每个点进行四次冲击试验。

为进一步分析高铝双相钢过渡层的特点，采用萃取复型法制备过渡层透射电镜观察样品。第一步，将试样放入 50%盐酸水溶液腐蚀 15s 左右，以去除锌层，再清洗、干燥后在扫描电镜下观察，选取适合透射电镜制样区域；第二步，将试样放入 JEE420 型高真空镀膜仪中喷碳；第三步，用刀在喷好碳膜的试样需观察表面划边长为 3mm 的方块，完毕后将试样放入 10%硝酸酒精溶液中浸泡，直至碳膜从试样表面分离；最后，将碳膜转入丙酮溶液中清洗，去除残余硝酸酒精溶液，用透射电镜专用 Ni(Cu) 支持网将碳膜捞起，在 JEM-2100F 型透射电镜下观察。

2. 试样镀层附着力对比

双相钢多用作汽车内板，对锌层表面质量及附着性能要求比汽车外板略低，要求镀层附着力球冲级别为 2 级及以上。试验发现，高铝系双相钢锌层附着力表现最差，球冲后出现大面积脱落；Cr-Mo1 试样球冲后锌层出现少许裂纹，未见明显剥落；相对而言，Cr-Mo2 锌层附着力最好，镀层完整无剥落，无明显裂纹，符合级别 1 的要求。

3. 两种双相钢抑制层组织差异

在热镀锌过程中，具有洁净表面的带钢经退火后进入锌锅时，由于锌液中的 Al 和 Fe 相对 Zn 和 Fe 而言具有更大的亲和力，因此锌液中的 Al 首先与 Fe 反应形成 Fe_2Al_5 颗粒。这种细小颗粒均匀牢固地附着在基板表面，充当基板与锌层的中间层，从而提高锌层在板面的附着力。此外，Fe_2Al_5 中间层还起到阻止基板中的 Fe 与 Zn 层之间的互相扩散、抑制脆性锌铁合金相形成的作用，又称抑制层。这种金属间化合物的形成以及其尺寸和分布的均匀致密性是决定镀层附着性好坏的关键因素。因此，可以通过对比 High Al 和 Cr-Mo 两种试样抑制层组织的特点差异来反映其镀层附着力差异。

经验表明，使用 50%盐酸水溶液用来腐蚀锌层能获得很好的效果，这是因为 Fe_2Al_5 层比较难被 50%盐酸水溶液腐蚀，当表面锌层溶解后，即使延长腐蚀时间，Fe_2Al_5 层形貌也不会被明显损坏。本试验采用了这一做法。

图 2-11 所示为试样 High Al 与 Cr-Mo2 抑制层 SEM 形貌的对比。从中明显可见高铝双相钢表面并未形成连续致密抑制层，Fe_2Al_5 颗粒相对粗大且不连续，而且表面存在大量未形成 Fe_2Al_5 颗粒的区域。相对而言，Cr-Mo1 与 Cr-Mo2 的抑制层相比并无明显差异，Cr-Mo2 的抑制层形貌如图 2-11(b) 所示，形成的 Fe_2Al_5 颗粒均匀细小且非常致密。这是 Cr-Mo 系双相钢锌层附着力优于高铝双相钢的直接原因。

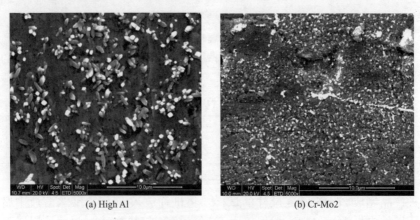

(a) High Al (b) Cr-Mo2

图 2-11 两种双相钢抑制层 SEM 形貌

4. 镀层中元素随深度变化情况

为了进一步分析导致高铝系双相钢未能形成连续致密 Fe_2Al_5 抑制层的根本原因，进行了对双相钢镀层中元素随深度变化情况的分析。带钢在退火及镀锌过程中均会发生元素的扩散及相互间的反应，因此，分析镀层中元素随深度变化的特点能为分析未能形成连续致密抑制层的原因提供依据。采用辉光放电光谱法进一步测定了三种样板中元素含量从镀层表面到基板变化的图谱，如图 2-12 所示，其中 O、Al 为放大 100 倍后的变化曲线，以方便观察。试验结果表

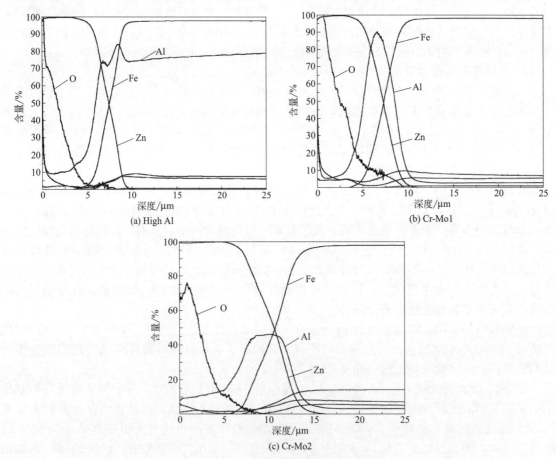

(a) High Al

(b) Cr-Mo1

(c) Cr-Mo2

图 2-12 双相钢镀层 GDOES 分析

明，所得到的 3 种试样元素含量随深度变化的曲线存在较大差异。

首先分析高铝双相钢元素随深度变化的特点。如图 2-12(a) 所示，在 0~3.5μm 深度范围内 Al 含量基本恒定，为 0.1％左右。此后，随着深度增加 Al 含量快速增加至 0.75％左右，而且非常特殊的是曲线中出现了两个峰值。分析此处两个峰值的形成原因，其中，第一个峰值对应钢板表面形成的 Fe_2Al_5 层所在位置；而第二个峰值更高，甚至高于基体中 Al 含量，该峰值的产生极可能是由退火过程基板中 Al 往带钢表面迁移造成偏析所致。此外，镀层中 O 含量也比较高，且 O 含量曲线贯穿整个过渡层区域，镀层与基板之间过渡层处 O 含量偏高，表明该处有氧化物存在，这对镀层附着性极为不利。图中尚未见其他元素出现明显富集现象。

再分析两种不同工艺条件下 Cr-Mo 钢元素分布的特点。对于 Cr-Mo1 钢而言，其镀层中 Al 含量在 0~3μm 深度范围内保持在 0.1％左右，之后随深度增加 Al 含量迅速攀升至 0.9％，在深度约为 7μm 时达到峰值，随后 Al 含量呈对称分布下降直至基板表面；O 含量曲线也是贯穿整个过渡层区域，如图 2-12(b) 所示。在图 2-12(c) 所示 Cr-Mo2 的曲线中，O、Al 元素含量随深度变化与前两者又存在较大差异。首先，Al 元素最高只有 0.46％左右，只为前两者的一半；其次，Al 含量到达最高值后出现了一个均匀平台，表明所形成的 Fe_2Al_5 层在深度方向上非常均匀。而对于 O 元素而言，如果以 Fe、Zn 元素含量曲线交叉点为参考点，则 Cr-Mo2 试样中 O 元素并未扩散至交叉点更深部位，而 Cr-Mo1 试样中 O 元素扩散更深。

综上所述，三种双相钢镀层中元素随深度变化差异最大的是 Al 及 O 两种元素，元素的偏析及氧化是导致不能形成连续致密 Fe_2Al_5 颗粒抑制层的根本原因。

5. 氧元素对锌层附着力的影响

一般而言，带钢镀前表面状态对镀层附着力有很大影响，影响镀前表面状态的主要因素包括基板的化学成分、退火过程元素的扩散及氧化等。本试验对比研究的三种不同状态下双相钢锌层附着力最差的是高铝系钢，Cr-Mo 系双相钢镀层附着力相对要好，但是当在炉内氧含量偏高状态下生产时，镀层附着力也有下降，这其中氧元素的影响非常明显。

由于高铝双相钢镀层附着力与 Cr-Mo 双相钢相差太大，因此采用萃取复型方法制得 TEM 试样进一步分析过渡层微观组织的特点，得到过渡层 TEM 形貌及 O、Al 元素面分布图，如图 2-13 所示。O 元素面分布图表明高铝双相钢过渡层表面分布着大量极细氧化物，结合 Al 元素面分布图可知 Al 的氧化物在晶界处已形成网状组织，在其他部位也几乎形成薄膜。当氧化物呈细小颗粒状态且分布较均匀时，氧化物之间的活性铁能使得钢板保持较好浸润性并生成 Fe_2Al_5 颗粒，通过桥接作用在氧化物颗粒上覆盖一层锌。而当氧化物成膜后覆盖住活性铁，带钢表面浸润性变差，锌液中 Al 与活性铁无法反应，表面即形成图 2-11(a) 中所示大量裸露区域，锌层无法附着。过渡层氧化铝的形成主要有两个来源：一是基板中的 Al 在退火过程中逐渐向表面偏聚，在炉内发生氧化反应生成 Al_2O_3；二是双相钢基板中含有一定量的 Mn 元素时，Mn 在退火过程中也会向表面偏析发生氧化形成 MnO，锌液中的 Al 能与 MnO 发生反应而形成氧化铝。

相对而言，Cr-Mo 系双相钢镀层附着力有了明显提升，过渡层中氧化物大幅减少，可以形成连续致密的 Fe_2Al_5 层。两者可镀性的差别在于基板成分不同，退火过程元素扩散与氧化行为也不同。Cr-Mo 系钢基体 Al 含量大幅降低，仅为 0.04％，这已从很大程度上减轻甚至避免了退火过程 Al 在带钢表面的偏析和氧化，为抑制层的形成提供了有利条件。不过，从实际生产和分析中发现当炉内氧含量偏高，如实测值在 $100×10^{-6}$ 时，过渡层中 Al、O 元素含量亦较高，表明了氧化铝的存在。产生的原因可能是 Cr-Mo 系双相钢 Mn 含量为 1.7％，相对更高一些，Mn 也是在退火过程中极易发生偏析和氧化的元素，表面形成 MnO 后与锌液中的 Al 反应生成氧化铝。这表明对于 Cr-Mo 系双相钢的生产而言，炉内氧含量控制同样非常重要。生产过程中通过严格控制炉内氧含量，尽可能减少带钢表面氧化物的形成，保证连续致密抑制

(a) TEM形貌　　　　　　　　　　(b) O元素面分布图

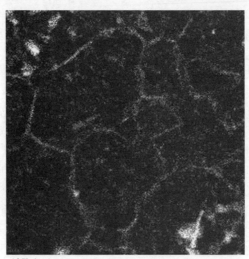

(c) Al元素面分布图

图 2-13　高铝双相钢过渡层微观组织

层的生成是提高 Cr-Mo 系双相钢镀层附着力的关键。

综上所述，高铝系双相钢在退火过程中，Al 和 Mn 向带钢表面偏析且随之发生氧化形成氧化物，特别是在晶界处以网状形式存在，氧化物的形成阻止了连续致密 Fe_2Al_5 颗粒的形成，使得锌层难以在带钢表面附着，导致其镀层附着力差。对于 Cr-Mo 系双相钢的生产而言，虽然氧化现象没有高铝系双相钢那么严重，但炉内氧含量控制同样非常重要。退火炉内氧含量越低越好，一般应在 30×10^{-6} 以下，最好在 20×10^{-6} 以下。

三、降低炉内氧含量

1. 炉内氧含量的评价

使用炉内氧含量分析仪可以准确反映退火炉内氧含量的多少。

另外，通过分析产品厚度方向上氧元素的分布也可以评价炉内氧含量。一般而言，加热过程中基板所含的合金元素如 Mn、Si 等会向基板表面偏聚，与炉内的氧反应形成氧化物，同时如果炉内氧含量高的话，则带钢表面也不可避免地残留一些氧化铁。带钢进入锌锅后，锌液中的 Al 将会与这些氧化物发生铝热反应，Al 将氧化物置换出来而形成 Al_2O_3。炉内氧含量越高，所形成的氧化物 Al_2O_3 量会越多，锌锅中铝热反应也越剧烈，最后过渡层里面 Al 含量也会越高，因此，用 GDOES 测量出过渡层中的 Al 含量可以作为评价炉内氧含量的重要间接标志。此外，用 GDOES 直接测得的镀层中氧含量变化曲线虽并不是非常准确，波动很大，但可以作为参考。

分别对三条机组生产线生产出的 GI 板上下表面元素含量随深度的变化情况进行了检测，曲线如图 2-14～图 2-16 所示。同时将三条生产线生产的 GI 板的镀层 Al 含量变化曲线放到一张图上进行对比，如图 2-17 所示。

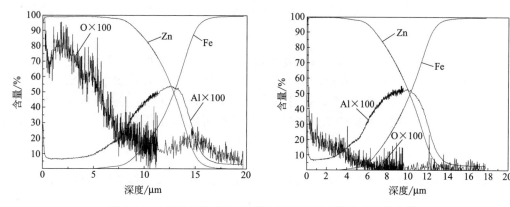

图 2-14　1 号机组生产的 GI 板上下表面元素随深度变化曲线

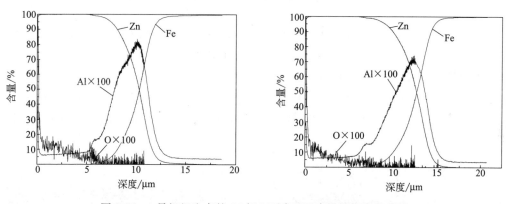

图 2-15　2 号机组生产的 GI 板上下表面元素随深度变化曲线

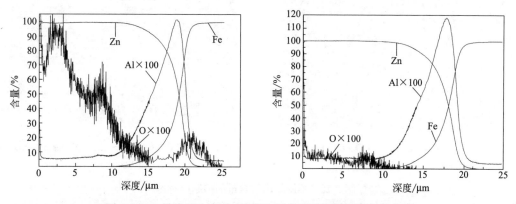

图 2-16　3 号机组生产的 GI 板上下表面元素随深度变化曲线

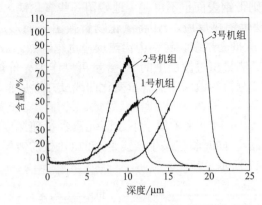

图 2-17　三条线生产的 GI 板镀层 Al 含量变化曲线对比

根据上述检测分析结果以及前文所提及的判断依据,明显可见,3 号机组的炉内氧含量最高。3 号机组在当前炉内氧含量很高的情况下,生产中会大量消耗锌锅中的 Al,此情况在生产中更为严重,这是因为在生产中锌锅 Al 含量很难提高且难以稳定控制。2 号机组次之,由于之前 2 号机组经常在线显示炉内氧含量为 0,据此分析数据可直接判断,2 号机组炉内氧含量检测设备不准确。相对而言,1 号机组在三条生产线中氧含量控制较好。

2. 降低炉内氧含量的措施

利用机组长时间检修,检查炉内辐射管在炉内的固定情况和破损情况,重新加固辐射管,更换破损的辐射管。

加强炉子密封检查,加强炉鼻子处密封检查,加强膨胀节密封检查,及时更换密封圈等关键部件。

检查炉壁绝热层变形情况,修补破损的炉内不锈钢护板、炉墙裂缝,清洁炉内转向辊。并形成退火炉定期检查维修制度,从制度上保证退火炉处于最佳状态。

3. 不同炉内氧含量的结果对比

对不同炉内 O_2 含量的热镀锌汽车板抑制层 Fe_2Al_5 的微观形貌进行了分析,图 2-18 展示了典型的分析结果,图 2-18(a) 所示为氧含量为 40×10^{-6} 时的结果,图 2-18(b) 所示为氧含量为 200×10^{-6} 时的结果。

(a) 氧含量为 40×10^{-6} 时的抑制层

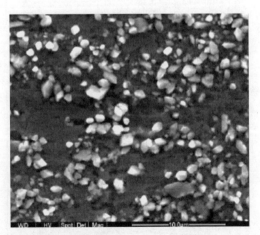

(b) 氧含量为 200×10^{-6} 时的抑制层

图 2-18　不同炉内氧含量的抑制层对比

第四节 连续退火产品质量改进

一、高强 IF 钢性能优化

IF 钢,即无间隙原子钢,是一种超低碳钢,C、N 含量极低,再加入一定量的钛(Ti)、铌(Nb)等强碳氮化合物形成元素,将超低碳钢中的碳、氮等间隙原子完全固定为碳氮化合物,从而得到的无间隙原子的洁净铁素体钢,即超低碳无间隙原子钢。其具有极优异的深冲性能,伸长率和 r 值可达 50% 和 2.0 以上,广泛应用于汽车工业中制造受力相对较小而冲压变形量较大的零件。

高强 IF 钢是在 IF 钢的基础上,适当增加置换固溶元素磷、锰、硅,通过固溶强化来提高其强度,因而可以应用于既需要一定的冲压变形又需要一定强度的场合。

在生产汽车板的初期,高强 IF 钢连续退火板(简称连退板,下同)性能的稳定性往往会达不到规定的要求,必须进行一系列攻关。以 HC180Y 牌号的连退板为例,介绍如下。

1. 性能现状

某批次生产的 HC180Y 连退板出现批量屈服强度偏高和延伸率偏低的质量问题,基本数据如表 2-8 所示。

表 2-8 部分性能改判钢卷明细

卷号	规格/mm	屈服强度/MPa	抗拉强度/MPa	伸长率/%	r_{90}	n_{90}
标准		180~240	340~400	≥36	≥1.7	≥0.19
1	1.59	255	365	35	2.09	0.19
2	1.48	245	360	36.5	2.1	0.2
3	1.48	255	370	35	2.13	0.19
4	1.48	245	360	35	2.07	0.201
5	1.28	245	365	36.5	2.22	0.206
6	1.78	245	355	36	2.1	0.197
7	1.5	255	365	36	1.97	0.194
8	1.58	250	365	36.5	2.02	0.193
9	1.58	255	365	36	2.04	0.188
10	1.2	250	365	35.5	2.07	0.195
11	1.2	245	370	37.5	1.99	0.199
12	0.8	245	375	36	2.1	0.202
13	0.8	250	375	37	2.1	0.194
14	0.8	240	365	35.5	2.1	0.199
15	0.8	235	370	35	2.13	0.2
16	0.8	245	370	34	2.04	0.198

2. 生产工艺分析

表 2-9 所示为性能不合钢卷的连退工艺参数。如果从工艺制度的执行情况来看，其温度控制均在标准范围之内，实际生产过程中没有出现操作工艺执行不良的问题。

表 2-9　性能改判钢卷连退工艺参数

卷 号	退火工艺温度/℃						速度/(m/min)
	加热	均热	缓冷	快冷	时效一段	时效结束	
标准	800±10	800±10	650±10	430±10	430	390	110～190
1	806.20	802.70	647.00	428.70	421.30	402.00	111.70
2	807.60	806.40	650.40	430.30	424.20	399.30	123.00
3	798.60	797.10	649.90	430.20	423.40	399.90	120.30
4	805.80	802.80	654.00	433.40	424.10	400.40	140.90
5	806.90	807.40	648.50	429.90	426.90	405.70	190.70
6	809.90	801.50	655.80	434.40	430.60	414.00	133.80
7	803.20	797.00	648.50	427.50	427.60	408.40	160.00
8	802.90	799.70	652.20	432.30	428.20	407.80	160.00
9	802.60	797.30	650.50	429.80	426.70	407.10	160.00
10	802.40	800.20	652.20	432.30	426.20	404.60	189.80
11	799.20	796.50	650.60	430.20	424.20	403.40	190.00

3. 不同生产线对比

为了找到存在问题的原因，对两条生产线所生产出的产品性能进行了比较。从图 2-19(a)、(b) 可以看出，当时 1 号连退生产的 HC180Y 屈服强度均值为 207MPa，C_{pk} 值达到 1.74；而 2 号连退生产的 HC180Y 的屈服强度偏上限，均值达到 227MPa，比 1 号连退产品高 20MPa，并且有部分钢卷强度达到放行上限的 240MPa。

为了验证这一问题，对某年全年生产的四个钢种的屈服强度进行了统计对比，如图 2-20 所示。从中可以看出，所有品种都存在 2 号连退生产出的产品比 1 号连退屈服强度高的问题，可见这一问题是具有普遍性的，是炉子本身的局限性造成的。

当时 2 号连退产品执行的退火工艺与 1 号连退产品相同。但通过对 2 号连退炉子和 1 号连退炉子进行比较后发现，2 号连退炉子加热段要比 1 号连退炉子短两个道次，并且 2 号连退加热段的加热能力要比 1 号连退加热段差，因而 2 号连退加热和保温的时间要短于 1 号连退。从理论上分析，较短的加热和保温时间不利于第二相粒子长大，细小弥散的析出物虽然不损害{111} 取向上晶粒的回复和形核，但是分布在晶界上的这些粒子所产生的钉扎力会阻碍晶粒的长大，钉扎力与第二相粒子的数量成正比，与平均尺寸成反比，如果{111} 方向上的晶粒生长受到抑制，那么其他方向特别是{100} 方向的晶粒就会迅速长大，从而导致屈服强度升高、延伸率下降。这是 2 号连退生产 HC180Y 偏硬的一个原因。

另外，对于这两条产线，由于板温计安装位置和角度的不同，导致板温计测量温度也存在一定的差异，因此让 2 号连退执行与 1 号连退相同的退火工艺似乎并不合适。

同时，由于高强 IF 钢在退火炉内的表面反射率与 IF 钢不一样且不稳定，因此在生产过程中高温辐射计测量的板温波动较大，如果根据板温计显示温度来调整炉温将导致带钢加热不足，这也是造成产品性能不合格的一个重要原因。

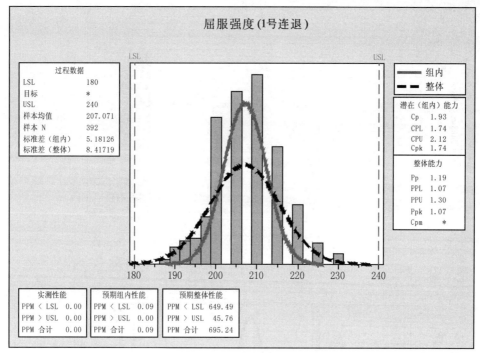

(a) 1号连退产品屈服强度

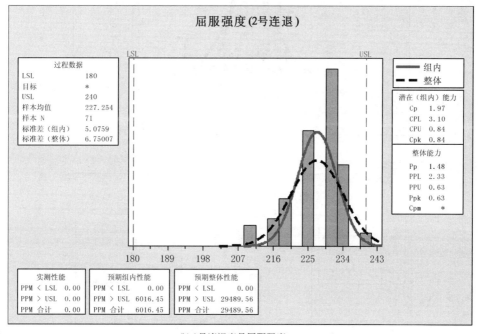

(b) 2号连退产品屈服强度

图 2-19　两条连退线 HC180Y 力学性能过程能力分析

4. 化学成分对比

由图 2-21 可以看出，当时性能合格的 HC180Y 产品碳含量普遍偏低，均值仅为 15×10^{-6} [图 2-21(a)]，而性能不合格的产品碳含量却普遍偏高，均值达到 25.6×10^{-6} [图 2-21(b)]，甚至有一半的钢卷碳含量达到 34×10^{-6}。可见，这也是造成 2 号连退生产 HC180Y 屈服强度偏高的重要原因。

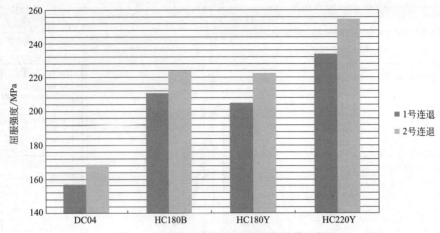

图 2-20　全年四个钢种屈服强度均值比较

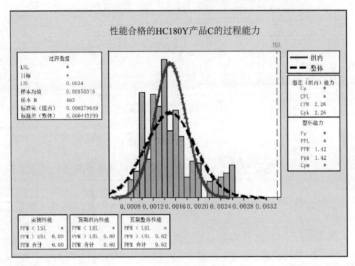

(a) 性能合格产品

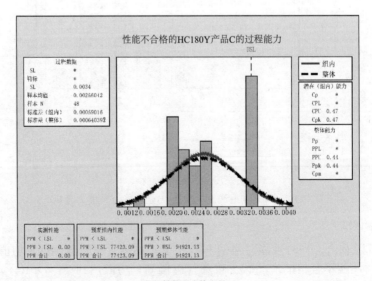

(b) 性能不合格产品

图 2-21　不同性能产品碳含量比较

5. 平整拉矫工艺分析

性能不合格钢卷的平整和拉矫工艺参数如表 2-10 所示,从中可以看出,平整和拉矫工艺参数也基本符合工艺规定。

表 2-10 性能不合格钢卷平整和拉矫工艺参数

卷号	延伸率/%		卷号	延伸率/%	
	平整	拉矫		平整	拉矫
标准	1.0±0.1	0.2±0.1	6	1.00±0.1	0.2±0.1
1	1.00	0.2	7	1.00	0.2
2	1.00	0.2	8	1.00	0.2
3	1.00	0.2	9	1.00	0.2
4	1.00	0.2	10	1.00	0.2
5	1.00	0.2	11	1.00	0.2

同时,经追溯生产过程中平整机轧制力和延伸率变化曲线,可以看出在整个生产过程中,轧制力和平整延伸率变化比较平稳,没有突然增大的现象,因此可以排除平整机和拉矫机测量故障导致屈服强度增大的可能性。

再对两条生产线的情况进行对比,两条生产线执行的是相同的工艺。1 号连退 HC180Y 由于长期屈服强度偏低,因此采用大的平整延伸率来提高其强度。但 2 号连退并不存在屈服强度偏低的问题,因此采用与 1 号连退相同的延伸率并不合适,HC180Y 属于超低碳钢,并不存在屈服平台,因而并不需要很大的平整延伸率。

综上所述,出现 HC180Y 产品性能不合格的原因,除了含碳量偏高以外,在连退工序中主要是由于 2 号连退炉子的局限性,不能采用与 1 号连退相同的退火工艺以及相应的平整和拉矫工艺。因此对 2 号连退机组的工艺参数需重新评价修订完善。

6. 工艺改进情况

根据以上分析结果,将 2 号连退生产 HC180Y 产品的加热和均热温度标准由 (800±10)℃增加到 (820±10)℃,平整延伸率由 1.0%~1.1%下降到 0.7%~0.8%,不投拉矫机。

在对加热工艺进行调整以后,对调整前后生产的产品金相组织进行了对比。图 2-22(a) 所示为 2 号连退性能不合格的 HC180Y 产品。从 9 号钢卷的金相组织照片可以看出晶粒较细 [图 2-22(a)],晶粒度在 8~9 级左右,并且晶粒度不均匀,有许多晶粒没有充分长大,其三点硬度均值为 58.1HRB。而对工艺调整后生产的 17 号钢卷进行了金相分析发现,由于退火温度较高,保温效果较好,晶粒更为均匀粗大 [图 2-22(b)],晶粒度为 7 级,相应地带来了屈服强度的降低,三点硬度均值为 51.5HRB。

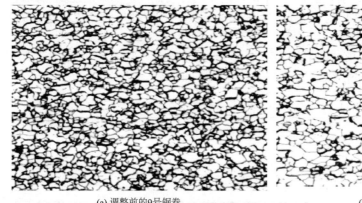
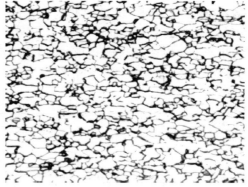

(a) 调整前的9号钢卷　　　　　　　　　　(b) 调整后的17号钢卷

图 2-22　加热工艺调整前后的金相组织 (×100) 对比

7. 改进结果

在工艺调整以后，生产的 HC180Y 产品屈服强度过程能力分析如图 2-23 所示，其屈服强度大大降低，均值为 213.7MPa，延伸率也有所增加，与 1 号连退生产的产品性能指标基本一致，性能合格率达到了 100%。

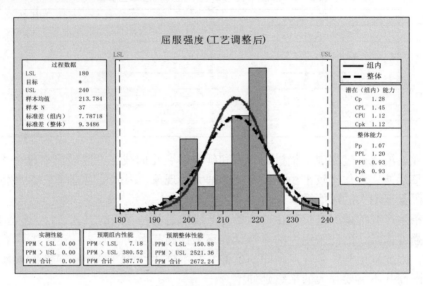

图 2-23 工艺调整后的屈服强度能力分析

二、烘烤硬化钢性能优化

烘烤硬化钢的特点是有较强的时效性，可以通过加工过程中的加工硬化和烤漆过程中的时效现象来提高最终零件的强度，因此具有成形性好而强度又高的优点。

BH 钢是在 IF 钢种上发展过来的，其主要机理就是这种钢中的 Nb 和 Ti 的含量没有 IF 钢种中的高，这使得 BH 钢中含有一定数量的间隙原子 C。由于间隙原子 C 的存在，钢板在冲压过程中钢基的位错密度增加，经涂漆烘烤 C 原子向位错附近扩散，即可通过应变时效提高钢的屈服强度，最终使涂漆烘烤后的零件具有较高的抗凹陷性。

烘烤硬化钢连退板性能稳定性控制技术以 HC180B 牌号的连退板为例，介绍如下。

1. 性能现状

HC180B 为汽车外板的主要钢种之一，在中高端轿车的外覆盖件中使用量逐步加大，产品经济效益较好。但由于 HC180B 烘烤硬化值（BH 值）偏高，且在冲压时产生橘皮和开裂缺陷，引起了客户极大的不满。

在生产过程中的烘烤硬化值（BH 值）不合格情况也较多。某批次 2 号连退生产的 HC180B 汽车退火面板性能不合格率高达 39.81%，见表 2-11。

表 2-11 2 号连退 HC180B 性能不合格情况

月份	产出量/t	性能不合格量/t	性能不合格率/%	原因
1月	272.55	25.33	9.29	BH 值偏高
2月	696.66	415.3	59.61	BH 值偏高
3月	820.98	272	33.13	屈服强度偏高
合计	1790.19	712.63	39.81	—

同样，对 1 号连退 HC180B 的性能不合格情况进行分析，见表 2-12。可以看出，性能不

合格率略好于 2 号连退，但也高达 19.04%，处于很高的水平。

表 2-12 1 号连退 HC180B 性能不合格情况

月份	产出/t	性能不合格量/t	性能不合格率/%	原因
1月	873.05	138.815	15.90	BH 值偏高
2月	528.18	88.48	16.75	BH 值偏高
3月	1538.786	332.42	21.60	BH 值偏高
合计	2490	559.72	19.04	—

2. 烘烤硬化值现状

造成 HC180B 性能不合格的主要原因是烘烤硬化值（BH 值）偏高，统计结果如表 2-13 和图 2-24 所示。可以看出，2 号连退生产 HC180B 的 BH 值普遍偏高，均值超过 58MPa，远

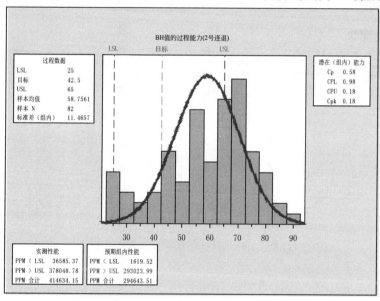

(a) 2 号连退

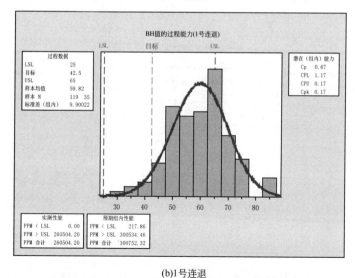

(b) 1 号连退

图 2-24 HC180B 产品 BH 值过程能力分析

远高于目标值，C_{pk} 值仅为 0.18。而 1 号连退产品也存在同样的问题，即 BH 值过高，均值甚至超过了 2 号连退产品，而且波动性较大，C_{pk} 值也仅为 0.17。

表 2-13 某年 HC180B 力学性能控制水平

指标		屈服强度/MPa	抗拉强度/MPa	伸长率/%	r_{90}	n_{90}	BH 值/MPa
标准		180～240	300～360	≥36	≥1.7	≥0.19	25～65
2 号连退	最大	250	350	44.50	2.45	0.22	92.00
	最小	205	315	36.00	1.75	0.19	23.00
	平均	224.82	327.50	39.30	2.18	0.21	58.76
	标准差	10.76	6.44	1.56	0.18	0.01	16.04
1 号连退	最大	235	345	44.00	2.65	0.23	85.00
	最小	194	315	36.00	1.70	0.20	30.00
	平均	211.06	324.62	39.34	2.21	0.21	59.82
	标准差	8.15	5.86	1.44	0.18	0.01	10.42

3. 力学性能现状

两条生产线生产的 HC180B 产品力学性能统计结果如表 2-13 和图 2-25 所示。从中可以看

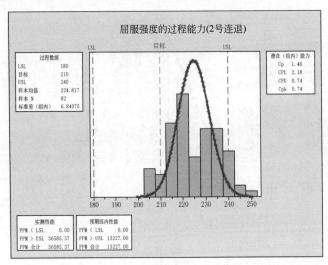

(a) 2 号连退

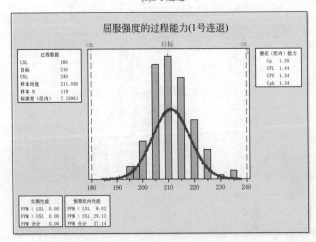

(b) 1 号连退

图 2-25 HC180B 产品屈服强度过程能力分析

出,2 号连退生产 HC180B 的屈服强度过高,均值达到 225MPa;而 1 号连退生产 HC180B 的屈服强度较为理想,C_{pk} 值达到了 1.34。

最初,HC180B 的烘烤硬化值并没有规定放行上限,只要求 BH≥25MPa 即可;但由于烘烤硬化值过高的钢卷在使用过程中易发生时效问题,因此为保证用户使用性能的稳定性,后来添加了 BH 值内控放行上限,标准为 BH=25～65MPa。此后在用户使用过程中基本没有发生时效保证期内出现时效的问题。因而,就出现了烘烤硬化值不合格的问题。

因此,对于 HC180B 的生产来说必须解决两个问题:一是烘烤硬化值偏高和波动较大的问题;二是 2 号连退产品屈服强度过高的问题。2 号连退部分产品因为屈服强度不合格,在用户使用过程中也易造成冲压开裂。

4. 影响 BH 性能的关键因素

BH 钢是在 IF 钢的基础上,通过减少所添加的微合金化元素 Nb,只固定绝大部分 C,使钢板基体中固溶少量的 C 间隙原子。固溶碳含量不仅影响烘烤硬化效应,也会产生有害的材料特性,即室温下的时效现象。

对于 HC180B 而言,最困难的问题是对固溶碳含量的控制。固溶碳含量太低时,BH 值达不到要求;固溶碳含量太高时,BH 值过高,抗自然时效性变差。因此,只有严格地控制合金化和生产工艺得到窄范围的固溶碳含量,才可在烘烤硬化能力与抗室温时效之间得到必要的平衡,亦即控制固溶碳的下限值保证最低的 BH 值,控制固溶碳的上限值保证抗室温时效性。然而,现有的测试手段基本采用红外光谱分析 C 元素含量,无法区分钢中的固溶碳与化合物碳,所以,BH 钢生产控制的难度较大。

图 2-26 所示为连退过程中化合碳和固溶碳含量的变化的一般规律,可将连续退火过程分为两个阶段:第一阶段,包括加热、退火保温、缓冷,这一阶段中形成了对薄板成形性能很重要的组织和织构,决定了钢板的强度和成形性能;第二阶段,包括快速冷却和过时效处理,这一阶段决定了组织中的碳化物分布和固溶碳含量,影响着钢种的烘烤硬化性。

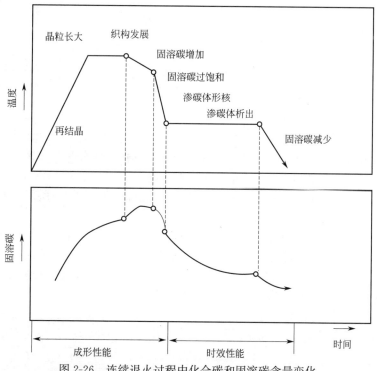

图 2-26 连续退火过程中化合碳和固溶碳含量变化

因此，影响 BH 钢屈服强度和 BH 性能的关键工艺因素是对化学成分以及连退工艺的控制。

5. 化学成分统计分析

对某年 HC180B 的化学成分进行统计分析后发现，其成分控制完全在内控范围之内，并未超出钢种的放行条件。

6. 含碳量与 BH 值的关系

从表 2-14 中可以看出，性能不合钢卷的化学成分存在两种现象：

表 2-14　HC180B 钢 BH 性能改判产品的化学成分统计

炉号	板坯数	合格数	不合格数	合格率/%	化学成分/%			
					C	Ti	Nb	N
1	9	0	9	0	0.003	0.003	0.01	0.0026
2	9	3	6	33	0.0028	0.003	0.01	0.0018
3	7	1	6	14	0.0028	0.002	0.01	0.0018
4	5	0	5	0	0.003	0.003	0.01	0.0022
5	6	2	4	33	0.0023	0.003	0.008	0.0028
6	10	6	4	60	0.003	0.002	0.011	0.0021
7	3	0	3	0	0.0028	0.003	0.01	0.002
8	8	5	3	62	0.0023	0.003	0.008	0.0027
9	8	5	3	62	0.0029	0.003	0.011	0.003
10	5	2	3	40	0.0029	0.002	0.009	0.002
11	2	0	2	0	0.0021	0.003	0.008	0.002
12	8	6	2	75	0.0026	0.003	0.01	0.0025
13	9	7	2	77	0.0025	0.002	0.009	0.002
14	8	6	2	75	0.0022	0.003	0.008	0.0024
15	2	0	2	0	0.002	0.003	0.009	0.0024
16	9	7	2	77	0.0025	0.003	0.01	0.0021
17	4	2	2	50	0.0026	0.003	0.011	0.0027
18	2	0	2	0	0.0028	0.003	0.01	0.0018
19	1	0	1	0	0.0024	0.002	0.01	0.002
20	1	0	1	0	0.0033	0.003	0.008	0.0018
21	1	0	1	0	0.003	0.003	0.009	0.0019
22	3	2	1	66	0.0025	0.003	0.009	0.0023
23	4	3	1	75	0.0024	0.003	0.008	0.0023
24	7	6	1	85	0.002	0.003	0.009	0.0024
25	7	6	1	85	0.0016	0.003	0.008	0.0017
总数	138	69	69	50	—	—	—	—

① 性能不合格钢卷批量集中在 1～4 号等几炉钢，其化学成分为：C 含量≥0.0028%，Nb 含量在 0.008%～0.011% 的水平，Ti 与 N 元素控制稳定。

进一步，通过对 BH 值超内控钢卷的碳含量进行统计，如图 2-27 所示，发现其碳含量虽然合格，但偏内控上限，均值达到 0.0027%。

而其他碳含量偏内控上限的钢卷 BH 值也普遍偏高。图 2-28 所示为 C 含量≥0.0025% 钢卷的 BH 值过程能力统计，可以看出其 BH 值普遍偏高，均值达到了 62.6MPa，已经接近内控上限。这样的产品即使放行，在用户使用过程中也易产生时效和冲压开裂等问题。

因此，碳含量偏高是造成 BH 值不合格的主要因素。

② 余下性能不合格的钢卷，虽然化学成分较理想，C 含量在 0.0015%～0.0025% 范围内，但集中在降级后的内板坯，如 15 号、11 号，其工艺和化学成分存在不稳定性，没有代表性。

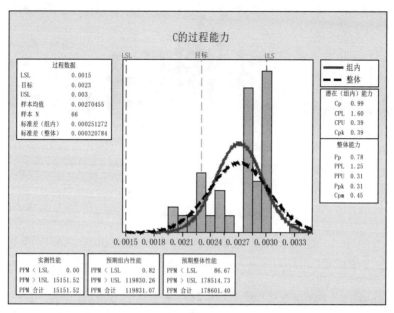

图 2-27　BH 值超内控钢卷的碳含量

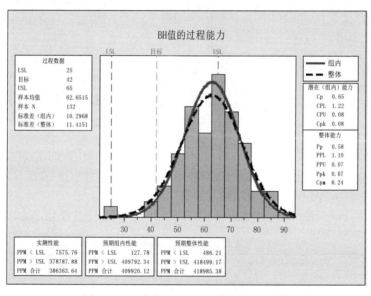

图 2-28　C 含量≥0.0025% 钢卷的 BH 值

7. Nb/C 值与 BH 值的关系

一般认为 Nb/C 值与 BH 值相关，但从图 2-29 所示分析可以看出，BH 值与 Nb/C 值并没有很强的对应关系，其回归函数的相关系数较小。此外，在炼钢过程中也很难控制 Nb/C 值，反而增加了过程控制的难度。

8. 连退工艺的影响

通过现场跟踪以及对工艺数据的调查发现，连退工艺的执行情况较为理想，机组的工艺温度控制在要求范围之内，平整延伸率采用闭环控制，延伸率值符合要求。机组速度控制在 220～240m/min 之间，并无太大异常。

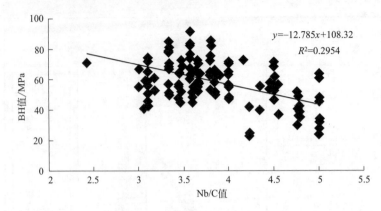

图 2-29 BH 值与 Nb/C 值的散点图

但在某次生产 HC180B 时,由于设备故障,导致机组出现了两次降速生产,降速到 100m/min 生产,如图 2-30 所示。

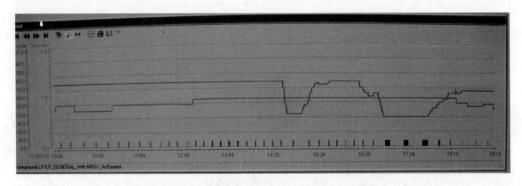

图 2-30 某次生产 HC180B 时的机组速度

降速生产时间段内的钢卷信息如表 2-15 所示,可以发现,降速生产的钢卷性能基本都符合内控要求,只有一卷 BH 值不合。通过对化学成分的分析发现,降速生产的钢卷碳含量普遍较低,这也是性能合格的主要原因,而 BH 值不合格钢卷的碳含量达到内控上限 0.003%,并且另外两卷碳含量为 0.003% 的钢卷 BH 值也偏高。因此,降速生产与 BH 值不合格并没有直接的联系。

表 2-15 降速生产钢卷信息

卷号	力学性能			平均速度/(m/min)	成分/%			
	屈服强度/MPa	抗拉强度/MPa	伸长率/%		C	Ti	Nb	N
1	235	330	63	178	0.003	0.002	0.011	0.0021
2	240	330	65	154	0.003	0.002	0.011	0.0021
3	240	330	73	100	0.003	0.002	0.011	0.0021
4	235	325	44	162	0.0023	0.003	0.011	0.0029
5	230	325	40	125	0.0023	0.003	0.011	0.0029
6	230	325	36	201	0.0023	0.003	0.011	0.0029
7	230	325	49	162	0.0023	0.003	0.011	0.0029
8	230	325	39	100	0.0023	0.003	0.011	0.0029
9	230	325	44	121	0.0023	0.003	0.011	0.0029
10	225	325	43	180	0.0023	0.003	0.011	0.0029
11	220	325	46	190	0.002	0.003	0.01	0.0025

9. 两条生产线对比

由表 2-13 和图 2-24 可以看出,与 1 号连退产品相比,2 号连退生产的 HC180B 屈服强度过高,而且由于与 1 号连退产品的性能不一致,在用户使用过程中易造成冲压开裂。HC180B 属于超低碳钢,与 IF 钢类似,其强度和成形性主要取决于加热温度和保温时间。如前所述,2 号连退的炉型与 1 号连退不同,而 2 号连退的退火工艺与 1 号连退一致,原有 1 号连退的工艺并不一定适于 2 号连退的生产。

对于目前 2 号连退生产的 HC180B 可以通过延长保温时间和提高退火温度来降低其强度,但在机组速度一定的条件下,保温时间一定,因而目前比较可行的方法是提高 2 号连退 HC180B 的退火温度。

为此,进行了模拟试验,图 2-31 所示为 HC180B 轧硬板在不同退火温度下的显微金相组织。可以看出,试验钢在 740℃时已完成再结晶过程,组织为铁素体晶粒,随着退火温度的升高,晶粒呈长大趋势。这也意味着在现场生产过程中,带钢过了加热 1 段基本已经完成再结晶过程,在随后的加热和均热过程中晶粒逐渐长大和均匀化,因而 1 号连退比 2 号连退有更充足的晶粒长大时间。

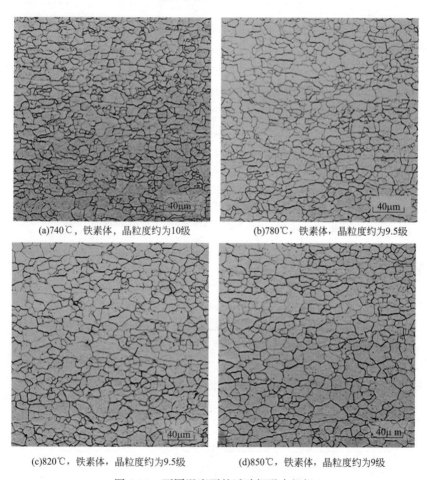

图 2-31 不同温度下的试验钢退火组织

对不同退火温度下的试验钢(未平整)进行拉伸试验,结果如图 2-32 所示。从图 2-32 中可以看出,随着退火温度的升高,屈服强度和抗拉强度逐渐下降,n 值呈单调上升趋势。而伸长率和 r 值变化趋势相同,即先升高后降低并在 820℃左右达到峰值,退火温度继续升高 r 值反而减小。因此，为获得良好的综合力学性能，HC180B 的退火温度宜控制在 810~830℃范围内。对于 2 号连退，可考虑将 HC180B 的退火温度提高到 825℃。

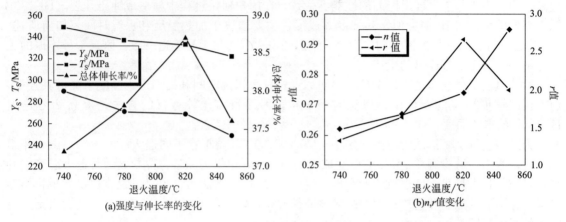

图 2-32　不同退火温度下的力学性能

此外，适当地提高过时效温度，可以加快固溶碳的析出，对于降低 BH 值有一定帮助。

10. 质量改进措施

根据以上分析，需要对一贯制生产工艺进行修订完善，具体修改方案见表 2-16。

表 2-16　HC180B 工艺调整方案

工艺要点	存在问题	原有设计	更改后
化学成分	C 元素含量范围偏宽，Nb/C 值作为放行条件	C 含量≤0.0035%；Nb/C 值为 3~5	C 含量≤0.0030%；取消 Nb/C 值的限制
热轧温度	终轧温度过高，易打滑	终轧温度为(930±30)℃	终轧温度为(920±20)℃
退火温度	2 号连退 HC180B 强度偏高	2 号连退加热到 820℃，过时效温度为 410~360℃	2 号连退加热到 825℃，过时效温度为 420~360℃
平整	原有工艺没有设定拉矫机延伸率	仅有平整工艺	平整+拉矫工艺（总延伸率不变）
连退速度	速度设定不合理，机组无法执行	产品厚度规格为 0.5~1.0mm，速度为 290m/min	优化了退火工艺速度，并给出了不同 C 含量条件下退火速度的调整要求

11. 改善效果

改进后 2 号连退 HC180B 的力学性能控制水平见表 2-17 和图 2-33，可以看出，在成分和工艺调整以后，HC180B 屈服强度大大降低，降低了 11MPa，均值达到 213.75MPa，并且延伸率也有所增加，从而保证了钢种的深冲性能。另外，在成分和工艺调整以后，HC180B 的 BH 值也大大降低，均值为 35.28MPa，但低于 BH 值的目标值，这是由于生产时因设备故障机组低速运行，从而导致部分钢卷 BH 值偏低。另外，由于该批次 HC180B 同时有老成分板坯和新成分板坯，因此性能波动较大，这也是性能 C_{pk} 值较低的主要原因。

表 2-17　改进后 2 号连退 HC180B 的力学性能控制水平

指标	屈服强度/MPa	抗拉强度/MPa	伸长率/%	r_{90}	n_{90}	BH 值/MPa
最大	240	335	45.5	2.35	0.22	63
最小	200	310	37.5	1.75	0.2	26
平均	213.75	317.50	41.19	2.20	0.21	35.28
标准差	9.13	6.81	1.91	0.13	0.01	8.87

三、低合金高强钢橘皮缺陷的解决

以 HC340LA 为代表的低合金高强钢具有良好的强度、塑性、焊接性和涂装性，在轿车结构件上获得广泛的应用。

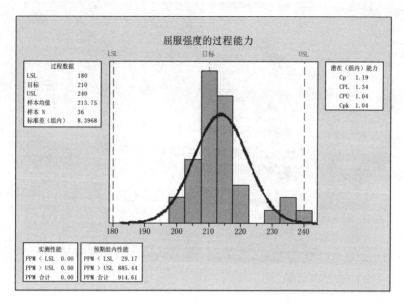

(a) 屈服强度

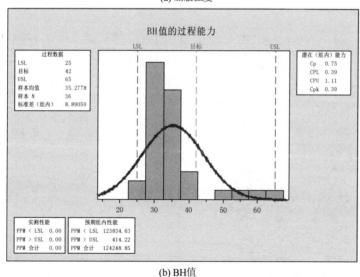

(b) BH值

图 2-33　改进后 HC180B 力学性能过程能力分析

1. 缺陷情况

HC340LA 产品在进行冲压加工时，会经常出现表面橘皮缺陷，影响了外观质量，如图 2-34(a) 所示。

2. 金相分析

对有橘皮缺陷的样板和正常样板进行金相分析对比试验，如图 2-35 所示，其中 1 号是有橘皮缺陷的试样，2 号是正常钢板的试样。

结果如图 2-35 所示，两种试样的基体组织均为铁素体＋珠光体，其中铁素体所占比例分别为 94.17% 和 94.36%，晶粒度均为 11 级，铁素体晶粒尺寸分别为 7.88μm 和 7.85μm。

从金相组织上看，1 号和 2 号试样没有明显区别。

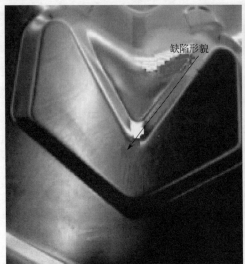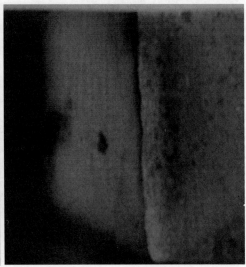

(a) 1号橘皮缺陷试样　　　　　　　　　　(b) 2号正常钢板试样

图 2-34　取样情况

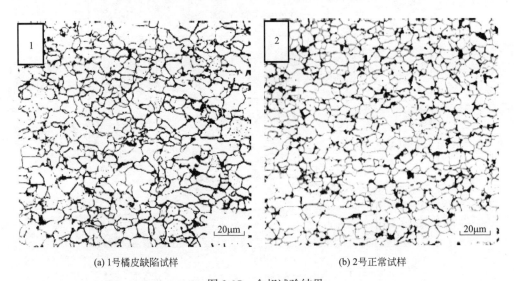

(a) 1号橘皮缺陷试样　　　　　　　　　　(b) 2号正常试样

图 2-35　金相试验结果

3. 化学成分分析

通过对比出现缺陷的和没有缺陷的 HC340LA 产品的成分范围，如表 2-18 所示，发现成分范围没有区别。

表 2-18　化学成分范围对比表

	成分	C/%	Si/%	Mn/%	P/%	S/%	Cu/%	Al_s/%
没有冲压后橘皮缺陷的产品	最大值	0.08	0.06	0.95	0.025	0.01	0.15	0.08
	最小值	0.05	0.02	0.7	0.01	—	—	0.02
	成分	Ni/%	Cr/%	Ti/%	Mo/%	V/%	Nb/%	N/%
	最大值	0.15	0.15	0	0.04	0.02	0.035	0.008
	最小值	—	—	0	—	—	0.02	—

续表

	成分	C/%	Si/%	Mn/%	P/%	S/%	Cu/%	Al$_s$/%
有冲压后橘皮缺陷的产品	最大值	0.08	0.06	0.95	0.025	0.01	0.15	0.08
	最小值	0.05	0.02	0.7	0.01	—		0.02
	成分	Ni/%	Cr/%	Ti/%	Mo/%	V/%	Nb/%	N/%
	最大值	0.15	0.15	0	0.04	0.02	0.035	0.008
	最小值	—	—	0	—	—	0.02	—

4. 力学性能分析

对有橘皮缺陷的和正常的 HC340LA 产品进行力学性能和应力应变对比分析，其中 1 号是有橘皮缺陷的试样，2 号是正常的试样。

力学性能试验结果数据如表 2-19 所示，可见屈服强度都在 340MPa 以上，延伸率都在 25% 以上。从力学性能上来看，1 号试样的屈服强度比 2 号试样高。出现这种现象可能的原因是钢板发生了时效现象，导致了屈服强度升高。

表 2-19 力学性能试验结果数据

序号	Y_S/MPa	T_S/MPa	伸长率/%	序号	Y_S/MPa	T_S/MPa	伸长率/%
1号 0°	360	459	29.8	2号 0°	352	461	31
1号 45°	372	458	30.5	2号 45°	353	458	31
1号 90°	380	463	29.1	2号 90°	365	463	27.5

应力应变曲线如图 2-36 所示，分别为 0°、45° 和 90° 三个方向。从中可以看出，产生橘皮缺陷的钢板拉伸过程产生了很大的屈服平台，达到了 4% 左右；而正常钢板的试样三个方向都未产生明显的屈服平台。

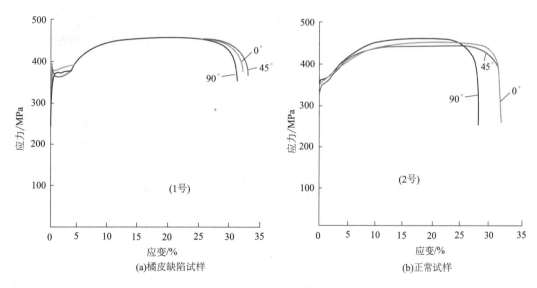

图 2-36 应力应变曲线

取同一牌号级别的未经光整和拉伸矫直工艺处理的钢板试样进行预拉伸，采取不同拉伸变形量，分析预变形量对屈服平台长度的影响，结果如图 2-37 所示。随着预变形量的增加，屈服平台的长度减小，当预拉伸量超过 1.8% 时，屈服平台消失。也就是说，在该材质钢的生产工艺中，在其他成分和工艺正常的情况下，光整和拉伸矫直延伸率需要在 1.8% 以上，才可以达到消除屈服平台的目的。

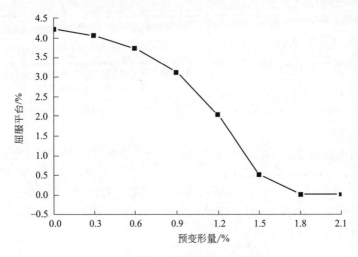

图 2-37　预变形量对屈服平台的影响

5. 试样织构分析

用 Quanta 400 扫描电镜所带电子背散射衍射（EBSD）装置分析有无橘皮缺陷的试样基板的反极图，其中 1 号是有橘皮缺陷的试样、2 号是正常的试样，结果如图 2-38 所示。

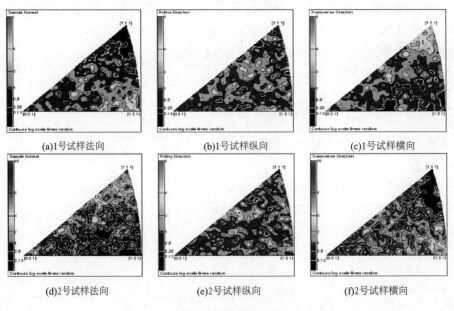

图 2-38　织构对比分析

从图 2-38 中可以看出，1 号试样的法向 {111} 织构远远比 2 号试样的法向 {111} 织构弱，1 号试样的纵向 {111} 织构与横向 {111} 织构差距较大，1 号试样的横向 {111} 织构较纵向强得多，而 2 号试样的纵向 {111} 织构和横向 {111} 织构强度接近。

这说明，从织构看，产生的橘皮缺陷有着一定的方向性，这从微观的织构分析上可以解释。反极图分析结果表明，1 号试样法向有利织构 {111} 弱，不利织构 {001} 很强，加之横向与纵向 {111} 织构差距大，导致在冲压过程中，在横向与纵向均等受力的情况下向强的方向移动，造成吕德斯带的形成，吕德斯带与拉力轴所成的角度在 45°左右。

6. 退火平整工艺分析

通过对比出现缺陷的产品和没有缺陷的产品，对退火温度控制范围进行了分析，数据如表2-20所示，发现没有区别。

表 2-20　退火温度控制范围对比

类别	均热段板温/℃	缓冷段板温/℃	快冷段板温/℃	过时效段板温/℃	终冷段板温/℃
出现缺陷的产品	790±10	670±10	430±10	390～340	170±10
没有缺陷的产品	790±10	670±10	430±10	390～340	170±10

为了验证退火温度和平整工艺对性能的影响，采用原工艺生产 8 卷，将加热温度提高 10℃、光整机轧制力增加 20% 后生产了 10 卷，进行性能对比，数据如表 2-21 所示，发现强度等指标没有明显变化。

表 2-21　退火平整工艺调整试验数据

工艺类别	厚度/mm	宽度/mm	退火温度/℃	退火速度/(m/min)	入口张力/kN	出口张力/kN	轧制力/kN	平整实测延伸率/%	屈服强度/MPa	抗拉强度/MPa	伸长率/%
优化工艺	1.0	1554	800.3	188	66	74	7257	1.1～1.32	367	466	26.5
原工艺	1.0	1554	790.2	199	68	82	6000	0.99～1.16	366	467	26.5

在试验中，平整机采用轧制力模式，通过调整轧制力来改变对带钢的平整作用，实测延伸率来判别获得的变形量。对退火速度与平整实测延伸率之间做相关分析，如图 2-39 所示，发现退火速度对延伸率有非常轻微的影响，退火速度降低时延伸率会略微提高，但不明显。

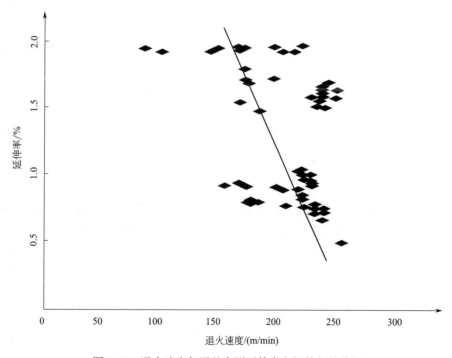

图 2-39　退火速度与平整实测延伸率之间的相关分析

7. 解决问题的措施

综上所述，发生这种缺陷的原因是材料的织构有一定的方向性，在冲压加工过程中产生了吕德斯带。要消除这种现象，就必须在带钢生产时就产生足够的预变形，消除拉伸试验的屈服平台。

要实现这一点，改变化学成分是不可取的，改变热处理工艺的作用也不大，只能从平整工艺入手，提高平整效果，并对平整和拉矫进行适当分配，提高总的延伸率。为此，制定了平整和拉矫总延伸率的控制标准，如表 2-22 所示。

表 2-22 HC340LA 的延伸率设计要求

厚度/mm	0.41~0.6	0.61~0.8	0.81~1.0	1.01~1.2	1.21~1.4	1.41~1.6	1.61~1.8	1.81~2.0
延伸率要求/%	1.6	1.8	1.8	1.8	2.0	2.0	2.0	2.0

8. 提高延伸率的措施

提高平整机延伸率最好的方法是增加轧制力，由于轧制力最大值受到平整机能力的限制，因此必须采取其他措施。

(1) 带钢张力 根据理论分析，入口和出口带钢张力的增加能够提高延伸率，但是张力增加过大会对张力辊的输出的力矩要求更大，使负荷增加，而且会容易拉皱带钢，对板形控制非常不利。因此在实际控制中，张力增加的幅度只能控制在 30%~40% 范围内。

(2) 平整机工作辊直径 根据理论分析，在相同的轧制力的情况下，减小平整机工作辊直径可以使轧制时的压强增加，从而提高延伸率，因此实际生产该钢种时应选取轧辊直径小的辊子，一般正常的辊径范围为 420~470mm，而在生产该钢种时平整机工作辊直径选择在 430~450mm 之间。

(3) 工作辊毛化方式 根据理论分析，采取合理的工作辊粗糙度，可以减小摩擦系数，提高延伸率。

为了验证工作辊表面状态对所生产出产品的延伸率的影响，选取了脉冲和电容两种毛化方式，试验了三对工作辊，粗糙度分别为高粗糙度的 $3.5\mu m$ 和低粗糙度的 $3.0\mu m$，试验在厚度为 1.0mm 的 HC340LA 产品上进行，保持平整液浓度、张力、退火温度、平整速度等参数不变，设定轧制力均为 800t，具体参数和延伸率试验结果如表 2-23 所示。

表 2-23 平整机工作辊毛化方式对比试验结果

毛化方式	工作辊毛化			工作辊直径		产品平均延伸率/%
	粗糙度级别	粗糙度/μm	是否镀铬	上辊/mm	下辊/mm	
脉冲	低	3.0	是	435.67	438.07	1.60
电容	低	3.0	是	433.81	439.96	1.79
	高	3.5	是	434.02	431.62	1.78

试验表明，在相同轧制力和其他参数的条件下，电容毛化相比脉冲毛化可以获得更高的延伸率；而同样在电容毛化方式下，轧辊粗糙度在微小范围内变化对获取高延伸率没有明显作用。

对这一结果产生的原理分析如下：轧制力是界面摩擦力和轧件与轧辊作用力的合力，在轧件本身没有明显变化的情况下，轧件与轧辊作用力不发生明显变化，因此延伸率的增加必然是界面摩擦力减小带来的；界面摩擦力减小意味着在接触弧长度不变的情况下，轧件界面摩擦系数减小了。

电容和脉冲两种毛化方式的原理如图 2-40 所示。

在电容和脉冲两种毛化方式下，由于电容方式具有低的 R_{pc} 值，在相同的粗糙度下峰值数低 10%~20%，粗糙度的坑深大于脉冲模式，打毛间隙较大，因此电容方式的界面摩擦系数更小，生产出产品的延伸率增加了。

(4) 平整速度 在实际生产中，在其他条件不变的情况下，对 0.9mm 厚 HC340LA 产品进行了三种不同平整速度的试验对比，结果如表 2-24 所示。

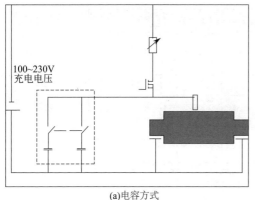
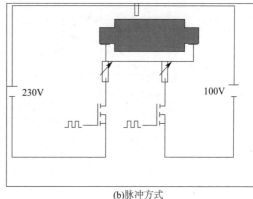

(a)电容方式　　　　　　　　　　　　(b)脉冲方式

图 2-40　两种毛化方式原理对比示意

表 2-24　平整速度对比试验结果

规格	速度/(m/min)	延伸率/%
0.9mm	60	1.4
	200	1.3
	240	1.0

从表 2-24 中可以看出，平整速度增加后，由于单位时间内的平整液的流量和压力未发生变化，导致同样时间下轧辊与钢板之间的平整液的量减少，平整液体的量减少造成轧辊和钢板之间的摩擦系数的增加；在同样长度的接触弧下，摩擦系数的增加导致摩擦力增加、最终产品延伸率下降。

(5) 提高延伸率的措施固化　以上控制措施实施后，0.9mm 规格的产品实际延伸率增加了 0.5%～0.6%。生产中，如果产品延伸率仍未达到规定的标准，就通过拉矫来补偿。

经过对延伸率开展控制，HC340LA 退火板在拉伸试验时的屈服平台得到了消除，在加工过程中产生橘皮缺陷的现象有了根本性的好转，客户没有再因为这些问题而抱怨。

四、冷轧双相钢性能优化

双相钢是目前汽车用先进高强钢中工艺最为成熟、应用最为普遍的钢种。采用连续退火工艺生产的双相钢冷轧板，由于合金元素含量不高，钢板本身价格便宜，同时具有良好的成形性、较高的烘烤硬化性、稳定的室温抗时效性以及良好的电阻点焊性和油漆耐蚀性，因而被广泛采用。这类钢板已用于制造汽车面板。

600MPa 双相钢已经大批量工业化生产，但用户使用时会出现冲压开裂情况，需要对双相钢性能进行优化。

1. 双相钢的性能特点

双相钢由于有塑性非常好的铁素体做基体，又有强度较高的强化相马氏体，很好地解决了一般钢铁产品强度与塑性相互矛盾的问题，因此，其最大的特点是具有很好的综合性能。

屈服强度同样是 350MPa 的双相钢和低合金高强度钢的应力应变曲线的对比见图 2-41。

可见，双相钢具有较低的屈强比、较高的延伸率和高的初始加工硬化率，而且无不连续屈服现象。

① 低的屈服强度使冲压构件易于成形、回弹小，同时冲压模具的磨损也小。

② 无屈服点伸长，应力应变曲线呈平滑的拱形，避免成形零件表面起皱，而不需要附加的精整轧制或其他附加操作。

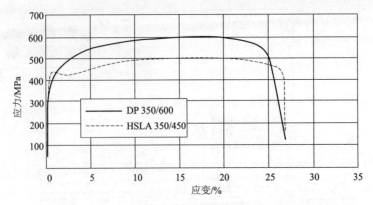

图 2-41 双相钢和低合金高强度钢的应力应变曲线的对比

③ 高的抗拉强度可以使构件具有较高的帽形机构压溃抗力、撞击吸能和疲劳强度。

④ 均匀延伸率和总延伸率大。和同样强度的低合金高强度钢相比,双相钢的均匀延伸和总延伸率提高三分之一或一倍。

⑤ 双相钢的工程应力应变曲线的最大载荷附近有一个平坦区,它覆盖了较宽的应变范围,这表明双相钢在拉伸时形成的缩颈是扩散的。

⑥ 加工硬化速率尤其是初始加工硬化速率高。如果以 0.2% 应变的条件流变应力来判断,则屈服强度为 280~350MPa 的双相钢并非是高强度钢,然而由于它的初始加工硬化速率高,在应变达到 3%~4% 以后,双相钢的流变应力一般可达 500~550MPa。因此,只要应变为百分之几,就可使由双相钢制成的冲压构件的流变应力达到低合金高强度钢的水平,从而使双相钢构件可像低合金高强度钢一样使用。

⑦ 双相钢板材具有顺板面纵向与横向力学性能差异小的特点,即具有小的各向异性。

⑧ 双相钢具有良好的焊接性能。这种钢具有适中的淬透性,保证了焊点强韧性配合好;双相钢显微组织对点焊引起的软化是不敏感的;低的屈强比可以保证材料在低于断裂应力时出现塑性变形,从而使焊点周围的应力集中影响最小。

2. 冷轧双相钢的热处理工艺

将轧硬板重新加热到奥氏体和铁素体两相区或单一奥氏体组织,并保温一定时间,然后以一定速度冷却,从而获得所需要的双相组织,工艺示意图如图 2-42 所示。

在连续退火线上生产双相钢较容易控制。冷轧双相钢连续退火工艺包括以下几个阶段:加热到两相区、均热使奥氏体形核并长大、缓冷到快冷起始温度、快冷促使奥氏体转变为马氏体、过时效及空冷到室温。其显微组织中各组成相的形态和数量根据连续退火参数而定。

3. 冷轧双相钢使用中出现的问题

600MPa 双相钢已经大批量工业化生产,但用户使用时会出现冲压开裂情况,需要对双相钢性能进行优化。而且由于很多用户使用国产模具,因此为保证冲压效果,将强度范围限制在较小范围内,如一家汽车厂要求屈服强度为 340~400MPa 和抗拉

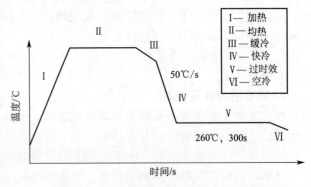

图 2-42 冷轧双相钢的连续退火工艺示意图

强度为 590～670MPa，这样就造成出厂合格率较低，同时因为交付不及时且反复投料造成损失。为了提高合格率、保证交付及时，就必须明确影响 600MPa 级双相钢性能的关键工艺因素，并严格控制其参数区间。

4. 模拟试验情况

相关资料表明，过时效温度的控制范围对冷轧双相钢的成品性能有重要影响，为了能够确定过时效的最佳控制范围，在试验室进行了模拟试验。

（1）试验方案　连续退火工艺模拟实验在 IWATANI-SURTEC 型 Hot Dip Process Simulator 试验机上进行，具体工艺参数见表 2-25。

表 2-25　工艺实验方案

试样编号	均热温度/℃	保温时间/s	缓冷终温/℃	快冷速率/(℃/s)	过时效温度/℃	过时效时间/s
1	820	180	630	25	260	700
2	820	180	630	25	300	700
3	820	180	630	25	340	700
4	820	180	630	25	380	700

退火后的试验钢板沿轧制方向加工成标距为 $L_0=80$mm、平行部宽度 $b=20$mm 的拉伸试样，在 ZWICK Z050 型电子万能材料试验机上测量力学性能。余样用于金相组织和透射电镜观察分析，金相试样采用 4% 的硝酸酒精浸蚀，透射电镜试样磨制冲片后，用 Tenupol 5 型双喷电解制样，在 JEM2100F 型透射电镜下观察组织。

（2）过时效温度的影响　过时效处理是双相钢连续退火过程中的关键控制工艺之一，其作用是对双相钢中的马氏体进行回火处理，改善综合力学性能，提高回火稳定性。时效过程中，马氏体晶格畸变减小，从而使应力状态得到改善；随时效温度的提高，马氏体岛分解，马氏体与铁素体相界面处的大量畸变位错相互抵消，密度减小，双相钢的屈服强度将大幅度提高，而抗拉强度则明显下降，伸长率略微提高。

（3）过时效温度对力学性能的影响　表 2-26 所示为不同过时效温度下试验钢的力学性能。试验结果表明，当过时效温度为 260～300℃ 时，随着过时效温度的升高，抗拉强度逐渐降低，屈服强度、屈强比、断后伸长率和 n_{90} 值逐渐升高；但当过时效温度达到 340℃ 或 380℃ 时，试验钢的屈服强度和屈强比急剧升高，抗拉强度则急剧降低，断后伸长率和 n_{90} 值略微升高。

通过不同时效温度试验可以看出，过时效温度对双相钢力学性能的影响较大，为了获得比较理想的力学性能，过时效温度应该控制在 260～300℃ 范围内。

表 2-26　不同过时效温度下试样的力学性能

试样编号	过时效温度/℃	屈服强度 $R_{p0.2}$/MPa	抗拉强度 R_m/MPa	屈强比 $R_{p0.2}/R_m$	断后伸长率 A_{80}/%	n_{90}
1	260	301	678	0.44	22.5	0.161
2	300	325	641	0.51	25.5	0.174
3	340	430	601	0.72	26.3	0.175
4	380	466	589	0.79	26.5	0.178

（4）过时效温度对微观组织的影响　将不同过时效温度的试样制备成透射电镜薄膜样品，在 JEM-2000FXⅡ型透射电镜下进行组织观察，比较不同工艺下组织的差别。

图 2-43(a) 所示为时效温度为 260℃ 试样的透射电镜组织，铁素体中存在明显的位错线，马氏体岛基本没有回火碳化物析出。图 2-43(b) 所示为时效温度 300℃ 试样的透射电镜组织，可见板条状马氏体岛中已经有少量的渗碳体析出，回火后铁素体中的位错密度降低。图 2-43(c) 所示为 340℃ 时效后试样的透射电镜组织，主要由铁素体与马氏体组成，铁素体中基本没有位错，马氏体中大多存在回火碳化物。图 2-43(d) 所示为 380℃ 时效处理后的试验钢的组织

特征，可见马氏体基本完全回火，回火碳化物数量进一步增多、尺寸长大。

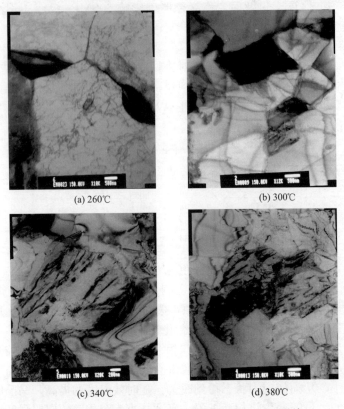

图 2-43　不同过时效温度下组织结构的 TEM 形貌

(5) 过时效影响的结论　不同过时效温度试验结果表明，过时效温度对双相钢力学性能的影响显著。当过时效温度为 260~300℃ 时，随着过时效温度的升高，由于铁素体内位错密度逐渐降低以及部分马氏体中出现少量碳化物析出，导致抗拉强度逐渐降低，屈服强度、断后伸长率和 n_{90} 值逐渐升高；但当过时效温度达到 340℃ 或 380℃ 时，由于铁素体中基本没有位错，马氏体中大多存在回火碳化物，时效温度越高，回火碳化物数量越多、尺寸越大，导致试验钢的屈服强度急剧升高，抗拉强度则急剧降低。因此，为了获得理想的力学性能，过时效温度应该控制在 260~300℃ 范围内。

5. 问题的解决

试验明确了过时效的温度控制在 260~300℃ 范围内比较理想，但经过生产线实际验证，性能合格率仍然不高。

进一步分析认为，主要是过时效段只给定了范围，没有设定目标值，而且该钢对过时效前的快冷最终温度的精度有严格的要求，必须控制在 ±10℃ 范围内。实际生产时既要保证快冷温度又要保证过时效温度在 260~300℃ 范围内，这样会造成过时效温度忽高忽低，从而影响到微观组织组成和性能结果。

在明确了过时效对性能影响的重要作用后，在控制策略上进行了调整，将快冷温度出口的误差调整为 ±20℃，明确过时效温度的目标值为 280℃。采用在低于 280℃ 时启动电加热系统升温、高于 280℃ 时启动冷却风机冷却的控制方式。

该方案实施后，过时效 1 段、2 段、3 段温度合格率达到了 100%，过程控制稳定性 C_{pk} 达到了 2.2；最终产品性能合格率达到了 97%，性能稳定性 C_{pk} 达到了 1.2。

第三章 带钢热浸镀技术

第一节 镀锌工艺基础

一、镀锌的基本条件

带钢基板和镀锌层本来是两种性质完全不同的材料,只有通过热浸镀的过程以后,保证镀层牢固地附着在基板的表面,还要保证镀层与基板之间结合非常紧密,像一个整体一样,在加工和使用过程中镀层不会出现各种形态的脱落,才能发挥应有的作用。要达到这样的效果,对基板和锌液以及两者之间的关系,都必须保证以下几项不能缺少的条件。

1. 对镀锌基板表面状态的要求

要想采用熔融热浸镀的方法在钢板上全部镀上锌层,就必须保证带钢与基板有良好的浸润性,没有哪怕局部的杂质。一般必须满足以下三个必备的基本条件。

① 带钢表面处于无油状态,即无碳类元素。一是指轧硬原料带钢表面残余的冷轧油等局部存在的油类杂质必须在前处理过程中彻底洗净或在炉内充分燃烧去除;二是指带钢在炉内加热时必须保证没有燃烧剩余的游离碳落到带钢上。

② 带钢表面处于还原状态,即无氧化元素。要求原板上的局部高温氧化和常温锈蚀必须在炉内还原成海绵铁,使得带钢表面处于活性状态,能够与锌液良好浸润。

③ 带钢表面处于洁净状态,即无杂质元素。要求钢板表面不能有外来的灰尘、粉尘、黏附物、外来异物等杂物,这些杂质往往会将带钢与锌液隔离开来,造成镀层与带钢的结合不良。

2. 对镀锌过程的要求

不但要在钢基板上镀上锌,还要求镀层结实,就要从镀层和带钢表面的结合方面来考虑问题。热镀锌与冷镀锌不同,纯锌不是直接附着在钢板上靠原子之间的吸引力附着的,而是在两者之间有一个起过渡和媒介作用的化合物膜,因而要镀牢锌就必须有完整的、厚度均匀的、合适的化合物层。由于锌和铁的反应倾向很强烈,因此化合物层不会嫌薄,只会嫌厚。化合物层厚度超过一定范围时,脆性太大,在变形时会使镀层脱落。影响化合物层的因素有以下几个方面:

① 合理的反应温度。一是带钢的入锅镀锌的温度要合理,二是锌锅的温度要合理。带钢或锌锅的温度过低时,铁无法与锌发生反应,形成不了化合物层,锌层很难附着到带钢上;带钢温度过高时,铁与锌的反应激烈,则形成的化合物层太厚。

② 合理的反应时间。一是带钢浸在锌锅内浸镀的时间要合理,二是镀锌以后冷却凝固的时间要合理。锌和铁的反应是在锌为液态的情况下进行的,从钢板浸入锌锅的那一刻到镀层完

全凝固结束为止。一般情况下，反应时间是足够的，不会嫌短，主要是应防止反应时间太长。如果浸镀的时间或冷却凝固的时间过长，则锌和铁的反应过程也太长，锌铁化合物太厚。

③ 合理的含铝量。铝在镀锌时的一个基本作用就是抑制锌铁的反应，如果含铝量过低，则锌和铁的反应很激烈，形成的化合物层就会太厚。

3. 对锌液温度的要求

锌液的温度是热浸镀锌的主要工艺参数之一，其对锌液的黏度和流动性影响较大。镀锌时需要锌液有一定的黏度，使锌液在钢板上不致产生流挂现象。锌液的黏度一般随温度的升高而减小，这也是要求锌液的温度不要太高的原因之一。但锌液的黏度又不能太高，否则不利于气刀将多余的锌液从钢板上剥离下来，造成镀层厚度的不均匀。锌液的流动性对这方面也有很大的影响，若流动性太高，则在生产厚镀层的产品时，锌层在未凝固前可能会产生流挂；若流动性太低，则也不利于气刀的作用。

除此以外，锌液的温度对锌锅内的含铁量有很大的影响，对此将做专题介绍。

4. 对带钢入锅温度的要求

镀锌的过程首先是钢板的铁原子与锌液中的锌原子的相互吸附靠近，其次才能继续产生化学反应，形成镀层。

热浸镀锌时，假如在带钢表面非常洁净的条件下，尽管带钢与锌液之间没有任何杂质，能较好接触，但要使锌液均匀地黏附到钢板上还必须保证两者之间表面张力达到合理的数值，张力的夹角 θ 大于 $90°$，才具有可镀性。要提高钢板表面的张力就必须提高钢板中原子的能量，即让钢板保持一定的温度。所以冷的钢板是镀不上锌的，只有当钢板的温度接近锌液的温度时才行。

若带钢入锌锅温度过低，低于锌液的温度过多，则在锅内带钢与锌液之间发生的是吸热反应，容易把锌液的温度带低，锌液的温度过低会影响锌液的流动性以及对钢板的浸润性，不利于黏附层的形成，也容易产生各种表面缺陷；同时带钢总是处于吸热状态会加大锌锅感应器的工作负荷，影响感应器的寿命。研究发现，带钢入锌锅温度应等于或略大于锌液温度，对提高镀锌层的黏附性有利。

若钢板的温度高于锌液的温度过多，虽然对锌液黏附到钢板上有利，但温度过高会促进锌铁之间的反应，在锌锅内时会使锌锅内的渣子增多；在离开锌锅冷却时会使锌铁化合物层加厚，纯锌层变薄，甚至消失，在没有纯锌层的情况下钢板表面就会是灰白色的一片，称为灰色锌层。这种情况不常见，但在生产厚板且带钢入锅温度和锌液温度均较高时很可能发生。

钢板温度高于锌锅的温度，差值在一定范围内是允许的，但必须严格控制。对于 0.4mm 以下薄板允许差值大一些，温度小于 40℃ 时不会出现镀锌缺陷。对于厚板差值不能太大，如 1.5mm 以上的钢板只允许在 5℃ 以内。如厚板入锅温度超过 475℃，且锌锅温度超过 470℃，就有可能会出现灰色锌层。

5. 锌液中铝的作用

铝是镀液中特别重要的元素。如果锌液中没有铝，则在带钢进入锌锅后，钢板表面的铁原子和锌原子会发生激烈的相互扩散和合金化反应，固体的铁原子会溶入液体的锌中，液态的锌也会向固体的铁中扩散。这种铁和锌原子之间的相互扩散反应是很强的，将一块钢板放在锌液中，可以不断地发生铁原子溶于锌的反应，使钢板逐渐减薄，产生孔洞，最终直至消失。这种反应过分严重，对于镀锌来说是很不好的，它的结果是使镀到钢板上的不是锌层，而是锌铁化合物层。化合物层有人称为合金层，其实还不是很准确，因为合金是一个大的概念，由两种金属或金属与非金属相互结合而成的具有金属性质的物质都是合金。合金包括固溶体和金属化合物两大类，它们的结构和性质有根本性的区别。固溶体的性能接近于纯金属，硬度低、延伸率大;而化合物是一种硬度高、脆性大、强度低、韧性差的组织。带钢在镀纯锌后获得的镀层中纯锌层和带钢之间有较厚的化合物层,由于金属化合物与纯锌相比组织硬而脆,这就恶化了镀层的性能。特别是化合物层与钢基的结合力非常薄弱,好像是在锌层与带钢之间有一个断裂层,割裂了钢基与纯锌层的联系,所以对镀层的黏附性能很不利。

不过,锌和铁之间的反应如果完全不发生,也会出现问题,因为有了化合物层的存在,热镀锌就不像电镀锌那样靠原子之间的吸附作用吸附在基板上,而是首先是钢板中的铁原子与锌铁化合物层之间牢固地靠化学键结合在一起,然后是锌铁化合物层与外层的锌之间牢固地靠化学键结合在一起。所以锌铁化合物层是铁和锌结合的媒介,是起到承上启下作用的黏结剂。如果这层化合物层的厚薄恰到好处,就能使镀锌板的镀层与基体之间的附着力大幅度提高,对提高产品的力学性能和耐腐蚀性能大有好处。

为了改善这种情况,在生产中采取在锌液中加一定量的铝的措施来提高镀层的性能。铝跟锌相比是一种化学性质更为活泼的金属,反映在金属学上铝更容易与铁反应生成金属化合物,铝与铁的金属化合物主要有 $FeAl$、$FeAl_2$、$FeAl_3$、Fe_2Al_5,其中以 Fe_2Al_5 最为稳定。铝的这一特点使含有铝的锌液在镀锌时的金属原子间反应发生了根本性的变化。尽管铝的浓度很低,但在带钢进入锌锅以后,铝首先很快地与带钢表面的铁发生反应,在带钢表面形成一层 Fe_2Al_5 薄膜。这一层致密的薄膜将铁与锌液隔离开来,阻碍了铁往锌液中扩散,也就阻碍了铁锌化合物的形成,所以又叫抑制层。

试验证明,含铝量在 0.10% 时就使化合物层中的栅状层大幅度减薄,当含铝量在 0.20% 时即可完全消除栅状层,变成只有漂移层和纯锌层的组织。与其他有浓度差的化学反应一样,铝虽然能优先与铁反应,但绝对高浓度的锌很快会将铝从铁铝合金中置换出来,使铁铝合金消失,也就失去了阻碍铁与锌反应的作用。通常把铝能抑制铁锌化合物层形成的延退时间叫作孕育期。实际生产中必须保证镀层在孕育期内冷却凝固,才能发挥铝应有的作用,所以生产线速度只有在一定范围以上时才能生产出合格的产品。

事实证明,有了铝以后,铝就和铁形成薄而均质的中间层,对镀层有着特别重要的作用,它能够牢固地黏附在带钢表面,而且又能与外面的铁锌化合物层和纯锌层较好地结合在一起,在整个镀层与带钢之间起着媒介作用。镀层的附着能力与铁锌化合物层的厚度关系并不是太大,而只取决于铁铝化合物中间层。因而,铁铝化合物层的形态和厚薄成为镀层附着力的一项指标,人们对其进行了大量的研究,甚至采取了各种手段来研究和测量此中间化合物层的厚度。

所以,铝对镀锌过程的作用有两个方面:一是铝抑制铁和锌的反应,带钢进入锌液之后,铝首先与铁反应形成一层致密的铁铝化合物薄膜,抑制了铁的扩散,从而使铁锌化合物层的形成和增厚受到阻碍;二是铝有利于锌渣的上浮去除,这同样是因为铝比锌活泼,铝可以将锌渣中的锌置换出来,形成铝铁化合物,从而上浮去除。铝对镀锌产品的作用也有两个方面:一是铝提高镀层的附着力,铁铝化合物层能起到媒介的作用,使钢基与镀层紧密结合在一起,从而能提高镀锌板的冲压成形性能,在变形时不致造成镀层脱落;二是铝能提高镀层的均匀性,铝使镀层受铁锌反应的影响变得较小,使镀层厚薄均匀一致,并同时改善镀锌产品的外观。

二、铁在锌液中的溶解度

1. 铁的溶解度的概念

如前所述,带钢进入锌锅后,钢板表面的铁原子和锌原子会发生激烈的相互扩散和合金化反应,固体的铁原子会溶入液体的锌中。与其他类型的溶质溶解于溶剂中成为溶液一样,铁在锌液中也有溶解度的概念。当铁在锌中的浓度低于溶解度时,铁会随镀层一起冷却凝固,成为固态的铁固溶于锌结晶层中的固溶体;当铁在锌液中的浓度超过溶解度时,铁的浓度处于过饱和状态,则超出溶解度的部分的铁会和锌发生金属与金属之间的化合反应,生成金属化合物,以极小颗粒的形式从液体中析出来,形成我们统称的锌渣。这些小颗粒的锌渣颗粒悬浮在锌液中时称为悬浮渣,悬浮状态的锌渣小颗粒相互之间发生碰撞,变成大颗粒。如果其密度比锌液大,就会下沉到锌锅底部,成为底渣;如果其密度比锌液小,就会上浮到锌锅表面,成为顶渣。

铁在锌液中的溶解度与锌液的含铝量和温度关系很大。锌铁铝三元体系在不同温度下的相图如图 3-1 所示,x 轴为含铝量,y 轴为温度,z 轴为含铁量,铁在锌液中溶解度是一个曲面。在曲面以下,铁处于不饱和状态,铁溶解于锌液之中;在曲面以上,铁处于饱和状态,铁就会从锌液之中析出。从图 3-1 中可以看出,总体说来,铁的溶解度随着锌液中铝含量的上升而下降,还随着锌液的温度上升而上升。

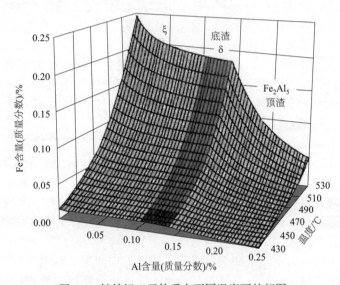

图 3-1　锌铁铝三元体系在不同温度下的相图

2. 含铝量对铁的溶解度的影响

为了说明铁的溶解度与含铝量的关系,从图 3-1 中截取在镀锌中最常见的温度 460℃时的一条曲线,如图 3-2 所示。

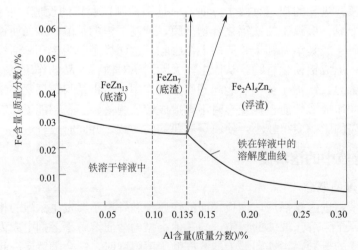

图 3-2　460℃时铁在锌液中的溶解与析出的平衡状态

从图 3-2 中可以看出，不同的含铝量下平衡状态的铁锌化合物产物相态不同。在含铝量小于 0.10% 时，若铁在锌液中的浓度超过 0.03%，则会析出 $FeZn_{13}$；如含铝量在 0.10%～0.135% 之间，则铁饱和以后析出的产物变成了 $FeZn_7$；含铝量 0.135% 是一个关键点，当含铝量超过 0.135% 时，则铁饱和以后析出的产物变成了 Fe_2Al_5。而且在图 3-2 中可以看出铁在锌液中的溶解度出现了一个转折点，在这点之前，铁在锌液中的溶解度变化不大，曲线基本是水平的；在这点之后，铁在锌液中的溶解度急剧下降。比如当含铝量为 0.135% 时，铁的溶解度约为 0.028%；但当含铝量为 0.20% 时，铁的溶解度下降到了约 0.011%，在图上形成了像腿部膝盖的形状，因此这个转折点俗称为"膝盖点"。

这一原理在渣相反应中的体现是：若铝含量小于 0.10%，则锌液中的锌渣是 $FeZn_{13}$；若铝含量在 0.10%～0.135% 之间，则 $FeZn_{13}$ 会进一步与锌反应，生成 $FeZn_7$，锌渣中的铁浓度上升；若铝含量超过了 0.135%，则铝会与锌铁化合物反应，铝将锌从锌渣中置换出来，生成 Fe_2Al_5，反应式如下：

$$2FeZn_7 + 5Al \longrightarrow Fe_2Al_5 + 14Zn$$

这一反应有着十分积极的意义，$FeZn_{13}$ 的密度是 $7.25g/cm^3$，$FeZn_7$ 的密度为 $7.1g/cm^3$，都高于锌液的密度 $6.9g/cm^3$，即都可能沉入锌液下部成为底渣。而 Fe_2Al_5 的密度为 $4.2g/cm^3$，低于锌液的密度，即浮到锌锅表面，有利于打捞去除。锌锅中的底渣和顶渣比例随含铝量变化的曲线如图 3-3 所示，从图中可以看出，当含铝量超过 0.135% 时以顶渣为主，低于 0.085% 时以底渣为主。也就是说当锌液中的含铝量高于 0.135% 时就可以实现无底渣操作，这对产品质量和生产管理都十分有利。

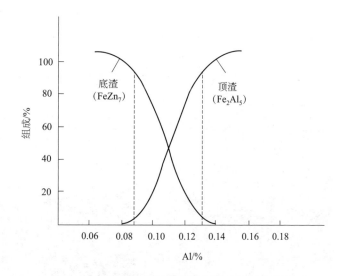

图 3-3 顶渣和底渣的比例随含铝量的变化曲线

含铝量对铁在锌液中溶解度的影响在生产实际中也得到了验证。图 3-4 所示是单位面积钢板上铁溶于锌液的数量与锌液中的铝含量的关系，从图中可以看出，随着铝含量的增加，铁溶解的数量是下降的，当锌液中的铝含量上升到 0.20% 以上时，铁的溶解数量已下降到较低的水平。图 3-4 中的另一条曲线是镀锌板表面镀层中的铝含量随着锌液的铝含量变化的曲线，从中可以看到当锌液中的铝含量在 0.18% 以下时，镀锌板镀层中的铝含量迅速上升；当锌液中的铝含量超过 0.20% 以后，镀锌板镀层中的含铝量略有下降。这说明锌液中的铝含量超过 0.20% 以后，镀层中的铝含量不升反降，铝没有被镀锌板带走，而是留在了锌锅中，很大程度上参与了造渣反应。所以，当锌锅中的铝含量超过0.25%以后，对镀层已没有什么意义了，而只对锌渣的反应发挥作用。

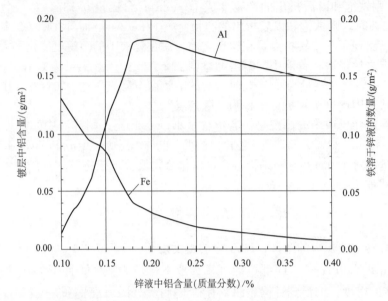

图3-4　铁溶于锌液的数量以及镀层中的铝含量与锌液中的铝含量的关系

3. 锌液温度对铁的溶解度的影响

为了说明铁的溶解度与锌液温度的关系，从图3-1分别截取450℃、460℃和470℃三个温度时的曲线进行分析，如图3-5所示。从图3-5中可以看出，随着锌液温度的升高，铁在锌液中的溶解度逐步地、显著地升高，这一特性对镀锌工艺的影响非常重要。

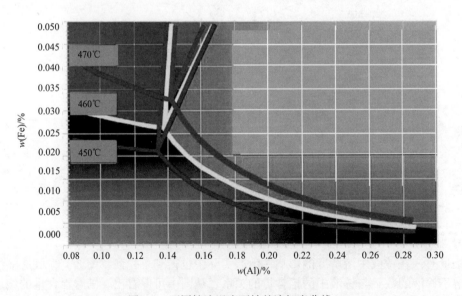

图3-5　不同锌液温度下铁的溶解度曲线

这一规律在实验室中也得到验证，不同含铝量时锌液中的铁的溶解度随着温度的变化曲线如图3-6所示。从试验的结果中也可以看出，随着温度的上升，铁在锌液中的溶解度显著上升；随着含铝量的上升，铁的溶解度显著下降。

以上规律，是制定镀锌工艺的基础，也是分析镀锌板质量的出发点。热镀锌工艺参数主要有锌液温度、带钢入锅温度和锌液含铝量三大参数，制定这三大参数的原则就是保证产品质量。对于零锌花产品特别是汽车面板来说，最重要的就是防止产品出现各种形式的锌渣，其中最主要的重点也是难点就是防止产生颗粒状的铁铝锌化合物渣，大量的工作都是围绕这个问题开展的。根据其发生规律，在目前的技术水平下，无法根本解决这一问题，只能将其控制在一定的范围内。

三、影响锌渣产生的因素

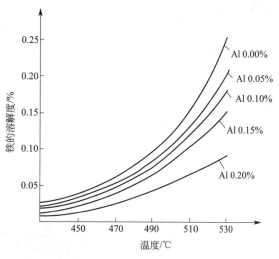

图 3-6　不同含铝量下铁的溶解度随温度变化曲线

1. 锌液温度波动带来的影响

锌液温度波动是产生铁铝锌化合物渣的一个主要因素，是镀锌生产技术水平的重要标志。如前所述，铁在锌液中的溶解度随着锌液温度的升高而增加，但不是线性关系。当镀锌温度在460℃左右时，铁的溶解度随温度的升高而增加的数量并不太多，但当温度超过470℃时，铁的溶解度随温度升高出现急剧增加的现象。比如锌液中的含铝量为0.135%时，当温度为460℃时，铁的溶解度约为0.028%；但若温度升高到470℃，则铁的溶解度为0.034%左右；若温度下降到450℃，则铁的溶解度为0.021%左右。这一规律给我们的启示是：锌渣的产生量与温度的变化关系很大。若锌液温度控制在460℃，而控制误差在±10℃的话，锌液温度就会在450～470℃范围内波动。当锌液温度升高到了470℃时，含铁量为0.034%时并不产生锌渣，但若这样的锌液温度下降到450℃的话，则会有0.012%的铁以锌渣的形式析出来；若锌液温度又再次上升到470℃，则原来析出的锌渣并不会重新溶解到锌液之中，而是带钢中又会有另外0.012%的铁溶入锌液中来，使锌液中的铁再次回升到0.034%。这样的锌液一旦温度下降到450℃，则又会同样析出0.012%的铁所产生的锌渣。这就是锌液温度波动产生锌渣的过程，所以，生产实际中锌液温度的波动必须越小越好，最好控制在±1℃以内。

2. 含铝量波动带来的影响

由于随着含铝量的升高，锌液中铁的溶解度是降低的，因此锌液含铝量波动是产生铁铝锌化合物渣的另外一个主要因素。在含铝量低于0.135%时，铁的溶解度随含铝量的升高而下降的数量并不太多；但当含铝量高于0.135%时，铁的溶解度随含铝量的升高出现急剧下降的现象。比如当锌液在460℃的温度下，锌液中的含铝量为0.135%时，铁的溶解度约为0.028%；但若含铝量升高到0.235%，则铁的溶解度下降到0.008%左右。所以，锌渣的产生量与含铝量的变化关系很大。若锌液含铝量控制在0.185%，而控制误差在±0.05%的话，锌液含铝量就会在0.135%～0.235%范围内波动。当锌液含铝量下降到了0.135%时，含铁量为0.028%时并不产生锌渣，但若这样的锌液含铝量上升到0.235%的话，则会有0.02%的铁以锌渣的形式析出来。与温度波动的影响一样，这一过程不是可逆的，只会向产生锌渣的方向移动。所以，生产实际中锌液含铝量的波动必须越小越好，最好控制在0.02%以内。

3. 锌液除铁的原理

前面介绍的是锌液温度和锌液含铝量对产生锌渣的影响，是不利因素。不过，在停机后锌液除铁时，也可利用这一原理来对锌液进行除铁作业，使得锌液得到净化，这在后面详述。

4. 热浸镀过程的控制

锌锅是镀锌生产线核心控制区域，与产品质量和生产线稳定运行关系非常之大，必须严格进行全方位的控制。总的说来，热浸镀过程的控制必须管理好的各个方面如图 3-7 所示，以后的内容将逐一展开讨论。

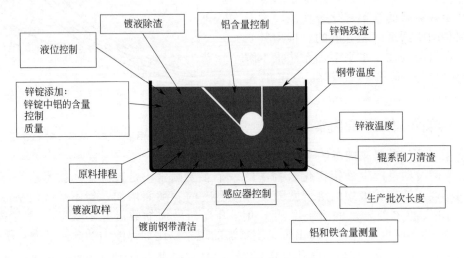

图 3-7　热浸镀过程控制的因素

第二节　锌液温度的控制

锌锅内锌液温度的控制有三个方面的因素：一是锌液温度波动的控制；二是锌液设定温度的控制；三是锌液温度分布场的控制。

一、锌液温度控制的方法

生产汽车板过程中必须严格控制锌液温度，锌液温度的控制精度主要与锌锅电源功率调整的方法有关，目前调整的方法主要有有级调功控制模式和无级调功控制模式两种，可根据生产不同产品的工艺需要进行选择。

1. 有级调功控制模式

根据感应加热原理，锌液温度控制是通过调整感应器两端的电压以产生不同的功率输入实现的。该方法的原理如图 3-8 所示，在三相自耦变压器的输出端设计 8 个抽头，对应不同的电压，分别设 8 挡功率输入到锌锅感应器线圈，其中 3 挡低功率及 5 挡高功率。在正常工作中，设定所需的目标温度，并设置控制开关在自动位置，如果目标温度与传感器反馈回来实际的锌液温度相差一定的数值，则控制开关自动调整到相应功率的位置；当所输入功率产生的总热能大于锌锅的热损耗时，锌液温度升高，直到设定的目标温度时，转换到保温状态，从而实现闭环控制的模式。这种有级调功模式，一般不参与生产线的控制，而实行单独控制，对温度的控制精度为±3℃，设备简单、操作维护方便，可以满足一般产品生产的需要。

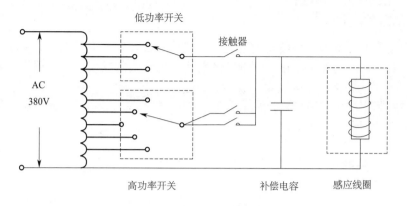

图 3-8　有级调功控制模式原理

2. 无级调功的控制模式

无级调功控制模式采用整流和逆变装置，通过变频调压方式调整感应线圈输入功率，从而实现对锌液温度的控制。其原理如图 3-9 所示，由断路开关、整流器、逆变器、过电压保护装置、二次隔离电感器等组成。其脉冲全波整流单元采用可控硅功率元件，将三相交流电整流成单向直流电；逆变单元通过晶闸管再将单向直流电变成频率和电压可以调整的单相交流电；还配置有过电压保护电容，用来过滤电网以及感应线圈产生的过电压；并通过二次隔离电感器以1∶1 的比例输出电压，以确保安全、防止干扰；最终给感应器提供变频调压电源，在线圈内产生变频电流，使得锌液温度随着频率的调整而变化。该系统可以实现与生产线二级计算机的联网控制，其控制单元可通过接受机组 PLC 输入的 4～20mA 或 0～5V 信号来调整系统功率，从而实现对锌锅温度系统性的控制，控制精度可达±1℃。其控制单元能够对感应器的线圈电压、电流及功率等进行实时监控。另外，该方式的整流控制柜和感应器线圈都必须采用水冷却方式。

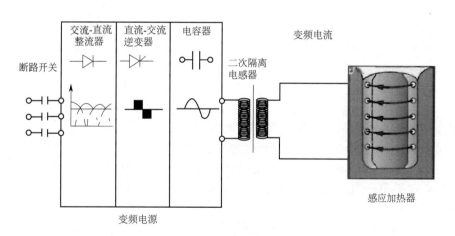

图 3-9　无级调功控制模式原理

这种控制方法技术先进、工作可靠、控制精度较高，锌液温度控制精度可达±1℃，可以满足高档产品生产的需要。但是，其设备复杂、投资较贵，对维护人员的技术要求较高，维护费用也较高。

二、锌液设定温度的选择

1. 锌锅温度不变理论

锌液的设定温度，就是我们希望的温度。一般锌液的实际温度是在设定温度的基础上发生上下波动的。对于锌液的设定温度除了前述的需要考虑锌液的黏度以外，更为重要的是要考虑铁的溶解度的问题，据此，锌液温度一般不能超过470℃。

但是，在实际生产中锌液的温度到底控制在多少最合适，不同企业的方法不尽一致，有的企业控制在一定范围，有的企业固定在460℃不变。主流观点认为，锌锅温度必须固定在一个较低温度（≤465℃）不变。

2. 冷凝线高度控制法

笔者通过大量的生产实践，摸索出了冷凝线高度控制法，在此做以介绍，供大家参考。

决定热浸镀锌锌锅温度的依据是：控制镀层与基板之间的金属化合物层的厚度在一定的范围内，既不能太薄也不能太厚，以保证产品的使用性能。但仅凭这一原则还不好进行实际操作，在实践中摸索出的操作方法是控制冷凝线的高度。

冷凝线是冷却凝固线的简称，是带钢经过热浸镀的过程，从锌锅锌液中出来，通过气刀吹去多余的锌液，形成均匀的液态镀层以后，在冷却塔上升的过程中，温度下降，由液态镀层凝固成固态镀层时的分界线。在冷凝线以下，镀层是液体状态，反射率很高，像一面明亮的镜子。在冷凝线以上，镀层是固体状态，反射率下降，就是固态锌的银白色，如果是零锌花产品，则是均匀一致的组织；如果是大锌花产品，就有锌花的光泽。

由于带钢在冷却的过程中，边部散热很快，而中间部位散热相对较慢，因此冷凝线的形状是一个下凹的抛物线形。与所有的液体结晶一样，镀层的结晶也有形成核心和晶粒长大的过程。冷凝线不只是一条曲线，而是一个范围，在这个范围内，镀层开始结晶，并完成结晶的过程。所以，可以在冷凝线的范围内看到镀层的晶粒从无到有、由小到大，直至布满整个板面的过程，特别是在生产镀锌产品且镀层较厚、锌花较大的时候更是如此。当然镀铝锌硅也可以看到，只是不太明显而已，而且热浸镀铝锌硅必须采用镀后冷却箱进行冷却，所以看起来比较困难。

将从气刀起到冷凝线最顶端的距离定义为冷凝线高度，如图3-10所示。当带钢通过气刀后，就开始冷却、凝固的过程，到冷凝线最顶端时凝固结束，所以说冷凝线高度的范围正是镀层由液态变成固态结晶的过程。

如果冷凝线过低的话，一是镀层没有足够的时间在液态下进行流平；二是有可能在带钢通过气刀时，边部就很快冷却并开始凝固了，气刀不能吹除边部多余的锌液体，就会出现边缘镀层厚度超过板面其他地方的现象，即被称为"过镀锌"的缺陷，卷取时钢卷两边厚度超过中间部位，打开后形成边浪形板形。这种缺陷大多发生在生产薄板且锌锅中锌液温度较低的时候。

如果冷凝线过高，最直观的结果是：有可能在带钢到达冷却塔的最顶端、通过塔顶转向辊时还未完全凝固结束，部分未凝固的液体会黏附到辊面上，不但会造成带钢表面镀层损伤，还会造成带钢表面

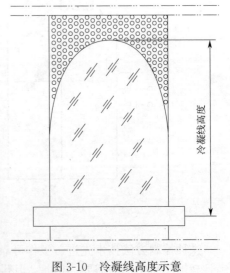

图3-10 冷凝线高度示意

压印等缺陷。其实，这还不是最根本的问题，根本的问题是带钢表面的镀层处于液态的时间过长，则铁-铝和铁-锌之间反应的时间也很长，带钢基体与镀层之间的金属化合物层过厚，在后续的加工变形时，使镀层与基板的结合力下降，造成镀层粉化脱落的缺陷。如果反应时间过长，最极端的现象是镀层中的纯锌全部转变成了金属化合物合金层，灰蒙蒙一片，没有金属光泽，也没有结晶形成的晶花。

所以，控制好冷凝线的高度，就是控制好液态镀层的冷却凝固过程。这样不但保证了表面的结晶形态，消除了边部"过镀锌"缺陷，更重要的是保证了镀层与带钢基板之间的金属化合物合金层不致过厚，确保了镀层的结合力。这一点，对于生产铝锌硅和合金化产品尤为重要。

大量实践表明，冷凝线的高度最低不能低于 1~2m，最高不能高于 4~6m，最好在 2~4m 的范围内。根据这一原则，在实际生产中可以发现，锌锅温度应该随着带钢的厚度的不同而变化，带钢厚度越薄，锌锅温度必须越高。对于薄板或生产较薄镀层的产品时，冷却速度较快，冷凝线会在较低范围内，但低于 1~2m 时就必须提高锌液的温度。对于厚板或生产较厚镀层的产品时，冷却速度较慢，冷凝线会处在较高的范围，所以，必须降低锌锅锌液的温度；如果降低锌锅温度仍然不能满足要求，就必须用镀后冷却风箱进行冷却。

根据这一原则，结合锌液温度对铁溶解度的影响，实际生产中将锌液温度设定在 455~465℃为宜。

但是，这一操作原理在行业内引起了一定争议。传统理论认为，锌锅温度必须稳定在 460℃左右不变，否则锌锅温度变化就会造成锌液中铁的析出，使锌渣增多。笔者认为，锌锅温度的变化有两种：一种是控制精度的问题造成的实际温度与设定温度之间的上下波动，虽然波动范围很小，但频次很高；一种是工艺调整设定温度的波动，虽然波动范围大，但频次很低。影响锌渣增多的根本原因是前者，而不是后者。所以，因为工艺调整而引起锌渣增多的影响是有限的。

三、锌液的温度分布场

在锌锅内部锌液的温度分布是很不均匀的，采用仿真软件对某生产线锌液温度场的分布进行仿真分析，并进行适当的简化后的示意图见图 3-11。从图 3-11 中可以看出，除气刀、锌液表面及锌锅表面的环境对锌液有冷却作用以外，带钢温度、感应器加热和加入锌液的锌锭熔化对温度差异的影响很大。

1. 锌锭熔化对锌液温度差异的影响

在热镀锌锅中不加入锌锭时，锌液的整体温度是基本一致的；而加入锌锭后，锌液的温度就出现了较大的波动，在锌锭附近的区域，尤其是在锌锭下方区域，其温度较低。这是因为在所加入锌锭的熔化过程中，未熔化的锌锭表面附近区域相对于其他区域温度较低，其密度相对较大，锌锭熔化后直接向锌锭下方的区域流去，导致锌锭下方区域的锌液温度较低。这个低温区会导致锌渣的产生，如果本来并没有饱和的锌液，但由于加锌而形成低温区以后，就会变成铁的过饱和区，便在锌锭的周围形成底渣。同时，由于锌渣的聚结作用，在此部位也会形成大量的大颗粒锌渣。

2. 感应器加热对锌液温度差异的影响

靠近感应器出口区域的温度较高，特别是感应加热器处于高功率的状态时，感应加热器出口处的高温锌液以一定角度喷出，喷出的锌液的速度比其他部分的流体速度大很多。感应加热器射出的流体由于惯性继续向前流动，在流动过程中不断扩散向锌锅上部和底部流动。如果感应器处于锌锅的靠近入口侧，则当热锌液遇到斜向下运动的带钢时，将被带钢阻挡分成两部分，一部分上升流向带钢入口处到达锌液表面，另一部分随着带钢流向锌锅的底部，经沉没辊再流向带钢的出口处。这种热锌液对带钢的作用会促进铁溶解进入锌液中，也是不利的。

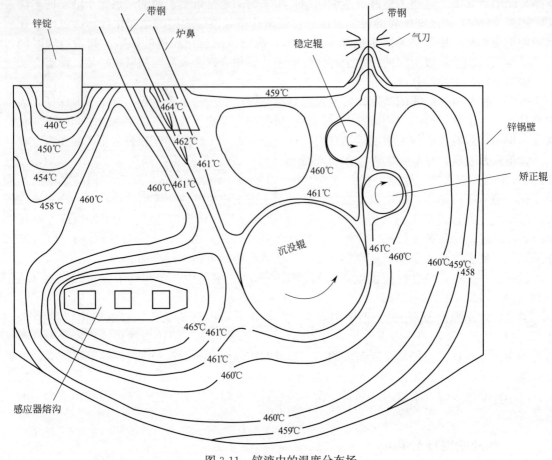

图 3-11 锌液中的温度分布场

四、锌液温度场的优化

为了最大限度地减小锌液温度的波动和锌液的不利流动,可以采用以下方法:

1. 采用预熔锅熔化锌锭

研究表明,使用预熔锅技术可以减少大颗粒底渣,这是因为:

① 消除了由于锌锭熔化而造成的局部低温区。

② 通过降低感应器的加热功率减弱锌锅中锌液的搅动。当用预热锅补加锌时感应器的功率就会大大降低,这是因为锌锅的热损失由于预熔锅的锌液带入的热量而得到补偿,且预熔锅的温度往往高于锌锅温度。

③ 强化了底渣向顶渣的转变。当向锌锅补加预热到 482℃、含铝 0.3%~0.5%的锌液时,底渣中的铁将与铝化合,在该混合区内快速形成 Fe_2Al_5 顶渣。因为混合区内反应的表面积增大而且温度较高,所以促进了其反应。热力学进一步证实:较高的温度可提高底渣向顶渣转变的热力学推动力,因为其反应的自由能变化在高温下更快。

2. 调整加锌锭和感应器的位置

不少企业将锌锭加入位置放在锌锅的入口侧、炉鼻附近,这对高品质的产品质量有很大的影响。因为这里是带钢最先接触锌液的地方,经验表明,尽管带钢要在锌锅内运行一段距离,但对产品质量影响最大的就是带钢最先接触的锌液,一旦带钢表面黏附杂质,在以后的运行过程中是很难脱离的,而且会转移到沉没辊和稳定辊上,对质量和生产都会产生影响。如果在此处加锌，会造成这里的温度波动、浓度波动和锌液不利流动，就会带来一系列不良影响，而且在此处加锌会造成炉鼻内锌液面的波动，也会造成粘渣缺陷。如果将加锌锭的位置移到锌锅出口处，对产品质量的影响就会好得多，而且锌锅出口处锌液向上流动的速度很大，在此处加锌，可以很快实现温度、浓度的均匀化。

锌锅的感应器是不能安装于锌锅中心线的，否则，会对带钢和三辊六臂造成冲刷。锌锅的感应器必须与加锌的位置相对应，偏向一侧，这样既减轻了对带钢和三辊六臂造成的冲刷，也有利于及时使锌锭熔化，减轻低温区的影响。

3. 调整锌液温度测量位置

有的机组在炉鼻两侧角落处加锌，而且在炉鼻下方测量锌液温度，如图 3-12 所示。由于这里处于低温区，测量到的温度低于锌液其他地方的温度，造成感应器长时间高功率运行，这将导致镀液温度过高并影响顶渣的生成量。这种情况下，热电偶应该放在远离局部激冷效应的锌锅前部 A 处，这样才能准确测量锌液温度并进行有效控制。

有的机组将热电偶安装于感应器的上方，则与这种情况相反，测量到的温度高于平均温度，感应器不能按照要求补充热量，使得锌液实际温度低于设定值，也是不好的。

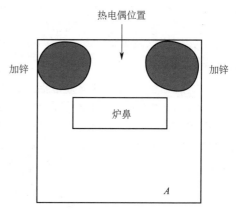

图 3-12　锌锅热电偶安装位置优化

第三节　带钢入锅温度的控制

一、采用带钢辅助加热锌液的分析

加热锌液最好的方法是采用预熔锌锅，其次是采用感应器无级功率调整控制方法。但是，实际生产中，还是会遇到采用感应器有级功率调整控制方法的，这时就必须采用特殊的操作方法弥补感应器控制方法的不足，最大限度控制锌液温度和流速的波动。

这种方法就是采用带钢辅助加热锌液温度。锌液内热量的来源有两个渠道，一是锌锅感应器发热，二是带钢的热量。为了最大限度控制锌液温度和流速的波动，就必须将分级调整功率的感应器一直控制在某一低功率状态工作，以提供均匀一致的热量，不会造成锌液温度的波动，也不会造成锌液流速的不断变化。在这样的情况下，保持锌液温度恒定的另一部分热量就靠带钢来补充。虽然这样做也有不利的一面，但与感应器高功率运行对锌液温度稳定性带来的影响相比，其影响是比较小的，所以可以采用这种做法。据热平衡测算，某一生产线带钢入锅温度每升高 1℃，锌液的温度就可以升高 2~3℃，可见带钢所含的热量是很大的。事实也证明，只要将带钢入锅温度控制在比锌液温度高出 10℃ 以内，在感应器一直保持低保温运行的状态下，就可以满足一般镀层厚度产品的正常生产。

二、带钢入锅温度对锌液温度的影响

图 3-11 表示了锌锅温度为 460℃、带钢入锅温度高于锌液温度 5℃ 时的锌液温度的分布场，从图中可以看出，当带钢温度高于锌液温度时，带钢进入锌液后就开始热交换，温度迅速下降到接近锌液的温度。但是，当带钢温度下降到了 461℃ 以后，由于与锌液的温度差很小，加上感应器喷出高温锌液的影响，带钢温度就不再下降了，一直保持到快出锌液的时候。这一

现象表明，采用带钢加热锌液温度的做法时，实际带钢镀锌的温度是高于设定温度的，这对控制锌渣的产生是不利的，所以必须严格控制带钢与锌液的温度差，不要超过一定范围；而且，采用这种方法时，可以将锌锅温度设定得略低一点，以补偿带钢实际镀锌温度偏高的问题。

三、带钢入锅温度的控制方法

在生产实际中，不少生产线都是根据经验数据来直接控制带钢温度的，这种方法缺少控制的依据。应该采用以锌锅锌液温度为基准控制带钢与锌液之间的温度差来设定带钢温度的方法，既保证产品质量，又简单易行，发现问题后还能够及时调整。

热浸镀工艺有一个基本的条件就是带钢的温度与锌液的温度基本一致，这样才能保证带钢与锌液有较好的浸润性，以及带钢基体和镀层有较好的结合力。如前所述，为了保证产品的表面质量和内在质量，通过控制冷凝线的高度来调整锌液温度是很科学合理的方法。在锌液的温度确定之后，就可以通过调整带钢与锌液之间的温度差来控制带钢的温度，将温度差控制在合理的范围内，确保产品的质量和生产的顺利进行。

同时，由于薄板从测温点到进入锌锅这段距离内的温度下降要大于厚板，而且所携带的热量较少，因此，带钢厚度越薄，热张辊室测温点带钢温度必须越高，而且不是线性的关系。表3-1 所示是某生产线锌锅温度和带钢入锅温度控制的实际数据，仅供参考。

表 3-1　镀锌锌锅温度和带钢入锅温度控制案例

带钢厚度/mm	锌锅温度/℃	（带钢温度−锌锅温度）/℃	带钢温度/℃	实际冷凝线高度/m
0.2	465	25	490	2.2
0.4	464	20	484	2.5
0.6	462	10	472	2.9
0.8	460	7	467	3.2
1.0	459	6	465	3.4
1.2	458	5	463	3.6
1.5	457	4	461	3.8
2.0	456	3	459	3.9
2.5	455	2	457	4.0

四、带钢入锅温度调整试验论证

某机组以前一直对带钢入锅温度没有准确的控制基准，造成了汽车板表面锌渣粒数量超标。因此，进行了试验调整入锌锅板温，寻找最佳入锌锅板温与锌锅温度的匹配。

第一步，小批量钢种验证。选择了退火后的温度可以调整的 DX51D、DX53D、DX54D、DX56D 钢种的产品，控制锌锅目标温度为（458±1）℃，调整带钢入锅温度，观察性能的变化以及产品表面和镀层附着量等产品质量情况，同时验证现场过程控制操作难易程度。每个钢种选择一种规格进行试验，数据如表 3-2 所示。经过第一轮试验说明，入锌锅板温及锌锅温度调整对镀锌板力学性能及表面质量无影响。

表 3-2　入锅板温调整试验数据

钢种	规格/mm	方案	工艺参数					平均性能			表面质量
			加热温度/℃	均热温度/℃	快冷温度/℃	入锅温度/℃	锌锅温度/℃	σ_s /MPa	σ_b /MPa	λ /%	
DX51D	1.13×1256	原方案	780	781	485	480	461	248	345	37.5	—
		新方案	780	781	470	465	461	250	340	38.5	OK
DX53D	1.13×1320	原方案	806	805	483	478	459	172	310	43.6	—
		新方案	805	803	463	460	459	176	306	44	OK

续表

钢种	规格/mm	方案	工艺参数					平均性能			表面质量
			加热温度/℃	均热温度/℃	快冷温度/℃	入锅温度/℃	锌锅温度/℃	σ_s/MPa	σ_b/MPa	λ/%	
DX54D	1.13×1550	原方案	818	821	481	487	457	163	292	42.7	—
		新方案	816	821	461	457	457	164	291	42.5	OK
DX56D	1.13×1320	原方案	840	841	485	480	461	168	295	44.7	—
		新方案	842	841	460	458	461	167	290	44.5	OK

第二步，依托实际生产计划验证。根据实际生产计划，不做刻意调整，验证在当前实际生产计划排程条件下，多钢种多规格变化时，现场操作保持入锌锅板温及锌锅温度操作的可行性，以及对钢种力学性能及表面性能的影响。每次试验随机选取现场8～10卷钢作为一组，进行连续不少于10组试验，试验必须涵盖每个班组至少两次，同时验证各班组实际操作能力水平。试验报告中增加单独班组控制能力评价，重点关注过镀卷性能指标。

实际生产中多轮试验结果表明，在降低入锌锅板温后，力学性能均未受影响，表检统计结果表明表面锌粒比例有了较为明显的降低。

第三步，汽车板生产试验。在前面两步试验均成功的基础上，将试验参数应用于实际汽车外板生产，并全程记录过程控制参数情况及力学性能和表面性能参数。以第一步中的实验表格为准对力学性能及表面质量展开进一步评价。实际生产统计结果表明，外板在采用降低入锌锅板温控制后，表面质量控制明显改善。

第四步，新工艺标准制定，措施固化。汽车板实际生产实验成功，表面质量得到进一步改善，修改了汽车板生产新工艺控制标准，形成了新的汽车板生产工艺规范。

第四节 锌液的流动与液位控制

一、锌液的流动速度场

随着对产品质量的要求越来越高，对锌锅内成分和温度的要求也越来越苛刻。而锌锅尺寸很大，各个地方的成分和温度都不完全一样，必须考虑成分和温度在锌锅内分布的规律，因此就必须首先考虑锌锅内锌液的流动情况。

1. 锌锅内锌液流动情况

锌锅内锌液是在不断流动的，锌液流动的动力是带钢的运动和锌锅辊组的旋转以及感应加热器的运行，其中带钢的运动是主要驱动力。在带钢附近区域，锌液的流动主要受带钢运动的影响，是一种强制对流形式；沉没辊和稳定辊对锌液的搅拌作用也很强烈；而在感应加热器附近区域，锌液的流动主要受温度影响，是一种自然对流形式。

(1) 纵向中心剖面的流动的情况 根据大量理论仿真研究和实际情况分析，锌锅内锌液的流动情况在纵向中心剖面上的分布如图3-13(a)所示。

从图3-13中可以看出，在锌锅中心，锌液整体上是在沉没辊的下方从入口方向向出口方向流动的。锌液随着带钢绕逆时针旋转的沉没辊向出口侧流动，在遇到较低位置的顺时针旋转的前稳定辊时，锌液就流向了锌锅的前壁。这样流动的结果就有利于锌液中的浮游状态的锌渣上浮到表面。

而在沉没辊进出口的三角区域逆时针旋转的沉没辊和较高、低位置的后稳定辊的搅动，使得锌液的流动与带钢的流动方向相反，使得锌液对带钢形成冲刷作用，加重了带钢与锌液的反应。

(a)

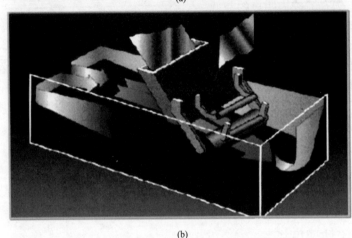

(b)

图 3-13　锌锅内锌液的流动情况

在锌锅的入口侧，即炉鼻的下面，如果没有加锌和感应器的作用的话，锌液的流动是相对比较平缓的，主要是被带钢带动向着靠近带钢的方向流动，并在沉没辊的搅动下向着锌锅的出口流动。

(2) 锌锅内锌液的流动整体情况　锌锅内锌液的流动整体情况的分布如图 3-13(b) 所示。从图 3-13(b) 中可以看出，锌锅内锌液的整体大循环的流动，是在沉没辊的下方从入口方向向出口方向流动的；而在锌锅的操作侧和传动侧靠近侧壁的地方，都是从出口向着入口方向流动的，这样就实现了整体流动的平衡。

2. 加锌和熔锌对锌液流动的影响

锌锅内加锌以后，锌锭熔化成的锌液温度很低，会自然下沉。而锌锅感应器的熔沟会吸进冷的锌液，喷出热的锌液。这两个因素都会增强锌液的流动。

因此，加锌的速度必须稳定、均匀，感应器的运行必须稳定在一定的功率；对于功率分级控制的感应器，汽车板生产时不能采用高功率。

3. 生产线速度对锌液流动的影响

实践经验表明，生产线速度较小时，铁和锌液的反应时间太长，镀锌层的附着性不好，加上带钢在锌液中停留的时间越长，锌渣就越有可能黏附在带钢表面上，而使带钢的表面质量变差。所以汽车板生产中生产线速度必须保证在一定范围以上，比如有的公司就规定汽车板生产时工艺段的速度必须高于80m/min，但是速度快了有什么影响呢？

仿真结果表明，带钢速度越快，锌液的流动就越快，锌液所带动锌渣上浮的速度就越快，锌渣黏附在带钢表面的可能性就越小，这是有利的一方面。但是，速度过快时，锌液具有较大的湍流现象，仿真结果带钢速度为1.35m/s，即生产线速度为81m/min时，其湍流现象不明显，热浸镀的效果最好，所以汽车板生产线的速度一般控制在80~90m/min范围内。

4. 带钢宽度对锌液流动的影响

仿真结果表明，锌液随着带钢从沉没辊下方的入口侧向出口侧流动，在带钢的两侧形成旋涡。随着带钢宽度的增加，带钢带动锌液向前运动的影响增加，范围也变宽，而窄带钢的影响就略小。

根据这一结果，某公司根据带钢的宽度对生产线速度进行了调整。以往在汽车板生产中，为控制过程稳定性，全过程采用90m/min的速度生产，其弊端是在后期窄幅汽车板生产中会损失一定产能。调整后在设备状况及工艺过程控制能力得到进一步提高的前提下，采用阶梯速度模式，即板宽在1800mm以上的带钢采用90m/min的速度，板宽在1360~1800mm范围内的带钢采用96m/min的速度，板宽在1360mm以下的带钢采用100m/min的速度，这样在保证质量的前提下，进一步提升了机组产能。外板速度的提升不仅仅是提高了产能，更是机组管理及工艺过程控制能力提升的客观反映。

二、锌液面波动的控制

无论是锌锅区域辊子、带钢的抖动还是捞渣、扒渣都会造成锌液面波动，从而导致在带钢表面产生锌波纹缺陷，同时锌锅底部锌渣、锌粒也会被搅起，大量附着在带钢表面造成缺陷的产生。因此，降低锌锅辊系、带钢的抖动程度以及规范捞渣、扒渣的行为，减少液面搅动，对带钢表面质量都有着积极的影响。

1. 影响因素分析

① 锌锅辊系支臂变形及安装基座精度存在问题，造成锌锅辊系支臂抖动。

② 锌锅前炉内辊系和锌锅后冷却塔辊系抖动引起锌锅辊系及带钢抖动。

③ 锌锅辊系预热及安装过程中自身变形。

④ 锌锅辊系在锌液中使用一段时间后，辊子的合金轴套和陶瓷轴瓦会产生磨损，导致轴套与轴瓦间隙逐渐变大造成抖动逐渐加大，磨损到一定程度时，辊子就会发生抖动。

⑤ 锌锅辊系装配质量造成辊系轴承震动。

2. 改进措施

① 定期对气刀离线标定架、备用锌锅辊系支臂进行标定，根据测量结果重新调整。

② 通过专业测量队伍对机组锌锅辊系安装基座进行检查找平调整。

③ 每次检修对可能影响锌锅辊系运行精度的塔顶辊进行找平找正，吊线检查锌锅辊系的平行度；采取大张力操作，使锌锅处带钢张力是机组一般部位张力的2倍以上，减轻锌锅处带钢抖动。

④ 优化锌锅辊系的加热和入锅温度标准。

⑤ 在备件厂家对锌锅辊系进行检测，保证所有技术参数在要求范围内，保证其动平衡及各类公差达到最优状态。

⑥ 优化轴套/轴瓦磨损方式，采用更耐磨的轴套，由轴套磨损改为轴瓦磨损。随着使用时间的延长，轴套与轴瓦间的间隙不会发生明显变化，延长沉没辊系使用时间。

3. 优化捞渣扒渣的相关要求

① 机组捞渣地点定在机组后方，捞渣应由近到远进行，先捞机组后方锌渣，待基本捞干

净后，再将带钢附近锌渣轻轻扒到锌锅后方捞入锌渣钵内。

② 在进行捞渣扒渣作业时，动作应平稳缓慢。严禁在锌锅带钢周围使用捞渣耙或捞渣勺剧烈震动锌液面，以免造成漂浮的锌渣波荡到带钢表面。

③ 在清理锌锅辊系臂以及沉没辊刮刀系统粘锌时，使用锌瓢浇淋锌液融化凝锌。

④ 在将锌渣捞入废渣斗的过程中，保证捞渣勺停止在锌锅上方最少 5s，以捞渣勺中无锌液从瓢下方孔内滴落为基准。操作时操作工可手握捞渣勺尾端，将捞渣勺斜靠在锌锅沿上让捞渣勺稍高于锌液面，让捞渣勺中锌液自动沥回锌锅中。

⑤ 每次进行捞渣扒渣作业后，锌锅岗位操作人员必须到锌锅观察室对板面锌灰程度进行监控，同时与出口做好沟通，对锌灰锌渣影响质量的区域进行分切处理。

⑥ 每班锌渣钵数以 2～3 钵为宜，平均每吨钢锌渣量应在 2.0kg 左右，生产薄锌层（0.8mm 以下）与品种钢时可适当增加，但尽量不要超过 3 钵。

⑦ 生产时，根据顶渣量，适时进行捞渣扒渣，原则上每间隔 1h 左右扒渣 1 次。

⑧ 当班捞渣后，在电子版锌渣记录表格中认真如实填写扒渣时间、扒渣钢卷钢种信息及捞渣钵数。

⑨ 各班按照规定区域存放锌渣，由车间每日对锌渣量进行监督管理；带头出锌锅时立刻进行扒渣，尽量保证使用过渡料前半卷完成扒渣，后半卷用于稳定锌液液面，不允许汽车外板在线时进行扒渣。

三、实现锌锭的自动添加功能

由于带钢的持续运行，锌液面的起伏波动是不可避免的，因此难以采用雷达定位的方法实现"锌液面-加锭速度"闭环控制进行加锭。

根据镀锌作业的特性，比较理想的方法是：根据锌锭耗量计算加锌速度，按计算结果进行自动添加，同时人工监控液面实际位置，适当进行干预。

锌锭加入速度可用式(3-1) 表示：

$$v \approx \frac{KWv_1Z}{S\rho} \tag{3-1}$$

式中，v 为锌锭加入速度，m/s；K 为修正系数；W 为带钢宽度，mm；v_1 为机组速度，m/min；Z 为锌层质量，g/m^2；S 为锌锭截面积，m；ρ 为锌锭密度，kg/m^3。

式(3-1) 中的锌锭密度是个常数，带钢宽度、锌层牌号是用户需求，机组速度为变量，修正系数 K 值与环境温度、锌液铝含量、机组速度、锌层牌号等有密切关系。以上数据均可在一级计算机中根据系统设定参数实现自动计算。优化不同条件下的修正系数 K 值，使在不同工况条件下耗锌量与加入量一致，就可以减少锌液面的波动。

采用这种方法，已能实现自动加锌功能，但需要人工适当干预。

第五节　锌液中铝的控制

一、锌液中有效铝的控制

1. 锌液中的有效铝

铝在锌液中有两种存在形式：一种是溶解于锌液中处于游离状态的铝；另一种是与铁锌发生化合物反应，生成铁铝锌化合物渣子，它是以固体形式存在的。可以说前者是镀锌过程的反应物，而后者是反应的生成物。因此对镀层形成和锌渣上浮发挥作用的只是前者，即尚未反应的处于游离状态的铝，一旦参与反应生成了化合物，就失去了应有的作用。而我们常规化学分析得出的是两种形态铝的总和，这样的结果不能代表能够继续参与镀锌过程化学反应的铝的含量，所以有必要引入有效铝的概念。

锌液中的有效铝指总铝中除去已成为铝铁化合物的、以游离状态溶解于锌液中的、对镀锌过程反应有作用的铝的含量。

测定锌液中有效铝的含量的方法是：先同时分析出锌液中的总铝量和总铁含量，然后根据总铁含量推算出锌渣中 Fe_2Al_5 的含量，并进一步推算出 Fe_2Al_5 中铝的含量，从而从总铝量中去除这一数量，便得到有效铝的含量。

在理论分析中，有效铝的计算是十分复杂的，在生产实际中可以做几种假定，即不考虑锌液中铁的溶解度随温度的变化，取常规数据 0.006%，而且锌锅中的铝都超过 0.135%，铁锌反应的化合物都是 $Fe_2Al_5Zn_x$，则有效铝的计算公式为：

$$x_{有效Al} = x_{总Al} - (x_{Fe} - 0.006\%) \times 0.85 \qquad (3-2)$$

式中，$x_{有效Al}$ 为锌液中有效铝的含量，%；$x_{总Al}$ 为锌液中总铝的含量，%；x_{Fe} 为锌液中的含铁量，%。

2. 锌锅有效铝含量检测的改进

一般情况下，机组定期在锌锅中取样分析含铝量，通常取样频率为每班两次，所以无法对锌液内成分的变化作出迅速反应。此外，采用的传统分析技术 ICP 及分光仪所测的是锌锅中总的铝含量，而不是过程控制所要求的有效铝含量。通过对锌锅中有效铝的连续控制可实现稳定的镀锌操作并可减少结渣，提高过程管理和品质控制的水平，提高成品率。另外，锌液中有效铝及温度的数据可以直接通过该传感器得到，快速、迅捷，不需要等待试验室分析的结果；还可以减少试验分析的费用，减轻试验室工作强度。为此，进行了铝测量方法的改进，开始测量并控制有效铝含量。

目前，采用电化学法测量锌液铝含量比较成熟的设备是贺利氏电测骑士测温定铝仪表 AlZin Lab-E。这是专为带钢连续热镀锌过程中锌锅有效铝含量监控而开发的仪表，能检测出锌液中的有效铝含量并测量出锌液温度。

该仪表测量工作需要专用软件。该仪表是温度和低电压自动测量仪表，整个测量过程自动进行，操作者仅需要确保探头浸入锌液并与仪表恰当连接。当电源开关打开，电流接通时，系统测量准备工作即完成。AlZin-Lab E 仪表可对传感器输出的电势和锌池温度信号进行采集、转换及处理。该设备为完全可编程仪表，可以通过指示灯显示测量状态并将锌池温度（℃或℉）和有效铝含量（%或 10^{-6}）显示到自带的液晶显示屏上。

系统安装简图见图 3-14。

需要说明的是，采用了有效铝连续测

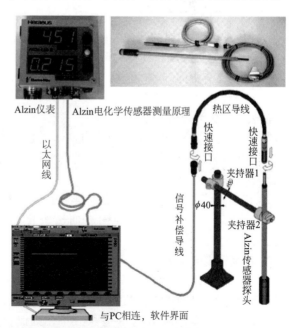

图 3-14　系统安装简图

量系统以后，还需要定期进行人工取样离线分析，以对在线系统进行校对。同时，必须注意取样的工具，如果采用敞口式采集器，则很可能会取到锌液表面的锌渣，不能保证样品的代表性，因此必须采用壶式采集器，所取的样品才有代表性。

3. 有效铝与总铝的关系

图 3-15 所示是某机组的一组有效铝和总铝数据曲线。从图 3-15 中可以看出，锌液中的总铝量随锌渣的数量即取样位置的变化而发生的变化很大，而有效铝的波动很小，能更好地反映出锌液中铝对产品的影响。而且，各个机组的情况不同，锌锅中的渣含量不同，总铝含量就没有可比性，而有效铝是可以比较的。因而，控制锌液中的总铝量只是一种比较原始的、粗糙的管理方法，没有实际的意义，很可能会形成误导作用，最能反映实际的是有效铝的含量。在分析和比较铝含量的时候，准确的做法都是采用有效铝的数据。

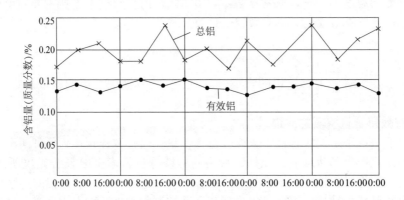

图 3-15　锌锅中有效铝和总铝变化曲线

根据理论分析和实际验证，推荐锌液中有效铝的控制标准为：镀锌产品（GI）在 0.20%左右，而镀锌铁合金产品（GA）在 0.12%～0.14%之间。

二、锌液中铝的消耗

1. 加入锌锅中的铝的流向

采用组合锌锭和调整锌锭的形式加入锌锅中的铝的主要流向如图 3-16 所示。

① 留在锌液中的部分，包括游离态的有效铝和化合态的化合铝两个部分。其中有效铝将参与形成锌渣的反应或进入镀层，发挥作用；化合铝随着悬浮渣颗粒的碰撞并长大以后，上浮到锌锅表面，成为浮渣。

② 进入镀层的部分，包括带钢与纯锌层之间的化合物层中的铝和纯锌层中固溶的铝两个部分。其中纯锌层中的部分与镀层厚度有关；而化合物层中的部分只与化合物层面积有关，与镀层厚度无关。

③ 进入锌渣的部分，主要是在顶渣中，如果有底渣的话，其中也有极少的铝。顶渣又包括 $Fe_2Al_5Zn_x$ 中的铝和在锌锅表面被氧化的铝。$Fe_2Al_5Zn_x$ 中的铝与过饱和铁的含量有关。

2. 影响铝消耗的因素

生产实践证明，要保持锌锅中 0.16% 的铝含量，则铝的实际消耗量却为 0.28% 左右，最高可达 0.45%。其原因为：第一，据测定，锌层中的 Al 含量比锌液中 Al 含量高，一般高出 30% 左右，如果锌锅中 Al 含量是 0.16%，则镀锌层中 Al 含量要保持平均为 0.20%；第二，锌渣中 Al 含量较高，平均为 3.4% 左右。

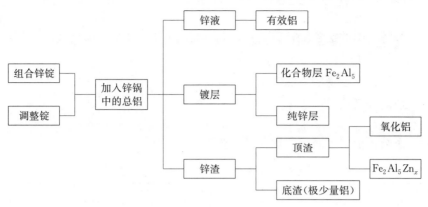

图 3-16　加入锌锅中铝的流向

据计算在锌层质量为 $300g/m^2$ 的情况下,为使锌液中 Al 浓度提高 0.01%,加入锌液的铝含量应该提高 0.06%~0.09%。同时还发现,锌层质量愈小,带钢运行速度愈低,带钢入锌锅温度愈高,则加入锌液的铝含量也应该愈高,如图 3-17 所示。

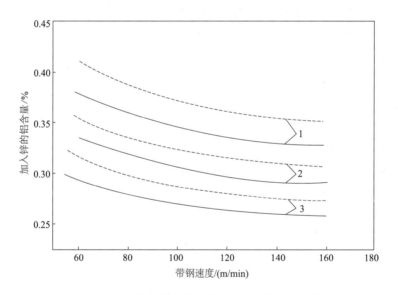

图 3-17　加入锌锅的铝含量和带钢速度及锌层重量的关系
——带钢温度 470℃;-带钢温度 550℃
1—锌层质量为 $224g/m^2$;2—锌层质量为 $305g/m^2$;3—锌层质量为 $381g/m^2$

试验表明,要想使锌液中铝含量维持在 0.16%~0.25% 的范围之内,则锌锭中铝含量的高低主要取决于带钢表面的平均锌层质量,若双面锌层质量平均为 $275g/m^2$,则锌锭中含铝量要达到 0.45%;若双面锌层质量平均为 $120g/m^2$,则锌锭中含铝量要达到 0.65%;若双面锌层质量平均为 $60g/m^2$,则锌锭中含铝量要达到 0.85%;若双面锌层质量平均为 $40g/m^2$,则锌锭中含铝量要达到 1.3%。

3. 锌液中的总铝量的计算

锌液中的总铝含量可由式(3-3)求得:

$$A_y = A_z + (m\Delta G_1 + n\Delta G_2)\frac{200}{G_z} \tag{3-3}$$

式中　A_y——锌液中的总铝含量,%;

A_z——纯锌层中的铝含量,%;

ΔG_1——纯锌层中铁的溶解量,g/m^2;

ΔG_2——镀锌板化合物层中的铁量,g/m^2;

G_z——双面锌层质量,g/m^2;

200——系数;

m，n——系数,根据锌液中的铝含量可通过表3-3查得。

表3-3　锌液中不同铝含量的 m、n 值

锌液铝含量/%	0.10	0.11	0.12	0.13	0.14	0.15
m	0.22	0.21	0.24	0.49	0.74	1.00
n	0.031	0.028	0.027	0.038	0.054	0.130
锌液铝含量/%	0.16	0.17	0.18	0.19	0.2	0.3
m	1.24	1.17	0.99	0.80	0.61	0.50
n	0.212	0.218	0.221	0.202	0.183	0.167

从式(3-3)中可以看出锌液中的铝流向的量化关系。

4. 加入锌液铝含量的计算

为了保证锌锅中的含铝量在所控制的目标范围（如 0.18%～0.22%）内,往锌锅内加入同样含铝量的合金锌锭是远远不够的,通过以下的计算可得知其中的原因和铝的平衡关系。

假设:

W 为单位时间内加入锌锅中锌锭的质量,g/min;

C_0 为加入锌锅中锌锭的含铝量,%;

C_a 为镀锌板纯锌层中的含铝量,%;

C_w 为产品的镀层质量,g/m^2;

S 为单位时间内带钢镀锌的面积,m^2/min;

C 为带钢带走的铝的质量,g/m^2;

C_1 为镀锌板化合物层中铝的质量,与镀层质量无关,一般为 $0.5～0.6g/m^2$;

C_2 为镀锌板纯锌层中铝的质量,g/m^2。

在这里投入锌锅的铝应该分流为被带钢带走的部分 C 和成为锌渣的部分,计算时锌渣部分暂不考虑。

带钢带走的部分 C 包括化合物中的部分 C_1 和纯锌层中的部分 C_2,$C_2 = C_a C_w$。

① 锌锅中锌的平衡关系式:

$$W = C_w S$$

或

$$S/W = 1/C_w$$

② 锌锅中铝的平衡关系式:

$$\begin{aligned} WC_0 &= CS \\ &= (C_1+C_2)S \\ &= (C_1+C_a C_w)S \end{aligned}$$

或 $S/W = C_0/(C_1+C_a C_w) = 1/C_w$

则 $C_0=(C_1+C_aC_w)/C_w=C_1/C_w+C_a$

举例一：当镀层质量为 $C_w=250g/m^2$，镀层中含铝量为 $C_a=0.14\%$ 时，
$C_0=0.5/250+0.0014=0.34\%$

举例二：当镀层质量为 $C_w=120g/m^2$，镀层中含铝量为 $C_a=0.14\%$ 时，
$C_0=0.5/120+0.0014=0.56\%$

当然，由于锌锅中不可避免会产生锌渣，因此实际锌锅中的含铝量要比以上计算的数值大一些。

从以上两个例子可以看出，生产厚镀层和生产薄镀层的铝消耗量是不相同的，若使用相同含铝量的锌锭，则生产薄镀层的产品时必须加入高铝锭补充铝的不足，若不采取以上措施，锌锅内锌液的含铝量就会下降到所控制的范围以下。

关于镀层质量对铝的消耗量的影响可以作如下的解释：铝的消耗主要分两大部分，一部分是化合反应消耗掉的，它不管镀层质量是多少，在处理相同面积的钢板时，消耗是基本不变的；另一部分是带钢表面的纯锌层消耗掉的，它不但与所处理钢板的面积有关，还与镀层厚度成正比。所以生产厚镀层时单位锌耗铝量要低些，生产薄镀层时单位锌耗铝量要高一些。这一理论结果与实际生产的经验是基本一致的。

上述两个公式的数学符号不一致，但表达的含义并没有矛盾。

三、锌锅加铝的方法

1. 锌锅加铝方法的对比

一般，锌锅中加铝的方法主要有以下三种：

① 添加纯铝锭。普遍认为这种方法不利于控制锌液中的铝浓度，较少使用。

② 添加铝含量较高的小锌锭。这种小锌锭的铝含量一般为 5%～15%。在加锌时将纯锌锭和该小锌锭按照生产线需要，以不同比例同时加入锌锅。这种方法成分比较难以掌握，而且容易造成锌液内的成分不均匀，也很少采用。

③ 添加含铝的大组合锌锭。定制不同铝含量的锌锭合金，其中锌锭的铝含量与锌锅中要求的铝含量为同一个数量级。镀锌线根据不同生产需要，添加不同类型的锌锭或锌锭组合。这是大多数企业都选用的方式。

2. 组合锌锭添加的规律

根据以上分析，镀层质量不同的镀锌板，所消耗的铝量不同，因此必须根据产品的镀层厚度，采用不同成分的锌锭或几种不同成分锌锭的配比。不同镀层厚度的产品所参考采用的锌锭如表 3-4 所示。

表 3-4　GI 锌锅锌锭添加初步规律

锌层质量/(g/m²)	锌锭添加规律	备注
40/40	C/D 锭混加，比例大致为 3∶1	锌液含铝量高时,少加 D 锭；锌液含铝量低时,多加 D 锭
60/60	C 锭	锌液含铝量高时,加 B 锭；锌液含铝量低时,加 D 锭
90/90	B/C 锭混加，比例大致为 1∶1	锌液含铝量高时,多加 B 锭；锌液含铝量低时,多加 C 锭
137.5/137.5	B/C 锭混加，比例大致为 2∶1	锌液含铝量高时,多加 B 锭；锌液含铝量低时,多加 C 锭

注：B 锭为含铝 0.20%～0.25% 的锌锭；C 锭为含铝 0.55%～0.60% 的锌锭；D 锭为含铝 0.78%～0.85% 的锌锭。

第六节　锌液中铁的去除

生产汽车外板最大的困难就是控制产品表面的细小锌渣颗粒问题，为此必须想方设法除去

锌液中溶解的铁,并在锌液处于最佳状态时生产外板。对这个问题各企业的做法不同。

一、国内一般方法

国内一般采用的方法是检修前适当提高锌液的含铝量,而在生产汽车外板时,稳定控制锌液的铝含量,如图 3-18 所示。

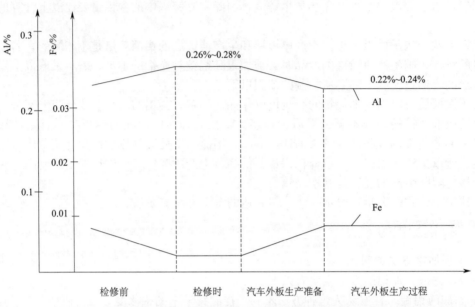

图 3-18　国内一般汽车外板生产过程锌锅成分控制

(1) 检修前　检修前,在锌锅中加入高铝锌锭,使得锌液中铝含量上升到 0.26%~0.28%,以促进锌液中的铁析出生成锌渣。这一过程中,锌液中的铁含量会随着铝含量的上升而下降。

(2) 检修中　在检修时,最大限度地去除锌液表面和锌液内部的锌渣,以除去锌液中的铁。这一过程中,锌液中的铁含量基本保持不变。

(3) 汽车外板生产准备　检修结束投入生产以后,就在锌锅中加入低铝锌锭,使得锌液中的铝含量逐步下降到 0.22%~0.24%,即相当于汽车外板生产的水平。这一过程中,锌液中的铁含量会随着铝含量的下降而上升。

(4) 汽车外板生产过程　当铝含量达到 0.22%~0.24%,且其他条件具备时,开始生产汽车外板,并一直将锌液中的铝含量控制在 0.22%~0.24%。这一过程中,锌液中的铁含量理论上基本会保持不变,但实际上会有所上升,也可能会析出锌渣,造成产品表面粘渣的小亮点缺陷。

二、国外先进方法

据了解,国外某企业采用了大幅度提高锌液铝含量来除铁的方法。

① 检修前降低锌锅锌液面,放入约 3t 的高铝锌锭使锌液中的铝含量升至 0.28%~0.30%,去除顶渣;

② 开机后,向锌锅中添加铝含量低于 0.5% 的中铝锌锭,使锌液中的铝含量保持稳定;

③ 外板生产前,向锌锅中添加铝含量低于 0.2% 的低铝锌锭,使锌液中的铝含量下降至 0.22%;整个过程中锌液中的铝含量、相应的理论铁含量如图 3-19 所示。

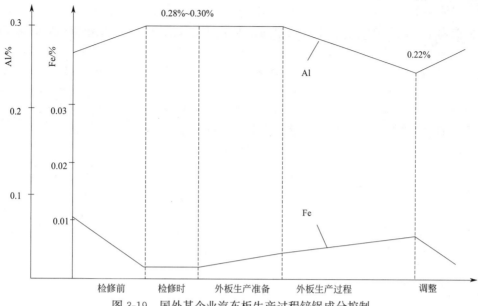

图 3-19　国外某企业汽车板生产过程锌锅成分控制

据介绍,这种方法能够将锌液中的铁稳定控制在饱和浓度以内,大幅度降低产品表面粘渣的小亮点缺陷。但是,这种方案将锌液中的铝提高到了非常高的水平,我们根据铁在锌液中的溶解度曲线分析可知,当锌液中的有效铝提高到了 0.30% 以上的水平以后,曲线的斜率已经趋于平坦,对铁的溶解度影响不大,提升到这样的水平已经没有太大的实际意义。而生产实践表明,当锌液中的铝含量太高时,会在镀锌板表面生成比较厚的氧化膜,影响产品表面光泽度。并且,将锌液中的铝提升到如此高的水平,锌液的含铝量波动太大,在实际生产的操作中比较难以实现,也不便于锌锭的采购与管理。所以,有必要对这种方案进行改进创新。

三、创新方法

为从根本上消除锌粒缺陷,最大限度地控制铁的溶解以使其析出,某企业进行了创新试验。

1. 有效铝的调整

首先,从理论上进行分析。我们取 460℃ 时锌液中铁的相图如图 3-20 所示,从中可以看出,铁的溶解度是随着有效铝含量的上升而下降的。

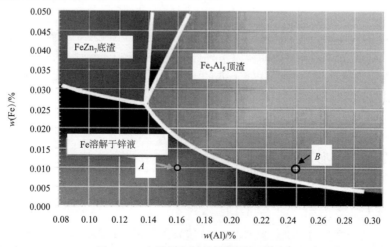

图 3-20　有效铝含量对锌渣产生的影响

如果锌液中的铁含量为0.01%、有效铝含量为0.16%，则为图3-20中的A点，处于铁的溶解度曲线以下，此时铁是溶解于锌液中的；如果温度和铁的含量不变，将有效铝含量提高到0.24%，则为图3-20中的B点，处于铁的溶解曲线的上方，此时就会有部分铁从锌液中析出，生成Fe_2Al_5顶渣，将顶渣捞出锌锅，就达到了将锌液中的铁去除的目的。这就是"升铝除铁"的原理。

相反地，如果在生产过程中铁含量为0.01%、有效铝含量为0.24%，则为图3-20中的B点，处于铁的溶解曲线的上方，此时就会有部分铁从锌液中析出，就可能会在产品上出现点状锌渣的缺陷。这种情况下，如果温度和铁的含量不变，将有效铝含量下降到0.16%，则为图3-20中的A点，处于铁的溶解曲线的下方，此时铁就不会从锌液中析出，也就可以防止产生点状锌渣的缺陷。这就是"降铝防渣"的原理。

同样的铁含量，在不同有效铝含量的锌液中，就会有不生成锌渣和生成锌渣两种状态，在这里铁含量的绝对值已经没有什么意义了，而铁的饱和程度才是是否产生锌渣的根本因素。

2. 锌液温度的调整

我们取460℃和450℃锌液中铁的相图如图3-21所示，从中可以看出，铁的溶解度是随着温度的上升而上升的。

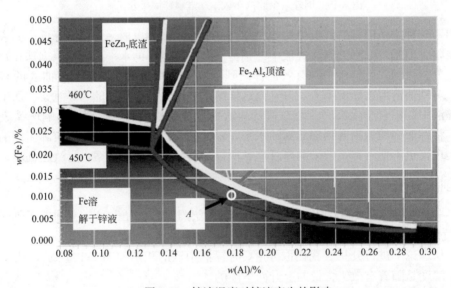

图3-21　锌液温度对锌渣产生的影响

如果锌液中的铁含量为0.015%、有效铝含量为0.18%，则为图3-21中的A点，若锌液温度是460℃，则处于铁的溶解度曲线以下，此时铁是溶解于锌液中的；如果有效铝和铁的含量不变，将温度下降到450℃时，就处于铁的溶解曲线的上方，就会有部分铁从锌液中析出，生成Fe_2Al_5顶渣，将顶渣捞出锌锅，就达到了将锌液中的铁去除的目的。这就是"降温除铁"的原理。

相反地，如果在生产过程中，锌液中的铁含量是0.015%、有效铝含量为0.18%，则为图3-21中的A点，若锌液温度是450℃，则处于铁的溶解曲线的上方，就会有部分铁从锌液中析出，生成Fe_2Al_5渣粒，就可能会在产品上出现点状锌渣的缺陷。如果有效铝和铁的含量不变，将温度上升到460℃时，则处于铁的溶解度曲线以下，铁是溶解于锌液中的，不会出现点状锌渣缺陷。这就是"升温防渣"的原理。

同样的铁含量，在不同温度的锌液中，就会有不生成锌渣和生成锌渣两种状态，在这里铁含量的绝对值已经没有什么意义了，而铁的饱和程度才是决定是否产生锌渣的根本因素。

3. 方案制定

通过以上分析，我们就可以通过调整锌液中的有效铝和温度来控制铁的溶解与析出。

当停机除铁时，可以同时通过"升铝除铁"和"降温除铁"两种方法，来最大化地使锌液中的铁生成 Fe_2Al_5 渣粒，通过捞面渣除去锌液中的铁；在汽车板生产过程中，可以同时通过"降铝防渣"和"升温防渣"两种方法，来最大化地使锌液中的铁溶解于锌液中，防止生成 Fe_2Al_5 渣粒，防止产品出现锌渣颗粒缺陷。

这里在停机除铁时"升铝"和"降温"都是很方便的，而且可以将温度降得很低。但在生产过程中怎样才能"降铝"和"升温"呢？这就必须配合液位的调整和产品厚度的安排。

在停机除铁以后，从锌锅内抽出部分铝含量高的锌液，再加入纯锌锭，就可以使锌液的含铝量得到跳跃性的下降。对于从锌锅内抽出的铝含量高的锌液，必须采用模具铸造成合适的大小和形状，在下次停机之前再加入锌锅，不会造成浪费。这就达到了"降铝"后生产的目的。

在汽车外板生产过程中，我们有意调整生产计划，先生产厚板，将锌液温度控制在 455℃ 左右；以后逐步将厚度减薄，将锌液温度随之逐步升高到 465℃ 左右。这就达到了生产过程中"升温"的目的。这一方法的意外收获是：本来厚板生产时生产线速度慢，带钢在锌锅中的时间长，就容易产生锌渣颗粒缺陷；而薄板就相对少一些，这种安排正好适应了这种特点。

这种方法的实质，就是创造一个无渣的工艺窗口，在这个窗口内生产汽车外板，从而达到理想的效果。只有 Fe 含量超过锌液溶解度从锌液中析出时，悬浮于锌液中的锌粒才可能形成造成锌粒缺陷。因此，该无锌渣窗口是外板生产最佳条件区域，外板生产过程中的"降铝"和"升温"正是巧妙利用了这一窗口，极好地控制了表面质量。

4. 实际操作过程

具体过程控制如下：

① 汽车外板生产检修前，逐步降低锌锅中的锌液面；

② 机组停机后，往锌锅中添加 2～3 块高铝锭和从锌锅中抽出的铝含量较高的锌锭，让其自然熔化，锌液含铝量上升到 0.32% 左右，而温度下降到 440℃ 左右；

③ 往锌锅中插入高压氮气管，通高压氮气充分搅拌锌液，使得铁与铝充分反应，以 Fe_2Al_5 固体颗粒的形式析出；

④ 静置 24h 让锌锅中小的固体锌渣颗粒充分碰撞，形成大的颗粒上浮到锌锅表面，捞渣去除；

⑤ 除铁完毕，先抽去 4～5t 锌液，添加纯锌锭，并加温，使得锌锅中铝含量下降到 0.26% 左右，温度升高到 455℃，同时实时监控锌液成分和温度，保持锌液成分和温度稳定 12h 后开机；

⑥ 开机以后，保持锌液成分和温度稳定不变，进行汽车外板准备；

⑦ 外板上机，开始生产，加入低铝锌锭，保持锌锅中铝含量逐步下降，而温度逐步上升，直至铝含量降至 0.22% 左右、温度达到 465℃ 左右，结束 IF 钢系列外板生产；

⑧ 添加高铝锭再次提升铝含量到 0.28% 左右，开始生产高强系列 IF 钢。

整个过程锌液温度和成分控制曲线如图 3-22 所示。

5. 实际应用效果

在以上锌液成分和温度设计的方案中，温度调整是很方便的，但成分调整比较难以把握，经过两个月的时间也没有能够达到预期的效果。我们继续进行了大量的测算，并采用了多种成分锌锭的不同组合进行多次试验，终于使得上述含铝量曲线得到实施，某一个周期的实际有效铝和含铁量控制结果如图 3-23 所示。

从图 3-23 中可以看出，通过精确控制的锌液含铝量基本实现了设计的效果，相对应地，

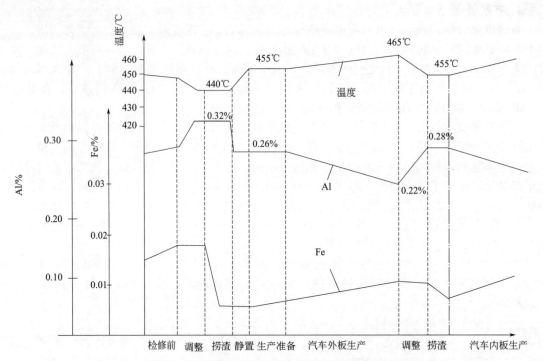

图 3-22 创新方法的汽车外板生产过程锌液成分和温度控制曲线

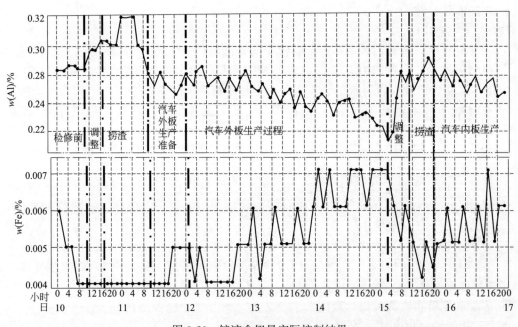

图 3-23 锌液含铝量实际控制结果

锌液中的铁含量也得到了有效的控制。在停机检修时调整锌液含铝量和温度后,通过进行除铁作业,可以使锌液中的铁含量稳定在 0.004% 的水平。在开机运行以后,虽然锌液的铝含量有所上升,但与一般工艺的结果相比,得到了显著的下降。在汽车外板生产的初期,能够保持0.004% 的铁含量,在有效铝含量下降到了 0.22% 左右时,结束汽车外板的生产,这时锌液中的铁含量也只有 0.007%。这种状态下锌液中的铁完全处于不饱和状态,在理论上是不会产生锌渣的。

这一工艺还大大减少了汽车外板生产过程中捞渣的频率。在汽车外板生产全过程中，机组状态特别是锌锅状态的稳定保持是工艺控制的重中之重，尽量减少扒渣捞渣过程及过渡料使用，延长外板单次生产卷数，是各大钢铁企业的努力方向。据了解，国外先进企业采用的是(8~10)+2的模式，即每生产8~10卷外板加2卷过渡料捞渣；国内先进企业为（5~6)+2模式，之前为4+2模式，在目前汽车外板生产过程中，得益于锌锅控制能力的提升，正逐步增加外板连续生产卷数，特别是窄幅板已经实现了8+2模式，下一步还将进一步提升宽幅板过渡能力。

当然，在实际生产中，由于锌液中的温度和浓度的波动，产品偶尔会出现极为少量的锌渣现象，但基本不影响评级，客户也没有再对锌渣颗粒问题进行投诉。这充分说明了这一方案是非常科学合理的，也是切实可行的。

6. 外板生产过程管控工作

技术创新是手段，过程管控是保证，有序管理是根本。在生产过程中，主要应从管理体系及过程管控入手不断强化外板过程管控工作。重点工作包括：

① 以国外一流企业为标杆，对标质量管理体系中的薄弱环节，不断完善汽车板质量管理体系。

② 开展标准化作业核心要素的梳理、分类、优化工作，优化标准、制订流程，不断对标找差，为生产的有序运行提供有力保障。

③ 通过过程信息系统的运用，提高关键过程工艺控制点的合格率，提高产品的性能稳定性。

④ 针对车间在标准化作业中存在的问题，分步骤启动实施《标准化作业推进方案》。车间选取关键岗位，从职工的现场操作行为特点入手，对岗位规定的合理性、设备本质问题、操作行为细节等问题进行系统梳理和优化，辨识出可能造成事故的岗位操作行为并提出改善措施，确定可执行的强制约束性岗位操作行为标准，进而解决标准化作业"知不知、会不会、愿不愿"的问题。优化车间管理，不断完善岗位的标准化操作。

⑤ 对班组进行全面质量管控培训，进一步强化车间员工提出问题、分析问题和解决问题的能力，提升员工对各种缺陷辨识、预防、管控的能力，提升现场管理水平。

第四章 热镀锌铁合金板生产技术

第一节 热镀锌铁合金板及合金化反应

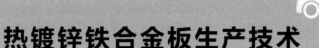

在长期的生产实际中，人们发现虽然普通镀锌板有良好的耐腐蚀性能，但是有一个很大的局限性就是焊接性能不好，不能完全满足现代工业特别是汽车工业的需要。镀锌板良好的耐蚀性能很适于生产汽车零件，但一辆汽车的零件上通常有 3000~4000 个焊接点，汽车用板要求有良好的焊接性能，以保证零件之间有效的连接，以及焊点和焊点周边热影响区域的强度和性能不发生大的变化，达到与母材相似的水平。为此，人们开发了热镀锌铁合金板。

一、热镀锌铁合金板的特点

1. 热镀锌铁合金板的性能特点

热镀锌铁合金板是镀层表面的纯锌层经过合金化处理后成为锌铁化合物的镀锌钢板，英文名为 Galvanneal，简写为 GA。生产时在热镀锌带钢生产线上增加了镀后合金化炉，带钢从锌锅镀锌并经气刀吹除多余锌液后进入合金化炉进行合金化处理，使镀锌板表面的纯锌层全部热变为锌铁化合物，其性能特点有：

① 具有良好的焊接性能，这是热镀锌铁合金板最大的优越性。由于表面的镀锌层全部转变成了锌铁化合物，因此焊接时不会出现锌的燃烧现象，不会对焊接电极产生损伤，也不会产生锌的氧化物将两层带钢隔离开来的现象，而是能很好地熔合在一起，形成强度接近于母材的焊点。

② 具有良好的耐蚀性能。经过合金化处理的热镀锌钢板，得到 Zn-Fe 合金镀层，表面有一层较厚的、很致密的、不溶解于水的非流动性氧化膜，它能阻止氧化进一步发生。同时，锌铁化合物的标准电极电位介于铁和纯锌之间，比铁活泼，比纯锌迟钝，也就是说电化学腐蚀速度比纯锌慢，而在大气中的腐蚀是以电化学腐蚀为主的，所以合金化处理后的镀层就比纯锌层耐腐蚀。

③ 具有良好的涂装性。经合金化处理过的热镀锌钢板，其表面比处理前粗糙，镀层表面显微特征凸凹不平，有显微疏松和孔洞，也有某些显微裂缝贯穿于镀层厚度方向。这样的表面使涂料有良好的黏附性。

④ 具有较好的耐热性能。镀锌板表面的纯锌层转变为锌铁化合物层后，熔点由 419.5℃ 上升到 640℃ 左右，接近纯铝的熔点 650℃，可见热镀锌铁合金板的耐热性能得到了很大的提高，而接近镀铝钢板。

2. 热镀锌铁合金板的组织特点

Zn-Fe 合金状态图的局部如图 4-1 所示，从图中可以看到，锌和铁的合金化合物相主要有

ξ相、δ相、Γ相、$Γ_1$相，其特征如表4-1所示。

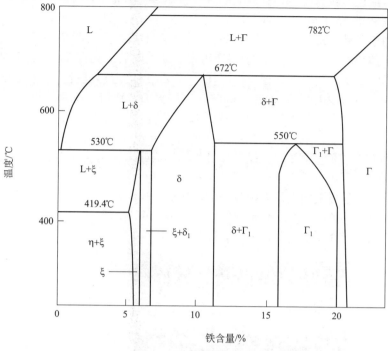

图 4-1 Zn-Fe 合金状态图局部

表 4-1 铁-锌金属间化合物的性质

代号	化学分子式	铁含量/%	晶格	密度/(g/cm³)	熔点/℃	硬度 HV(0.05kg/cm²)
η	Zn	0	密排六方	7.14	419.5	52
ξ	$FeZn_{13}$	6~6.2	单斜	7.15	425~530	192~231
δ	$FeZn_7$	7~11.5	六方	7.24	640~670	263~335
Γ	Fe_3Zn_{10}	20.5~28.0	面心立方	7.36	665~782	496
$Γ_1$	Fe_5Zn_{21}	19~27	体心立方	7.50	550	505

典型的热镀锌铁合金板剖面组织如图 4-2 所示，其镀层相结构以 δ 相的 $FeZn_7$ 合金为主，在 δ 相与钢基体之间含有少量的 Γ 相 Fe_3Zn_{10} 合金和 $Γ_1$ 相 Fe_5Zn_{21} 合金，其表面为较薄的 ξ 相 $FeZn_{13}$ 合金。

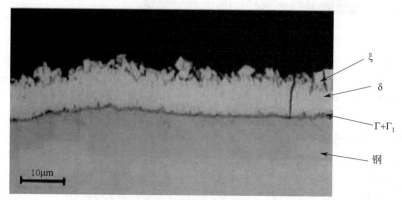

图 4-2 典型的热镀锌铁合金板剖面组织

3. 合金化反应的过程

合金层的形成过程较为复杂，且影响的因素也很多。图 4-3 大致地描述了合金化镀层的形成过程。Zn 短程扩散穿过 Fe_2Al_5 抑制层，会在 Fe/Fe_2Al_5 界面上富集，最终达到 δ 相在界面上形核的热力学条件，形成 δ 相，δ 相的生长机理与形核的热力学条件有关。当生成的 δ 相达到一定的临界体积时，Fe_2Al_5 抑制层遭到机械破坏，然后 δ 相或 Fe 与液态 Zn 直接接触反应，生成含 ξ 相的爆发式组织。液相锌被消耗，Fe-Zn 反应继续进行。在镀层外侧，δ 相消耗 ξ 相生长，而 ξ 相消耗液相生长；而在钢基体和镀层界面，Γ 相往铁素体里生长，伴随着 δ 相消耗钢基。有人研究了合金化镀层相的形成过程与铁含量的变化关系，得出 Γ 相的生长规律如下：在合金化过程开始的瞬间，Γ 相在界面处形核并迅速增长至约 $1\mu m$ 的厚度，这时镀层的含铁量上升到 6%（质量分数）左右；但 Γ 相的形成并未影响铁锌相的扩散，随着合金化过程的进一步进行，镀层中含铁量稳步上升，液相逐渐转变为 ξ 相，同时 δ 相的长大是通过 δ 相消耗 ξ 相而实现的，最后液相以及 ξ 相被全部消耗掉；这时镀层中的铁含量接近 δ 相中的最大铁含量，约为 12%（质量分数）；在此过程中 Γ 相的厚度基本保持不变；当 δ 相中的铁达到饱和之后，Γ 相开始消耗 δ 相而增厚，镀层含铁量随之缓慢增加。

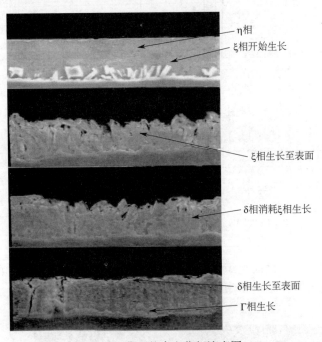

图 4-3 典型的合金化相演变图

4. 合金化镀层的最佳组织

一般来说，合金化镀层主要包括表 4-1 中所列的各种相组织，由钢板表面到镀层表面各相的顺序依次是 Γ 相、$Γ_1$ 相、δ 相、ξ 相，由于处理工艺不尽一致，可能会缺少一个或几个相。

由于粉化是热镀锌铁合金产品最主要的缺陷，因此合金化镀层最佳的组织就是粉化性最低的组织。总体上，随着镀层铁含量由低向高变化，镀层粉化表现为两种形式：当镀层中铁含量较低时，随铁含量的增加，粉化量缓慢增加，粉化程度较轻，这是因为此时镀层组织中 ξ 相含量较高，粉化主要在表面和次表面产生，ξ 相较软，变形时可优先变形释放应力，提高镀层的抗粉化能力；当镀层中铁含量较高时，随铁含量的增加，粉化量迅速增加，粉化程度严重，这是因为此时脆性的 Γ 相和 $Γ_1$ 相含量增加，两种相连的脆性相相互咬合困难，使镀层的脱落发生在镀层深处的 Γ 相和 $Γ_1$ 相的界面处，粉化程度严重。粉化发生在铁含量高的 Γ 相层，剥离发生在铁含量较低的ξ相层或ξ相与η相的混合相层。因此，如果可以自由选择相结构的话，则以$δ_1$相单一结构为最佳。但是，这种选择在实际生产中是无法实现的，因为在合金化过程中，在形成$δ_1$相的同时，必然也要形成一定厚度的Γ相层。

有人认为汽车板最佳镀层相结构为ξ相刚消失，致密的、铁含量高一些的δ相还未形成的相结构。因此，可以把表面铁含量达到9%作为得到理想镀层的退火时间。也有人认为：镀层过厚对热镀锌铁合金板镀层的抗粉化性能不利，镀层中铝含量较高时镀层的抗粉化性能较好。

二、合金化度及其检测

1. 合金化度的概念

镀层中的合金化反应是逐步进行的，最初在板温较低时，形成的是含铁量较低的ξ相$FeZn_{13}$，其含铁量为6%~6.2%，颜色较浅，是灰白色的；随着板温的上升，扩散进一步进行，镀层中的铁含量升高，ξ相$FeZn_{13}$逐步转变成δ相$FeZn_7$，其含铁量为7%~11.5%，颜色也相应地由灰白色转变成灰色；如果温度继续升高或时间继续延长，则扩散也继续进行，镀层中的铁含量继续升高，δ相$FeZn_7$逐步转变成Fe_3Zn_{10}，其含铁量为20.5%~28.0%，颜色也继续加深为灰黑色。由此可见，随温度的升高和时间的延长，镀层的合金化程度逐渐提高，因此引入了合金化度这个概念。

合金化度可以用镀层的平均含铁量$\bar{C}_{Fe}$来表示，也可以用化合物层中ξ相$FeZn_{13}$和δ相$FeZn_7$两种相的X射线衍射强度之比Z来表示：

$$Z = \frac{I_ξ}{I_δ}$$

式中，$I_ξ$和$I_δ$分别表示ξ相$FeZn_{13}$和δ相$FeZn_7$的X射线衍射强度。

$\bar{C}_{Fe}$越小，Z值越大，合金化度越小；$\bar{C}_{Fe}$越大，Z值越小，合金化度越大。

一般要求热镀锌铁合金板的平均含铁量为7%~15%，最好是9%~11%，相应地将合金化板温控制在500~550℃为宜；而合金化处理的时间是通过控制生产线的速度来控制的，镀层厚度越厚，所需的合金化处理时间越长，机组的速度要适当降低。

2. 合金化度的意义

热镀锌铁合金板的合金化度其实就是反映了扩散退火后合金化镀层的结构和组成。其实对于镀层的横截面来说，铁是从基板向镀层中扩散的，所以在镀层的横截面上铁含量也是逐渐降低的。不同合金化度的镀层组织如图4-4所示。如图4-4(b)所示，从钢基体到外依次为Γ相Fe_3Zn_{10}、δ相$FeZn_7$、ξ相$FeZn_{13}$，以δ相$FeZn_7$为主，在δ相$FeZn_7$与钢基之间有一层较薄的Γ相Fe_3Zn_{10}，而在δ相$FeZn_7$的外表由多孔状的ξ相$FeZn_{13}$小晶体组成。如果镀层的合金化度高，即平均含铁量高，则高铁相Γ相Fe_3Zn_{10}的量就多些，低铁相ξ相$FeZn_{13}$的量就少些；如果镀层的合金化度低，即平均含铁量低，则高铁相Γ相Fe_3Zn_{10}的量就少些，低铁相ξ相

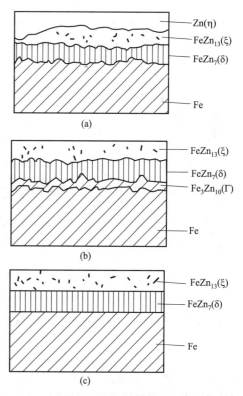

图4-4 三种合金化度不同的镀层相结构示意

$FeZn_{13}$ 的量就多些。

总的来说,锌铁化合物的硬度和脆性都比纯锌层要大,所以在冲压时易产生剥落缺陷。但三种不同的锌铁合金的性质也有很大的差异。Γ 相 Fe_3Zn_{10} 硬度大,是不希望得到的组织;ξ 相 $FeZn_{13}$ 较软,也是不希望得到的组织;δ 相 $FeZn_7$ 最适于加工,是所希望的镀层组织。所以说,合金化度反映了镀层的组织和性能。

3. 合金化过程的检测

为了合理控制热镀锌铁合金板的合金化度,准确而快捷地检测是关键。其检测方法有以下几种:

① 目测法。最初的控制方法是采用目测镀层表面的色调或取样反复弯曲用目视法观察镀层剥落情况来判断合金化度。但这样没有得到量化反映且准确性不高。

② 化验法。通过取样化验分析镀层的含铁量来判断合金化度。但这种方法不能及时连续地测定,而且有时即使镀层中的含铁量相同,由于合金化的条件不同,其镀层的组织结构也不同,含铁量并不能完全反映组织的结构。

③ 在线连续测量。采用非接触式的方法,在生产线上快速连续地测定镀层成分和厚度,以对合金化过程进行有效的控制,从而实现对合金化镀层的性能和质量的稳定控制。这种方法主要有 X 射线衍射法和 X 射线荧光法。

4. 合金化过程的全面检测与控制

由于合金化度的影响因素很多,波动较大,因此在现代化的热镀锌铁合金板的生产线中安装了大量的检测仪器进行全面的监控。

① 在气刀上方设置热态镀锌量测量仪,以最快的速度测量镀层厚度,为合金化工艺的制定提供依据。

② 在合金化炉的加热区和保温区之间设置镀层反射因素测定器,以测定镀层表面的合金化程度,并控制带钢温度保持在 δ 相稳定形成的温度区间内。

③ 在保温区和冷却区之间设置光学高温计和发射率测量器,以便同时测量带钢温度和发射率。

④ 经冷却后的带钢在适当的位置设置合金化镀层相结构传感器,以测量镀层中各种相层的厚度及镀层中铁含量。

⑤ 在镀层相结构测定器之后,带钢温度冷却到规定的范围以后,设置冷态镀层厚度测定仪,弥补热态镀层厚度测量仪精度波动的不足。

合金化工艺控制器系统如图 4-5 所示。

三、合金化镀层的粉化及其评定

热镀锌铁合金板经过合金化退火处理后,表层的纯锌层全部转变成了锌铁化合物,硬度和脆性大幅度提高,在获得了良好的焊接性能等一系列优点的同时,也带来了在加工时易产生镀层剥落的难题。

1. 加工中出现的剥落现象

初期供热镀锌合金化的汽车板零件主要有后门外板、左右侧前后门内板、左右侧前后门合页等。用户在试模和小批量试生产过程中,反映生产的热镀锌合金化板存在脱粉现象,严重影响了用户生产进度。该缺陷如图 4-6 所示。

脱粉虽然不会导致零件报废,但是在冲压模具表面时会有粉末积瘤,造成后续零件镀层被破坏,用户必须在冲压一定数量零件后停止冲压擦拭模具,影响生产进度。图 4-7 为持续冲压模具表面粉末积瘤造成的后续零件表面镀层破坏的实物图。

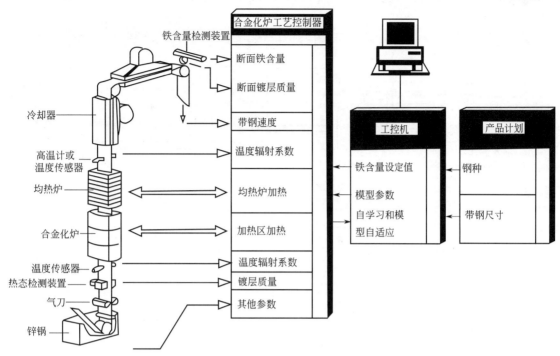

图 4-5　合金化工艺控制器系统图

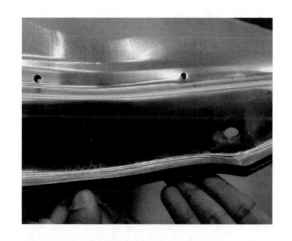

图 4-6　某车型前门内板实物脱粉

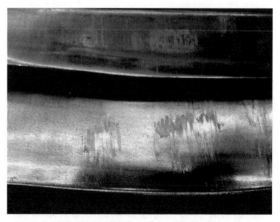

图 4-7　模具表面粉末积瘤造成的零件表面破坏

2. 镀层剥落现象分析

镀层剥落有两种类型：第一种是以粉末形式脱落，即粉化；第二种是以鳞片形式脱落，即剥离（图4-8）。粉化是由于镀层内部失效而形成的颗粒状物，颗粒尺寸一般小于镀层厚度；剥离是由于镀层与基板界面之间附着失效而形成的片状颗粒，颗粒尺寸一般与镀层厚度相近或大于镀层厚度。其实，粉化和剥离并没有根本性的区别，同样的产品在加工过程中受到挤压的速度不同，产生的结果就不同，在受到低速挤压时，会出现粉化现象；而在受到高速挤压时，就会出现剥离现象。而在生产过程中进行检测时，只会出现粉化现象，所以在生产实际中往往统称粉化。

无论是粉化还是剥离均会造成钢板镀层的破坏，不仅会影响汽车车身件的涂装性，还会严重影响其耐蚀性，因此必须杜绝。

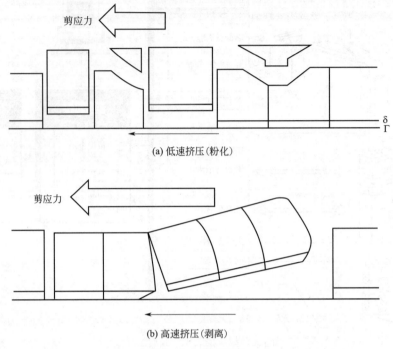

图 4-8 镀层剥落

镀层粉化与镀层的显微组织、界面结合强度、表面的质量、冲压成形镀层所处应力状态和镀层表面状态（如粗糙度、润滑性）存在一定的相关性。其中最主要的是与合金层中ξ相、δ相、Γ相的体积分数密切相关。GA钢板上的镀层从表面到钢基体边缘，表面是少量弥散分布于δ相中的塑性良好的ξ相，镀层中部为占整个镀层75%～85%的脆性δ相，最内层是与钢基底直接结合的厚度小于1μm的Γ相。研究表明，抗粉化性能随ξ相/δ相的比值增大而提高，但用ξ相/δ相的比值作为不同镀层的抗粉化性是有局限性的，镀层抗粉化性能还随Γ相厚度增加而下降。其实镀层的抗粉化性能的主要影响因素是δ相的微观组织，当ξ相刚好消失而不均匀致密的δ相还没有生长时能够获得良好的镀层成形性。

3. 检测方法的种类

抗粉化性能检验由实验和评价两部分构成，实验使镀层产生粉化，评价确定镀层粉化的级别。目前评价方法有很多，最常用的是图谱法。图谱法是由人工将标准级别的粉化图谱与变形后的镀锌板粉化表面进行比较，寻找最接近特征的图谱，该图谱对应的级别即为镀层的粉化等级。一般采用的抗粉化性能检测试验有V弯试验和双杯试验两种试验方法，当材料厚度≤1.2mm时可以采用双杯试验，任何材料厚度均可采用V弯试验。

4. V弯试验

V弯试验的原理是：将热镀锌铁合金板在弯曲试验装置上进行弯曲变形，达到规定的角度后，将弯曲角压平，通过检测变形后表面合金镀层粉化颗粒脱落的程度来评价锌铁合金镀层钢板的粉化性。

V弯试验的角度有60°、90°和180°三种，其中180°是先将试样弯成60°或90°，再将试样弯曲至180°的。在试样弯曲成60°或90°以后，就可以初步分别用扫描电镜和光学显微镜观察弯曲样品的表面和截面状态，再继续弯曲至180°后再做观察。

一般所采用的V形模具和平模具的形状尺寸如图4-9、图4-10和表4-2所示。

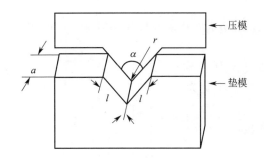

图 4-9 V形压模、垫模示意图

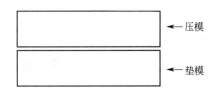

图 4-10 平模示意图

表 4-2 V 弯试验符号和说明

符号	说明	模具尺寸	符号	说明	模具尺寸
a	模具及物台宽度	100mm	r	压模圆角半径	0.5~1.5mm
l	V形槽边长	30mm	α	压模角度	90°或60°

粉化级别最简单易行的是采用图谱对比法,在判定时,操作人员根据试验结果与标准图谱进行对比,从而判断粉化级别。图 4-11 所示为一般规定的 90°V 弯试验粉化级别判定标准图谱。

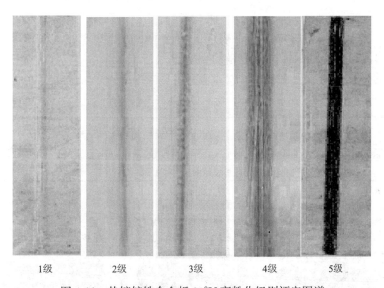

图 4-11 热镀锌铁合金板 90°V 弯粉化级别评定图谱

5. 双杯测量

双杯测量原理是:通过对热镀锌铁合金板试样进行上、下两次不同冲程的杯突试验,检测变形后表面合金层形成粉化颗粒的多少,评价热镀锌铁合金板的抗粉化性能。粉化级别评价采用人工对比标准图谱进行评价。

一般所采用压模、垫模和冲头的形状尺寸如图 4-12 和表 4-3 所示。

表 4-3 双杯测量符号和说明 mm

符号	说明	模具尺寸	符号	说明	模具尺寸
d_1	压模孔径	25.4±0.02	r	压模、垫模内侧四角半径	0.65±0.02
d_2	垫模孔径	25.4±0.02	l	冲头初始位置与压模间的距离	10
d_3	冲头球形部分直径	22.2±0.01			

对设备和模具的要求如下：

① 设备应具有两次冲程设定装置，冲程显示分度为 0.1mm 或更高精度。

② 压膜、垫模和冲头应有足够的刚性，试验过程中不得有变形。压模、垫模和冲头工作表面的维氏硬度至少为 750HV30。试验过程中冲头不得转动。

③ 压模轴线相对冲头球形中心的距离在冲程范围内应小于 0.1mm。

④ 压模和垫模与试样的接触表面应平坦并垂直于冲头的移动轴。

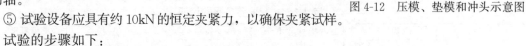

图 4-12 压模、垫模和冲头示意图

⑤ 试验设备应具有约 10kN 的恒定夹紧力，以确保夹紧试样。

试验的步骤如下：

① 设定第一冲程为 8.9mm，第二冲程为 6.3mm。

② 冲压速度控制在 200~250mm/min 之间。

③ 将试样插入压模和垫模之间，测试面面向垫模，完成第一冲程的冲压。

④ 冲头复位，取出试样 180°翻转后，将试样插入压模和垫模之间，确保凸起部位位于垫模中心。

⑤ 完成第二冲程的冲压。

⑥ 测量部位在钢板宽度方向上、下表面的边、中、边部共 6 处，相邻压痕中心间距不小于 90mm，两边测量部位距钢板宽度边缘约 80mm。

级别评定的标准描述如表 4-4 所示。

表 4-4 粉化级别的评定描述

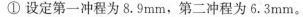

级别	描述	级别	描述
1	凹槽处无粉化或有少量粉化颗粒,用手触摸无明显粉末	4	凹槽与鼓起区域不超过 1/3 处,目视有较大粉末颗粒
2	凹槽处有细小的粉化颗粒,用手触摸有微量粉末	5	凹槽与鼓起区域目视有片状剥落物
3	凹槽与鼓起的窄小区域内有粉状颗粒,目视有明显粉末		

级别评定的标准图谱如图 4-13 所示。

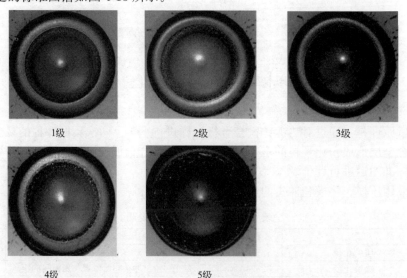

图 4-13 铁锌合金镀层双杯试验粉化级别评定图谱

6. 量化衡量标准的建立

由于图谱法简单、快捷、易掌握，被众多钢铁公司与汽车厂家所采用，但受人眼视觉误差和判断标准差异等因素影响，常常会出现相近等级的判定结果因人而异的现象，出现错判在所难免，因此迫切希望研制一种快速、客观的评价技术来取代直观的图谱法。

为此，进行了粉化级别量化判定工作，试验部分仍然采用 V 弯测试，在衡量粉化级别时采用反射率测量仪测量 V 弯结果。

反射率测量仪采用了红外线原理。任何物体都会发射红外线，不同的物体发射的红外线是有区别的，而且随着物质数量的增加而增强。粉化程度不同，在试验中脱落后转移到胶带上的合金粉末的数量就不一样，发射的红外线的强度也就不一样，通过反射率测量仪测量胶带上镀层粉末的红外线强度，并将测量值与标准进行对比，即可判定合金化板的粉化程度。

四、影响合金化进程的主要因素

1. 合金化温度与时间

不同合金化温度下镀层随着合金化时间的变化逐步合金化的进程如图 4-14 所示。从图 4-14 中可以看出，合金化温度高，合金化进程就快；合金化温度低，合金化进程就慢。或者说，当所生产的产品合金化度一定时，如果合金化温度高，所需的合金化时间就短，但是很难控制；如果合金化温度低，所需的合金化时间就要长一些，控制就比较方便。

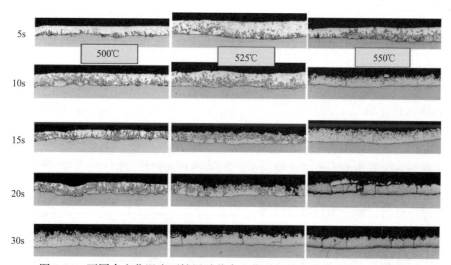

图 4-14　不同合金化温度下镀层随着合金化时间的变化逐步合金化的进程

2. 镀液中含铝量

由于镀层的合金化反应是靠钢基板和镀层之间锌与铁的扩散来实现的，因此锌锅内 Al 含量的多少直接决定了带钢进入锌液之后合金层的生成情况。

① 当铝含量较少，即 Al≤0.1% 时，由于含铝量太小，不能够在带钢表面生成较为连续的铁-铝合金抑制层，缺少抑制作用，铁-锌反应剧烈，易生成爆发组织。在后续的合金化过程中，由于爆发组织的存在，镀层相的正常生长遭到破坏，易于造成合金化镀锌板表面的凹凸不平。另外，由于没有铁-铝合金层的抑制作用，因此合金化过程中铁、锌原子的扩散速度较快，镀层中 ξ、δ、Γ_1、Γ 各相的生长速度加快，且有向铁含量较高的相转变的趋势，造成合金化镀锌板的抗粉化性能变差。

② 当铝含量适中，即 Al=0.12%～0.14%时，钢板与锌层之间能够形成合适厚度的 Fe-Al 合金抑制层，能够在一定程度上降低铁、锌原子的扩散速度，而自身又可能在合金化退火时在较短的时间内通过扩散消失，就是我们希望的最佳含铝量范围。经过适当的合金化工艺处理，可以得到最佳的合金化镀层的相结构：一是与钢基表面接触的相层应是 Γ_1 相，而不是 Γ 相，结合力很好；二是在 Γ_1 相层上部是较软的 δ_1 相，其铁含量为 7%～11.5%，硬度合适。这样的相结构组成和铁含量就使镀层的加工性、焊接性、涂装性和耐蚀性均处于最佳状态。

③ 当铝含量较高，即 Al>0.18%，接近于 GI 镀锌板的 Al 含量时，钢板与锌层之间可以形成较厚的 Fe-Al 合金层，在后续的合金化过程中，严重阻碍 Fe、Zn 扩散和反应的进行，延缓合金化的进程。如果采用升高退火温度和延长退火时间来加速合金化反应的话，又会由于局部 Fe-Al 合金层的破坏而形成爆发组织。

另外，还有人认为，锌液中的铝含量对不同钢种合金层的抑制作用效果也不一样。在相同铝含量条件下，铝对合金层生长的抑制效果由大到小的顺序依次是：高磷钢＞铝镇静钢＞Ti-IF 钢。

综上所述，一般情况下，热镀锌铁合金板的镀液中有效铝含量控制在 0.12%～0.14%之间为宜。当所生产的产品合金化度确定了以后，含铝量与合金化温度和时间就成正比。如果合金化温度过高或时间太长，就可以适当提高有效铝含量；如果合金化温度偏低或时间偏短，就可以适当降低有效铝含量。

第二节 合金化退火生产工艺

一、合金化炉加热工艺控制

合金化工艺对热镀锌合金化汽车板镀层的影响最大，是决定合金化镀层的最关键工艺。合金化炉工艺包括合金化感应加热炉加热功率、合金化均热炉炉温、合金化时间等。

1. 合金化加热功率

合金化感应加热炉加热功率越大，带钢的温度就越高，带钢表面的锌铁就容易突破铁铝化合物抑制层进行扩散。功率太大，扩散过于充分，就会出现粉化现象；功率太小，扩散不充分，就会造成合金化不均或表面铁含量偏低，影响产品的焊接性能。

合金化感应加热炉加热功率是控制合金化度的一个重要控制指标，在实际控制中，必须综合各种影响因素，采用数学模型进行控制。

理论功率（kW）＝（带钢厚度×带钢宽度×机组速度）/60×经验常数 k

在实际生产时，操作人员根据粉化试验对功率进行人工干预，当级别达到 1.5 级及以上时，要适当下调功率，每次调节 5%～10%；当板面出现合金化不均现象时，要适当上调功率，每次调节 5%～10%；当合金化层铁含量超出 8%～12%时，要适当上调或下调功率，每次调节 5%～10%。

2. 均热炉炉气温度

合金化均热炉炉气温度是控制合金化度的另一个重要控制指标，与镀层铁含量和抗粉化性能直接相关。炉温能量的来源分为两部分：第一部分来源于加热炉的感应加热区，包括加热区内的传递过来的热量以及带钢本身携带的热量，该部分是均热炉炉温能量的主要来源；第二部分是均热炉自身发出的热量，在均热炉各段安装了电阻加热系统，对均热炉炉温提供补偿。

与退火炉有根本性不同的是，由于均热炉内的气体一直在运动着的带钢作用下不停地上升，因此其温度控制是一大难题。一般是在均热炉出口处设置活动挡板，通过改变挡板的开口度来控制均热炉内气体的流速，也就是使均热炉内的压力保持在一定范围内，从而实现控制其炉气温度的目的。

均热段炉气压力控制原理如图 4-15 所示，冷却段的风箱下出口正对均热段的上出口，两者之间有可以活动的挡板。生产时冷却风机打开，从冷却风箱喷缝喷出的冷空气与带钢发生热交换以后，有部分会从冷却风箱下出口流出，并经活动挡板与风箱下出口之间的间隙进入空中。与此同时，均热段内的热气流会在带钢作用下通过均热段上出口流出，经过活动挡板与风箱下出口之间的间隙进入空中。当活动挡板全部打开时，这两股气流能够顺利流到空气中，均热段和冷却风箱的压力接近零。假如活动挡板适度关闭，两股气流受阻，就会相互作用而形成压力，使均热段和冷却风箱都有了一定的压力，因此调整活动挡板的开口度就可以方便地调整均热段和冷却风箱的压力。虽然冷却风箱的压力升高，对冷却效果有所影响，但采用这种方法控制均热段的压力，进而控制炉气温度，却是我们所希望的结果。

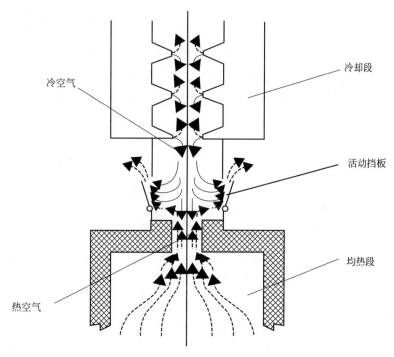

图 4-15　均热段炉气压力控制原理

3. 均热炉炉温的自动控制原理

为了对均热炉炉温进行自动控制，记录合金化炉工艺参数，并对记录的生产数据进行统计分析，得到炉内温度与炉内压力、合金化感应加热功率、带厚、带宽、带速及炉内电加热盘加热功率等参数间关系的初步数学模型，风机转速和风机出风压力关系的初步数学模型，以及风机出风压力、合金化感应加热功率、带厚、带宽、带速及炉内电加热盘加热功率等参数与均热炉内压力间的初步数学模型。

图 4-16～图 4-19 为均热炉炉温和炉内压力的统计数据散点图。

从图 4-16～图 4-19 中可以看出，均热炉内压力和温度是高度正相关的，因此可以通过程序自动控制炉内压力来控制炉温。当然，炉温不仅仅与炉内压力有关系，还与合金化感应加热功率、带厚、带宽、带速及炉内电加热盘加热功率有关，因此是一个多变量耦合的复杂控制对象。采用多元线性回归的方法，建立炉压与炉温、合金化感应加热功率、带厚、带宽、带速等参数之间的数学模型。

图 4-20 为均热炉炉内压力智能控制系统示意图。

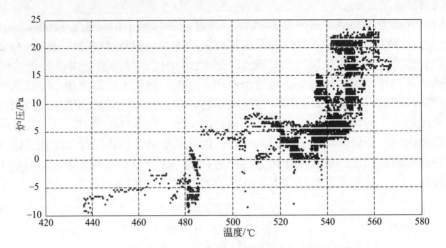

图 4-16 均热炉 1 段炉温和炉内压力关系散点图

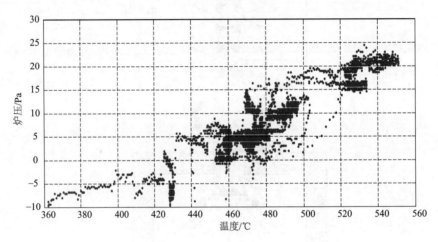

图 4-17 均热炉 2 段炉温和炉内压力关系散点图

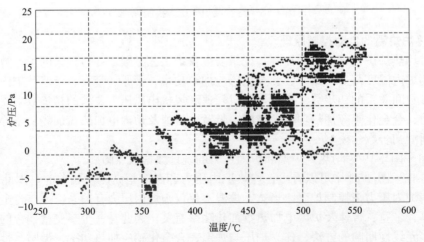

图 4-18 均热炉 3 段炉温和炉内压力关系散点图

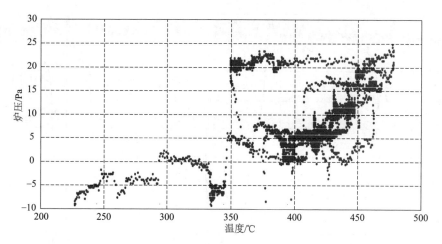

图 4-19 均热炉 4 段炉温和炉内压力关系散点图

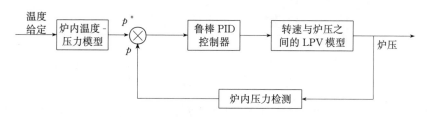

图 4-20 均热炉炉内压力智能控制系统示意图

如图 4-20 所示,转速与炉压之间的 LPV 模型是被控对象的数学模型,执行机构是电动机,炉压是输出量。其控制过程是:将炉内实际压力和给定压力比较得到压力偏差信号,然后进入鲁棒 PID 控制器,进行相应的 PID 运算,输出控制信号给执行机构电动机,电动机改变转速使炉压达到设定的值。该控制方法不仅可使系统快速减小误差、消除极限环振荡,还可以消除系统残余误差。

合金化炉炉压模型控制经过程序调试,可以实现合金化炉炉压、炉温的自动控制,满足工艺要求。

4. 均热炉炉温的自动控制效果

合金化炉炉压控制系统投入运行后,只需要在合金化生产期间对合金化炉开启合金化模式,并手动输入目标炉压即可。图 4-21 和图 4-22 所示为合金化炉炉压控制模型投入前后实际生产炉温数据的情况。

现场实际生产结果表明,成功地通过模型自动控制合金化均热炉炉温,控制效果满足生产工艺要求。

二、加热功率与镀层粉化

为了寻找产生镀层粉化缺陷的根本原因,做了一系列研究,首先研究了加热功率与粉化的关系。

1. 试验方法

试验所采用的材料为试生产的 IF 钢热镀锌铁合金板,两种镀锌板基板相同,化学成分如表 4-5 所示,牌号和工艺参数如表 4-6 所示,分别编号为 A 和 B,仅合金化加热炉功率不同,其他工艺参数均相同。合金化加热炉功率指的是合金化感应加热炉的输入功率,增大合金化加热炉功率会使带钢在合金化过程中温度升高,也就是说 A 和 B 样品的根本差异就是合金化的温度不同。

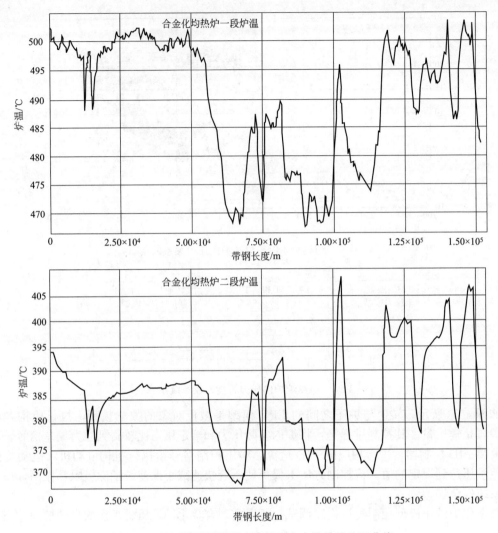

图 4-21 炉压控制系统投入前某班生产均热炉炉温曲线

表 4-5 基板化学成分（质量分数） %

牌号	C	Mn	Si	Al	Ti	Nb	Cr	Mo	N	P	S
JAC270D	0.001	0.10	0.004	0.05	0.072	0.001	0.02	0.007	0.002	0.011	0.007

表 4-6 合金化热镀锌工艺参数

编号	牌号	厚度/mm	锌锅 Al 含量(质量分数)/%	锌锅温度/℃	加热炉功率/kW	锌层质量/(g/m²)
A	JAC270D	0.65	0.126	463	464	50.5
B		0.65	0.126	463	672	50.5

首先采用扫描电镜观察镀层表面形貌。由于镀锌层厚度不足 $8\mu m$，而且容易粉化，因此传统的透射电镜薄膜制备方法很难制备出合格的镀锌层样品。利用聚焦离子束可以制备出完整的镀层薄膜试样，用透射电镜观察，进行能谱定量分析和选区电子衍射分析，确定镀层相结构。通过弯曲试验检测镀层抗粉化性，在弯曲处粘上导电胶带轻按均匀后揭下，而后采用扫描电镜对导电胶带上附着的镀层粉末进行观察，并保存图像，用图像处理软件"Image-Pro Plus"对扫描电镜图像进行统计分析，根据统计结果来比较样品的抗粉化性。

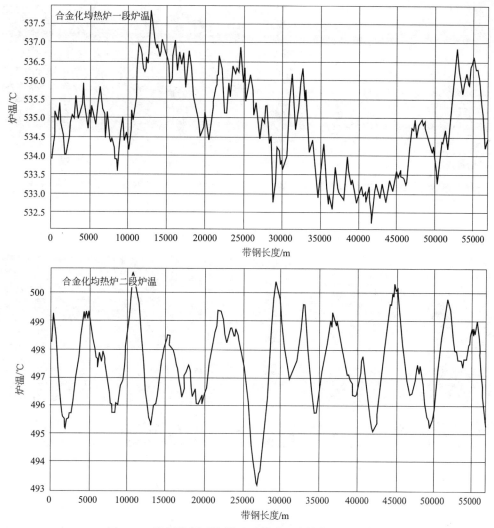

图 4-22　炉压控制系统投入后某班生产均热炉炉温曲线

2. 镀层表面形貌对比

用扫描电镜观察镀层表面形貌，结果见图 4-23。A 样品和 B 样品的镀层表面形貌类似，均由粒状且致密的 δ 相和柱状的 ξ 相组成，样品 A 表面的 ξ 相较样品 B 多，而样品 B 表面的 δ 相较样品 A 多。浸蚀后用扫描电镜观察镀层截面形貌，如图 4-24 所示，两件样品的镀层厚度差别不大，A 样品的镀层近表面部分区域呈枝晶状，即典型的 ξ 相形貌特征；B 样品的形貌特征为 δ 相和 ξ 相的混合。结合两种样品的生产工艺进行分析，两者的差别仅仅是加热炉功率的不同，加热炉功率的提高使得合金化温度升高，这意味着适当提高的合金化温度有利于形成更多的 δ 相。

3. 实验分析结果

用聚焦离子束制备热镀锌铁合金板镀层的薄膜样品的整个过程如图 4-25 所示。如图 4-25(a) 所示，首先选择一块表面平坦的位置，然后镀上长条形的 Pt 层，以在后续的离子束加工过程中起到保护样品的作用；然后在 Pt 上下两侧进行离子束切割并进行精修，使得样品表面尽量平整，如图 4-25(b) 和图 4-25(c) 所示；用 Pt 将针与样品焊合，然后用离子束把样品从基体中分离下来，见图 4-25(d)；把取下的样品焊合到铜网上，见图 4-25(e)；经过一系列的精修减薄之后，最终样品厚度在 100nm 以下，薄区较好且镀层完整，适合进行下一步的 TEM 分析，见图 4-25(f)。

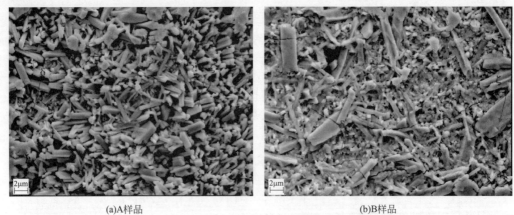

(a)A样品　　　　　　　　　　　　　(b)B样品

图 4-23　镀层表面形貌

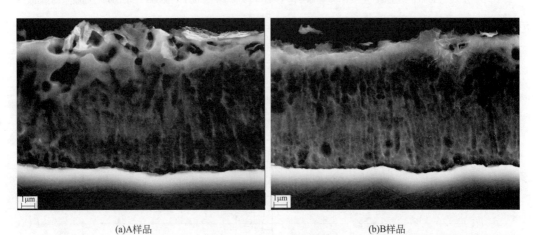

(a)A样品　　　　　　　　　　　　　(b)B样品

图 4-24　镀层截面形貌

图 4-25　用聚焦离子束制备镀层透射电镜薄膜样品的步骤

对制备好的透射样品进行图像观察和能谱分析。图 4-26 为样品的扫描透射（STEM）明场像以及元素的能谱线分析、点分析图。从图 4-26 中可以看出，从基体到镀层表面，Fe 元素含量逐渐降低，对应的 Zn 元素含量升高。A 样品的 Zn 和 Fe 元素含量的比值在同等截面位置上始终大于 B 样品。在靠近基体部位、镀层中间部位和镀层近表面部位这三个部位进行能谱分析，A 样品镀层的 Zn 和 Fe 的含量比分别为 1.5、5.5 和 9，B 样品分别为 1.25、1.5 和 6。Zn-Fe 合金相的成分特征表明 A 样品镀层中含有更多的 Zn、Fe 含量比值较高的 ξ 相。这与表面观察结果一致，说明随着合金化功率增加，合金化温度提高，基体中 Fe 元素与镀层中 Zn 元素的相互渗透加剧，导致镀层中富 Fe 相增多、富 Zn 相减少。

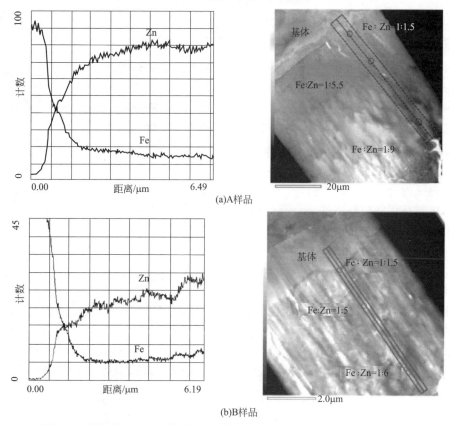

图 4-26　样品的 STEM 明场像以及能谱线分析和点分析结果（体积分数）

对图 4-27 所示三个能谱点分析区域进行选取电子衍射分析，标定的结果得出：靠近基体区域为 $Fe_{11.68}Zn_{39}$ 即 Γ 相，镀层中间区域为 $FeZn_7$ 即 δ 相，镀层近表面区域主要为 $FeZn_{13}$ 相即 ξ 相。

图 4-27　透射电镜衍射花样和标定结果

4. 弯曲试验结果和分析

经对镀层样品进行 V 弯试验至 60°时,发现 A 样品表面镀层已经出现明显的粉化现象。为了对样品的粉化行为进行更直观更精确的分析,采用统计镀层弯曲表面粉化颗粒的数量和大小的方法来评价样品的抗粉化性能。弯曲至 180°后,在弯曲处粘上导电胶带轻按均匀后揭下,用扫描电镜背散射电子像进行观察,白色颗粒物为附着在导电胶上的镀锌层颗粒。"Image-Pro Plus"图像处理软件统计的结果如表 4-7 所示,统计单位为像素的平方(pixel^2)。A 样品和 B 样品粉化颗粒的总面积分别为 570 和 240,颗粒的数量分别为 6616 和 3388。

表 4-7 颗粒物的统计结果

项目	A 样品	B 样品	项目	A 样品	B 样品
类别	Area/pixel^2	Area/pixel^2	标准偏差	17.94	9.83
颗粒面积最大值	570.25	240.25	颗粒面积总数	69314.25	34781.25
颗粒数量	6616	3388	比例(颗粒面积/总面积)/%	8.81	4.42
颗粒面积范围	569.25	239.25	总面积	786432	786432
平均值	4.82	3.62			

从表 4-7 中可以看出,无论是剥落的数量还是面积,A 样品都要大于 B 样品。因此可以得出结论,B 样品的抗粉化性能要优于 A 样品,这与 B 样品镀层中含有更多的 δ 相有关。

上述研究表明,IF 钢热镀锌铁合金板表面由致密的 δ 相和柱状 ξ 相组成,如果镀锌层厚度和合金化时间保持不变,则当合金化加热炉功率为 672kW 时,镀层表面的 δ 相和 ξ 相含量合适,镀层抗粉化性能较好;如果合金化加热炉功率为 464kW,则镀层表面的 δ 相含量偏少而 ξ 相含量偏多,即加热功率偏低则抗粉化性能不好。

三、合金化程度与镀层粉化

1. 正常合金化板微观相结构组织特征

镀层中 Fe 含量及元素分布特点可通过 GDOES 精确测定。图 4-28 所示为理想合金化组织随深度变化的特点。总体上讲,当表面存在一层较薄的 ξ 相时,其 Fe 含量小于 10%;随深度增加,合金相逐渐过渡为均匀 δ 相,其 Fe 含量为 10%;当深度逐渐达到过渡层时,合金相组织将以 Γ 相为主,Fe 含量将迅速增加至 20%以上。通常意义上讲的镀层 Fe 含量为 10%主要指均匀 δ 相。

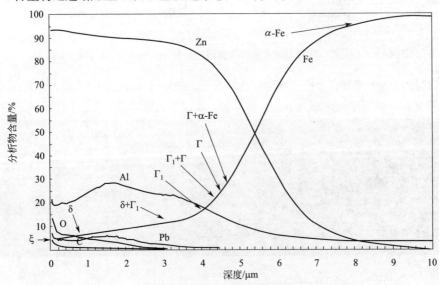

图 4-28 理想合金化组织中元素随深度变化的特点

图 4-29 所示为正常合金化板中表面合金化相形貌特征。尺寸为 8～10μm 的短棒状 δ 相均匀分布在表面，未见明显多边形结构过度生长的合金相，未见明显紧附于表面的未合金化的 η 相，此类组织具备较好的强度、抗粉化性能及焊接性，是理想的合金化结构组织，如图 4-30 所示。要获得具有该结构的理想组织，必须重点控制现场入锌锅板温，以控制在 460～468℃ 为宜，由于带钢进入锌锅后就产生锌铁扩散，因此合金化过程实际上在锌锅中就开始了，如果入锌锅板温过高，实际上就延长了合金化时间，极易导致爆发组织的过度生长以及镀层铁含量的增加，这些均对镀层抗粉化性能极为不利。生产中，如果出现这种情况，则应适当增加锌锅中铝含量，使铁铝合金层轻微增厚，以抑制合金化过程的过度扩散。

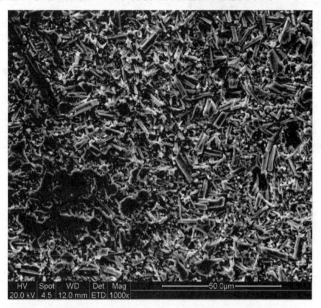

图 4-29 正常合金化板表面形貌特征

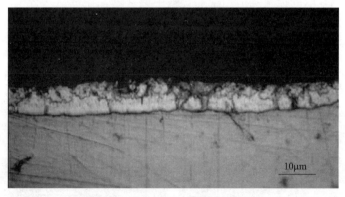

图 4-30 正常合金化板镀层组织特征

2. 过合金化板微观相结构组织特征

过合金化板表面相结构特征如图 4-31 所示，表面绝大部分是清晰可见的大量短棒状或短条状 δ 相，这是正常合金化相结构。但除此之外，表面可见大量弥散分布多边形结构相，结合图 4-32 所示元素随深度变化情况分析可知，具有此类表面相结构特征的合金化组织是典型过合金化组织。这种破碎且不连续的镀层中 Fe 含量明显偏高，是合金化过程中爆发组织过度生长的结果，是镀层抗粉化能力差的主要原因。

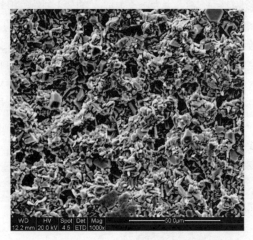

图 4-31 过合金化板表面相结构形貌　　图 4-32 过合金化板表面元素随深度变化的特征

如图 4-32 所示，以 Fe 元素为例，其含量首先是自表面开始迅速攀升至 13%～15%，在 0～5μm 范围内稳定保持该含量。从 5μm 深度开始 Fe 含量急速攀升至基板的 100%。一般而言，正常合金化组织 δ 相铁含量为 9%～11%，具有较好的强度与韧性。当铁含量超过 12% 甚至达到 15% 左右后，镀层脆性急剧增加，抗粉化能力明显变差，完全不能满足用户对镀层附着力的要求。因此在生产中需要严格控制铁含量。

过合金化板与现场入锌锅板温控制相关。入锌锅板温越高，则带入锌锅的热量越大，基板中 Fe 扩散获得的能量越大，则锌铁扩散发生得越早，越易导致过合金化组织的产生，因此，需要在现场适当降低入锌锅板温，来抑制过合金化的产生。此外，有时合金化板基材 IF 钢体系多为纯 Ti 系，其有一个特点是晶界特别纯净，晶界越纯净，扩散越容易进行，速度也越快，越易形成过合金化组织。因此，必须对合金化板基材组织进行优化，采用 Nb-Ti 复合体系，其基材合金化过程扩散相对较慢，合金化过程相对易控制。如果不能更换为 Nb-Ti 复合体系基板，则在现场可以采取的措施是适当增加锌锅中铝含量，让带钢入锌锅后形成的 Fe_2Al_5 合金层轻度增厚，这样，在合金化过程中则需要更大的能量来冲破抑制层，以此来抑制过合金化组织的产生。

3. 欠合金化板微观相结构组织特征

合金化板生产过程中，易出现的一种典型缺陷是欠合金化，有两种表现：一是上下表面合金化程度不均，即一个表面已合金化而另一表面则欠合金化；二是同一板面合金化程度不均，即同一板面出现"发花"现象，部分区域合金化程度良好而部分区域明显发白。此类发白区域典型 SEM 形貌如图 4-33 所示，表面未见明显合金化产品应有的"火山口"形貌，未见棒状或

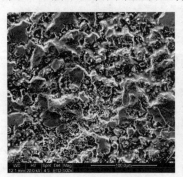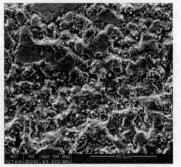

图 4-33 欠合金化板表面 SEM 形貌特征

条状典型 δ 相出现，典型特征是以糊状未合金化的 η 相为主，相界面不清晰。

图 4-34 是该特征合金化产品元素随深度变化图，其特征是：扩散到表面的 Fe 未形成较为明显的相对含量稳定区域，自表层开始，Fe 含量经过较短的含量低区域后便迅速增加。结合表面 XRD 图谱分析可以明确得出表面存在大量未合金化的锌的结论，如图 4-35 所示。

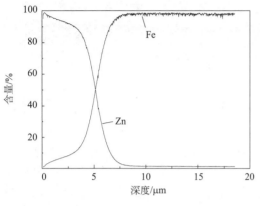

图 4-34　欠合金化板元素随深度变化的特征

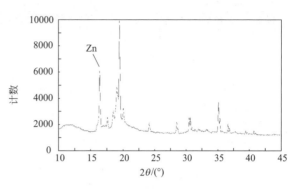

图 4-35　欠合金化板表面 XRD 图谱

如果合金化炉温度场不均，或带钢表面锌层厚度不均，则易产生第一种形式的欠合金化。如果带钢不在合金化炉温度场中心线上，则易产生第二种形式的欠合金化。

4. 实际案例分析

优化前的合金化板典型微观截面组织形貌如图 4-36(a)～图 4-36(c) 所示，图 4-36(d) 所示为正常合金化板。明显可见这批合金化板表面镀层分布不连续，略显破损，未能形成理想的 Γ 相+δ 相组织。图 4-36(a) 和图 4-36(b) 所示这种破碎且不连续的镀层中 Fe 含量明显偏高，是典型过合金化组织，是合金化过程中爆发组织过度生长的结果，是镀层抗粉化能力差的主要原因，如果要提高镀层抗粉化能力，必须从控制镀层爆发式组织过度生长入手。而图 4-36(c) 所示则是典型欠合金化组织。优化前的合金化板绝大部分以过合金化组织为主。

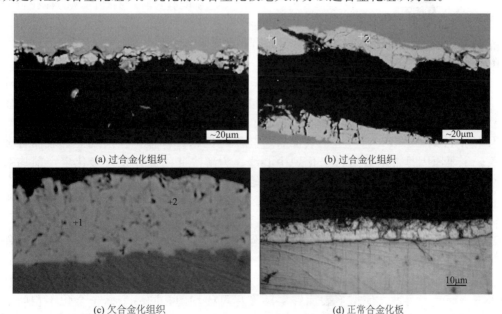

图 4-36　合金化板截面微观组织形貌

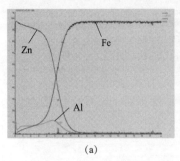 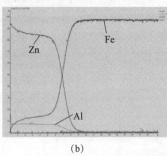 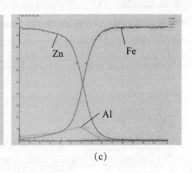

(a)   (b)   (c)

图 4-37 试生产出的合金化板典型试样元素随深度变化的特点

实测初期生产合金化板的几种典型样板中各元素随深度变化的特点见图 4-37，从中可发现，有下述几个特点。一是如图 4-37(a) 所示，形成的合金层很薄，Fe 含量从 $4\mu m$ 深度开始即大幅增加，这是欠合金化板分析结果。二是如图 4-37(b) 所示，虽然有 Fe 含量均一区域，该区域对应镀层中同一均匀相结构区域，但是 Fe 含量明显偏高，达 13% 以上；如此高的 Fe 含量，镀层粉化级别肯定高。三是如图 4-37(c) 所示，这种元素分布最接近理想组织分布。优化前的生产的合金化板主要以第一种和第二种为主，第三种分布很少。

综上所述，合金化板生产所存在的主要问题包括：①合金化过程未得到有效控制，合金化板总体表现为过合金化；②合金化不均现象严重，上下表面及同一表面均存在合金化不均现象；③镀层中存在大量大尺寸脆性相弥散分布；④获得的镀层相结构不理想，分布不均匀。上述问题的存在将会导致合金化板粉化级别高，冲压过程锌层易脱落，外板点焊性能差，需从工艺或设备角度进行改进调整。

5. 针对合金化不均的工艺设备调整

合金化不均主要表现为上下表面的合金化不均及同一板面的不均，对此质量缺陷现场展开了针对性工艺设备调整，包括：

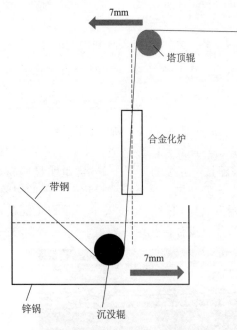

图 4-38 轧制中线校正示意图

① 校正带钢中心线，解决上下表面合金化不均问题。合金化板出现上下表面合金化不均现象，主要原因是带钢偏离合金化炉中心线。为解决此问题，在合金化生产前均对带钢中心线进行了标定，通过调整镀后冷却塔顶辊和锌锅沉没辊位置，确保了带钢位于合金化炉中心线，解决了上下表面合金化不均问题，如图 4-38 所示。将标定带钢中心线列为合金化外板生产前固定检修项目。

② 重新标定气刀参数，获得均匀锌层，解决同一表面合金化不均问题。生产过程中如果同一表面锌层厚度不均，则不同厚度部位 Fe 的扩散程度也会存在差异，直接表面出现"发花"现象，尤以下表面表现更为突出。为此，针对出现的带钢下表面合金化不均问题，调整了下表面气刀参数，使得下表面锌层厚度尽可能均匀，同一表面合金化不均问题也得到了有效改善。

第三节 GA板热浸镀生产工艺

一、热浸镀工艺参数试验

为了指导实际生产,采用热镀锌模拟装置进行了热浸镀工艺参数的优选试验,研究在不同锌锅温度、Al含量、热浸时间和合金化温度条件下的Fe-Zn合金反应。

一般来讲,为了获得好的锌层结合性,在连续热镀锌过程中有必要将锌锅的有效Al含量控制在0.14%以上,以形成Fe_2Al_5抑制层来阻止Fe-Zn层的形成。Fe_2Al_5的抑制层的厚度是200~400nm,可以阻止Fe-Zn中间化合物的形成,因此增加镀层的结合力,锌锅中有效Al含量越高,这种阻隔层的厚度越大。但是,在合金化处理过程中,锌锅有效Al含量只有减少至0.14%以下时,Fe原子才会从基体中向镀锌层扩散,这就产生了矛盾,就必须通过试验选择合理的锌锅有效Al含量。同时,不同厚度的带钢热浸镀的时间不同,这是由连续镀锌生产线规程决定的,热浸镀时间对合金化过程有什么影响,也必须在试验中验证。

1. 试验条件及过程

利用模拟装置对厚度为1.0mm的冷轧IF钢试样进行镀锌和合金化处理,带钢退火温度为840℃,合金化炉中的保温时间是10.7s,其他工艺参数见表4-8。经过各种试验,利用JEOL JSM-7000F扫描电镜和GDOES对每个试样的横截面进行分析。通过测量Fe含量和做90°弯曲试验测得粉化行为来分析合金化程度。

表4-8 试验工艺参数

工艺参数	单位	1	2	3	4	5
锌液有效Al含量	%	0.12	0.14			
锌锅温度	℃	450	460	470		
热浸时间	s	0.4	1.0	2.0	3.0	5.0
合金化温度	℃	480	500	520		

2. 热浸镀时间对镀层组织的影响

试验锌锅温度为460℃、锌锅中有效Al含量为0.12%、合金化退火温度为500℃时,不同热浸镀时间对镀层组织的影响如图4-39所示。从图4-39中可以看到,热浸镀时间对带钢与镀层之间的结合层Γ相的厚度影响很大,随着热浸镀时间的增加,Γ相的厚度增加。而这层Γ相是对抗粉化性能影响很大的组织,所以实际生产中希望热浸镀时间越短越好,这就需要较高的生产线速度。

3. 锌锅中有效Al含量对镀层成分的影响

当锌锅温度都为460℃、热浸镀时间都为0.4s时,锌锅中有效Al含量为0.12%时生产出的合金化板(GA,退火温度为500℃)与锌锅中有效Al含量为0.19%生产出时的镀锌板(GI)的成分曲线对比如图4-40所示。从图4-40中可以看出,尽管GI锌锅中的Al含量较高,但由于Fe和Al之间有更高的亲和力,因此Al在铁和锌镀层的界面聚集,而镀层表面的Al含量较低。但是GA却有些不一样,尽管锌锅中Al含量低于0.14%,但经过合金化处理后,Al穿过镀层在镀层的表面聚集。

4. 锌锅温度和合金化温度对镀层组织的影响

当锌锅中有效Al含量为0.12%、热浸镀时间为0.4s时,不同锌锅温度和合金化退火温度下GA镀层组织如图4-41所示。从图4-41中可以看出,随着锌锅温度的升高,带钢与镀层之间的结合层Γ相的厚度逐渐增大;随着合金化退火温度的升高,Γ相的厚度也逐渐增大。

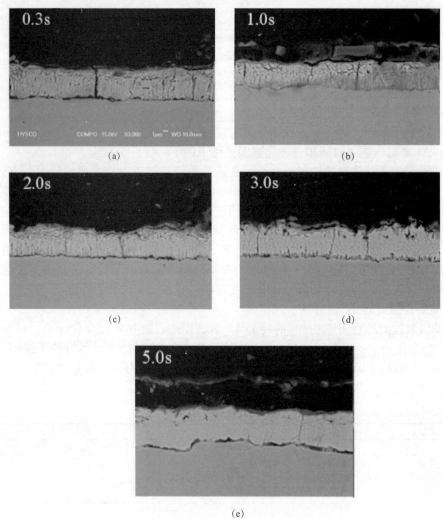

图 4-39　不同热浸镀时间的镀层组织

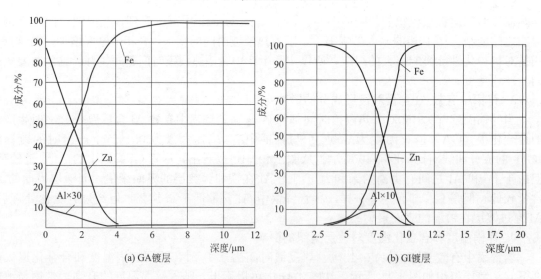

图 4-40　GA 镀层与 GI 镀层成分曲线对比

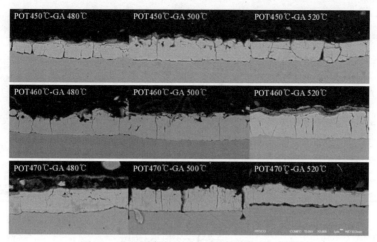

图 4-41 不同条件下 GA 镀层组织 SEM 图

5. 锌锅温度和合金化温度对镀层组织的影响

当锌锅内有效 Al 含量为 0.12% 时,不同锌锅温度和合金化温度的 GA 镀层成分曲线如图 4-42 所示。从图 4-42 中可以看出,与扫描电镜图片显示的趋势是一致的,随着锌锅温度或合金化温度升高,镀层内的 Fe 成分曲线斜率增加,也就是说镀层内的含 Fe 量增加。

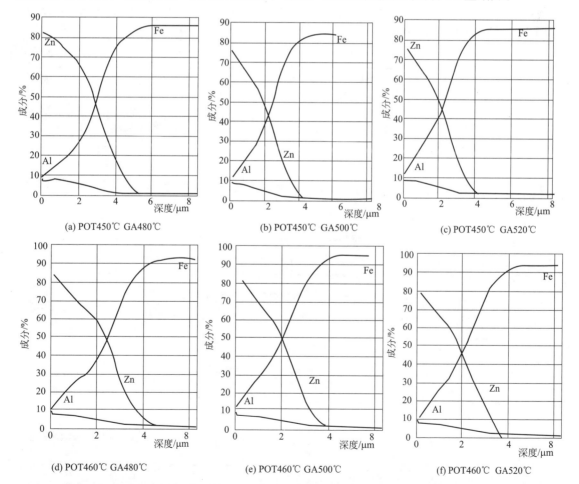

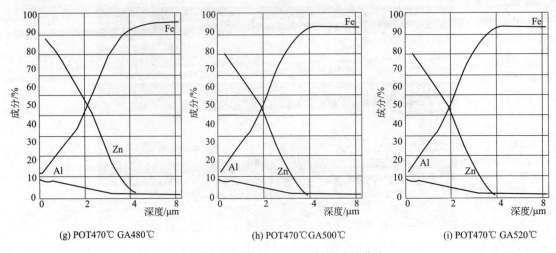

图 4-42 不同条件下的 GA 镀层成分曲线

6. 镀锌和合金化工艺对抗粉化性能的影响

对于 GA 板的抗粉化性能而言,锌锅中有效 Al 含量、锌锅温度和合金化的温度是三个影响合金化程度的重要因素,粉化试验是将 Al 含量分为 0.12％和 0.14％两个水平,将锌锅温度分为 450℃、460℃和 470℃三个水平,将合金化温度分为 480℃、500℃和 520℃三个水平进行对比试验,结果如图 4-43 所示。

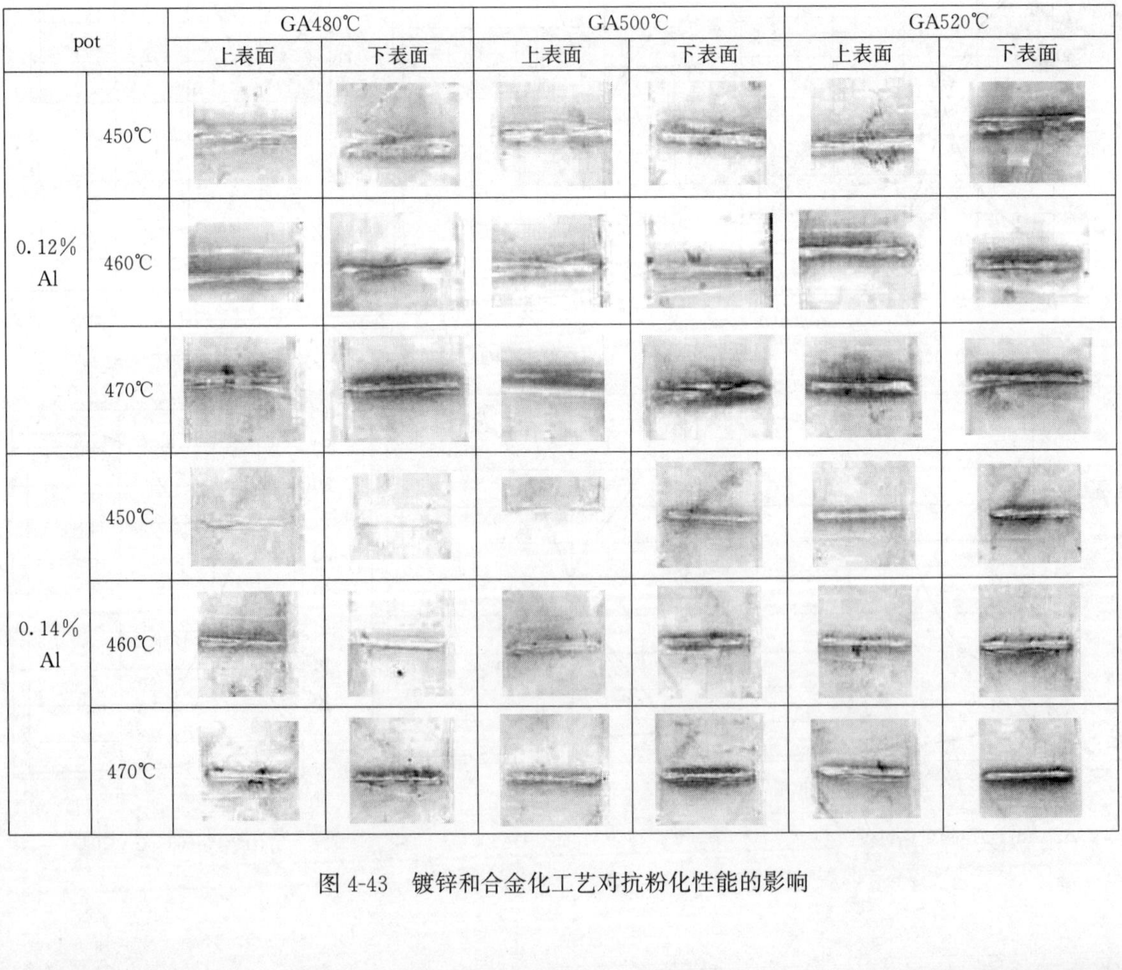

pot		GA480℃		GA500℃		GA520℃	
		上表面	下表面	上表面	下表面	上表面	下表面
0.12％ Al	450℃						
	460℃						
	470℃						
0.14％ Al	450℃						
	460℃						
	470℃						

图 4-43 镀锌和合金化工艺对抗粉化性能的影响

从图 4-43 中可以看出，这三个因素对镀层抗粉化性能的影响都非常大，比如，合金化温度为 520℃时镀层的粉化程度几乎是 480℃时的两倍。

7. 影响镀层含铁量的因素

镀锌和合金化工艺的主要参数——锌锅中有效 Al 含量、锌锅温度、带钢入锅温度、浸镀时间和合金化温度对镀层含铁量的影响如图 4-44 所示。从图 4-44 中可以看出，镀层含铁量基本是随着锌锅温度、带钢入锅温度、浸镀时间和合金化温度的增加而增加，随着锌锅中有效 Al 含量的增加而下降的。

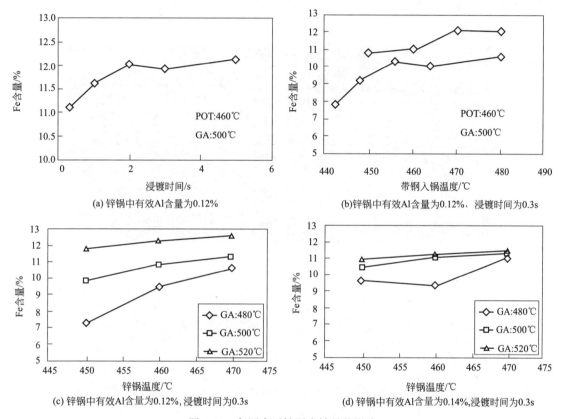

图 4-44　各因素对镀层含铁量的影响

产品使用性能试验表明，要求具有好的冲压加工性能和焊接性能的 GA 汽车外板和内板的最合适的 Fe 含量是 11.0％±1％。

对于普通速度的生产线而言，浸锌时间较长，在带钢入锌锅温度为 480～520℃、锌锅有效 Al 含量为 0.12％～0.14％时，GA 产品的 Fe 含量在上述范围内。但是高速生产线浸镀时间为 1.5s（说明：带钢在锌锅里的长度约为 3m，机组速度为 120m/min，对于合金化是个较高的速度，即 2m/s，时间为 1.5s）左右，锌锅中有效 Al 含量一般控制在 0.12％左右，如图 4-44(a) 所示，镀层的 Fe 含量为 11.5％～12.0％，超过了我们希望的范围，因此需要通过调整带钢入锅温度来获得好的合金化效果。

带钢入锌锅温度对镀层含铁量的影响如图 4-44(b) 所示，这个结果启示我们有必要降低入锌锅板温来获得好的抗粉化性能。当然，带钢的入锅温度必须考虑带钢的厚度，这是因为核心热的存在。对于 1.0mm 厚的带钢，最合适的入锌锅板温是 460～465℃。

图 4-44(c) 和图 4-44(d) 所示为锌锅温度和合金化温度对镀层含铁量的影响。当锌锅中有效 Al 含量为 0.12％时，为获得最佳镀层含铁量的锌锅温度为 460℃，合金化温度为 500℃。

当锌锅中有效 Al 含量为 0.14% 时，最合适的合金化温度要比锌锅中有效 Al 含量为 0.12% 时高 10~20℃。

二、镀前过程控制

1. 原板形态的影响与改进

通过对比分析不同合金化镀锌板镀层质量的差异，开展工艺技术改进。

如图 4-45 所示为标杆合金化汽车外板截面组织形貌。从图 4-45 中明显可见，其合金化镀层厚度均匀，特别是基板表面平直度好，无凸起、凹陷、起皮等基板表面缺陷所导致的明显锌层厚度差异。

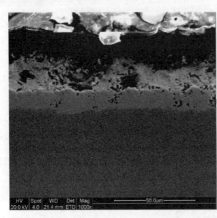
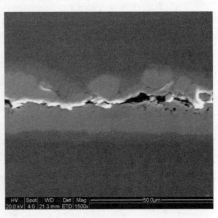

图 4-45 NP 公司合金化外板截面组织形貌

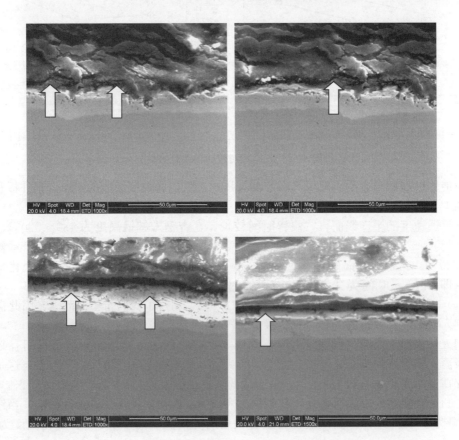

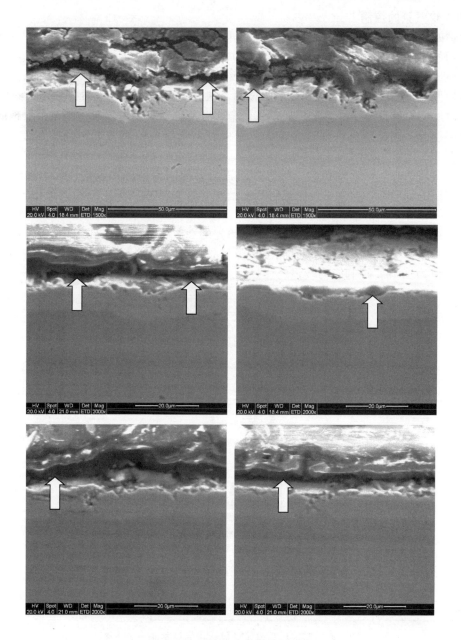

图 4-46 试验对比合金化板截面

相比之下，对比合金化汽车外板的原板表面与之差距极大，观察到原板表面上存在大量各类表面缺陷，如图 4-46 所示。

从图 4-46 中可以看出，对比合金化外板的主要特征是锌层厚度不均匀，虽然厚度不均对合金化产品而言是无法避免的，标杆合金化汽车外板也同样存在类似缺陷，但是缺陷数量远远少于对比合金化外板。对比合金化外板的主要问题是原板表面存在大量凸起、凹陷等缺陷，微观表面平直度控制太差，表面形貌太差，基板表面轮廓线起伏过大，如图 4-46 中箭头所指。

所以，导致对比合金化外板粉化级别高的关键原因在于镀前原板微观表面平直度控制太差，表面形貌不理想。因此，需加强镀锌前各工序的质量控制。

2. 退火炉气氛的控制

退火炉的功能是消除加工硬化、进行回复再结晶、还原带钢表面及保证带钢入锌锅温度。热镀锌采用的是"美钢联法"工艺,在线退火炉采用氢气作为还原气和保护气氛。由于基板表面不可避免地会有铁的氧化物,在锌锅内与铝反应生成三氧化二铝和铁,消耗了部分铝,使得局部铝含量偏低,因此造成抑制层 Fe_2Al_5 偏薄,在合金化过程中该区域锌和铁最早突破抑制层发生扩散反应形成合金化层,造成局部过合金化。所以退火炉内气氛中的氧含量越低,带钢表面氧化层越薄,越能防止局部过合金化。退火炉内气氛中的氧含量一般应在 30×10^{-6} 以下,最好在 20×10^{-6} 以下。

利用机组较长时间检修的机会,检查炉内辐射管的固定情况和破损情况,重新加固辐射管;更换破损的辐射管;检查炉壁绝热层变形情况,修补破损的炉内不锈钢护板、炉墙裂缝,增强密封效果;并全面清洁炉内转向辊。

通过上述工作,可以使退火炉内氧含量从原先的 200×10^{-6} 下降到 30×10^{-6} 以下,并一直维持在这一水平。图 4-47 为某一时间段炉鼻子处氧含量的控制能力分析图,结果表明,控制能力 C_{pk} 值为 1.45,控制能力较强。

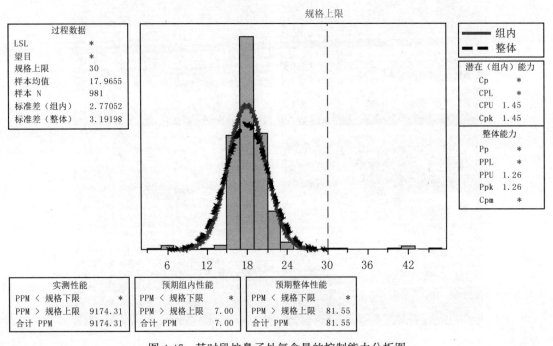

图 4-47 某时段炉鼻子处氧含量的控制能力分析图

三、锌锅成分的控制

1. 锌锅有效铝含量控制

正如前述试验的结果表明,锌锅内铝元素含量的多少,直接决定了带钢进入锌液之后合金层的生成情况。当铝含量≤0.1%时,不能够生成较为连续的铁-铝合金抑制层,此时铁-锌反应剧烈,易生成爆发组织,爆发组织的存在使合金化过程中镀层相的正常生长遭到破坏,易于造成热镀锌铁合金板表面的凹凸;同时,由于没有铁铝合金层的阻碍,铁-锌原子的扩散速度较快,镀层中各相的生长速度加快,且有向铁含量较高相转变的趋势,导致热镀锌铁合金板的抗粉化性能变差。生产 GA 镀锌板常用的铝含量区间为 0.12%~0.14%,如图 4-48 所示。此时,钢板与锌层之间能够形成合适厚度的铁-铝合金抑制层,该抑制层能够在一定程度上降低铁-锌原子的扩散速度，但又可能在合金化退火时在较短的时间内通过扩散消失，经过适当的合金化工艺处理，可以得到最佳的合金化镀层相结构。当铝含量大于 0.18%（也就是生产 GI 镀锌板的铝含量）时，钢板与锌层之间可以形成完整的铁-铝合金层，该合金层的存在严重阻碍铁-锌反应的发生，延缓合金化的进程。当通过升高退火温度和延长退火时间来加速合金化反应时，又会由于局部铁-铝合金层的破坏而形成爆发组织。

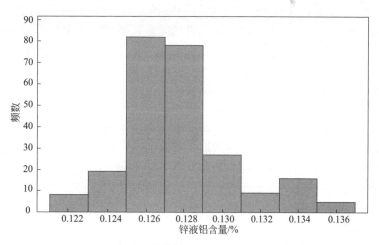

图 4-48　外板调试期间铝含量分布直方图

2. 锌锅含铁量的控制

对出现镀层粉化的样品进行了表面形貌检测，发现部分样品的 δ 相尺寸严重不均，过度长大 δ 相颗粒明显可见。正是这种过度粗大的锌铁合金相颗粒使镀层抗粉化性能严重恶化。

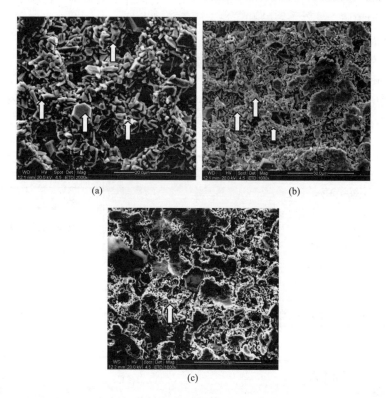

图 4-49　合金化板表面合金相不均形貌

图 4-49 所示是这种合金化板表面合金相不均形貌的情况，箭头所指为镀层中过度生长的锌铁合金相，进一步分析表明，这种颗粒来源于锌锅中悬浮的锌渣。当锌锅中铁含量过高时将形成大量底渣及悬浮渣，锌液中存在的大量悬浮渣本身就是锌铁合金相，在镀锌过程中会附着在带钢表面，当带钢运行至合金化炉后，这种锌铁合金相极易过度长大而形成图 4-49 中箭头所示形貌。因此，需要严格控制锌锅中 Fe 含量，以控制锌锅中悬浮渣的总量。

为控制锌锅中 Fe 含量，在检修采用了"升铝除铁"和"降温除铁"工艺，将底渣和悬浮渣尽可能变成顶渣去除，并往锌锅中通入高压氮气除渣。目前合金化生产时的锌锅中 Fe 含量已降至 0.02%～0.03% 的水平，有效保证了合金化的生产，减小了镀层中嵌入悬浮渣的概率，对镀层抗粉化性能的提升贡献明显。

3. 入锌锅板温的控制

理论分析和生产经验表明，带钢一旦进入锌锅与锌接触，即可以产生锌铁扩散，合金化过程实际上在锌锅中就开始了，如果带钢入锌锅温度过高，就会使得锌铁扩散更加激烈，极易导致爆发组织的过度生长以及镀层铁含量的增加，这对镀层抗粉化性能是很不利的。此外，带钢入锌锅温度越高，带钢与锌锅内的铝反应就越剧烈，生成的 Fe_2Al_5 合金层就越厚，对于之后的合金化反应是不利的。因此，在生产热镀锌铁合金板时带钢入锌锅温度不宜太高，根据现场实际，入锌锅板温必须控制在 470℃ 以下，并根据带钢厚度进行调整，对于厚板适当降低。

4. 锌锅温度的控制

与带钢入锌锅温度很类似，锌锅温度越高，带钢与锌锅内的铝、锌反应就越剧烈，生成的 Fe_2Al_5 合金层就越厚，对合金化反应不利。因此，在生产热镀锌铁合金板时一般均采用较低的锌锅温度，而且波动范围要严格控制，一般控制在 460℃±1℃。

5. 镀后冷却方式的改进

为了控制合金化炉的均热炉段温度，在镀后第一上行冷却风箱两侧设置了四对活门，用于调整合金化均热炉炉压。并在上行冷却段设置水雾冷却装置，以便在产量较高时，能够保证冷却塔顶辊处带钢温度低于 300℃。

在进镀后冷却带钢温度相同和出镀后冷却带钢温度相同的前提下，研究了风冷和水雾冷却对镀层质量的影响。某卷带钢的前半卷进行正常风冷，后半卷进行风冷加水雾冷却，对于合金化板的表面和镀层的粉化级别进行跟踪对比，试验钢卷明细如表 4-9 所示。结果发现，水雾冷却对热镀锌合金化板的表面和镀层质量没有明显负面影响。

表 4-9 冷却方式对热镀锌合金化镀层粉化的影响分析试验钢卷明细

钢卷号	牌号	厚度/mm	宽度/mm	粉化级别	
				（风冷）	（风冷+水冷）
1	DX53D+ZF-B	0.8	2027	双杯 2 级	双杯 2 级
2	DX53D+ZF-B	0.8	2031	双杯 2 级	双杯 2 级
3	DX53D+ZF-B	0.8	2031	双杯 2 级	双杯 2 级
4	DX53D+ZF-B	0.8	2031	双杯 2 级	双杯 2 级
5	DX53D+ZF-B	0.8	2032	双杯 2 级	双杯 2 级

第四节　合金化产品的生产管理

一、冲压脱锌缺陷分析

烘烤硬化 GA 钢板 JAC340H 应用于某汽车厂汽车发动机罩外板、门外板、后背门外板等外覆盖件的制造，这些配件对钢板的表面质量和冲压质量要求高。该汽车厂反映在使用某一批次钢卷冲压门外板时出现成形过程中脱锌问题，为此进行了专题缺陷分析。

1. 缺陷产品工艺追溯

缺陷产品化学成分如表 4-10 所示，对应合金化段生产工艺如表 4-11 所示。

表 4-10　化学成分（质量分数）　%

C	Si	Mn	P	S	Nb+Ti
0.0023	<0.01	0.45	0.045	<0.010	<0.015

表 4-11　合金化段工艺点

感应加热功率/kW	均热段温度/℃	合金化炉出口板温/℃	带钢运行速度/(m/min)
1200	510	390	105

2. 缺陷样板试验

取规格为 0.65mm×1000mm 的样板，进行了一系列试验。先将试样切割成 170mm×170mm 的矩形试样，采用 BUP400 杯突试验机模拟冲压试验，冲压速率为 10mm/s。同时，板料试样经酒精超声清洗后，用 Quanta400 扫描电镜分析表面形貌，用辉光光谱分析仪分析镀层成分。

(1) 杯突试验　做完杯突试验以后的试样如图 4-50(a) 所示。在板料未额外涂油的情况下，杯突试样沿板料边部的压延筋处存在相对较多的微小锌粉，存在明显的脱锌现象，其他部位未发现脱锌粉的问题，见图 4-50(b)；在板料上涂油后进行试验，由于润滑加强，杯突试样没有观察到明显脱锌现象，见图 4-50(c)。

根据杯突试验可以初步判断，此批板料存在锌层附着力不良问题，尤其是板料边部；此外，板料表面涂油量也无法达到润滑效果，连续冲压过程中模具与板料间的摩擦力加大，合金化层表面的锌层脱粉并在模具中聚集，导致冲压无法连续进行。

(a) 杯突试样

(b) 钢板边部位置微小脱锌

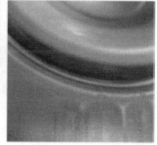
(c) 无明显差别

图 4-50　杯突试验

(2) 镀层质量　镀层质量均匀一致是对 GA 产品的一个基本要求，有利于保证整个板面合金化程度的一致。检测这批产品样板不同部位的镀层质量，结果如表 4-12 所示，从中可以分析，镀层质量明显不均匀。

表 4-12　镀层质量　g/m²

表面	操作侧	板中间	传动侧	极差
上表面	41	50	68	27
下表面	69	58	65	11

(3) 镀层成分　通常，当热镀锌合金化产品的镀层铁含量在 10% 左右时镀层粉化控制较为理想，通过辉光光谱仪分析镀层厚度及镀层中锌、铁组成情况，操作侧上下表面镀层厚度相差达到 3μm。同时，通过图 4-51 可以看出操作侧上表面镀层中 Fe 含量很快达到 10% 以上，

且整体水平偏高；而下表面镀层中 Fe 含量整体上处于 6% 左右，镀层中 Fe 含量偏低。也就是说，同一位置出现了上表面过合金化、下表面合金化不足的问题。合金化不均问题同样体现在同一表面的不同位置上，由于上表面操作侧、板中间、传动侧锌层质量存在大的差异，因此图 4-52 所示的辉光光谱分析图谱上也表现出锌层厚度的差异、镀层合金化程度的差异，尤其是操作侧位置出现过合金化问题。对比杯突试验，脱锌位置与操作侧边部过合金化位置一致，因此判断冲压脱锌问题是由镀层质量不均导致的合金化不均引起的。

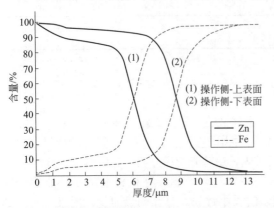

图 4-51 操作侧镀层锌、铁含量辉光光谱分析　　图 4-52 上表面镀层锌、铁含量辉光光谱分析

(4) 镀层形貌　将操作侧、板中间、传动侧试样上下表面镀层形貌进行对比分析，从图 4-53 所示扫描电镜分析结果可以看出，试样表面几乎观察不到呈柱状的 ξ 相，但仅板中间位置样品上下表面合金化程度表现出较好的一致性，相结构是以 δ 相为主的有利于锌层附着力的合金化相层，而操作侧、传动侧的试样上下表面的合金化程度一致性较差，即边部合金化程度存在较大差异，这与辉光光谱分析结果一致，与冲压脱锌主要发生在板料边部的现象也相对应。

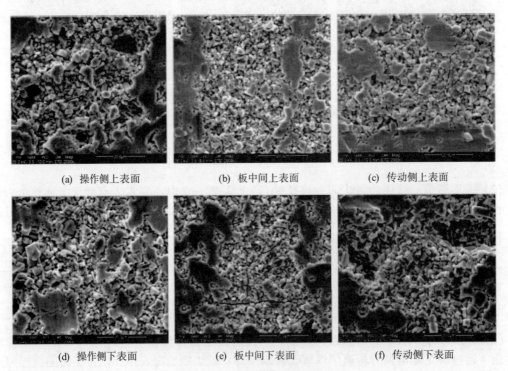

图 4-53 镀层表面形貌分析

第四章 热镀锌铁合金板生产技术

3. 缺陷原因分析

带钢的合金化处理方法为高频感应加热法,即带钢由合金化炉的加热线圈中心通过,磁场内移动的带钢在磁力线的作用下得到加热,其特点是存在"集肤效应",热量主要集中在带钢表面,不同于燃气加热法条件下的带钢自身温度较高,因此无法通过钢板自身的蓄热来促进合金化;一旦当带钢表面锌层质量存在较大差异时,锌层增厚需要更高的感应加热功率来完成合金化,但锌层相对薄的位置则会发生过合金化的情况,因此无法获得均匀一致的合金化程度。

通过采用镀层质量分析、辉光光谱镀层分析、表面形貌分析等技术手段,判断产生冲压脱锌的原因是镀层质量不均导致的合金化不均。过反查操作工艺执行情况,发现在操作层面上是由于此批镀锌基材存在板形不良问题,为控制出锌锅板形,造成气刀距钢板距离存在倾角,导致锌层厚度不均。通常,合金化炉均热段炉温为 450~540℃ 的阶梯控制,当合金化炉均热段温度为 510℃ 时,有利于超低碳烘烤硬化钢获得最佳的镀层。机组为保证边部合金化程度加大了合金化炉加热段感应加热器功率,达到了 1200kW(见表 4-11),而以往同规格产品生产时感应加热器功率只有 700kW 的水平,由于感应加热器功率过高,导致钢板抗粉化能力相对较差。

4. 采取的措施

在分析脱锌缺陷产生的原因的基础上,采取了如下措施:

① 在热轧板形不良的情况下,对热轧原料进行平整作业后再组织冷轧;
② 调整出锌锅带钢对中,控制气刀与带钢距离一致;
③ 控制合金化功率,以提高合金化炉均热段温度作为主要合金化手段,降低感应加热器功率;
④ 调整合金化率边部补偿烧嘴气体压力,保证钢板边部合金化水平。

经过优化 JAC340H 钢的生产组织和工艺控制,改善措施取得了良好效果,批量生产的 JAC340H 钢外板产品未出现批量冲压脱锌问题,满足了用户的使用要求。

二、生产过程的质量控制

1. 在线检测仪表精度的控制

热镀锌铁合金板生产的在线镀层质量和镀层含铁量检测仪表的精度是质量管理的基础,因此,我们取不同规格的产品样品进行了离线检测,将结果与在线情况进行对照,以离线检测为准,控制在线检测仪表的精度。检测的样品规格如表 4-13 所示。

表 4-13 取样规格

编号	产品牌号	产品规格/mm×mm	编号	产品牌号	产品规格/mm×mm
1	JAC270D	0.65×1750	5	JAC270D	1.2×1235
2	JAC270D	0.65×1090	6	HC340/590DPD+ZF	1.4×1115
3	JAC270D	0.65×1295	7	HC340LAD+ZF	2.0×1205
4	JAC270D	0.65×1050			

检测的结果对照如表 4-14 所示,从中可以看出,个别样板的测量误差比较大,因此进行了具体原因分析,排除了偶然性原因,对系统性原因进行了调整。同时,在正常使用时,在工艺稳定的状态下,每班做两个对比试验,保证镀层质量测量误差在 5% 以内,并将镀层中 Fe 含量测量误差控制在 5% 以内。

表 4-14 检测结果对照

编号	取样点	镀层质量(双面)			镀层中 Fe 含量		
		离线检测/(g/m²)	在线检测/(g/m²)	误差/%	离线检测/%	在线检测/%	误差/%
1	1	106.54	107	−0.43	10.27	10.3	−0.29
	2	108.22	109	−0.72	10.08	10.0	0.79

续表

编号	取样点	镀层质量（双面）			镀层中 Fe 含量		
		离线检测 /(g/m²)	在线检测 /(g/m²)	误差/%	离线检测/%	在线检测/%	误差/%
2	1	109.9	110	-0.09	9.68	9.8	-1.24
	2	108.88	110	-1.03	9.91	10.3	-3.94
3	1	114.04	116	-1.72	9.66	9.7	-0.41
	2	113.36	112	1.20	9.54	9.5	0.42
4	1	102.72	105	-2.22	10.08	10.3	-2.18
	2	101.04	101	0.04	9.77	10.0	-2.35
5	1	100.58	103	-2.41	11.68	11.8	-1.03
	2	105.12	104	1.07	11.52	11.4	1.04
6	1	93.6	91	2.78	10.78	10.8	-0.19
	2	94.38	94	0.40	10.22	10.0	2.15
7	1	95.4	97	-1.68	10.07	10.3	-2.28
	2	100.58	99	1.57	10.03	10.0	0.30

2. 产品合金化度的控制

为了掌握产品的合金化度，我们对 7 个样品进行了镀层成分检测，结果如图 4-54 所示。

从结果来看，仅 5 号试样镀层成分 Fe 含量曲线较理想，因为该规格产品属于中等偏厚规格产品，生产时机组速度可以达到 90m/min，甚至 100m/min，合金化均热段炉温较高，在保证镀层质量的前提下，表面 Fe 元素扩散较充分。同时，对 5 号试样的镀层表面形态和其他试

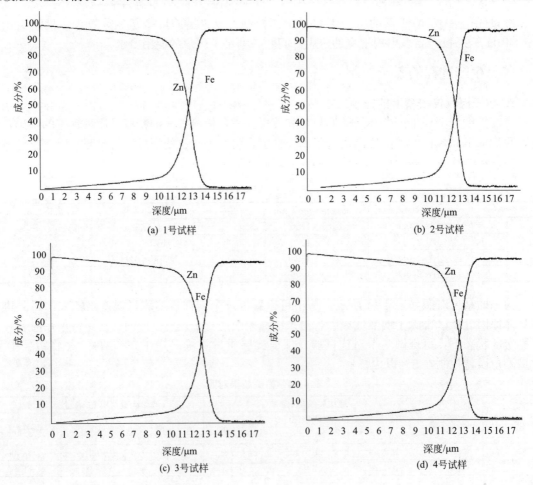

(a) 1号试样　　(b) 2号试样　　(c) 3号试样　　(d) 4号试样

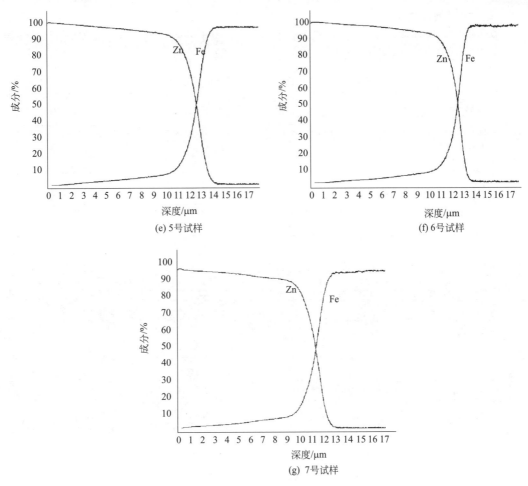

图 4-54 7 个试样的镀层成分分布曲线

样的镀层表面形态做了对比检测，发现 5 号试样的镀层表面形态表现为正常的合金化结构，而其他试样的镀层表面表现为欠合金化结构（图 4-55）。这一问题通过提升均热段保温能力得到了解决，使得镀层含 Fe 量稳定处于 10%～11% 之间。

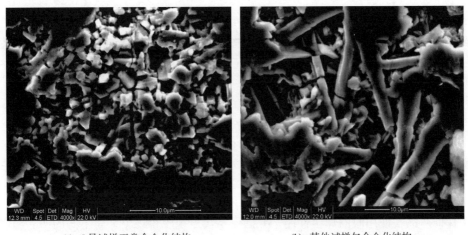

(a) 5 号试样正常合金化结构　　　　　　　(b) 其他试样欠合金化结构

图 4-55 两类试样表面形貌对比

3. 镀层组织的控制

为了准确控制镀层组织,我们对代表试样与标杆试样进行了对标试验,镀层指标结果如表 4-15 所示,表面形貌如图 4-56 所示,截面组织如图 4-57 所示。

表 4-15 试生产试样与标杆试样的镀层对比

指标	试生产试样		标杆
	1 号试样	2 号试样	
粗糙度 $Ra/\mu m$	0.75/0.55	0.67/0.79	0.84/0.81
粉化级别	2.5/2.5	1/1.5	2/2
摩擦系数(动、静态)	0.156/0.105	0.295/0.211	0.314/0.212
单点锌层(重量法)	51/50	47/45	51/51
Fe 含量/%	9.85/9.04	9.04/7.78	7.96/8.13
表面形貌	无 ξ 相,有表面裂纹	有 ξ 相,有表面裂纹	无 ξ 相,表面裂纹少
镀层厚度/μm	10	8.2	9

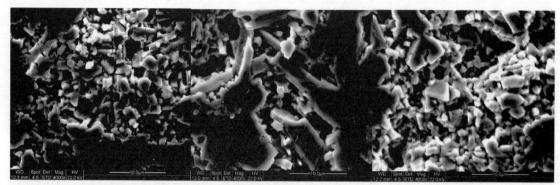

1 号试样　　　　　　　　2 号试样　　　　　　　　标杆试样

图 4-56 试生产试样与标杆试样的表面形貌对比

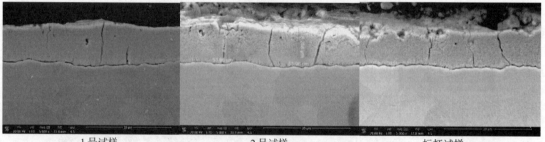

1 号试样　　　　　　　　2 号试样　　　　　　　　标杆试样

图 4-57 试生产试样与标杆试样的截面组织对比

从中可以看出,对比试样的镀层表面仍有较多残留的 ξ 相,实际上是一种欠合金化产品,粉化试验结果为 1 级和 1.5 级之间。而粉化级别为 1 级的产品,在用户使用时会出现脱粉缺陷,当调整工艺增加粉化级别超过 3 级时,又容易出现合金化镀层过粉化情况,在用户使用时也会出现脱粉现象。可见产品最佳粉化级别的工艺窗口是很窄的,必须进行严格控制。

4. 镀层粉化级别的控制

为了保证产品在使用时的焊接性能,并确保不会出现脱粉现象,对不同的产品制定了粉化级别的产品标准。

GA 产品粉化级别是评价 GA 材的镀层附着性的依据。根据热镀锌机组生产命令数据中的用途、合同厚度及钢种，按照下面规定执行：

① 对于目前合金化产品粉化级别的判定要求按表 4-16 执行。

表 4-16 合金化产品粉化级别的判定

厚度/mm	钢种级别 用途	DDQ、EDDQ、SEDD、DDQ-HSS		CQ、DQ、DQ-HSS、CQ-HSS、BH-HSS(抗拉强度＜500MPa)		DP、TRIP、其他 (抗拉强度≥500MPa)	
		试验方法	合格等级	试验方法	合格等级	试验方法	合格等级
t≤1.0	外板	PA	≤2	PA	≤2	—	—
	内板	PA	≤3	PA	≤3	PA	≤3
	其他	PA	≤3	PA	≤3	PA	≤4
1.0＜t≤1.5	外板	PA	≤2	PA	≤2	—	—
	内板	PA	≤3	PA	≤4	PA	≤4
	其他	PA	≤4	PA	≤4	PA	≤4
1.5＜t	所有	PA	≤4	PA	≤4	PA	≤4

② 外板、内板是指汽车和家电产品。

③ 当合金化产品不符合外板粉化要求但符合内板粉化要求时，检验室需将表面级别转内板放行；当不符合内板粉化要求时检验室需转让步品处理。

④ 对于内板和其他用途产品，粉化级别不符合表 4-16 要求时需转让步品处理。

5. 合金化工艺的控制

根据以上的分析和要求，对合金化工艺进行了控制，制定了控制标准。

(1) 合金化温度标准 合金化炉均热温度在 480～550℃ 之间，为保证合金化带钢温度的均匀性，四个保温炉炉温由高到低，典型的温度标准曲线如图 4-58 所示。

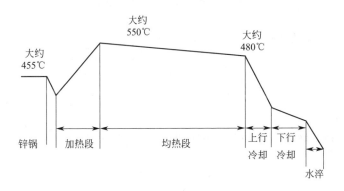

图 4-58 温度标准曲线

(2) 合金化炉加热段功率设定及调节 基于图 4-58 所示的温度标准曲线，结合以往生产经验，典型的 BH 钢、IF 钢加热段感应加热功率初始设定值如表 4-17 所列，类似规格产品可借鉴表中的典型工艺设定结果。

表 4-17 典型 BH 钢、IF 钢 GA 产品合金化功率控制目标值

钢种	成品牌号	典型厚度/mm	典型宽度/mm	初始设定工艺		
				锌层质量/(g/m²)	速度/(m/min)	功率/kW
BH 钢	JAC340H	0.65	1040	45/45	90	980
					100	1050
		0.70	1150		90	1050
					100	1130
		0.70	1315		90	1130
			1400		100	1200

续表

钢种	成品牌号	典型厚度/mm	典型宽度/mm	初始设定工艺 锌层质量/(g/m²)	速度/(m/min)	功率/kW
IF 钢	JAC270D	0.65	1010	45/45	90	540
	JAC270E	0.70	1090		100	580
	JAC270D		1250		90	500
	DX54D+ZF	0.80	1250		85	450
	DX56D+ZF	1.2	960		80	400
			1760			

注：锌层质量按照标准下限控制。

在生产过程中，根据机组当时状态及合金化程度进行微调，对于局部功率异常和过渡时头部功率偏大的钢卷机组，通知当班质检封闭，白班车间技术员进行确认，对有问题钢卷进行改判或分切处理。

(3) BH 钢生产控制特殊要求

① 通过功率控制生产 BH 钢 GA 板的头尾合金化程度难以达到理想状态，因此在生产过程中设定初始功率，在头部 300m 左右调整出合金化最佳程度，稳定过程，如头尾出现异常（板面发花），则保持工艺稳定，异常部位做好记录再精整切除。

② BH 钢的光整延伸率要求严格，光整延伸率按照目标要求设定，当光整延伸率达不到目标要求时，轧制力设定保持最大值（950t）。

三、合金化汽车板排程规范优化

当需要使用同一个锌锅生产 GI 产品和 GA 汽车外板时，需要制定相应的生产排程规范，内容如下：

1. 调整锌锅含 Al 量的过程

在生产 GI 产品结束以后，锌锅内的铝含量处于 GI 板要求的较高的状态，要开始 GA 生产周期必须生产部分过渡产品，使得锌锅中的含铝量逐步下降。

① 当 Al 含量＞0.17％时，生产 1 个班的厚度≤1.2mm、锌层质量≤180g/m² 的 GI 内板，优先安排薄锌层的产品；

② 当 Al 含量在 0.15％～0.17％范围内时，生产至少 1 个班的厚度≤1.0mm、锌层质量≤180g/m² 的 DX51D+Z 牌号的 GI 内板；

③ 当 Al 含量≤0.15％时，切换到合金化产品后的 300t 只能生产厚度为 0.8～1.2mm 的 DX51D+ZF 牌号 GA 内板，双面订单锌层质量≤100g/m²；

④ 当锌锅 Al 含量稳定处于 GA 外板要求的范围，且生产线运行状态稳定时，才能转入生产 GA 外板；

⑤ 生产外板时，每生产 4～5 卷外板后，就生产 1～2 卷内板；生产内板时，把锌锅状态调整到最佳。

2. 高强钢产品的生产

高强钢安排在合金化外板之后生产，且牌号为 HC260YD+ZF、GX260YD+ZF、HC420LAD+ZF、JAC590R、HC380LAD+Z、HC340LAD+ZF、HC340/590DPD+ZF 等产品，与其他牌号衔接时必须安排低碳钢进行过渡。

3. 底渣转换及 GI 产品生产

① 当锌锅中铁含量不能满足 GA 内板的要求时，必须转入生产 GI 内板。

② 先在锌锅内加铝，将铝含量提高到 GI 要求的范围，生产 1 个班的厚度＜1.0mm 的 GI 内板，随着锌液中铝含量的升高及生产过程的搅动，使底渣转变为顶渣；此时锌液中的铝含

表4-18 双锅GI与GA生产周期转换表

		时间	日次	D1			D2			D3			D4			D5			D6			D7			D8			D9			D10			D11			D12			D13		
			班别	1	2	3	1	2	3	1	2	3	1	2	3	1	2	3	1	2	3	1	2	3	1	2	3	1	2	3	1	2	3	1	2	3	1	2	3	1	2	3
GI生产周期	GI锌锅		班数	2个			2个			12个左右						2个						若干个															3		
			GI/GA	停机			GI			GI						GI						GI															换锅		
			内板/外板	停机			内板			外板						内板						内板																	
			厚度	停机			≤1.2mm									≤1.2mm																					保温		
			操作	加铝	捞渣	外板准备	按计划要求			GI汽车外板生产过程						加铝	捞渣		按计划要求			GI高强汽车内板生产过程																	
			铝含量	升铝	—	高铝				逐步下降到外板极限						升铝	—					逐步下降到内板极限																	
			铁含量	—	降铁	低铁				有升高的趋势(控制在饱和度以内)						—	降铁					控制在饱和度以内																	
	GA锌锅																																				投入生产		
GA生产周期	GI锌锅		班数	1个			2个			2~3个			8~9个班			10个班左右			1个			1个			1个			10~17个班						2个班					
			GI/GA	换锅			GI			GA			GA			GA			GI			GI			GI			GI						GI					
			内板/外板				内板			外板			外板			外板			内板			内板			内板			内板						内板					
			厚度				≤1.0mm			≤1.2mm									≤1.0mm			≤1.2mm			≤1.2mm									≤1.2mm					
			操作	降铝	外板准备	调整稳定	按计划要求			GA汽车外板生产过程						控制在GA外板要求范围内			加铝	—	捞渣	按计划要求			GI汽车内板生产过程						控制在GI内板要求范围内			降铝			达到GA要求		
			铝含量	下降			有升高的趋势(控制在饱和度以内)			逐步下降到外板极限						略有升高			升铝	—											基本不变			降铝			—		
			铁含量	低铁									低渣转顶渣						—		降铁																		
	GA锌锅																																	检修 换锅 保温					

量低于 0.17%，而铝含量在 0.16%～0.17% 时容易出现 GI 合金层增厚的情况，铝含量在 0.14%～0.15% 时容易出现 GI 板附着力不好的情况，生产薄板的话，可以通过提高机组速度，有效缓解上述问题。

③ 然后生产 1 个班的厚度 <1.2mm 的 GI 内板，在这个过程中，进行捞渣作业，去除顶渣达到降铁的目的。

④ 按照计划，生产 11～17 个班的 GI 内板，这是因为清除生产 GA 板产生的锌锅底渣至少需要生产 11 个班 GI 的内板。

⑤ 当 GI 内板生产结束以后，停机检修 2 个班；转入下一个 GA 生产循环。

4. 销售计划的配合

为了更好地执行优化后的排程规范，明确要求产品销售合同必须满足：

① 每月必须保证生产厚度为 0.8～1.2mm 的 DX51D+ZF 牌号合金化产品 300t 以上，用于合金化炉切换后状态调整用料；

② 每月根据所需的高强钢合金化产品接订配套的 DX51D+ZF 牌号的过渡料，厚度在高强钢合同厚度的 ±1.3 倍范围之内；

③ 内板的合同量一定要比外板多，否则生产组织很困难，因此，当热镀锌机组生产外板时，一般生产部同时下发一份外板计划和一份内板计划，机组班长按照机组产品实际质量情况，交叉安排外板和内板的生产。

5. 双锅的切换

一般的生产线都是配有两个锌锅，分别生产 GI 和 GA 外板，其生产周期的转换见表 4-18。

四、产品质量的管理

1. 板面涂油状态管理

为了防止产生冲压粉化现象，对产品表面的涂油量进行了调整试验，将涂油量从 1500mg/m² 改为 2000mg/m²，增加涂油后冲压，对比发现冲压开裂情况明显好转。同时，建议客户要求在剪切配送加工时，不投入平板清洗机对钢板进行清洗，保持产品表面具有出厂时的涂油量，直接进行冲压生产，取得了很好的效果。

2. 材料力学性能管理

材料屈服强度过高会造成开裂、过低会产生起皱，对比分析了几次冲压情况和实物的性能参数，针对内板修订了力学性能供货范围：屈服强度为 150～170MPa（目标为 155～165MPa）。

3. 产品出厂质量水平评价

与标杆产品进行对比分析，表面形貌和成分分布分别如图 4-59 和图 4-60 所示，从图中可以看出，通过一系列的工艺优化，热镀锌合金化汽车板表面相的形貌及成分分布已逐渐接近标杆产品。

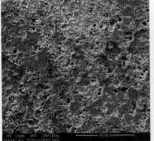 

(a) 标杆产品　　　　　　　　　(b) 工艺优化后产品

图 4-59　合金化板汽车板表面形貌对比

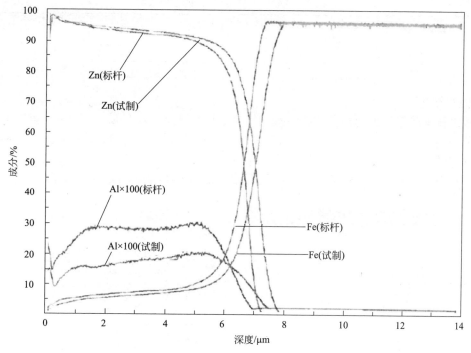

图 4-60　合金化板汽车板成分分布对比

第五节　GA 板产品开发

一、深冲 GA 板的开发

1. 化学成分

工业冶炼的深冲热镀锌铁合金 DX53D＋ZF 的实物化学成分范围如表 4-19 所示。钢中较高的 Ti 含量有利于钢中间隙 C 原子的固定，这种间隙 C 原子的充分固定是获得良好冲压成形性能的化学成分基础。

表 4-19　DX53D＋ZF 钢的实物化学成分（质量分数）　　％

项目	C	Si	Mn	P	S	Al_s	Ti	N
实物	0.003	0.005	0.157	0.017	0.012	0.036	0.07	0.002
标准	≤0.010	≤0.30	≤0.30	≤0.030	≤0.020	—	≤0.20	—

2. 力学性能

对 DX53D＋ZF 钢的拉伸性能、V 形弯曲结果和镀层质量进行了测试，具体结果如表 4-20 所示。表中性能数据显示，屈服强度为 163MPa、抗拉强度为 295MPa、延伸率为 39％，r_{90} 值和 n 值分别为 2.29 和 0.22，抗粉化性能测试 V 形弯曲结果为 1 级左右，镀层质量上、下表面分别为 $52g/m^2$ 和 $58g/m^2$。以上数据表明，钢板的整体性能控制稳定，对应的成形性能、抗粉化性能都达到了标准要求，而且有较大富裕。合适的屈服强度、延伸率、优异的 r 值和 V 形弯曲指标为试验钢获得良好的成形性能和抗粉化性能提供了保证。

表 4-20　试验钢 DX53D＋ZF 的拉伸性能

项目	$R_{p0.2}$/MPa	R_m/MPa	A_{80}/%	r_{90}	n	锌层质量/(g/m²) 上	下
实物	163	295	39	2.29	0.22	52	58
标准	140～260	270～380	≥32	≥1.4	≥0.17	50～60	50～60

3. 组织结构

钢板纵截面的镀层形貌和金相组织观察结果显示，镀层厚度在 8.0～9.0μm 范围内时，镀层厚度分布均匀，尤其是镀层致密，没有发现明显的显微裂纹，为镀层获得良好的抗粉化性能提供了良好的组织基础。金相组织主要为等轴铁素体，晶粒度为 7.5～8 级，晶粒尺寸大小分布均匀，符合深冲钢的基础组织要求。镀层形貌和金相组织结构如图 4-61 所示。

(a) 镀层形貌　　　　　　　(b) 基体组织

图 4-61　金相组织对比分析结果

4. 镀层检测

采用 X 衍射仪对镀层相结构进行了测试，结果发现，镀层的相结构主要为 $FeZn_{6.67}$ 相、Fe_3Zn_{10} 相和 $FeZn_7$ 相，实际测试结果如图 4-62 所示。

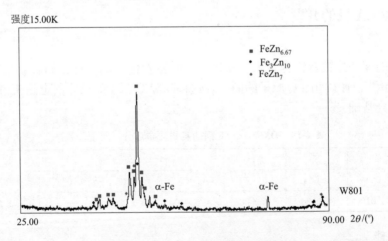

图 4-62　DX53D＋ZF 钢的镀层相结构

采用辉光光谱议对镀层化学成分分布进行了测试，镀层铁含量由钢基到镀层表面呈递减趋势，平均铁含量约为 10%，符合镀层铁含量控制在 10% 左右的要求；相应的镀层厚度为 8μm 左右，其中，有效区厚度约为 5μm，其铁含量分布梯度变化均匀平缓，而过渡区厚度约为 3μm，其铁含量梯度变化陡峭。镀层铁含量差异对应不同的相结构。同时，镀层的锌含量变化与铁含量变化趋势正好相反。镀层铁、锌成分分布如图 4-63 所示。

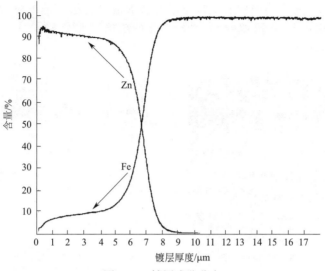

图 4-63　镀层成分分布

5. 表面形貌

采用电子探针对试验钢的镀层表面形貌和显微成分进行了分析，分析结果如图 4-64 所示。从图 4-64(a) 所示表面形貌可知，镀层表面由不规则的岛屿块状物＋细小颗粒物组成，岛屿块状物尺寸在 $10\sim 20\mu m$ 范围内，细小颗粒尺寸在 $1\sim 3\mu m$ 范围内。

(a)镀层形貌

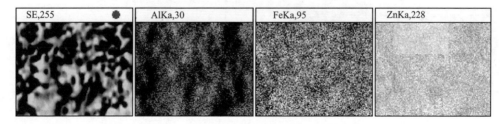

(b)镀层成分面分析

图 4-64　镀层形貌和显微化学成分分析

采用扫描电镜对尺寸为 $1\sim 3\mu m$ 的镀层表面小颗粒形貌和微观成分进行了分析，具体结果如图 4-65(a)～(f) 所示。观察图中所示形貌可知，镀层小颗粒主要由规则致密的方块连接而成，与图 4-64 中所示的观察结果一致。这种细小致密的小方块是保证镀层良好的抗粉化性能的组织基础。

同时，采用能谱仪对不同视场的小颗粒进行微观成分分析，结果显示如表 4-21 所示。从表中数据可知，分析的三个颗粒的显微化学成分略有不同，颗粒 1～3 的铁含量分别为 10.37%、10.82%和 11.35%。

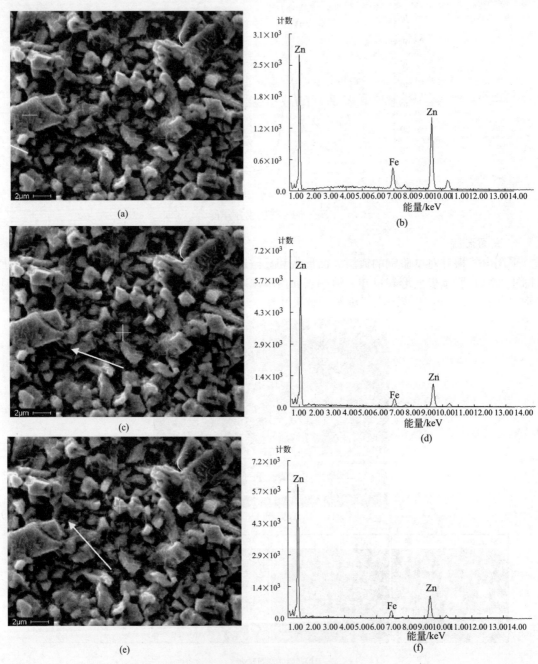

图 4-65 镀层形貌及显微化学成分

表 4-21 镀层表面颗粒铁含量显微成分（质量分数）　　　　　%

分析部位	Fe
颗粒 1	10.37
颗粒 2	10.82
颗粒 3	11.35

6. 析出物分析

采用透射电镜对尺寸在 $0.1\mu m$ 以下的析出物进行观察和微观成分分析,结果如图 4-66 所示。从图 4-66(a) 所示的形貌观察可知,析出物为规则的方块细小颗粒,尺寸约为 $0.05\mu m$,数量不多,呈分散分布。从图 4-66(b) 所示的能谱测试结果可知,析出物包含 O、Zn、Al 三种元素,可以判断小颗粒为 Zn-Al-O 复合析出物。镀层表面尚未发现明显的钛元素析出物。

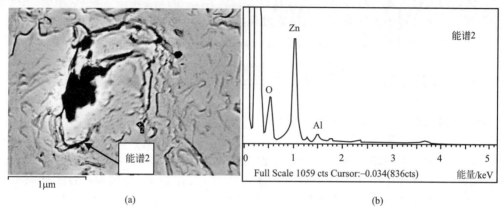

图 4-66 镀层析出物相及其显微成分分析

二、GA 汽车外板的开发

1. GA 汽车外板开发中遇到的问题

GA 汽车外板生产难度较大。比如,在使用钢种为 JAC340H 的 GA 板冲压轿车门外板过程中,经常出现拉毛脱锌缺陷,影响了冲压零件质量和生产节奏。

生产上述产品的热镀锌机组采用的工艺是美钢联法,带钢热镀锌后,经感应合金化炉加热段和电辐射管合金化炉均热段进行锌层退火,然后经风冷和水冷冷却至室温左右。牌号为 JAC340H 的烘烤硬化钢,厚度为 0.7mm、锌层质量为 $45/45g/m^2$ 的热镀锌铁合金板,典型化学成分如表 4-22 所示。

表 4-22 典型化学成分(质量分数) %

钢种	C	Mn	Si	P	S	Ti	Nb
JAC340H	0.0023	0.483	0.0044	0.049	0.008	0.0022	0.008

2. 拉毛脱锌缺陷的产生机理和影响因素

在汽车零件冲压成形过程中,材料在模具中发生滑动。当钢板和模具之间的摩擦力大于合金化镀层与基体之间的结合力时,就会产生拉毛脱锌缺陷。为了减轻甚至消除拉毛脱锌缺陷,就要增加合金化镀层与基体之间的结合力,减小钢板和模具之间的摩擦力。

(1) 影响镀层和基体之间结合力的因素 研究表明,与 Γ 相-钢基体界面、Γ 相-(Γ_1 相 + δ 相)界面、Γ 相-δ 相界面相比,Γ_1 相-钢基体界面或 Γ_1 相-δ 相界面的剪切强度是最大的。合金化镀层的最佳组织结构应以铁含量较低的相为主,在 δ 相-钢基体界面上有一层薄薄的 Γ_1 相组织;相应地,合金化镀层中的参考平均铁含量在 10% 左右为宜。

(2) 影响钢板和模具之间的摩擦力的因素 钢板和模具之间的摩擦力与钢板和模具之间的摩擦系数成正比,与钢板和模具之间的面压力成正比,与钢板和模具之间的接触状态有关,也与钢板在模具中的流动状态有关。

研究表明,当合金化镀层表面 ξ 相越多时,钢板和模具之间的摩擦系数越大。

钢板表面的润滑油润滑效果越好、油膜厚度越大，钢板和模具之间的摩擦系数越小。

钢板厚度的均匀性和上下模具之间的配合度决定了钢板和模具之间的接触状态。

钢板的屈服强度、n 值、r 值等力学性能，钢板和模具之间的接触状态以及压边圈和压边力等模具参数，决定了钢板在模具中的流动状态。

3. 优化合金化镀层相结构

(1) 优化锌液铝含量 对锌液低铝含量（0.12%Al）和锌液高铝含量（0.16%Al）的镀锌层在合金化处理过程中各种合金相的演变过程的研究表明，低 Al 含量的镀层从 ξ 相开始形成到转变为 δ 相是均匀进行的，而高 Al 含量的镀层，按其部位不同，ξ 相及 δ 相形成的时间有所不同，且不是均匀地按顺序形成的；当合金化镀层中的 Fe 含量达到 11% 时，低 Al 含量镀层中的相结构以细小的 δ 相为主，且分布均匀；而高 Al 含量的镀层是以柱状 δ+块状 ξ 的混合相为主，且分布不均匀。

锌液铝含量太低，会产生大量的锌锅底渣，底渣太多会在钢板上产生锌渣、压印等表面质量缺陷。确定锌液铝含量为 0.13%±0.01%。

(2) 优化合金化均热段炉温 随着合金化温度的升高和合金化时间的延长，镀层中的铁含量不断增加，合金化镀层组织中 η 相和 ξ 相逐渐减少，δ 相和 Γ_1 相增加，合金化温度升高，则镀层中相转变的速率加快，镀层的抗粉化性能降低。

确定合金化炉均热段炉温为 540~450℃ 的阶梯控制。

(3) 优化锌层厚度均匀性 现场试验表明，均匀的锌层厚度有利于减少冲压脱锌的发生。在相同生产工艺情况下，镀锌量分布极差大的 A 类试样冲压时脱锌，而镀锌量分布极差小的 B 类试样冲压时不脱锌。不同镀锌量分布极差试样典型数据如表 4-23 所示。

表 4-23 不同镀锌量分布极差试样典型数据　　　　　　　　　　　　g/m²

试样类别	OS 侧		中间		DS 侧		镀锌量分布极差
	上表面	下表面	上表面	下表面	上表面	下表面	
A 类	41.36	52.22	45.43	62.48	49.92	68.90	27.54
B 类	49.45	48.35	47.49	50.34	50.03	48.49	2.85

(4) 改善合金化镀层的相结构 现场试验表明，在相同的冲压参数下，C 类试样冲压时脱锌，其镀层的典型辉光放电光谱如图 4-67 所示，其镀层的典型表面微观形貌如图 4-69 所示；D 类试样冲压时不脱锌，其镀层的典型辉光放电光谱如图 4-68 所示，其镀层的典型表面微观形貌如图 4-70 所示。

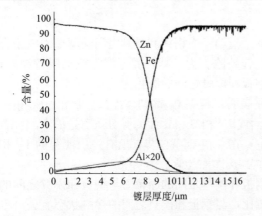

图 4-67　C 类试样的 GDOES 图

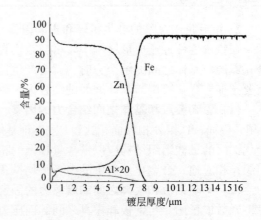

图 4-68　D 类试样的 GDOES 图

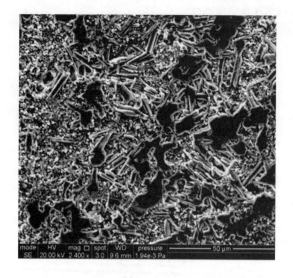
图 4-69 C 类试样的 SEM 检测结果

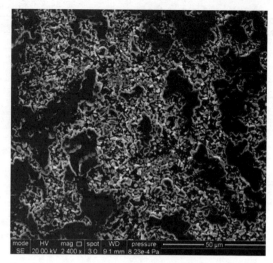
图 4-70 D 类试样的 SEM 检测结果

通过图 4-67～图 4-70 可以看出 C 类试样表面的 ξ 相（柱状 Fe-Zn 相）较多，而 D 类试样表面几乎观察不到 ξ 相，同时 C 类试样合金化镀层中 Fe 含量分布不均匀，合金层中没有平滑的平台。相结构不是以 δ 相为主的合金化相层是造成冲压脱锌的主要原因。

4. 优化钢板在模具中的滑动状态

在同等冲压工艺参数下，镀层表面相结构是 δ 相为主的热镀锌铁合金板，不同表面涂油量和屈服强度、冲压后零件质量情况见表 4-24。

表 4-24 不同表面屈服强度、涂油量及冲压后零件质量情况

序号	屈服强度/MPa	涂油量	冲压后零件质量情况	序号	屈服强度/MPa	涂油量	冲压后零件质量情况
1	200	重	很轻微拉毛脱锌现象	4	235	极重	无拉毛脱锌现象
2	200	极重	无拉毛脱锌现象	5	265	极重	轻微拉毛脱锌、开裂
3	235	重	轻微拉毛脱锌	6	265	重	拉毛脱锌、开裂

（1）**优化涂油量** 为了减小钢板表面和模具之间的摩擦力，增加润滑性，钢板表面选择涂油量为双面极重涂油，单面涂油量为 2.0g/m²。

（2）**优化力学性能** 为避免冲压过程中产生拉毛脱锌和起皱现象，根据对前期此零件的使用情况进行统计，确定钢板的屈服强度范围为 210～260MPa，控制目标为 210～240MPa。

（3）**优化模具工艺参数** 通过对冲压拉延模具的间隙调整、模面打磨和抛光，使机台研配型面贴合率达 85% 以上；同时将冲压压力减小 5%，可以很好地减轻冲压拉毛脱锌现象。

第六节 自润滑合金化板的开发

为了进一步提高产品的使用性能，应用自润滑表面处理技术，在合金化板表面涂覆一层自润滑皮膜，使合金化板表面具有高润滑、耐摩擦特性，满足用户使用要求。

一、自润滑合金化板技术指标要求

自润滑合金化板技术指标要求见表 4-25。

表 4-25　自润滑技术指标要求

测试指标	控制要求
自润板表面粗糙度/μm	0.5~1.0
自润板表面 R_{pc}/个	≥80
自润滑膜厚/(mg/m^2)	200~500
动摩擦系数	≤0.15
脱脂清洗性/%	皮膜量100%清除
磷化性	磷化膜外观均匀、致密,膜厚为 3~5g/m^2,结晶粒度≤20μm

二、试验过程

1. 钢卷基本信息

钢卷基本信息见表 4-26。

表 4-26　钢卷基本信息

牌号	规格/mm×mm
DX56D+ZF-C	0.997×1815
DX56D+ZF-C	1.000×1805

2. 光整工艺

光整辊粗糙度 Ra 为 1.5μm、R_{pc} 为 75 个的光整辊,光整工艺参数见表 4-27。

表 4-27　光整工艺参数

牌号	规格/mm×mm	延伸率/%
DX56D+ZF-C	0.997×1815	1.0
DX56D+ZF-C	1.000×1805	1.0

3. 涂覆工艺

涂覆方式采用顺涂,提料辊、涂覆辊的粗糙度和磨削精度控制数据见表 4-28。

表 4-28　涂辊粗糙度和磨削精度

辊系技术参数		技术指标	实际值
提料辊 涂覆辊	偏心度	≤0.05mm	≤0.05mm
	圆柱度	≤0.05mm	≤0.05mm
	圆跳动	≤0.05mm	≤0.05mm
	提料辊粗糙度	0.4μm	0.4μm

涂辊转速比和辊压主要工艺参数见表 4-29。

表 4-29　涂辊转速比和辊压主要工艺参数

	工艺参数	
涂覆辊转速比/%	上辊	0.6
	下辊	0.5
辊压/kN	提料辊与涂覆辊之间	4.5
	涂覆辊与带钢之间	3.5

机组速度为 90m/min,烘干炉温度为 230℃。

三、自润滑合金化板检测结果

经粗糙度测试,带钢上、下表面粗糙度在 0.74~1.0μm 之间、R_{pc} 在 101~160 个之间。
经粉化级别测试,带钢的 V 弯粉化级别都是 1~1.5 级。

经膜厚测量,数据如表 4-30 所示,钢卷上、下表面膜厚均达到控制要求。

表 4-30 膜厚测量结果

膜厚测量结果/(g/m²)					
上表面			下表面		
DS	M	OS	DS	M	OS
0.28	0.26	0.24	0.21	0.22	0.23

四、脱脂和磷化试验

分别对自润滑+涂油和自润滑两种处理模式的样板进行了脱脂和磷化试验,工艺参数见表 4-31。

表 4-31 脱脂和磷化试验工艺参数

工艺\内容	品名牌号	处理方式	管理项目	试验记录
预脱脂	FC-E2011AC FC-E2011B	喷淋	游离碱:13~20pt 温度:40~50℃ 时间:60s	游离碱:15.6pt 温度:45℃ 时间:60s
脱脂	FC-E2011AC FC-E2011B	浸泡	游离碱:13~20pt 温度:40~50℃ 时间:120s	游离碱:15.6pt 温度:45℃ 时间:120s
脱脂后水洗	工业水	喷淋	温度:常温 时间:30s	温度:常温 时间:30s
表调	PL-X AD-4977B	浸泡	浓度:3.0~6.0pt pH 值:9.0~11.0 温度:常温 时间:30s	浓度:3.5pt pH 值:10 温度:常温 时间:30s
磷化	PB-WL35MY AD-4813 AD-4856 NT-4055 AC-131	浸泡	总酸:20~24pt 游离酸:0.3~1.0pt 促进剂浓度:3.0~6.0pt 温度:35~41℃ 时间:120s	总酸:21.7pt 游离酸:0.7pt 促进剂浓度:4.5pt 温度:37℃ 时间:120s
磷化后水洗	工业水	喷淋	温度:常温 时间:30s	温度:常温 时间:30s
纯水洗	纯水	喷淋	温度:常温 时间:30s	温度:常温 时间:30s

采用荧光测膜仪对脱脂后的皮膜进行测试,结果见表 4-32。由表中数据可知,表面未涂覆防锈油的自润滑板,正面测试 6 点中有 4 点有皮膜存在,尤其第 4 点皮膜量基本接近未清洗时测试量;而自润滑+涂油的样板,无论正反面,自润滑皮膜均 100% 被清洗掉了,达到了试验要求。

表 4-32 脱脂后的皮膜测试结果

样板	部位	1	2	3	4	5	6
自润滑+涂油	正	0	0	0	0	0	0
	反	0	0	0	0	0	0
自润滑	正	28	43	36	171	0	0
	反	0	0	0	0	0	12

磷化后的测试结果见表 4-33。

表 4-33　磷化测试结果数据

项目	样板	结果
磷化外观	自润滑+涂油	灰色致密、结晶度为 $10\mu m$
	自润滑	灰色致密、结晶度为 $10\mu m$
膜厚	自润滑+涂油	$4.8 g/m^2$
	自润滑	$5.0 g/m^2$

磷化后的表面形貌低倍放大照片见图 4-71。

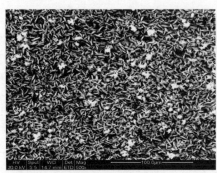
(a) 自润滑+涂油

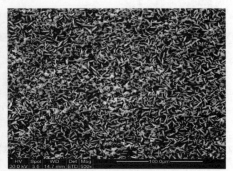
(b) 自润滑

图 4-71　磷化后的表面形貌低倍放大照片

磷化后的表面形貌高倍放大照片见图 4-72。

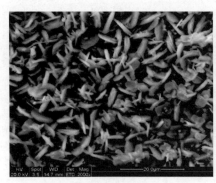
(a) 自润滑+涂油

(b) 自润滑

图 4-72　磷化后的表面形貌高倍放大照片

第五章 热镀锌板缺陷分析

汽车板质量提升的工作很大程度上就是进行缺陷分析的过程，特别是在热镀锌生产过程中，出现各种缺陷的比例很高，因此本章集中分析热镀锌板的缺陷以及具有共性的缺陷，其他板的缺陷在相关章节进行分析。

第一节 综合类点状缺陷

一、点状缺陷分类和分析方法

1. 点状缺陷的特征

点状缺陷是指直径在1mm以下、呈细小点状出现的各类缺陷。汽车板点状缺陷是最为常见的，特别是对汽车面板来说，要做到零缺陷，就必须消除所有的缺陷，有很多作为内板可以允许的缺陷，在作为面板时也不允许，其中最为典型的就是点状缺陷，所以说消除点状缺陷是最为严格的要求。点状缺陷是比较难以发现的缺陷，用肉眼难以全部检查出来，必须借助于表检仪，并采用人工油石打磨等检查措施，才能充分发现。点状缺陷也是形状大小各异、状态千变万化、原因错综复杂的缺陷，是进行汽车板表面质量改进的重点。

2. 点状缺陷的分类

汽车面板出现点状缺陷以后，必须先对其形态进行观察，区分是什么种类，一般有如下几种分类方法：

① 按照缺陷的色泽分类，有：亮点、白点、灰点、黑点等等。

② 按照缺陷的高低分类，有：凸点、平点、凹点、高低不平点、一面凸起一面凹进点等等。

③ 按照缺陷的形状分类，有：圆点、多边形点、不规则点、絮状点等等。

④ 按照是否能够从钢板表面抠除分类，有可以抠除的和不可以抠除的。

⑤ 按照缺陷杂质的来源分类，有：外来压入缺陷、镀层内部缺陷、基板内部缺陷、无杂质缺陷。

⑥ 按照产生的工序分类，有：原料点状缺陷、镀前点状缺陷、镀锌点状缺陷、镀后点状缺陷、储运点状缺陷、加工配送点状缺陷、冲压点状缺陷等等。

如果按照以上的分类方法一一分析其特点的话，对其产生的原因也就有了一个初步的判断，但要寻找到根本性的原因，以切实将问题解决，还要借助专业的手段。

3. 点状缺陷的分析方法

使用扫描电镜可以观察点状缺陷的截面形貌以及点状缺陷所对应的基板形貌，从而可以综合判断该点状缺陷在镀层中的分布及其与基板的对应关系。使用扫描电镜自带的能谱分析仪，可以定量分析点状缺陷的元素含量，定性判断点状缺陷的物质构成。根据以上讨论，判断热镀锌板表面点状缺陷产生根源的一般流程如图 5-1 所示。首先，采用激光共聚焦扫描显微镜观察点状缺陷的三维形貌，确定该缺陷是外来的异物压入镀层还是镀层自带缺陷；然后，在扫描电镜下观察点状缺陷的表面和截面，甚至观察点状缺陷所对应的镀锌基板表面的形貌，从而判断出该点状缺陷产生的具体工序位置是在光整之前还是在光整之后，是在镀锌过程中还是在镀锌之后；最后，通过能谱分析确定点状缺陷的元素分布，进一步确定点状缺陷的物质构成。综合以上的分析，可以确定热镀锌板表面点状缺陷的产生根源。

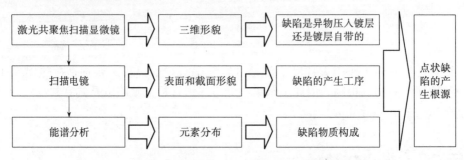

图 5-1 确定热镀锌板表面点状缺陷产生根源的流程示意图

尽管发生点状缺陷的原因错综复杂，但如果仔细研究的话，还是有一定的规律性的，下面对在汽车板开发过程中常见的类似缺陷的分析过程进行初步总结。

在镀锌板点状缺陷中，锌渣一类缺陷是很常见的，也是最典型的，但由于其原因跟热浸镀锌工艺关系很大，因此这里不作介绍，只介绍除锌渣以外的点状缺陷。

二、黑点类缺陷分析

1. 由于原材料凹陷造成的凸起黑点

由于热浸镀锌工艺的特点，原材料的缺陷不可能在镀锌过程中被遮盖或减轻，只能被放大，因此哪怕原材料表面只有一点点瑕疵，也会造成产品表面的缺陷。

这种镀层黑点往往弥散分布在镀锌板表面，在激光共聚焦扫描显微镜下观察，直径在 $500\mu m$ 左右，镀层厚度与正常镀层位置相同，如图 5-2 所示。

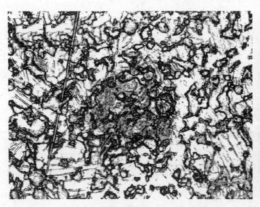 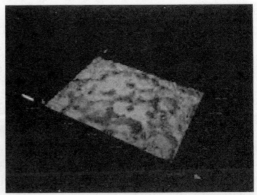

(a) 二维形貌　　　　　　　　　　　(b) 三维形貌

图 5-2 镀层黑点在激光共聚焦扫描显微镜下的形貌

采用扫描电镜观察了镀层黑点位置的形貌，然后用 5% 的盐酸去除镀层后观察黑点对应位置的基板形貌，如图 5-3 所示。与正常位置（图 5-3 中的位置 2）相比，黑点缺陷（图 5-3 中的位置 1）表面有完整的光整压坑和轻微的摩擦痕迹，而在镀层表面黑点缺陷下的基板表面上有一个圆形小凹坑（图 5-3 中的位置 3），凹坑直径约为 $50\mu m$，凹坑内部显得粗糙不平。EDS 结果表明，正常位置表面主要由 Zn 以及少量的 Fe、O 和 Al 组成，而黑点缺陷位置表面的铁元素含量比正常位置略高，且氧元素含量明显偏高，达到 13.87%，如表 5-1 所示。

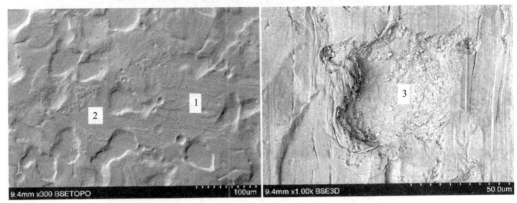

(a) 镀层表面　　　　　　　　　　(b) 去除镀层后的基板表面

图 5-3　镀层黑点在扫描电镜下的形貌

1—黑点缺陷位置；2—正常镀层位置；3—位置 1 去掉镀层后的基板表面

表 5-1　表面黑点缺陷的能谱分析（质量分数）　　　　　　　　　%

测试位置	O 含量	Al 含量	Fe 含量	Zn 含量
图 5-3 中 1 点（缺陷）	13.87	6.14	1.36	78.64
图 5-3 中 2 点（正常）	3.85	3.07	1.20	91.88
图 5-3 中 3 点（基板）	0	0	100	0

很明显，这种镀层表面黑点缺陷与基板表面的凹坑有对应关系。由于基板表面没有损伤，因此镀层没有和基板缺陷位置产生激烈的合金化反应，仅仅是由于其凹陷进去，且凹陷直径并不很大，凹陷内部粗糙不平，因此对锌液的吸附作用较正常部位更加强烈，经过气刀均匀一致的作用以后，就造成了局部点状镀层偏厚而凸起。这些镀层凸点具有正常的结晶组织，只是镀层厚度比正常位置略厚，在光整时与光整辊之间形成剧烈的摩擦而形成氧化物，在运输过程中也会因为摩擦而发生氧化，所以氧元素含量偏高。

2. 由于黏附杂质造成的黑点

(1) 缺陷表面特征　这种缺陷的宏观表现是镀锌板表面出现大量的、大小不一的、形状各异的小黑点，用手可抠除，如图 5-4(a) 所示。

(2) 微观特征和成分分析　经过将缺陷处放大和分析成分后发现是成分杂乱的灰尘类缺陷黏附在带钢表面，如图 5-4(b) 和图 5-4(c) 所示。

(3) 原因分析　经过现场排查，形成原因一是镀后冷却风箱过滤网破损，大量灰尘被吸入；二是风嘴未定期进行清理，积累大量灰尘。因此制定整改措施：过滤网出现破损必须定期更换，对风箱及风嘴形成定期清理制度。

3. 由于嵌入杂质造成的黑点

(1) 缺陷表面特征　这种缺陷的宏观表现与黏附杂质造成的黑点有些类似，是数量多、大

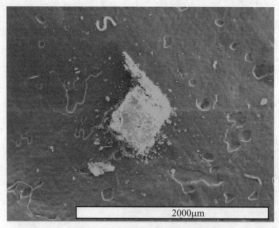

(a)缺陷低倍SEM照片

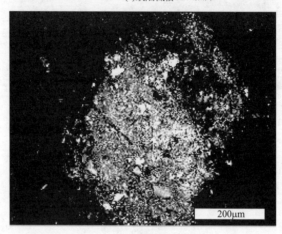

(b)缺陷高倍SEM照片

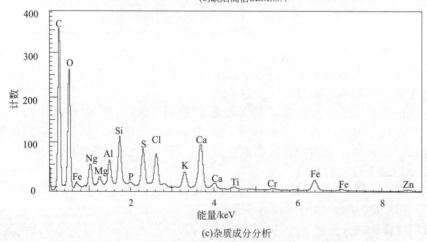

(c)杂质成分分析

图 5-4　由于黏附杂质造成的黑点

小不一、形状各异的小黑点，用手不能抠除，嵌在镀层表面，如图 5-5(a) 所示。

(2) 微观特征　首先要确定缺陷是在耐指纹辊涂前还是在辊涂后发生的。经 SEM 放大形貌分析及成分分析，黑点嵌入于耐指纹膜内，但未被耐指纹膜完全覆盖，所以初步判断该缺陷产生于辊涂前的可能性比较大，如图 5-5(b) 所示。

第五章 热镀锌板缺陷分析

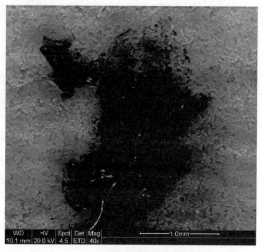

(a) 缺陷低倍SEM照片

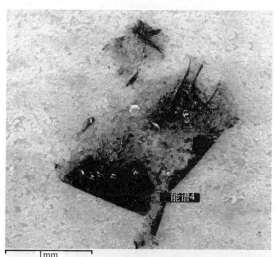

(b) 缺陷高倍SEM照片

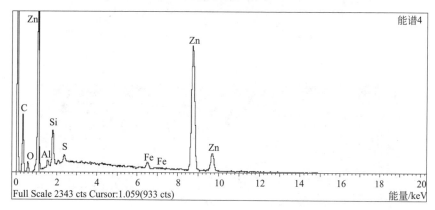

(c) 杂质成分分析

图 5-5 由于嵌入杂质造成的黑点

(3) 成分分析　进一步对嵌入式杂质进行成分分析,发现其主要成分为 S、Si、Al,如图 5-5(c) 所示,据此结果,进一步缩小发生的范围集中到从镀后至辊涂前,特别是含 S 的部位。

(4) 现场排查与处理 先将镀后冷却风箱进行彻底清理后再投入使用,结果黑点数有所下降,大部分是在 20 点之内,但仍会出现超标现象。

考虑光整机的挤干辊后采用高压风管对带钢进行吹扫,压缩空气有可能含杂质,会吹到带钢表面,或者风管老化产生碎屑吹到带钢表面,因此关闭风管进行对比试验,结果在高压风管关闭后,黑点数由 6 个直线飙升至 222 个。分析其原因是:高压风管关闭后,挤干辊未能完全挤干水,带钢表面带有极薄一层水膜,具有相对更强的黏附能力,黏附了更多异物。这就说明高压风嘴对黑点的改善有很大作用,而其本身不是产生这一缺陷的原因,这也就是这种嵌入缺陷与黏附缺陷的差别。经过进一步分析,发现这种缺陷正是挤干辊上的杂质太多造成的:挤干辊上的杂质黏附到带钢表面以后,在拉矫机的作用下嵌入到带钢表层,再经过耐指纹处理,就部分被耐指纹膜覆盖了,成为了嵌入杂质黑点。经过对挤干辊进行更换,使得问题得到根本性的解决。

4. 由于锈蚀造成的片状黑点群

(1) 缺陷表面特征 带钢表面出现一连串总体面积有指甲般大小的、沿带钢运行方向的、密密麻麻的小黑点群,如图 5-6(a) 所示。

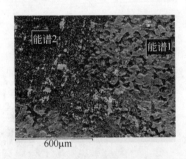

(a) 缺陷表面特征

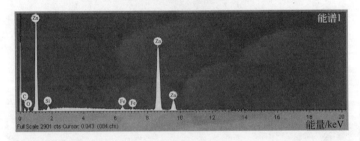

(b) 正常部位成分

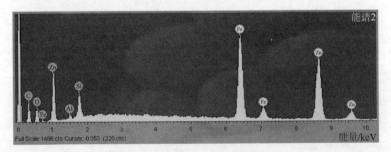

(c) 缺陷部位成分

图 5-6 由于锈蚀造成的片状黑点群

(2) **成分分析** 经过对正常部位和缺陷部位成分分析，发现缺陷部位存在大量的铁和氧，所以判断是铁锈造成的成片点状缺陷。

(3) **产生原因** 对照黑点群的形态分析，是由于轧硬板乳化液滴造成的轧硬板氧化，在前处理过程中不能被清洗掉，在炉内不能被完全还原，造成在镀锌后产生黑点群。

5. 由于耐指纹膜损伤造成的黑点

(1) **缺陷宏观特征** 这种缺陷肉眼基本看不见，但有时表检仪能够发现，由于影响很小，因此并没有影响产品评级和交货。

(2) **缺陷微观特征** 经取样进行放大分析，镀锌板表面的耐指纹层被破坏，呈现出非常细的黑色点，如图5-7(a)所示。

(3) **缺陷成分分析** 经对显微缺陷的成分分析，发现缺陷部位存在铁、氧、硅等成分，而正常部位的成分基本都是锌，形成了显著的对比，如图5-7所示。

(4) **原因分析** 从以上分析可知，这种显微黑点缺陷形成的位置位于辊涂后，形成原因是辊系表面显微异物压入，对镀锌板表面的耐指纹膜造成损伤。该缺陷虽然未影响产品交货，但说明辊系清洁情况存在不足，需要加强辊系清洁度管理。

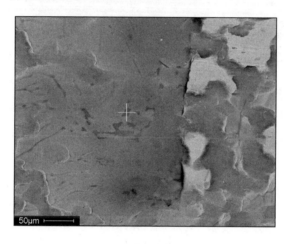

(a) 样板缺陷位置

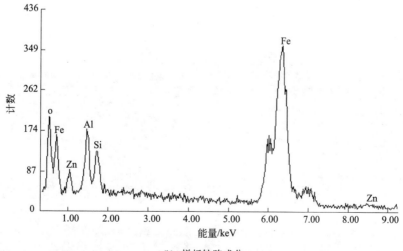

(b) 样板缺陷成分

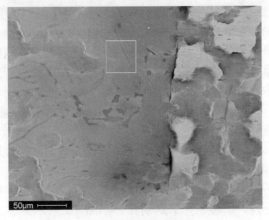

(c) 样板正常位置

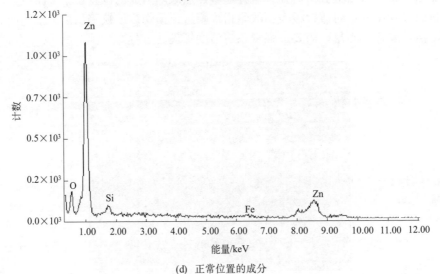

(d) 正常位置的成分

图 5-7 由于耐指纹膜损伤造成的黑点

6. 表面锌层夹铁粉黑点

此类缺陷特征如图 5-8 所示,从二次电子像形貌来看很难发现表面存在缺陷,而同一视场的背散射电子像形貌差异则非常大,明显可见锌层中嵌入大量与 Zn 成分差异较大的杂质。成分分析结果表明其为 Fe 粉,表明带钢表面残留铁粉直接嵌入锌层。

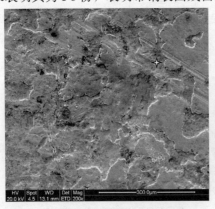

(a) 表面铁粉嵌入缺陷形貌

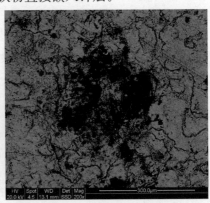

(b) 二次电子像

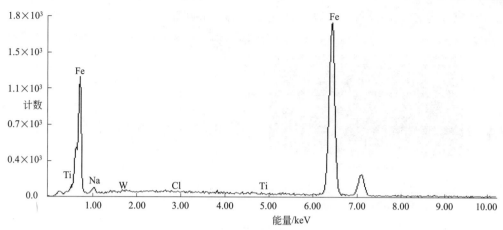

(c) 对应 EDS 谱图

图 5-8　表面铁粉嵌入缺陷分析

此类缺陷虽然存在，但从其检出频次来看占所有检出缺陷比例较低，分析了二十几个点仅占一例，不是特别具有代表性。虽然其目前出现的频次较低，但绝不能忽视，因为该缺陷直接证实目前带钢表面 Fe 残留偏高，原因可能是辊子磨损以后的极细的铁屑颗粒黏附并压入镀锌板表面。

第二节　亮点缺陷分析

一、原材料造成的亮点缺陷

1. 由于原材料凹陷造成的凹陷点状缺陷

该缺陷有的呈圆形，有的呈长棒形，一般统称为"亮点"缺陷。镀锌板上下表面均有，其直径在 1mm 左右，密度为 $1\sim2$ 个/cm^2。从现场观察看，有时出锌锅后即出现了该缺陷，大部分为光整后出现，光整后该缺陷更加明显和密集。该缺陷的产生在各钢种中均有发现，尤其汽车用高强 IF 钢更加明显，如图 5-9 所示。

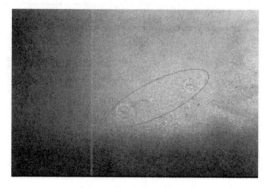

图 5-9　缺陷处宏观形貌

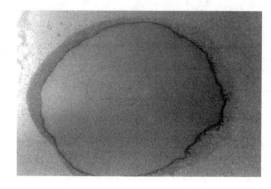

图 5-10　腐蚀后表面出现凹坑

将锌层腐蚀后发现有的基板表面没有任何缺陷，有的表面出现凹坑和黑斑，如图 5-10 所示。下面只分析基板有凹坑和黑斑的缺陷。

图 5-11 所示为圆形亮点处表面形貌和正常部位、交界处、缺陷处能谱图，从图中可以看

出表面主要成分为 Zn，因此首先可以证明亮点处非露钢缺陷。

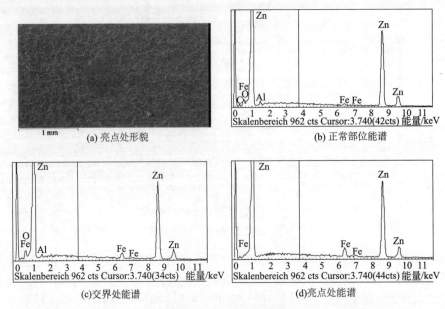

图 5-11　形貌和成分分析

图 5-12 所示为剥离锌层后表面形貌和正常部位、交界处、缺陷处能谱图，显示含有 Fe、Mn、Cl、O 等元素，其中 Fe、Mn 为基板元素，Cl 为腐蚀液，腐蚀后部分发生了氧化，因此含有微量 O。锌层剥离后，为避免表面马上氧化，先用水冲洗表面，后用酒精擦洗，去除了表面污物，只留下了印记。从图 5-12 分析来看，基板没有氧化物夹杂等明显缺陷，基本可排除

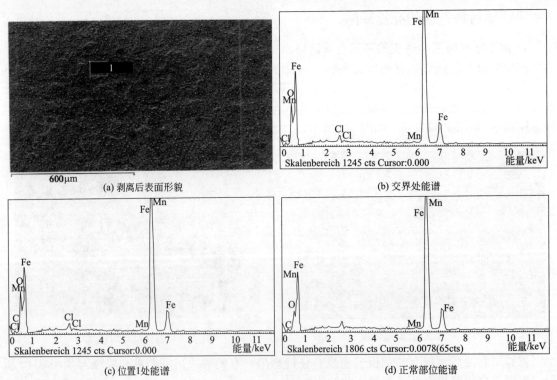

图 5-12　形貌和成分分析

冶炼及连铸工艺工序问题造成该缺陷产生的可能性。

挑选若干有直径较大的圆形亮点、棒形亮点等的样品沿横截面方向切开，在光学显微镜下观察横截面的基体和锌层状态。图 5-13 和图 5-14 分别为缺陷部位和正常部位光学显微镜形貌图，利用设备附属量具测量锌层厚度可知缺陷部位锌层厚度约为 $2\sim6\mu m$，正常部位为 $6\sim11\mu m$，且缺陷部位基体凹陷，正常部位表面较平整。为了检验缺陷部位附着性能，在亮点处做了若干 180°弯曲试验，未发现锌层剥落现象，但从显微形貌分析可知，缺陷处附着力肯定不如正常部位好，制样时抛光容易造成缺陷处锌层剥落。对该样品进行了 SEM 形貌和能谱分析，可以看出缺陷处锌层较薄且不均匀，基板明显凹陷，利用能谱分析可以发现缺陷处凸起的部位为铁基体或为 Zn 和少量铁。

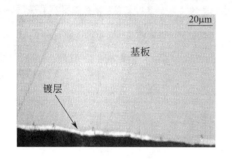
图 5-13 缺陷部位横截面形貌

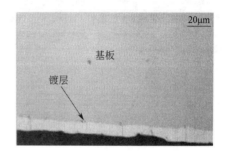
图 5-14 正常部位横截面形貌

综合以上分析结果，这种亮点类缺陷有原发性的和后发性的两种。从锌锅出来后钢板表面就有的缺陷是原发性的，根本原因是原板的凹陷类点状缺陷。而在该缺陷产生后，经光整机光整，会有部分从钢板表面脱落的颗粒附着在工作辊上，辊上的附着点再挤压正常部位锌层，就使得正常部位也出现了亮点缺陷，致使亮点密度增大。

与前述凸起黑点的案例相比，这种缺陷形成的原因基本一样。为什么上个案例的亮点是凸起的，而这个案例的缺陷是凹陷的呢？可能的原因是两者原板凹陷的直径有所不同，前者小而后者大。

2. 由于原材料浸润性引起的亮点缺陷

（1）缺陷表面特征 图 5-15 所示为这种亮点缺陷的宏观形貌照片，箭头所示方向为轧制方向，亮点缺陷多呈椭圆形，长约 1mm，宽为 0.2～0.5mm，部分亮点有沿垂直于轧制方向延长的特征。

图 5-16 所示为正常区域和亮点缺陷的扫描电镜照片及能谱分析，正常区域呈现明显的光整后带有一定的粗糙度的特征[图 5-16（a）]，而缺陷区域表面平坦，高度略低于周围正常区域[图 5-16（b）]。缺陷区域上部与正常区域存在明显的边界，而下部与正常区域的边界并不明显。能谱分析结果显示，缺陷区与正常区的化学成分均为 Fe 和 Zn，缺陷区域 Fe 含量高于正常区域，没有发现其他元素存在。

观察亮点缺陷底部，发现存在部分镀层不良区域，能谱分析显示，主要成分为 Fe，还有少量的氧元素，见图 5-17。因此可以判断该区域为漏镀，锌层没有完全覆盖基板。

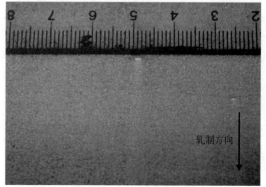
图 5-15 亮点缺陷宏观形态

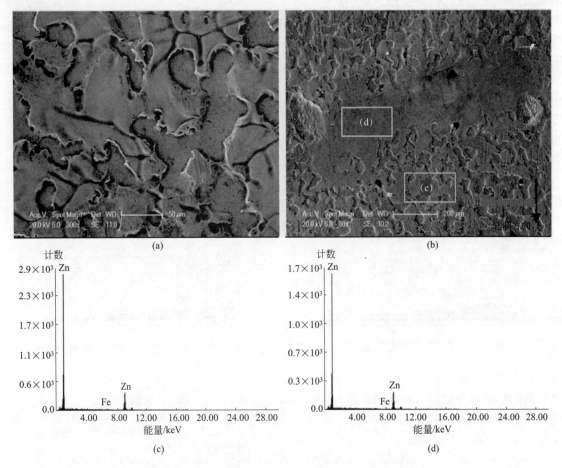

图 5-16 正常区域与缺陷区域的表面形貌和能谱分析

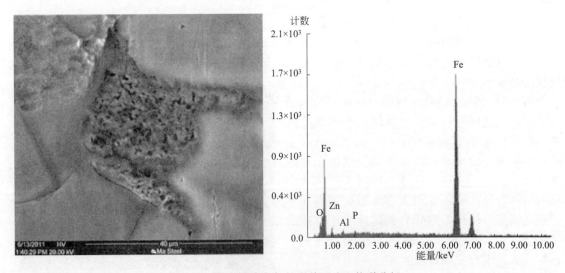

图 5-17 亮点缺陷底部的形貌照片和能谱分析

将亮点缺陷试样在抛光机上轻轻打磨后（图 5-18）发现，亮点缺陷处锌层已经打磨掉，而周围正常区域的镀层还存在，能谱分析显示，打磨后亮点缺陷处主要成分为 Fe。

(2) 缺陷截面特征 图 5-19 所示为亮点缺陷处的截面形貌,可以发现缺陷处锌层厚度明显较薄,仅为 2μm 左右,大大低于正常镀层厚度 10μm,这与图 5-16 中所示缺陷区域能谱分析中 Fe 含量高于正常区域相符。对比亮点缺陷处与相邻区域发现,亮点处锌层表面低于相邻区域,这与图 5-16(b) 所示的表面形貌相符。仔细观察镀层截面发现,镀层左侧锌层厚度存在突变,呈现明显的"台阶"状形貌,而右侧镀层厚度变化比较缓和,这与图 5-16(b) 中所示缺陷表面形貌特征相同,缺陷区域上侧与正常区存在明显的边界,而缺陷区域下侧与正常区的分界却不太明显。对比亮点缺陷与正常区域对应的基体,发现亮点缺陷处的基体略高于正常区域。

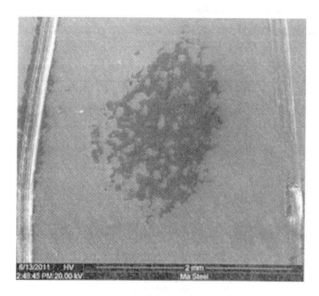

图 5-18 亮点缺陷打磨后形貌

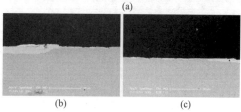

图 5-19 亮点缺陷处的截面形貌

观察基板截面发现,亮点缺陷左侧对应的基体处为一凸点,凸点宽约 150μm,高出正常区域 2μm 左右,凸点左侧边缘处厚度存在突变,呈现明显的"台阶"状形貌,且位置对应于锌层表面"台阶"。凸点左侧存在凹坑,凹坑宽约 50μm。凹坑区镀层厚度约为 25μm,明显厚于正常区域镀层。

(3) 缺陷原因分析 从试验结果来看,亮点缺陷区域镀层很薄,对应钢基位置上存在缺陷,而且基板缺陷的位置与亮点缺陷的边界重合,说明亮点缺陷应该是由基板缺陷引起的。图 5-20 为产生亮点缺陷的示意图,当基板表面存在缺陷时,会导致与锌液的浸润性变差,在带钢离开锌锅和经气刀吹扫的过程中,受锌层重力和表面张力的影响,浸润性不良区域的上方会有较多的锌液积聚,而浸润性不良区域镀层偏薄。

经过光整之后,缺陷上方存在由于镀层厚度突变而产生的"台阶",而缺陷下方镀层厚度变化平缓,正是由于这部分镀层很薄,镀层厚度低于其他地方,因此在光整时没有受到轧制作用,还是原来的镀层表面,光泽度相对较高,看上去就是一个亮点。

以上是关于镀锌前原板造成的亮点缺陷,它到底是在镀锌线锌锅前产生的,还是轧硬板本身的问题,还有待进一步的分析。根据作者的实践经验,作为镀锌技术人员判断轧硬板缺陷必须是非常严谨的,必须在轧硬板上找到对应的缺陷才能认定。

图 5-20 缺陷产生原理图

二、由于合金元素造成的亮点缺陷

由于高强钢原板内部有很高的合金成分,使得镀锌时的浸润性受到很大的影响,极为容易产生漏镀等镀锌不良类的缺陷,在缺陷的形态上也呈亮点状。

出现亮点缺陷的 DP 钢成分如表 5-2 所示,采集 DP 钢出现亮点缺陷的样板进行试验,将肉眼所见亮点缺陷部位和正常部位采用电子显微镜进行观察,低倍和高倍照片分别如图 5-21 和图 5-22 所示。从图中可见,肉眼所见亮点为不规则形状,类似凹坑,疑为漏镀所致。

表 5-2　试验钢的化学成分(质量分数)　　　　　　　　　　　%

C	Si	Mn	P	S	Al_s	Cr
0.05~0.12	0.15~0.45	1.3~1.8	≤0.03	≤0.01	0.01~0.08	0.1~0.5

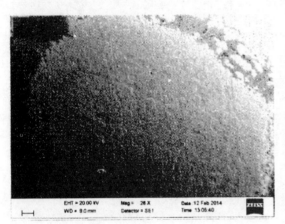

(a) 低倍

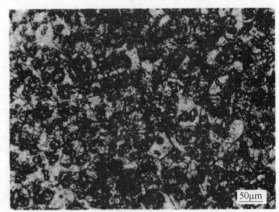

(b) 高倍

图 5-21　正常部位显微照片

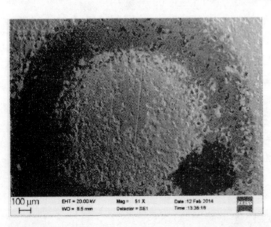

(a) 低倍

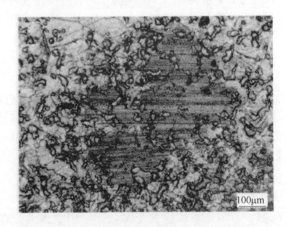

(b) 高倍

图 5-22　缺陷部位显微照片

为了进一步证实,采用扫描电镜能谱仪分析了缺陷位置附近的成分,并与正常位置成分进行了对比,如图 5-23 所示。从中可见,与正常部位的成分相比,缺陷部位除 Zn 以外,还存在 Al、Fe 和 O 元素,并在位置 3 处发现含 Si 量明显高于基体的范围(0.05%~0.25%),达到了 0.55%,说明出现了 Si 的选择性氧化和聚集,严重影响了基板的浸润性,出现了镀锌层与基体的结合力低的现象。根据合金元素的氧化性理论,分析是因为预氧化效果不好,通过提高预氧化段的露点,使得这一问题得到了解决。

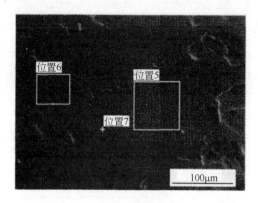

(a) 正常部位

元素	% (质量分数)		
	5	6	7
Cr	36.85	17.37	17.29
O	1.07	0.95	0.86
Fe	0.92	1.03	0.69
Zn	61.16	80.65	81.47

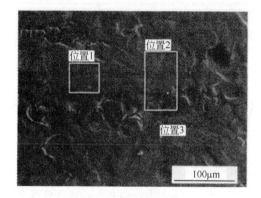

(b) 不规则缺陷部位

元素	% (质量分数)		
	1	2	3
Cr	15.67	23.23	32.52
O	2.45	2.71	2.43
Al	0.69	0.53	0.69
Fe	0.38	0.37	0.35
Si	—	—	0.55
Zn	80.81	73.17	63.46

图 5-23 成分测试

三、由于锌液飞溅造成的亮点

在汽车板开发中曾出现由于镀锌时气刀吹气作用,使得锌液飞溅,在镀锌板上造成点状粘锌、粘渣,在光整以后看上去成为亮点。如图 5-24 所示,亮点缺陷不规则分布在样板表面,平均为 1 个/cm²,直径为 0.2~0.5mm,用肉眼从不同角度观察呈亮色,光学照片呈黑色。

1. 粘锌造成的亮点

用扫描电镜对亮点进行观察,是一种颜色灰白、边部界限明显的缺陷,后经分析属于粘渣造成的亮点,如图 5-25 所示。

通过能谱仪对亮点中心部位(图 5-26 中的 a 点)微区成分进行分析,结果如表 5-3 所示,缺陷点内和边缘的化学成分均为 Zn,形貌特征符合金属飞溅引起的亮点缺陷。其产生原因为带钢出锌锅后,由于气刀高度偏低、压力偏大等因素形成大量细小锌液粒的飞溅,进入半凝固态的带钢镀层表面,随镀层的快速凝固形成亮点缺陷。经观察和分析这种亮点数量较少。

图 5-24 亮点缺陷板宏观形貌

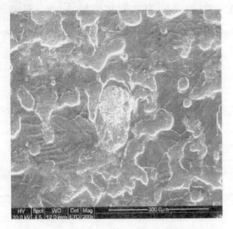

图 5-25 锌液飞溅粘锌亮点

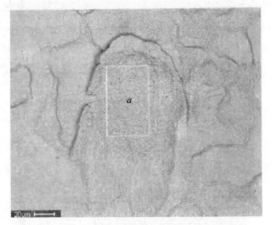

图 5-26 粘锌亮点测量点 a

表 5-3 测试点微区成分（质量分数） %

测试区域	Zn	Al	Fe	测试区域	Zn	Al	Fe
a	100	—	—	d	5.39	6.39	88.22
b	44.91	4.38	50.71	e	7.85	11.89	80.26
c	94.51	—	5.49	f	100		

2. 粘渣造成的亮点

在亮点缺陷中，另一种为颜色暗灰色、边部界限不明显的亮点，如图 5-27 所示，后经分析属于粘渣造成的亮点。

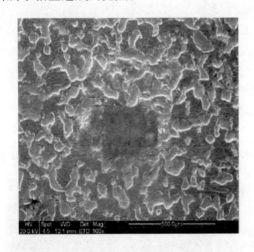

图 5-27 锌液飞溅粘渣亮点

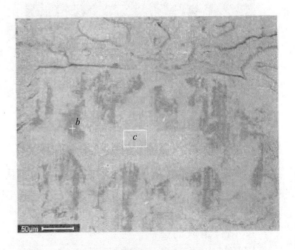

图 5-28 粘渣亮点测量点 b、c

图 5-28 所示为这种亮点试样经超声波酒精清洗后的形貌，通过能谱仪对亮点部位微区成分进行分析，结果如表 5-3 所示，b 点成分为铁、锌、铝元素，缺陷的中心点 c 成分主要是锌元素和铁元素，符合锌-铁及铁-铝金属化合物型锌渣特征。

对缺陷试样经 18% 盐酸酒精溶液浸蚀镀锌层，待锌板表面缺陷位置颜色刚转为灰白色时，立即用酒精清洗试样，处理过的试样用扫描电镜观察，可以在缺陷点内部发现完整的 Fe_2Al_5 中间化合物层形貌，如图 5-29、图 5-30 所示，点 d、e 的成分测试也显示主要组成为 Fe 元素与 Al 元素。同时，由于盐酸酒精溶液浸蚀时间短，正常锌层部位表面为纯锌层，因此如表 5-3 所列点 f 为 100% 的 Zn 元素。通过缺陷表面分析、中间黏附层分析，说明这种点状缺陷类型的亮点缺陷应为锌锅中锌渣黏附于钢板表面形成的。

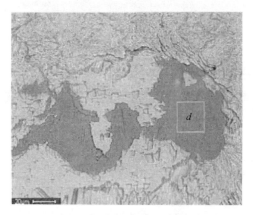

图 5-29　粘渣亮点测量点 d

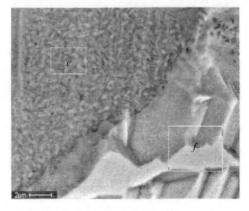

图 5-30　粘渣亮点测量点 e、f

无论是锌液飞溅粘锌还是锌液飞溅粘渣亮点缺陷，主要都是由于气刀工艺参数不当才造成锌液飞溅的，因此可以通过调整气刀的高度和角度予以消除。当然，从对粘渣缺陷分析的结果来看，主要成分是底渣或浮游渣，是由于锌液中的含铁量太高造成的，这个问题是镀锌工艺控制的重点，在第三章中做了详细的分析。

四、由于光整造成的亮点缺陷

上面介绍的亮点缺陷中就提到了原生亮点缺陷在光整时镀层脱落，黏附到光整机工作辊上，造成光整后板面出现密集的后发性亮点缺陷的现象。

1. GI 钢板黏附剥落的镀层造成的亮点缺陷

（1）宏观特征　这种亮点缺陷在生产光整板时产生，且在新换光整辊的前期较少，随着轧制时间的延长，缺陷增多；缺陷尺寸大小不一，有的尺寸小于 0.5mm，有的尺寸可达 2mm；缺陷在带钢表面的分布没有规律性；缺陷区域与周围区域平齐但具有较明显的边界，呈明显的黏附状亮点，如图 5-31 所示。

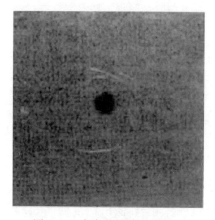

图 5-31　亮点状缺陷宏观特征

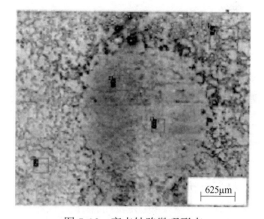

图 5-32　亮点缺陷微观形态

（2）微观特征　采用 JSM1600-LV 扫描电镜＋INCA 能谱仪对缺陷微观形貌及微区成分进行分析，结果见图 5-32 及表 5-4。由图 5-32 可见，缺陷疑似异物压入而形成，缺陷区域与正常区域成分无明显差别，异物与本体属同一材质。其中 Si 元素及部分 O 元素来源于表面处理涂层。

表 5-4　图 5-32 所示亮点缺陷微区成分（质量分数）　　　　　　　　　　　　　%

区域	O	Si	Fe	Zn
1	10.29	4.44	2.00	83.28
2	6.81	2.61	2.47	88.11
3	6.57	1.85	1.71	89.86
4	8.21	3.91	2.05	85.84

(3) 缺陷成因分析　根据前述缺陷特征分析结果，初步判定该类亮点缺陷是热镀锌板在光整过程中辊面黏附的锌粉、屑压入带钢表面形成的。为验证这一观点，在实验室冷轧机上进行了模拟轧制试验。将从锌锭上钻取的锌粉、屑涂抹于轧辊表面，然后将表面无缺陷的环保钝化热镀锌板试样通过轧机进行小压下量轧制。轧后带钢表面宏观形貌如图 5-33(a) 所示，可见其圆圈内缺陷宏观形貌与图 5-31 所示第 1 类亮点缺陷极为相似（其余凹坑缺陷是锌粉、屑压入表面后又剥落而形成的）。图 5-33(b) 及表 5-5 所示为模拟亮点缺陷微观形貌及缺陷区域与正常区域成分。由此可见，模拟亮点缺陷微观形貌也与图 5-32 所示第 1 类亮点缺陷极为相似，且缺陷区域与正常区域成分同样无明显差别。其中 Si、P、Al 元素及部分 O 元素来源于表面处理涂层，Ca 元素源于试样污染。

(a)宏观　　　　　　　　　　　　　　(b)微观

图 5-33　模拟亮点缺陷形貌

表 5-5　图 5-33 所示模拟亮点缺陷样微区成分（质量分数）　　　　　　　　　　%

区域	O	Al	Si	P	Ca	Fe	Zn
图 5-33(b)1	4.71	0.77	0.39	—	—	—	94.13
图 5-33(b)2	19.07	0.27	4.97	0.73	0.52	0.86	73.58

该缺陷经在光整机上增设高压水冲洗装置，对工作辊进行高压冲洗以后，得到了顺利解决。

2. GA 钢板黏附剥落的镀层造成的亮点缺陷

(1) 点状缺陷的低倍特征　平整后的合金化热镀锌 IF 钢，镀层质量为 $45\sim50\text{g/m}^2$，镀层铁含量约为 10%，镀层表面存在直径小于 0.5mm 的亮点缺陷。其低倍特征如图 5-34(a) 所示，用油石打磨正面之后，小亮点转变为暗点，如图 5-34(b)、(c) 所示；用油石打磨反面之后，在正面亮点的反面对应位置存在亮点，如图 5-34(d) 所示。反面亮点的特征与正面亮点不同，反面亮点位置磨痕明显比周围多，可见该位置在打磨前比周围高，是个鼓包，在油石打磨时首先被磨平。

(2) 亮点的表面及截面特征　打磨前正面亮点如图 5-34(a) 所示，其表面 SEM 形貌如

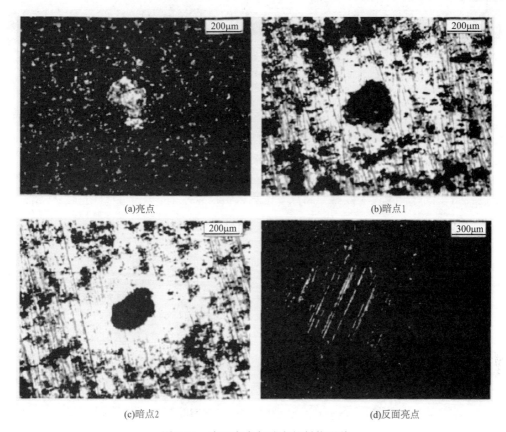

(a)亮点　　　　　　　　　　　　　(b)暗点1

(c)暗点2　　　　　　　　　　　　(d)反面亮点

图 5-34　表面亮点与暗点的低倍形貌

图 5-35 所示，亮点表面比周围平，且亮点边缘与周围镀层有明显的分层，亮点内部的裂纹比周围明显。

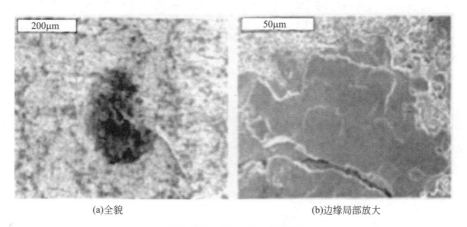

(a)全貌　　　　　　　　　　　　(b)边缘局部放大

图 5-35　亮点的表面形貌

正面亮点的截面金相如图 5-36 所示，正常位置镀层厚度约为 $7\sim8\mu m$，亮点位置在正常镀层外另有 4 层镀层，层与层之间有明显的分界，其中中间 3 层镀层的厚度与正常位置的镀层厚度接近，且比较完整，最外层的镀层较薄。亮点位置的镀层总厚度达 $25\mu m$，外表面比周围位置高，内表面呈弧形凹陷。制备相似亮点的截面金相时，有的亮点位置被压入的镀层甚至多达 $7\sim10$ 层。

图 5-36 亮点的截面特征

(3) 暗点的表面特征 钢板表面经油石打磨后,亮点转变为暗点,暗点的表面特征有两种,分别如图 5-37、图 5-38 所示。暗点 1 和暗点 2 的共同特征是:点缺陷周围磨痕明显,点缺陷内部未见磨痕,这说明暗点比周围镀层低。不同的是,暗点 1 的内部镀层几乎全部脱落,露出基板表面,仅有少量镀层残留;暗点 2 的内部镀层未脱落,内部裂纹明显。

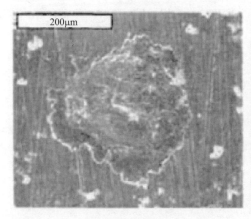

(a) 暗点全貌　　　　　　　　　　　　(b) 暗点内部

图 5-37 暗点 1 的表面形貌

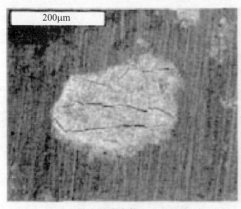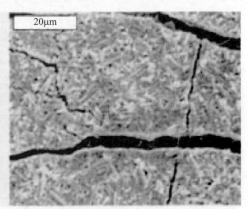

(a) 暗点全貌　　　　　　　　　　　　(b) 暗点内部

图 5-38 暗点 2 的表面形貌

(4) 暗点内部脱落的镀层 将导电胶粘到暗点的表面,有的暗点内部未脱落的镀层可以被导电胶粘下,粘下的镀层特征如图 5-39 所示。由于是用导电胶粘下的镀层,因此图 5-39 所示的镀层形貌实际上是镀层内表面的特征,即镀层与基板结合位置的形貌。导电胶能把未脱落的镀层粘下,说明暗点内部的镀层与基板的结合力较差。

(5) 缺陷的成因 油石打磨热镀锌铁合金板表面后,能够清晰地显示表面微小高度差。由于正面小亮点比周围镀层高,因此用油石打磨表面时,小亮点首先被打磨到。根据小亮点的截

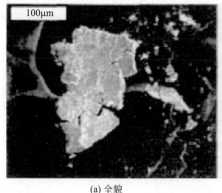
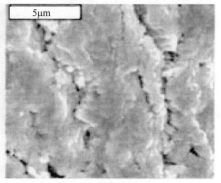

(a) 全貌　　　　　　　　　　　(b) 局部放大

图 5-39　脱落的镀层

面特征，该缺陷是由多层叠加的锌层压入所致，层与层之间的结合力不够大，当用油石打磨时，很容易被打磨掉。当压入的锌层连同原始镀层一同被打磨掉之后，缺陷位置露出基板表面；有时只有压入的锌层被打磨掉，原始镀层仍然保留，但这些保留的镀层之间布满裂纹，而且与基板的结合力较差，有时能用导电胶将暗点内的部分镀层粘下。以上两种情况，原来的小亮点都转变为暗点。暗点表面比周围镀层低，且周围位置被油石磨平，因此点缺陷位置对光的反射能力差，从而表现为暗点。用油石打磨小亮点的反面之后出现的亮点，位置与正面的小亮点对应，但形貌不同。在低倍显微镜下观察时，正面的小亮点表面是被压平的，反面的亮点表面磨痕较多，说明该位置比周围位置高，是个鼓包，打磨时首先被打磨到。引起反面鼓包的原因是正面压入多层叠加的镀层。事实上，该点缺陷是在钢板冲压成零件后，用油石打磨零件表面才发现的。在寻找原因的过程中，发现了未冲压的钢板表面存在相同的点缺陷，用油石打磨两面后的特征与零件上的缺陷特征一致，因此该点缺陷是在镀锌板出厂之前产生的。根据正面小亮点的截面特征，引起该缺陷的原因是多层叠加的锌层被压入，其发生环节在热镀之后的平整段。当平整辊表面质量较差时会发生粘锌，粘锌后的辊子表面质量更差。当粘锌的表面与钢板表面接触时，两者之间有一定的剪切作用，镀层与基板结合力较差时，镀层就易剥落。当辊子转过一周时，粘在辊子表面的锌层又会影响下一个表面，经过几个周期后，多层叠加的镀层被压入钢板，并留在钢板表面，在钢板表面形成小亮点，在反面对应位置形成鼓包。缺陷形成过程如图 5-40 所示。

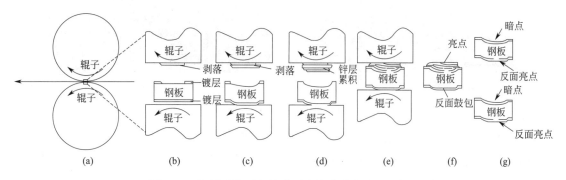

图 5-40　镀层剥落引起的冲压点缺陷形成过程示意图

要解决上述点缺陷，光整机工作辊必须保持较高的表面质量，减少辊子表面粘锌。采取的主要措施有：①合理选择辊子的材质及涂层处理，提高平整辊的表面加工质量；②采用湿式处理工艺，工作时向工作辊表面喷射脱盐水，防止辊面粘锌；③采用刮辊器，保证辊面清洁，能够有效防止平整辊粘锌；④当辊面磨损严重时及时换辊。另外，适当提高镀层的黏附性也能减少因镀层剥落引起的点缺陷。

3. 由于镀层小凹坑在光整后显现的亮点缺陷

有一种在光整后出现的亮点缺陷，但与光整没有关系，系镀层凝固时造成的小凹坑，在光整时由于坑内低矮，得不到光整机工作辊的作用，粗糙度不变，仍然保持镀后的光泽度，在光线作用下看上去与其他有一定粗糙度的地方有明显的差别，呈现出亮点的状态。

这种亮点缺陷的形貌如图 5-41 所示，从图 5-41(a) 所示的宏观形貌上看大概有 20 多个亮点缺陷，其特点为：呈彗星状，存在明显的拖尾，在带钢上下表面不规则地分布，边部较为严重，中部较为轻微。为确定该缺陷的形成原因，对缺陷部位进行了微观形貌观察以及能谱分析。图 5-41(b) 所示为缺陷处的 SEM 照片，从中看出此缺陷呈现不规则形状，边部发白，有凸起感。图 5-41(c) 所示为亮点缺陷放大 200 倍的 SEM 照片，可见这种亮点缺陷实际上是一个约 3mm 长的凹坑，亮点缺陷位置的表面形貌与正常位置存在明显差异。采用扫描电镜对亮点缺陷位置的截面进行了观察，如图 5-41(d) 所示，亮点缺陷的截面高度明显降低。

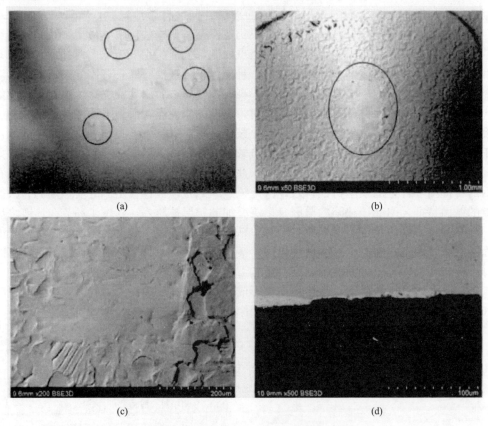

图 5-41 热镀锌板表面亮点缺陷形

采用体积分数为 50%的盐酸溶液浸泡 5min 后，消洗掉表面残留的锌层和盐酸溶液，对缺陷位置的基板表面进行观察，如图 5-42(a) 所示，从中可见亮点位置附近镀锌基板形貌正常；继续对缺陷进行了能谱分析，结果见图 5-42(b)，亮点缺陷处的主要成分为 Fe，无退火过程中产生的氧化物，说明与基板以及退火工艺无关。

进一步观察发现，这种缺陷在光整前就有了，带钢从锌锅出来冷却凝固以后就形成了一个个很小的凹坑，只是在光整前看起来不太明显而已。根据实践经验发现，应与镀锌气刀工艺参数有关，主要是镀层不均匀所导致的。

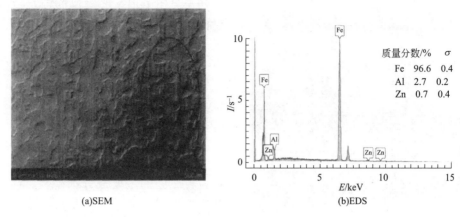

图 5-42 缺陷位置基板表面形貌及能谱分析

为了论证这一推断，对带钢生产过程中气刀的工艺参数过行了追溯，检测了 3 卷，每卷取 3 个样品，追溯生产时气刀嘴与带钢的距离，取平均值进行分析，结果如图 5-43 所示。从图 5-43 中可以看出，每平方米内亮点个数与气刀和带钢的距离有对应关系，并且在气刀和带钢的距离大于 12mm 时，带钢表面亮点个数明显增多。

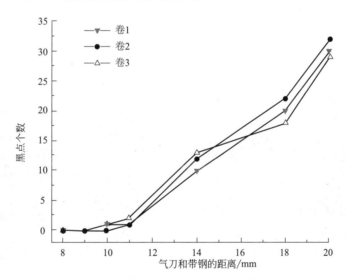

图 5-43 亮点个数与气刀和带钢的距离的对应关系

还进一步做了仿真分析，结果与实际非常吻合，充分说明了是气刀工艺参数造成了这种所谓的亮点缺陷。在实际生产中，通过调整气刀距离和角度，就使得这一问题得到了顺利解决。顺便说一句，这种缺陷与锌锅内的含铝量有一定的关系，在生产铝锌硅时也有发生。

4. 光整辊压印造成的白点缺陷

(1) 缺陷的宏观分析 对热镀锌铁合金板表面亮点缺陷进行宏观形貌观察，如图 5-44 所示，圆圈内为亮点缺陷，呈白色点状，在板面上呈无规则分布，大小不等，小的约 $100\mu m$，大的约 1mm。

(2) 缺陷的 SEM 表面分析 用扫描电镜分别观察去除热镀锌铁合金板表面锌层前后的形貌，如图 5-45 所示。图 5-45(a) 所示为未去锌层的亮点缺陷部位形貌，可见缺陷部位近似圆形，较正常部位平滑；图 5-45(b) 所示为去除合金化热镀锌板表面锌层后亮点的形貌，从图中可以看到亮点缺陷处基板表面呈现片层状凹坑，经仔细观察，凹坑处无明显残余物。

图 5-44 光整辊压印造成的白点缺陷宏观形态

然后采用 INCA 能谱仪分别对缺陷区域和正常区域做微区成分定性及定量分析,具体结果见表 5-6。从表 5-6 中得出,去掉锌层前,图 5-45(a) 中所示的缺陷部位即位置 1 处主要由铁、锌组成,铁为 2.92%、锌为 97.08%;图 5-45(a) 中所示的正常区域即位置 2 处铁为 0.59%、锌为 99.41%;缺陷部位铁质量分数比正常部位的铁质量分数略高。去掉锌层后,图 5-45(b) 中所示的缺陷部位即位置 1 处与正常部位即位置 2 处的主要成分都是铁、锰,其质量分数大致相同,铁为 98%左右、锰为 1.66%左右。由于 X 射线能谱仪的局限性,化学元素质量分数<0.1%的能谱显示不出其成分。

表 5-6 微观区域的主要化学成分

微观区域	化学成分/%			总质量分数
	Fe	Zn	Mn	
图 5-45(a)中位置 1	2.92	97.08		100
图 5-45(a)中位置 2	0.59	99.41		100
图 5-45(b)中位置 1	98.34		1.66	100
图 5-45(b)中位置 2	98.36		1.64	100

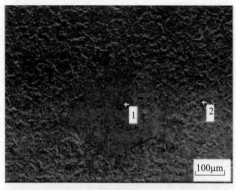

(a) 无明显缺陷区域

(a) 无明显缺陷区域

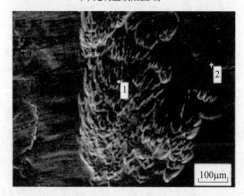

(b) 亮点缺陷区域

图 5-45 有无缺陷表面的 SEM 分析对比

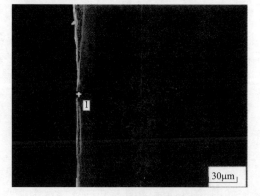

(b) 亮点缺陷区域

图 5-46 有无缺陷区域的 SEM 截面分析

(3) 缺陷的 SEM 截面分析 为了进一步判断缺陷在生产线中的发生位置,用扫描电镜观察了样品截面部位形貌,如图 5-46 所示;并采用 INCA 能谱仪对微区成分进行分析,具体结果见表 5-7。其中图 5-46(a)所示为无明显缺陷部位截面形貌,镀层均匀平整,约 10μm 厚;图 5-46(b)所示是亮点缺陷部位截面形貌的 SEM 照片。从截面 SEM 照片同样可以发现,亮点区域为一凹坑,说明该处受过碾压,镀层凹凸不平,最薄的镀层只有 1~2μm 左右厚。表 5-7 中,正常区域[图 5-46(a)中所示位置 1]的成分(质量分数)为铁 5.93%、锌 94.07%,是合金化锌层的成分;缺陷部位[图 5-46(b)中所示位置 1]的成分(质量分数)铁 96.81%、锰 1.19% 和锌 2%,接近于基板成分。

表 5-7 微观区域的主要化学成分

微观区域	化学成分/%			
	Fe	Zn	Mn	总质量分数
图 5-46(a)中位置 1	5.93	94.07		100
图 5-46(b)中位置 1	96.81	2.00	1.19	100

(4) 讨论 经上述观察分析,未去锌层的亮点缺陷表面近似圆形,较正常部位平滑,缺陷部位的铁的质量分数比正常部位的略高;去除表面锌层后亮点部位为凹坑,且凹坑处无明显残余物,主要成分都是铁、锰,与基板质量分数大致相同;亮点区域截面形貌为一凹坑,说明该处受过碾压,镀层凹凸不平,最薄的镀层厚度只有 1~2pm 左右,成分接近于基板成分。由此推断,亮点缺陷是由于工作辊面黏附了点状物质,对带钢表面产生碾压造成的。对于工作辊面黏附的点状物质,有的可以用高压水枪冲洗掉,而相当一部分无法去除,这些无法去除的点状物质就引起带钢相应部位产生凹坑,经过光整后合金化镀锌板会有明显的亮点。点状物质的来源主要是锌渣。由于光整机使用的工作辊面是毛面,在轧制镀锌板时轧辊对板面的"研磨"作用比轧制冷轧板时还要强烈。随着轧制的进行,研磨下来的颗粒越来越多,而光整时,采用的介质是水,高压水不断将工作辊面的研磨颗粒冲洗掉,水和研磨颗粒的混合物积聚在辊缝入口处。当混合物积聚到一定程度时,会被带入辊缝。在轧制力作用下,研磨颗粒牢固地黏附于工作辊面,随后形成亮点缺陷。

为避免亮点缺陷的产生,在光整机方面可以采取以下措施:采用光整液将工作辊面的研磨颗粒清洗掉,在工作辊入口位置加 1 组软水喷嘴,沿辊缝分别向两侧将研磨颗粒的混合物冲洗掉,使其不会被带入辊缝,进而消除亮点缺陷。

五、镀锌板表面损伤亮点缺陷

由光整以后镀锌板表面损伤造成的亮点缺陷是汽车板常见的缺陷。这类缺陷的形态各异,图 5-47 所示的样板上就出现了三种不同形状的损伤亮点,其中图 5-47(a)所示为低倍 SEM 照片,图 5-47(b)~(d)所示是图 5-47(a)中所示三种不同形状亮点的放大照片。

根据经验,此类缺陷的形成原因是带钢被机械损伤,应重点考虑镀锌机组光整之后的辊系和精整工序辊系、剪配过程与带钢接触的辊系或模具表面黏附异物等因素。

该缺陷的消除需要重点聚焦现场改善 5S 工作。汽车板生产之前对镀锌机组光整机之后辊系及精整机组全线辊系进行全面清扫,同时确认带钢表面无任何异物损伤缺陷之后再上线进行汽车板生产。生产全过程若有故障停机,停机重启之后必须重点清除全线尤其是光整机组之后残留锌皮,且需要再次确认表面质量方能继续进行汽车板生产。

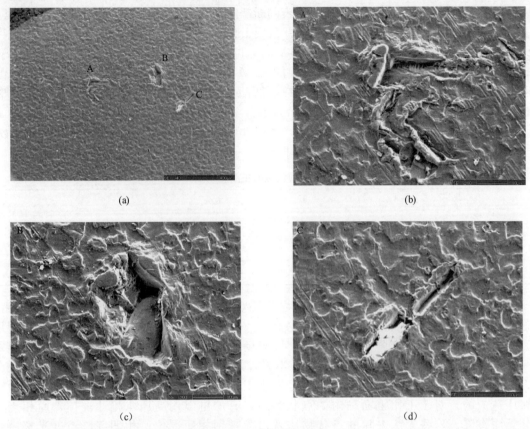

图 5-47 表面损伤亮点

六、冲压过程产生的亮点缺陷

在使用 DC56D+ZF 镀锌板冲压发动机盖外板时，其表观质量虽良好，但用油石打磨后发现局部区域有小亮点出现，亮点分布呈现簇状。这种缺陷严重影响了后续的涂装、电泳等工序，造成了巨大损失。

(1) 缺陷宏观形态 在冲压发动机盖外板零件之前，现场用油石打磨原板发现上表面打磨后有轻微的细小划痕和白斑，数量不多，分布较为散乱。冲压后打磨上表面发现有小亮点出现，打磨下表面发现每个小亮点的对应位置有一个暗点，如图 5-48 所示。现场调查还发现，部分钢板表面涂油量不均匀，呈大片油斑状分布，有些部分原板表面比较脏，有轻微沙砾感。

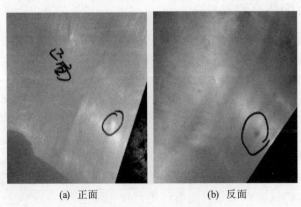

图 5-48 冲压件亮点情况

(2) 微观形貌分析 图 5-49 所示为亮点处的扫描电镜形貌,与周围的形貌相比,亮点处的磨痕比较细密,表面合金化镀层磨损较多,原始表面较少。对亮点处表面进行能谱分析,亮点处主要成分是 Zn 和 Fe,没有其他元素,这就说明亮点处没有锌渣或其他杂质,也没有露铁缺陷。暗点处的观察结果与亮点相反,表面合金化镀层磨损较少,而周围表面磨损较多。

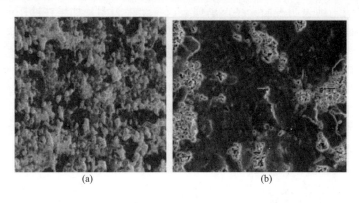

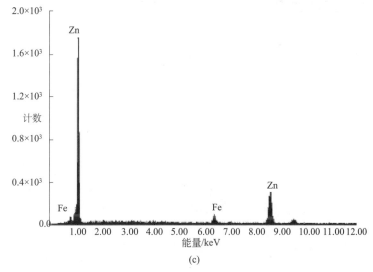

图 5-49 亮点处的扫描电镜照片和能谱分析

(3) 模拟冲压试验 为了查找亮点产生的原因,在实验室进行模拟冲压试验,试验机压力为 200t,冲压深度为 40mm,试样规格为 600mm×600mm。试验分为两组,第一组钢板直接从生产线取样,在冲压之前不用做任何处理,将上表面与模具的凸模接触;第二组样板在冲压之前用干净的抹布仔细擦拭,同样把上表面与凸模接触(图 5-50)。冲压结果表明没有擦拭过

(a) 未经处理样板　　　　　　(b) 擦拭干净的样板

图 5-50 样板模拟冲压对比

的样板表面有大量小亮点,擦拭过的样板表面也有亮点,但数量明显少得多。亮点形态与在用户冲压现场看到的很相似。

这就表明,表面洁净度对冲压后表面亮点数量影响很大。为了进一步确认表面吸附物对冲压效果的影响,后又进行了第三组试验,除了用抹布擦拭表面之外,还用丙酮把表面擦拭干净后进行冲压,结果清晰地表明表面无亮点出现。这一结果表明,如果在冲压前对钢板表面进行预先清洗,去除表面异物颗粒,则可以保证冲压件表面质量良好,无亮点缺陷产生。

(4) 原因分析 若钢板表面存在异物,冲压过程中异物压入钢板,在钢板的另一面引起一个鼓包,油石打磨后就会呈现出亮点,这是热镀锌铁合金板出现亮点的直接原因。很轻微的一些颗粒物吸附在钢板表面,经过冲压之后缺陷会被放大很多倍,因此对于热镀锌铁合金板,尤其是生产对表面质量要求极高的外覆盖件之前,必须预先进行清洗后才能使用。同时,在生产合金化镀锌板时,必须保证生产线的清洁,对与带钢接触的辊系进行彻底清理,加强生产线防尘措施,避免灰尘颗粒物吸附在带钢表面,从而对表面质量产生不良影响。

第三节 镀层杂质类缺陷

一、镀层杂质类缺陷的分类

镀层杂质类缺陷指嵌在锌层中尺寸为 0.5~2.0mm 和小于 0.5mm 的杂质,包括锌粒、锌灰、氧化锌等(表5-8),其成因是锌锅内锌液的顶渣、悬浮渣或底渣黏附在带钢上,镀锌后进入镀层的内部。

表 5-8 镀层杂质类缺陷

缺陷分类	图 片		形貌描述
锌粒	打磨前	打磨后	一般呈小点状,或多个点状缺陷组成条带状或片状,部分光整后会脱落造成板面有针尖状亮点
锌灰	单个锌灰	带状锌灰	一般呈点状、片状、条带状,呈灰白色,有轻微手感
氧化锌			一般呈片状出现,也可以连续片状出现

二、锌粒类表面缺陷的产生机理

锌粒类缺陷是这三种缺陷中最为常见和最为复杂的缺陷,这里的"锌粒"其实并不是锌,而是铁锌金属化合物颗粒。铁、锌这两种金属极易发生金属间的化合反应,生成多种比例的金属化合物。铁锌化合物是比锌更加硬而脆的组织,而且是呈颗粒状的。

1. 铁锌化合物的产生与形态

锌粒类缺陷产生的原因是由于锌液表面、底部和悬浮在锌液中的铁锌化合物颗粒附着在带钢表面,在气刀作用之前外围被锌液所包围,气刀的作用吹去了多余的锌液,但铁锌化合物留下到了液态镀层内,凝固以后就存在于镀层内部,有的凸出或表露出锌层,有的隐蔽在锌层内部。

漂浮在锌液表面的金属化合物颗粒主要为 Fe_2Al_5,悬浮在锌液中的金属化合物颗粒为 Fe_2Al_5 和 $FeZn_7$ 的混合物,在锌液底部的金属化合物颗粒主要为 $FeZn_7$。其产生机理为:

带钢中的铁不断向锌液中溶解,铁在锌液中的溶解有一定的饱和度,例如锌液温度为 460℃、锌液 Al 含量为 0.20% 时,锌液中铁的饱和度为 0.011%。当锌液中铁的浓度超过其饱和度时,就析出形成金属化合物。锌液一直处于一种铁溶解、锌渣析出的动态平衡过程,铁溶解和锌渣析出都是不可逆的。

锌液中的铁析出后,首先与锌发生反应,形成锌铁金属化合物,其反应式为:

$$Fe + 7Zn \longrightarrow FeZn_7$$

$FeZn_7$ 的密度为 $7.25g/cm^3$,大于锌液的密度 $6.9g/cm^3$,会沉到锌锅底部。

当锌液中有效铝的含量大于 0.14% 时,锌液中的铝会和锌铁金属化合物反应,形成铝铁金属化合物,其反应式为:

$$2FeZn_7 + 5Al \longrightarrow Fe_2Al_5 + 14Zn$$

Fe_2Al_5 的密度为 $4.2g/cm^3$,小于锌液的密度 $6.9g/cm^3$,会上浮到锌液表面。

但是,无论是密度大于锌液的 $FeZn_7$,还是密度小于锌液的 Fe_2Al_5,并不都能够很快下沉或上浮,刚刚形成的 $FeZn_7$ 和 Fe_2Al_5 颗粒尺寸都非常小,下沉和上浮的速度很慢,就悬浮在锌液中,就是所谓的悬浮渣,如图 5-51 所示。

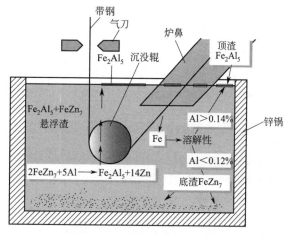

图 5-51 锌粒类缺陷产生机理图

在实际生产过程中,进入锌液带钢中的铁不断溶于锌液,锌液铝含量和温度的波动都会促进铁溶解于锌液,锌粒的形成是不可避免的,只能减少其数量和粒度,减少其附着在带钢上的机会。

2. 锌粒类缺陷影响因素分析

影响锌粒数量和粒度的因素包括:溶入锌液中的铁的数量、铁在锌液中的溶解饱和度等等。

① 减少溶入锌液中的铁的数量是减少锌粒数量和减小粒度的关键。

溶入锌液中的铁的数量与原料带钢表面缺陷、原料带钢表面粗糙度、入锌锅带钢表面残铁、锌液铝含量、机组速度、入锌锅带钢温度、锌液温度、钢种化学成分、锌锭中的铁含量、锌锅设备带入锌锅中的铁的数量有关。原料带钢表面缺陷尤其是表面夹杂、氧化铁皮、欠酸洗会促进 Fe-Zn 反应,增加钢板的铁损,因此原料带钢表面夹杂、氧化铁皮、欠酸洗缺陷越少,溶入锌液中的铁就越少;原料带钢表面粗糙度越小,溶入锌液中的铁就越少;入锌锅带钢表面残铁越少，溶入锌液中的铁就越少；锌液铝含量越多，溶入锌液中的铁越少；锌锅段机组速度越高，带钢在锌液中浸泡的时间越少，溶入锌液中的铁越少；当锌液中的铝含量≥0.18%时，入锌锅带钢温度与锌液温度差越小，溶入锌液中的铁越少；锌液温度越高，溶入锌液中的铁越多，当锌液温度上升到480℃时，溶入锌液中的铁的数量随锌液温度的提高而迅速增大；钢中的C、Si含量越低，溶入锌液中的铁的数量就越少。锌锭中的铁含量越低，锌液中的铁就越少；锌锅中设备的耐锌液腐蚀能力越强，溶入锌液中的铁就越少。

② 较低的和稳定的铁在锌液中的溶解饱和度是减少锌粒数量和减小粒度的关键。

铁在锌液中的溶解饱和度与锌液温度和锌液铝含量有关。当锌液铝含量为0.10%~0.26%、锌液温度为440~480℃时，锌液温度越低，锌液铝含量越高，铁在锌液中的溶解饱和度越低。锌液温度和锌液铝含量的波动，会造成铁在锌液中的溶解饱和度的波动，从而增加锌液中铁的溶解和析出。较高且稳定的锌液铝含量、较低且稳定的锌液温度，有利于减少锌粒缺陷。较高且稳定的机组速度，有利于减少锌粒缺陷。较低的带钢入锌锅温度与锌液温度差，有利于减少锌粒缺陷。保持较低的锌锅感应器的功率，有利于减少锌粒缺陷。合理而稳定的炉鼻子露点，有利于减少锌灰缺陷。而要保持锌液温度和锌液铝含量的稳定性，就要求稳定的机组速度、稳定的入锌锅板温、稳定的带钢规格、均匀的加锌锭速度。

③ 带钢在锌锅中的抖动会使锌液面的锌渣更容易附着在带钢表面。

尽量减少锌锅处带钢的抖动，有利于减少锌粒缺陷。造成带钢在锌锅中抖动的原因包括：出锌锅处带钢板形、锌锅辊系的抖动、锌锅处带钢张力的稳定性、镀后冷却风机气流对带钢的扰动。在带钢附近清理顶渣时，也增加了锌液面的锌渣附着在带钢表面的机会。

为了减少高表面等级热镀锌板表面的锌粒缺陷，主要措施如下：合理的生产计划排程，合理的钢种的设计和选择，原料带钢表面缺陷、表面残铁、表面粗糙度、板形的控制，清洗效果的保证措施与评价标准，锌液铝含量、锌液温度、入锌锅带钢温度、炉鼻子露点的控制，锌锅感应器功率、加入锌锭种类和速度、锌锅段机组速度、锌锅处带钢张力、捞顶渣的控制，锌锭中的铁含量的控制，锌锅辊系的设备要求等。

三、镀层表面和内部氧化锌类锌渣分析

镀层表面和内部氧化锌类锌渣缺陷从目前缺陷分析结果来看检出频次极大，是需要重点控制的缺陷。

1. 缺陷形貌

这种缺陷背散射电子低倍形貌及其呈带状分布时特征如图5-52所示，所有黑色部位均为嵌入锌层的锌渣（ZnO），余下灰色部位为锌层。该缺陷在实际检测中非常容易找到，发生频率极高，且呈带状分布，必须纳入汽车板生产重要控制点。

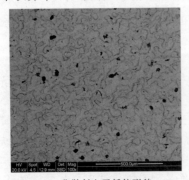

(a) 背散射电子低倍形貌　　　　　　　(b) 其呈带状分布时特征

图5-52　锌层表面嵌入ZnO锌渣缺陷形貌

2. 杂质成分分析

图 5-53 所示为该类锌渣缺陷二次电子像、背散射电子像及对应 EDS 成分谱图，从中可以看出，缺陷呈团絮状，成分主要是 ZnO。

(a) 二次电子像

(b) 背散射电子像

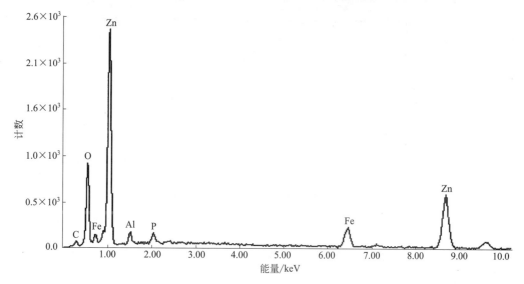

(c) 对应 EDS 成分谱图

图 5-53　锌层表面嵌入 ZnO 锌渣成分分析

3. 产生原理

此类锌渣缺陷形成过程可通过图 5-54 进行说明。汽车板生产过程中，锌液面不可避免地存在波动，假设其波动高度为 h，而对应炉鼻子前后两个平面进入锌液中的部分为 ABCD 和 EFGH。其中，在生产过程中由于锌蒸气的不断蒸发及与炉内残氧的反应，会不断形成富含氧化锌等物质的炉鼻子灰等物质，漂浮在炉鼻子内锌液面上，此外带钢表面残留的铁粉与油脂等残留也在该处与锌液发生较为剧烈的反应生成各类杂质。要注意的是锌的氧化物与铝的氧化物有所不同，铝的氧化物是比较致密的膜，所以在锌锅表面的顶渣里的氧化物是膜状的；而锌的氧化物就比较疏松，基本是灰状的，所以在炉鼻子内以锌氧化物为主的杂质是粉状的。本来这些密度很小的粉状杂质只会浮在锌液的表面，但是，这些杂质也会黏附在炉鼻子内壁上，这种黏附随着锌液面不停止的升降不断在 ABCD 面与 EFGH 面上累积。而在锌液面下降后又回升的过程中，累积在上述两个面的炉鼻子灰会受到高温锌液的浸泡，部分黏附物就会进入到锌液中，就有可能黏附到带钢的表面，最终形成锌层表面嵌入 ZnO 类锌渣。

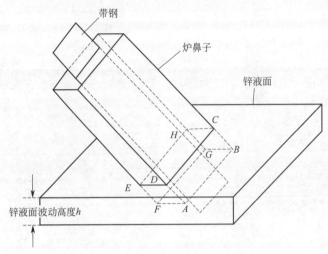

图 5-54 氧化锌类锌渣形成说明示意图

此外，如果炉鼻子内氧含量高，蒸发的锌蒸气直接形成氧化锌后掉落在炉鼻子内锌液面上，而与带钢接触的锌液面处将形成负压，漂浮在炉鼻子内的这类杂质极易被卷入带钢上下表面嵌入锌层，也会形成此类缺陷。

4. 控制措施

对于富含氧化锌类锌渣缺陷，需要从如下几个方面进行控制：

① 有效控制退火炉内及炉鼻子内气氛，降低炉内特别是炉鼻子处氧含量，减少氧化锌的产生；

② 炉鼻子使用过久，炉鼻子内壁必然累积过多炉鼻子渣，利用检修期间清理炉鼻子内壁，形成炉鼻子定期清理制度；

③ 形成炉鼻子定期更换制度，对到更换周期的炉鼻子坚决更换；

④ 生产过程中尽可能减少锌锅内锌液面波动，这是汽车板生产工艺控制的重中之重。

四、镀层表面和内部锌灰类缺陷分析

1. 缺陷形貌

这种缺陷背散射电子低倍形貌特征如图 5-55 所示，与氧化锌渣类缺陷有些相似，其黑色部位为嵌入锌层的锌灰，余下灰色部位为锌层，这种缺陷在生产中也经常出现。

2. 杂质成分分析

图 5-56 所示为该类锌灰缺陷散射电子像及对应 EDS 成分谱图，从中可以看出，与氧化锌渣类缺陷有些相似，缺陷呈团絮状，但其中的 O 元素很少，成分主要是 Zn。

3. 产生原理与预防措施

镀层表面和内部的锌灰缺陷与氧化锌类锌渣缺陷的形态相似，产生原因也基本相同，都是炉鼻子内锌液挥发成蒸气以后凝华形成的锌粉末，所不同的是如果炉鼻子内的氧气含量比较高，锌粉末就会氧化成氧化锌；如果炉鼻子内的氧气含

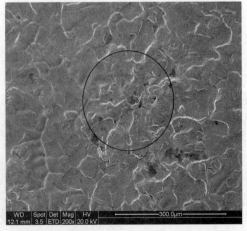

图 5-55 镀层表面锌灰低倍 SEM 照片

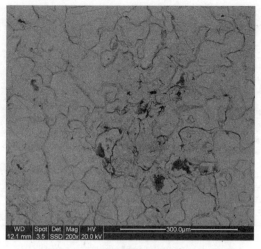

(a) 背散射电子像

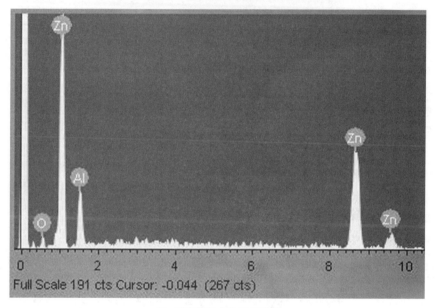

(b) 对应微区成分 EDS 谱图

图 5-56　锌层表面嵌入锌灰成分分析

量很低，锌粉末就保持原来的成分不变。锌粉末与氧化锌一样粘在炉鼻子壁上进入锌液，或被带钢卷入锌液，黏附到带钢表面以后，再被气刀作用的话，就形成了镀层表面锌灰类缺陷。

五、镀层中嵌入锌渣类缺陷分析

1. 缺陷形貌

这种缺陷背散射电子低倍形貌及其呈带状分布时特征如图 5-57 所示，其特点是杂质为独立晶体颗粒状，呈明显多面体晶体外观特征，虽嵌入锌层，但与锌层有明显界面。由于其硬度值大，在轧制过程或主机厂冲压过程中会产生较为明显的压印并复印至钢板另一面。

2. 杂质成分分析

图 5-58 所示为该类锌渣缺陷放大照片及成分，从中可以看出，主要成分是铝和铁，同时还有少量的碳和锌，可以判断锌渣是铁-铝金属化合物。

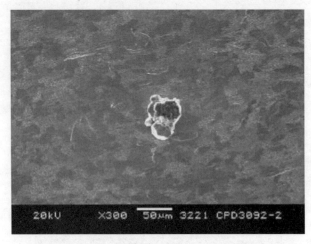

图 5-57　镀层中嵌入锌渣低倍 SEM 照片

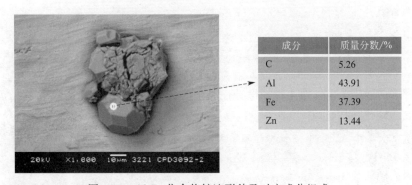

成分	质量分数/%
C	5.26
Al	43.91
Fe	37.39
Zn	13.44

图 5-58　Al-Zn 化合物锌渣形貌及对应成分组成

3. 产生原理与预防措施

对此类锌渣的形成原因则重点考虑炉鼻子内悬浮渣，其来源一部分是底渣被锌锅内 Al 置换后转变成顶渣上浮到炉鼻子内。从这里也可以看出，炉鼻子内锌液表面的杂质的成分是很复杂的，不同的情况会有不同的成分，造成不同的缺陷。炉鼻子内锌液表面的铁铝化合物渣被卷入带钢表面，在经过沉没辊和稳定辊时，有一部分会转移到辊子表面，另一部分受辊子压力作用，更加牢固地黏附到带钢表面，在气刀作用后，就留在镀层内部。另外，带钢表面残留铁粉与锌锅 Al 的反应，也会出现这种缺陷。要控制此类缺陷，必须在进行汽车板生产前的检修时采用升 Al 工艺净化锌液，同时需要有效控制酸轧来料表面残铁。

六、镀层下隐形锌灰缺陷分析

1. 宏观形态

其典型形貌如图 5-59 所示，缺陷部位形貌相对正常部位而言只是光整之后表面纹理尺寸稍大且略显平整，此外再无任何明显差异，包括微区成分分析也是完全相同，均为 Zn 元素。

2. 缺陷部位溶锌后的形貌

但将缺陷部位轻腐蚀去掉最表层极薄锌层后，该缺陷本质完全暴露，如图 5-60 所示，腐蚀后缺陷部位形貌与正常部位存在明显差异，且成分分析结果表明，该部位为嵌入锌层内部的锌类缺陷，由于锌灰颗粒非常小，因此与锌层中锌无明显界面。据此推断，炉鼻子处形成的锌灰是该缺陷的主要来源之一，且锌灰已完全混入锌层。

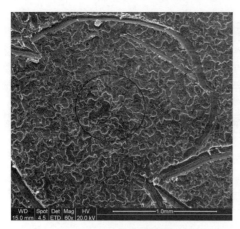
(a) 缺陷部位低倍形貌

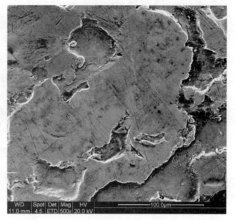
(b) 缺陷正中部放大形貌

图 5-59 缺陷部位 SEM 形貌

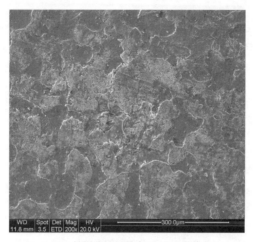
(a) 镀层溶蚀后的表面 SEM 形貌

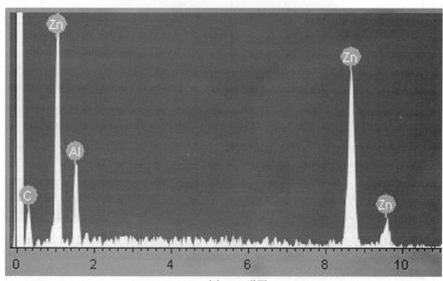
(b) 对应 EDS 谱图

图 5-60 缺陷部位镀层溶蚀后的杂质成分

3. 产生原理与预防措施

因此,对该类缺陷从其形貌及成分分析推断,极有可能是锌灰形成的最初始阶段,由于锌灰数量少、颗粒细,完全嵌入锌层内部,在锌层表面难以发现其痕迹,因此归入隐形锌灰类别,要判断其实质需通过溶锌后进行观察和分析。锌灰多在炉鼻子处形成,当微尺寸锌灰形成后,如果其尺寸为 300μm 或更小,在随后黏附到带钢上,再经过镀锌的过程,就会存在于锌层的内部,而表面没有任何痕迹。

此类缺陷控制方案与锌灰控制方案完全相同,主要控制炉鼻子处气氛、炉鼻子氮气加湿露点、锌液面波动、带钢稳定运行速度等工艺。

第四节 带钢表面缺陷检测系统

一、系统的原理与组成

1. 系统的原理

带钢表面缺陷检测系统是一种机器视觉技术,是根据表面缺陷部位与正常部位的光学特性间存在明显的差异来进行检测的。其工作原理是采用高速 CCD 行扫描摄像仪对带钢表面进行逐行扫描。CCD(charge coupled devices)是一种新型的固体成像器件,它是在大规模集成电路工艺基础上研制而成的模拟集成电路芯片,集光电转换、光积分、扫描三种功能为一体,具有体积小、重量轻、耐振动冲击、受环境电磁场影响小、工作距离大、测量精度高、成本低等优点,被广泛应用于各种工业现场的测量和控制中。

CCD 摄像头和 LED 光源覆盖钢板的宽度,随着带钢在生产线不断连续地运行,每个摄像头进行高速的扫描,最高每秒钟可扫描 3 万行,并连续不断地从头到尾完整地扫描整个板带的长度,即使在带钢高速运行的情况下,摄像机仍可从头到尾完整地扫描整个带钢表面,获得整卷带钢表面的信息,如图 5-61 所示。

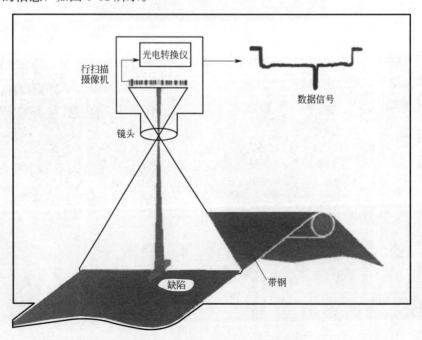

图 5-61 表检系统检测原理示意图

当光源发出的光线投射到带钢表面后，除了一部分会被吸收以外，还会发生两种不同性质的反射，一种是类似镜面的定向反射，另一种是类似粗糙表面的向各个方向的散射。表检系统采用了同步视图模式，在带钢的同一表面分明暗两个方向接收带钢反射光线，如图 5-62 所示。明域接收的光线为反射角度的光线，暗域接收的光线为散射角度的光线。

在带钢表面没有缺陷时，反射的光在明域下很强，而在暗域的散射光却很弱；如有缺陷，则明域的光强减弱，而暗域的光强增强。根据这个原理，通过检测摄像机里光强的变化，便可检测出材料表面上的一些物理缺陷。当然，评判一个信号的变化是否是缺陷还不是这么简单，还要根据一系列的系统内部运算分析来进行最终的判断。扫描处理后的结果如果是缺陷，便立即实时地在计算机屏幕上显示出来，以便于操作员立即观察和判断是否要采取相应的措施，比如停机或标记。

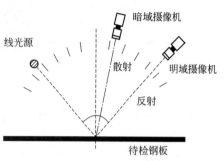

图 5-62　明域与暗域示意图

当带钢在生产线上运行时，CCD 摄像机不断接收带钢表面反射的光线，摄像机成像为黑白图像，光电转换系统将接收的光线转换为数字化的信号，用 0~255 的灰度值进行量化。当带钢表面质量正常时，整个数字化信号水平且较为平滑；而当带钢表面出现缺陷时，CCD 摄像机接收到的带钢表面反射的光线的强度发生变化，导致数字化后的信号不是水平平滑状态，出现突起，从而被检测到。

表检系统设定了检测各种缺陷的阈值端口，各个端口设定了缺陷的阈值范围。以灰度值 128 为中线，即为带钢正常表面的灰度值。当带钢表面出现缺陷时，缺陷的灰度值与正常带钢表面的灰度值发生偏差。灰度值越小，图像越黑；灰度值越大，图像越白。当信号形成的突起超过阈值上限或低于阈值下限时，就被认为是缺陷。表检系统将检测到的缺陷灰度特性与标准缺陷库内典型缺陷样本灰度特性进行对比，当结果与某类缺陷相似度较高时，则将检测到的缺陷命名为该类缺陷。命名完成后，根据用户设定的缺陷严重等级向用户报警，如图 5-63 所示。

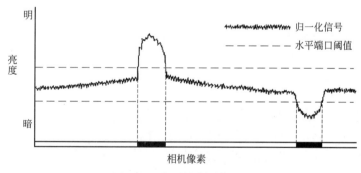

图 5-63　水平阈值设定原理

2. 系统的组成

如图 5-64 所示，检测系统主要由以下五部分组成：

（1）光源　光源采用了平行光技术，光源为 LED 白色光源，寿命可达 5 年以上，而且维护要求低，宽度约超过带钢的宽度，上下表面各一个。

（2）扫描摄像头　采用 CCD 行扫描摄像头，对板带进行连续扫描，摄像头像素为 2048，摄像头每秒最多可扫描 4 万行，整个摄像头有一个保护罩，该保护罩的底座固定在支架上，摄像头随保护罩可对位置及角度进行微调。

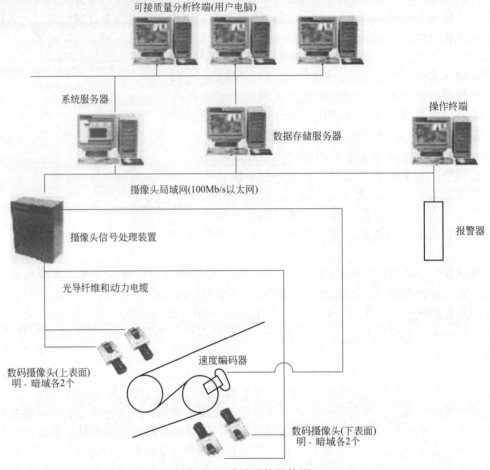

图 5-64 表检系统结构图

（3）**信号处理单元** 实时处理从摄像头传送过来的模拟信号，提取出代表缺陷的有用信号，处理完毕的数据传送到系统服务器及数据存储服务器。

（4）**系统服务器** 系统服务器为操作人员的应用，它为功能实现和管理应用提供软件服务。系统服务器通过光纤与相机连接。

（5）**数据存储服务器** 数据存储服务器装有检测系统，检测到的缺陷数据和缺陷灰度图像将被转移到对应于每一个所检测的钢卷的数据库。该数据库可以让客户通过 PQA 软件或客户自行开发的数据分析工具访问现有的和历史的检测结果。

（6）**测速装置** 测速装置是由编码器来完成的。由于带钢运行速度在生产过程中会发生变化，为有效地检测整卷钢板表面的缺陷情况，采用相机外触发方式，即利用编码器采集带钢运行的速度脉冲信号，历经同步信号分支器将输入的脉冲信号分为多路输出，然后触发相机同步系统进行带钢表面图像的采集。

二、系统的特点与功能

1. 系统的特点

表面检测系统中常用的特征值有灰度强度特征值、形状尺寸特征值、位置特征值、纹理特征值等，共计 320 多个分类特征值，这些特征实际是带钢表面缺陷的数学描述。

通过调试跟踪，可以发现，该系统对不同缺陷在明、暗域下灰度强度特征值最敏感，即灰度强度特征值对缺陷分类影响最大。图 5-65 所示为镀锌板划伤、钝化斑、锌疤缺陷在明域和暗域下的照片。图 5-65 中，方框表示系统认为的缺陷发生的区域，缺陷在明域或者暗域下分别被着上不同的颜色，着色部分为系统认为的缺陷，不同的颜色表示不同的灰度值。从图 5-65 中可以看出，划伤、锌疤缺陷在明域和暗域下均能被检测出，而钝化斑缺陷在暗域下无法被检测出（暗域下没有着色）。

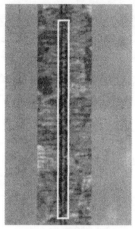 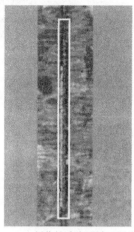 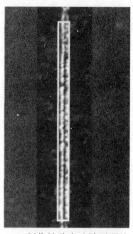

(a) 划伤缺陷照片　　　(b) 划伤缺陷在明域下照片　　　(c) 划伤缺陷在暗域下照片

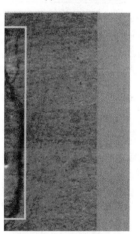  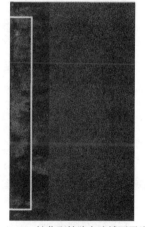

(d) 钝化斑缺陷照片　　　(e) 钝化斑缺陷在明域下照片　　　(f) 钝化斑缺陷在暗域下照片

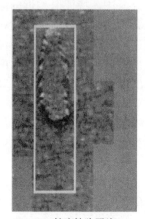 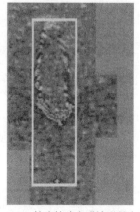 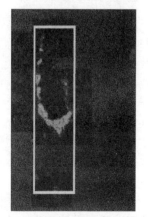

(g) 锌疤缺陷照片　　　(h) 锌疤缺陷在明域下照片　　　(i) 锌疤缺陷在暗域下照片

图 5-65　几种典型缺陷照片

经过分析,发现镀锌板主要质量缺陷的灰度特征如表 5-9 所示。

表 5-9　不同缺陷的灰度特征

序号	缺陷名称	明域下灰度特征	暗域下灰度特征
1	划伤	暗缺陷	亮缺陷
2	钝化斑	暗缺陷	无法检测到
3	压印类	暗缺陷	亮缺陷
4	锌厚边	亮缺陷、暗缺陷	亮缺陷
5	锌花	亮缺陷	无法检测到
6	锌渣、锌疤等	暗缺陷	亮缺陷

另外我们还发现,一般情况下,有手感类缺陷以及色差类缺陷在明域下系统均能检测出,而色差类缺陷在暗域下无法检测。

2. 系统的软件功能

表面质量检测系统主要的软件功能如下:

(1) 缺陷检测　在检测开始后就能够得到信号,其中包括缺陷的信号,也包括正常产品的信号以及外界因素影响产生的信号。把缺陷信号从背景信号中检测出来,并且要保证不能漏失一个缺陷的信号,也不能将背景信号误认为缺陷信号,这便是缺陷检测信号处理的任务。检测是将一个异常的光变化与背景分离的处理过程,这个异常的光变化可能是由缺陷所引起的。

CCD 摄像头测量到的是产品每个位置的灰度值或亮度值,对摄像头采集来的信号必须进行动态优化处理,这样可以提高系统在各种变化条件下检测缺陷的能力。方法是对从摄像头采集过来的信号中由于室内亮度、环境或其他因素变化引起的信号幅值变化进行调整。通过系统分析消除这些由于外界因素引起的变化,就可使实际缺陷的信号更易于被检测到。

(2) 缺陷分类　缺陷被检测到后,每个缺陷的许多特征值确定了,这样便可以进行缺陷的识别。正确的识别可提供非常重要的信息,这些信息可以对采取有效的措施来消除缺陷源提供帮助,或为产品的下一步处理进行标记。该系统采用人工智能技术,分类器有自学习功能。有了这项技术,该系统就会对暂时还未收集到缺陷数据库中的缺陷自动进行分类处理,操作员只需对其进行命名,便自动补充进数据库了。该技术大大提高了缺陷判别的速度和准确率。

(3) 缺陷可视化　操作站能够实时访问和显示大量的缺陷图像和灰度数据,通过系统服务器将图像和检测结果传送到多个操作站显示出来,以供产品表面的实时"快照"和数据信息。这个功能为统计和分析提供了缺陷的图像和原始数据。

(4) 缺陷数据库　每种缺陷均由近 300 个缺陷特征来进行描述,特征值相近的同类缺陷的集合构成了缺陷数据库中的一个基本单元,而这些所有不同类的缺陷集合的组合就构成了缺陷数据库。每类缺陷的集合(或简称之为每种缺陷)还可分为三种等级,即轻度、中度及重度。

缺陷数据库的基本算法基于人工智能的自学习方法,即系统对每类缺陷集合中的缺陷进行分析,并找出其共同的特征值,这些特征值将用于判别之后出现的缺陷信号,以对新发现的缺陷做出判断。

(5) 缺陷数据离线分析　产品质量专家数据库是数据分析和显示工具的工具,用来分析历史的和正在发生的缺陷数据,可以与工艺参数和影响产品质量的其他变量一起进行综合分析,以进行系统性的判断。

3. 系统功能的优化

由于各个生产线的情况不同,因此必须对系统功能进行优化,才能达到满意的效果。

(1) 典型缺陷样本的收集　表面检测系统缺陷分类器有自学习功能,在构造缺陷分类器时,一个非常重要的任务就是建立完备的样本库。结合缺陷样本实际收集经验,缺陷样本的收集过程中必须坚持以下几个原则：一是"全"，即样本库必须包含预先定义的缺陷类别的所有可能情况；二是"细"，建立在"全"的基础上，对同一种缺陷根据形貌的不同进行细分类，如锌灰缺陷，有点状的也有带状的，分类时最好将这种缺陷作为两种缺陷进行分类；三是"准"，即样本库中的每个样本必须分类准确，尽量删除离群点。

一般来说，一种缺陷收集 100 张左右的图片就可以取得较好的效果。通过上述方式收集，经过系统分类器自动学习，可以使分类器的准确率达到 95% 左右。

(2) 专家数据库的处理 专家数据库是对自学习分类器学习结果的后处理，是基于专家经验对系统容易误分类缺陷进行重新定义、分类，从而得到最终的理想分类效果。通常有效的专家数据处理方法有：一是利用缺陷产生的位置特征进行处理，如边部起皮缺陷和划伤缺陷的区分，边部起皮缺陷仅发生在钢板边部，而划伤缺陷可以出现在钢板的任何位置，就可以利用缺陷产生的位置对这两种缺陷进行区分；二是利用缺陷的灰度特征进行处理，如划伤和钝化斑缺陷的区分，划伤缺陷在明域、暗域下均可被检测，而钝化斑缺陷只能在明域下被检测出来；三是综合区分，由于现场生产中缺陷往往是千变万化的，因此还可以利用缺陷的外形特征、面积等对易混淆的缺陷进行分类。

三、缺陷分类的优化

1. 不同类缺陷的区分优化

尽管系统已经对不同类的缺陷按照其特性进行了区分，但在实际生产中发现还不能完全满足准确区分的要求，必须进行优化。比如边部起皮和划伤两类缺陷，因系统内原有的分类信息不太齐全，往往会发生混淆误判，必须进行进一步的区分。

经过长期对表面检测系统检出率和分类准确率的观察发现，若轧硬板存在边部起皮缺陷经镀锌后，其缺陷特征为线状缺陷且连续出现，表面检测系统会将其分类为划伤缺陷，大大降低了缺陷的分类准确率。在将表面检测系统安装于出口活套之前，镀锌板后续运行中会经过圆盘剪剪边，如果能够将边部起皮缺陷区分出来，就可以采用圆盘剪将边部起皮部分剪掉，对提高产品质量很有意义。所以，在分类的时候必须将边部起皮缺陷信息重新进行处理，将其准确地与划伤缺陷区分开来。

通过大量的分析后发现，边部起皮与划伤在物理位置上有明显的不同，边部起皮仅仅出现在距边部 30mm 内的区域，并且连续出现。依照这个特性就可以利用专家数据库的边部设置功能，将划分到划伤类缺陷中的边部起皮缺陷通过再次分类区分出来，提高了分类的准确率。

2. 同一类缺陷的细化

上面介绍的是不同类别的缺陷在系统中的外在表现形态类似，必须进一步加以区分，才能防止误检。而有时同类别的缺陷有可能在系统中的外在表现形态不同，必须归为一类才能防止漏检。比如点状锌灰和带状锌灰就是这种情况。

在不断优化过程的图片收集中，发现有部分锌灰的特征与一般的锌灰不同，一般锌灰为点状带彗尾的形态，如图 5-66 所示；而有部分锌灰所具有的特征为连续的带状出现，如图 5-67 所示。为了完善分类器、提高检出率，将这类带状出现的锌灰缺陷新增为一类，定义为"带状锌灰"，并通过收集典型缺陷图谱加以固化。

类似的还有划伤类缺陷，有基本连续出现的长划伤，还有断断续续出现的短划伤，必须归为一类，因此将前者定义为"划伤 1"，将后者定义为"划伤 2"。

在对分类进行了优化以后，按季度填写缺陷分类收集情况，以论证其准确率，见表 5-10。

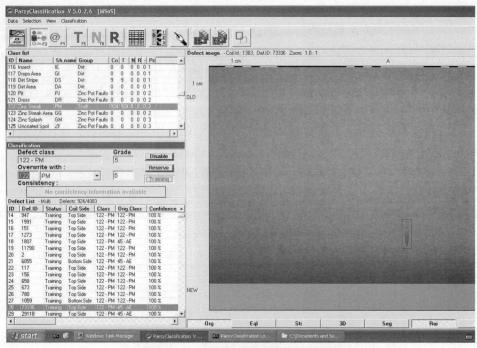

图 5-66 一般锌灰为鳞状带彗尾的缺陷

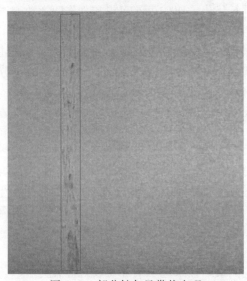

图 5-67 部分锌灰呈带状出现

表 5-10 准确率跟踪测评

缺陷名称	一季度		二季度		三季度		四季度	
	准确率/%	图片数/张	准确率/%	图片数/张	准确率/%	图片数/张	准确率/%	图片数/张
锌灰	98.16	163	98.16	163	95.21	356	91.82	942
带状锌灰	95.74	188	100	200	100	250	100	263
划伤1	88.94	226	89.54	332	92.69	425	98.22	677
划伤2	99.72	357	99.72	357	99.72	357	100	291
擦伤	99.36	314	98.56	325	99.52	368	96.61	384
气刀条痕	99.27	137	100	139	100	140	100	141
轻微条痕	97.87	47	100	47	100	47	100	47

3. 增加新的缺陷类别

有的缺陷是某一生产线特有的缺陷，在原有的数据库中没有其信息，为了发现并解决这种特有的问题，必须增加新的类型的缺陷信息。比如气泡夹杂缺陷就是这种情况。

由于在原有的数据库中没有气泡类缺陷的信息，就没有对其进行管理，客户反映产品有气泡类缺陷，对汽车板的冲压带来严重的影响。由于其缺陷特征与锌灰十分相似，表面检测系统检测到了气泡缺陷后将其分类为锌灰，造成误分类，如图 5-68 所示。

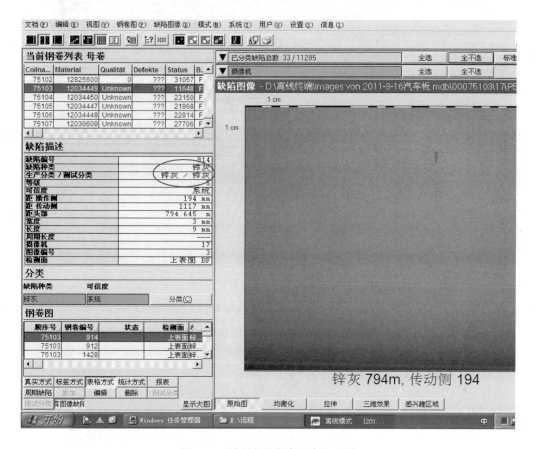

图 5-68　被误归为锌灰的气泡缺陷

为了解决这一问题，需要增加新缺陷类别。

(1) 收集缺陷样品图谱　首先，要收集气泡缺陷图谱，典型的如图 5-69 所示。

图 5-69　所收集的典型气泡图片

(2) 新定义分类　新定义气泡缺陷的分类见图 5-70。

212 汽车板生产技术与管理

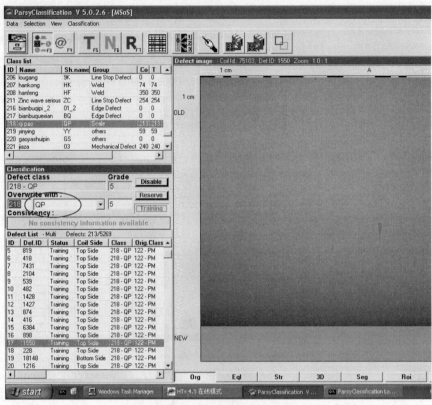

图 5-70　新定义气泡缺陷的分类

采取自动分类器和视觉分类器相结合的方式对气泡缺陷进行分类，定义为"QP"（"QP"为"气泡"汉语拼音缩写），如图 5-71 所示。

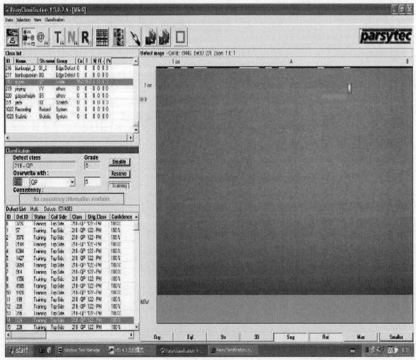

(a) 气泡特征

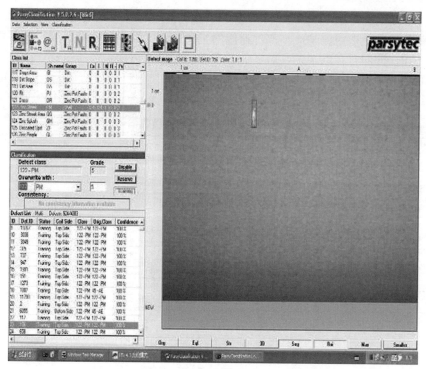

(b) 锌灰特征

图 5-71　区分气泡和锌灰特征定义出 QP 缺陷

利用自动分类器与视觉分类器双重设置对气泡进行分类后,通过对比分类器中气泡与锌灰的特征差别能对锌灰与气泡进行区分。从适中像素百分比、鳞状梯度变化程度、平均分离灰度等特征中总结规律结合视觉分类器对气泡缺陷进行优化分类,将真实的气泡分类到 QP 缺陷类别之中。

经过数据库的处理以后,投入实际使用,使得气泡检出率和准确率均达到 95% 以上,之后未接到客户关于气泡缺陷的质量投诉。

四、制定表面判定内控标准

1. 判定原则

通过表面检测系统准确识别改进,表面检测系统可实现对所有的缺陷进行有效分类,并统计缺陷发生数和发生率。但表面检测系统无法对有触感类缺陷的触感程度进行判定,仅仅依靠其结果还不能进行准确评级。为了最大化发挥表面检测系统和人工检查各自的优势,我们在表面内控标准中确定了采用"人工判定有触感类缺陷的触感程度+表面检测系统判定缺陷发生率"的综合判定规则,同时规定,对于连续发生及周期性发生的缺陷以人工检查的触感程度为主判定,对于随机发生的缺陷以表面检测系统检测出的发生率为主判定。

2. 否决性缺陷的确定

否决性缺陷是指用户完全无法使用、甚至有可能对用户加工设备造成损害的表面缺陷,钢卷中一旦存在该缺陷,无论多少,必须降级或者判废。

确定参与自动判定的否决性缺陷的总体原则,一是对用户使用危害大,二是表检分类、检出可靠。镀锌产品中可以造成这一影响且表检分类准确率较高的缺陷主要有孔洞和停车缺陷。

3. C 级钢板表面缺陷比例的确定

轿车外板表面级别为 C 级,而根据用户及用途的不同又分为若干个内控级别,对缺陷的发生率和严重程度的标准也不同。

锌灰、锌粒缺陷是造成汽车厂零部件返修的主要原因,划伤缺陷是造成零部件报废的主要原因。尤其是在保证面存在的缺陷,对零件的表面质量以及后期涂装质量都产生较大影响,因此外板保证面缺陷要求远远严于非保证面。因此将锌灰、锌粒和划伤缺陷作为判定的主要依据,如表5-11所示。

表5-11 缺陷影响程度评级表

序号	缺陷名称	类别	说明
1	划伤	主要缺陷	对判定准确率及直下线影响最大的缺陷之一,必须准确检测,检测结果为判定的最主要依据之一
2	锌灰 锌粒 块状锌灰	主要缺陷	对判定准确率及直下线影响最大的缺陷之一,必须准确检测,检测结果为判定的最主要依据之一
3	擦伤	次要缺陷	经常出现的缺陷,检测须达到一定的识别率,检测结果可作为判定的依据
4	辊印	次要缺陷	偶尔出现的缺陷,检测须达到一定的识别率,检测结果可作为判定的依据
5	锌厚边	次要缺陷	偶尔出现的缺陷,检测须达到一定的识别率,检测结果可作为判定的依据
6	锌波纹	次要缺陷	偶尔出现的缺陷,检测须达到一定的识别率,检测结果可作为判定的依据
7	边浪	次要缺陷	偶尔出现的缺陷,检测须达到一定的识别率,检测结果可作为判定的依据

高级别轿车外板表面质量要求非常苛刻。结合用户要求,将线状缺陷、锌灰缺陷、锌粒缺陷比例要求确定如表5-12所示。

表5-12 高级别轿车外板表面质量要求

缺陷	锌灰/带状锌灰			锌粒			划伤		
分布面	上	下	上下	上	下	上下	上	下	上下
比例/%	3	1	3	3	1	3	1	0.5	1

普通级别轿车外板质量要求非常高。在与客户交流中,客户明确要求将返修率降低到8%(含)以下。因此参照客户要求,将普通级别轿车外板钢板线状缺陷、锌灰缺陷、锌粒缺陷比例要求确定如表5-13所示。

表5-13 普通级别轿车外板表面质量要求

缺陷	锌灰/带状锌灰			锌粒			线状缺陷		
分布面	上	下	上下	上	下	上下	上	下	上下
比例/%	7	2	7	7	2	7	2	1	2

4. 局部超标缺陷的处理规则

当自动判级不合格时,如果其缺陷集中在某一段区域,可以实施分切,使产品达到合格。

从图5-72中可以看出,该卷轿车外板表面检测系统智能分级判定整卷不符合轿车外板表面质量等级标准,但缺陷在整个长度方向上的分布集中在头部,通过分卷后,除第一卷不符合判定标准外,其余各卷均符合判定标准。

5. 局部超标缺陷的处理方法

生产热镀锌轿车外板时,对于所有的不符合表面检测系统智能分级判定标准的钢卷,均由专人进行重新判定。根据其表面缺陷的分布,进行相应的人工分切后重新计算其缺陷比率,对于符合标准的放行,不符合标准的改判为相应的级别。

通过存档模式将需要进行模拟分切的钢卷下载为数据包,利用离线数据卷查看软件中的统计方式查看缺陷在钢卷上的分布状况,按照放行标准初步确定需要进行切除的检测区域。

以某卷存在锌灰缺陷的汽车板为例,若整卷长3357m,头部500m左右缺陷较为集中,整

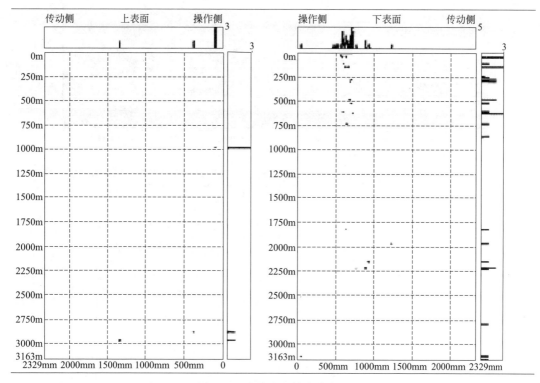

图 5-72　表检出的缺陷分布图

卷运算后超出放行标准,则需要进行分切。在剩余 2857m 范围内,按照上表面锌灰 7% 的放行标准,不考虑一个 2m 分片的区域内含有多个锌灰的情况,可以容忍的锌灰数是 100 个,通过统计剩余 2500m 的钢卷内的锌灰数目,就可以初步判定模拟分切的可行性。一旦确定确实可行后,即可进行模拟分切,在生成离线数据包的数据库中,删除缺陷锌灰类且距头部距离小于 500000mm 的缺陷数量,保存后对其进行重新运算。图 5-73 为锌灰统计模式下的缺陷分布图,从中可以看出,按照整卷的放行判定结果此卷有可能作让步处理。

具体操作如下:通过查看统计模式下的锌灰分布情况可知,锌灰主要集中于头部 500m 范围内;通过对锌灰分布数量统计后发现,此卷锌灰总数为 482 个,其中头部 500m 内分布锌灰 314 个,若进行切除,则剩余部分所含锌灰数为 168 个;而通过缺陷分布图进一步观察,几乎在同一水平线,说明在剩余部分钢卷长度范围内锌灰分布较为平均,因此模拟分切的可行性较高。

通过对数据库信息进行模拟分切,对头部 500m 范围内的锌灰进行切除。图 5-74 为模拟分切后锌灰分布图。对模拟分切后的数据进行重新判定,判定结果符合高级别轿车外板表面放行标准。

这项工作可以通过计算机编制程序,根据热镀锌机组和重卷检查机组的剪切量,实施自动分切判定。通过这种人工分切和重新计算,可以挽回大量智能判定为不合格的轿车外板。

五、质量管理信息化系统

1. 整体框架

有了表面检测系统,获得了大量的数据,就可以将上述过程规范化、标准化,在实现智能化评级的基础上,进一步与管理部门的分析系统、销售部门的销售系统、生产部门的过程控制系统进行数据交换,形成完整的质量管理信息化系统,整体框架如图 5-75 所示。

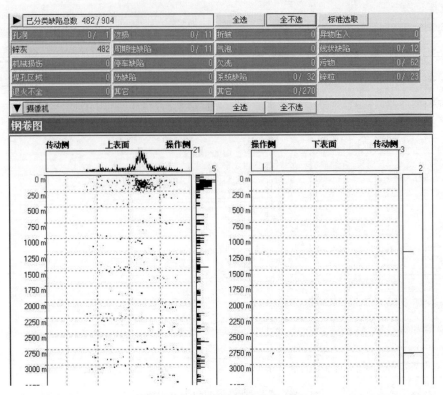

图 5-73　分切前锌灰缺陷分布图

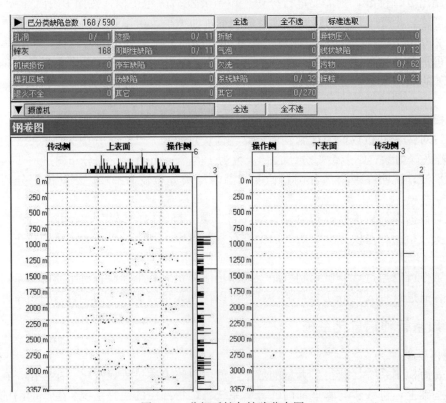

图 5-74　分切后锌灰缺陷分布图

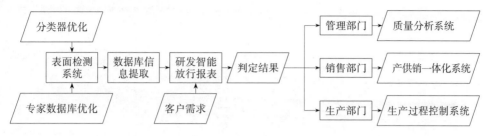

图 5-75 质量管理信息化系统

2. 对表面检测系统的要求

为了适应质量管理信息化的需要,必须对表面检测系统进行优化。

① 优化缺陷分类器。提高缺陷检出率、分类准确率,如前所述。

② 合理设定缺陷分类器灵敏度值。灵敏度的准确选择与设定是整个分类器优化过程中的基础,也是重中之重,后续工作都是在其基础之上进行的。灵敏度过高,会导致检测出大量的伪缺陷,影响缺陷识别与缺陷分类;灵敏度过低,会导致缺陷漏检,大量缺陷被放过,影响钢卷质量判定准确性。

3. 查询与输出报表

结合企业的生产特点,研发符合自己的生产、判定的报表系统,具有如下功能:

① 可以查询生产钢卷信息的质量信息和评级结果;

② 可以查询某时间段内生产信息及总体质量评级结果;

③ 可以查询某时间段内比例计算结果的具体内容及各分项的评级结果。

4. 质量信息的传递

将表面检测和级别判定的信息提供给管理、销售和生产部门:

① 与管理部门的质量、成本分析系统连接,可以为相关分析提供原始数据,在此基础上形成分析报告,为企业提高质量、降低成本提供方向性的意见。

② 与销售部门的产供销一体化系统连接,可以生成质保书、交货表,也可为客户开放查询功能。

③ 与生产部门的过程控制系统连接,将表面检测系统的检测信息反馈给现场操作人员,反馈信息内容包括:该生产卷的质量等级、重点关注缺陷数量、缺陷分布位置、最终判定情况等等。通过对缺陷存在位置、分散程度、是否具有周期性规律提出可行性改进方法,协助操作人员改善产品质量。

第六章 电镀锌板生产技术

电镀锌是利用溶液电解的原理,先将 Zn^{2+} 电解到溶液中,然后在钢板表面沉积,形成一层均匀而致密的锌金属或合金层,从而生产出具有良好耐腐蚀性的镀锌板。根据镀锌板表面镀层质量的情况,其又可分为单面、双面、差厚镀锌板,两个表面中仅一面有镀锌层的钢板叫作单面镀锌板;两个表面都镀锌且镀层质量相同的钢板叫作双面镀锌板;两个表面都镀锌但其厚度存在差异的钢板叫作差厚镀锌板。

电镀锌板由于具有优良的耐蚀性、深加工成形性、涂漆性和焊接性以及良好的表面质量和综合力学性能而被广泛用于汽车和家电等领域。随着我国汽车行业的迅猛发展,人们对汽车车身的耐蚀性的要求越来越高。电镀锌板作为汽车用板,外观颜色呈银白色,且镀层厚度分布均匀,可观性强。相对于镀锌前的冷轧板来说,电镀锌后的钢板不仅具有良好的耐腐蚀性,而且原来的加工性能和力学性能不会在镀锌过程中受到影响。因此,汽车用电镀锌板作为高端钢材产品技术含量高、需求量大,汽车行业已经大量采用电镀锌钢板代替冷轧板制造汽车面板。

第一节 电镀生产线简介

一、生产线组成

1. 工艺流程

一般电镀锌机组由入口段、工艺段和出口段组成,生产工艺流程如下:

入口段:钢卷吊运到鞍座→钢卷小车上料→开卷→切头→焊接→挖边→入口活套。

工艺段:拉伸矫直→碱液喷洗→刷洗→电解脱脂→1号刷洗→漂洗→酸洗→2号刷洗→漂洗→电镀→镀后漂洗→活化→磷化→干燥→镀层测厚→辊涂→红外线烘烤→冷却。

出口段:出口活套→表面检查→涂油→剪切→卷取→卸卷→打捆→称重→钢卷吊运入库。

具体设备和工艺布置如图 6-1 所示。

电镀锌机组使用经过连续退火的冷轧板为原料,原料卷由步进梁从连退机组过跨存放在电镀锌机组前的中间仓库内,按生产计划由吊车将钢卷按顺序分别放到1号及2号开卷机前的固定鞍座上,人工拆除捆带。

机组入口段采用双开卷系统,当一个开卷机上的钢卷处理完成以后,钢卷小车立即将在固定鞍座上存放的钢卷送到该开卷机上,带头通过磁力皮带开卷器和夹送矫直机送往切头剪,切除不合格部分,再送往窄搭接焊机前等待;待另一个在机组内运行的前一个钢卷结束时,即与其带尾焊接起来,前后带钢宽度不同时要进行挖边处理,然后送入入口活套。入口活套为立

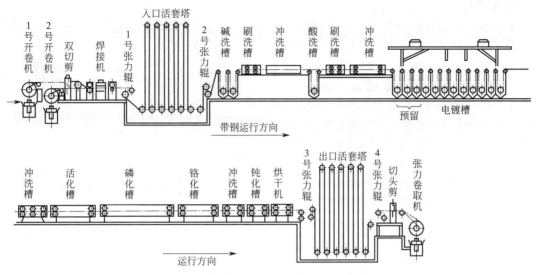

图 6-1　电镀锌生产线设备和工艺布置

式,其主要作用是储存带钢,当入口段因焊接停车时储存带钢供给工艺段,确保工艺段以恒定速度进行连续生产。

工艺段由拉伸矫直、清洗、电镀、磷化、钝化/耐指纹处理等部分组成。清洗段入口设置张力拉矫机,以满足高速电镀对板形平直度的要求。清洗段由碱液喷洗、碱刷洗、电解脱脂、刷洗和漂洗、酸洗等处理槽和溶液配置及循环供给系统组成,清洗目的是去除带钢表面的油污和锈迹,使带钢表面清洁和均匀活化,为电镀提供良好的基板条件。电镀段由电镀槽、漂洗槽及各自的配液和循环系统等组成,此外还有锌溶解系统、镀液过滤系统。电镀槽是机组的核心工序,是保证产品质量的基础。磷化采用喷淋方式,由喷淋槽、漂洗槽、热风干燥和循环系统组成,以满足汽车板涂漆高质量的要求。钝化/耐指纹处理段由双头辊涂机、红外线烘烤炉、冷却装置、钝化/耐指纹涂料供应系统等组成。辊涂机在带钢上下表面涂上水溶性钝化/耐指纹涂料或自润滑涂料,可进行两者之间快速的切换。然后带钢进入红外线烘烤炉内固化成膜,经冷却后进入出口段。

机组出口段从出口活套到卷取机。出口活套为立式,其主要作用是储存带钢,在出口段带钢进行分卷时仍能保证工艺段连续不断地运行。带钢经出口活套、带钢检查、静电涂油,再按要求由出口剪分卷、切废和取样,最后在 1 号及 2 号卷取机上进行卷取。钢卷由钢卷小车从卷取机上取下,经往返小车送到出口步进梁上,进行打捆和称重,最后由行车送到机组后的仓库存储,或经过跨步进梁运送到包装跨包装,或经运输车运输到重卷机组跨进行重卷检查。

2. 原料规格

原料规格见表 6-1。

表 6-1　原料规格

品　种	连续退火冷轧板	品　种	连续退火冷轧板
带钢厚度/mm	0.3～1.6	钢卷外径/mm	900～2100
带钢宽度/mm	900～1850	钢卷质量(max)/t	35.5
钢卷内径/mm	610		

3. 原料质量要求

带钢表面残油量≤60mg/m² (每面),带钢表面残铁量≤40mg/m² (每面),抗拉强度最大为 800MPa、最小为 250MPa。

4. 生产能力

电镀锌产品按材料力学性能分为 CQ、DQ、DDQ、EDDQ、S-EDDQ 和 HSS 级；按镀层品种分为单面、双面、差厚电镀纯锌；镀层质量，单面镀为 $3\sim110g/m^2$，双面镀为最小 $3g/m^2$（每面）、最大 $90g/m^2$（每面），差厚镀最大厚度差为 $40g/m^2$；后处理工艺，磷化处理膜厚为 $1/1\sim2/2g/m^2$（干膜），耐指纹处理涂层膜厚为 $<2/2\mu m$（干膜），钝化处理膜厚为 $20\sim120mg/m^2$（干膜），防锈油油膜质量为 $0.5\sim2.0g/m^2$。

二、机组的特点

1. 电镀锌工艺形式对比

目前电镀锌生产工艺设备主要有三种形式：立式槽工艺（安德里兹的重力槽、SMI）、卧式槽工艺（新日铁的 LCC-H 法和川崎的 QCD-H 法、NKK 和松德维奇的半双槽法）、径向槽工艺（美钢联的 CAROSEL 法等）。图 6-2 为其示意图，技术特点见表 6-2。

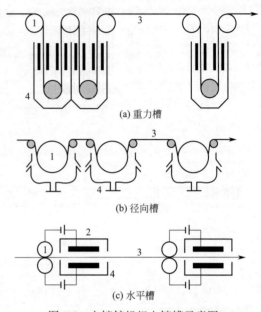

图 6-2 电镀锌机组电镀槽示意图
1—导电辊；2—阳极；3—带钢；4—槽体

表 6-2 3 种形式电镀槽特点及代表工艺

类型	特点	代表工艺
卧式电镀槽	① 槽体水平，带钢全部水平运行，无论厚薄都能通过，不会产生瓢曲、折印等缺陷 ② 穿带容易，可双面、单面镀锌 ③ 槽体长，占地多，电镀槽数量多 ④ 需要边缘罩	新日铁的 LCC-H 法；川崎制铁的 QCD-H 法；NKK 和松德维奇的半双槽法
立式电镀槽	① 槽体垂直，带钢垂直运行 ② 单面镀锌容易实现 ③ 电镀质量高，能耗相对较低	安德里兹重力槽法；住友技术（SMI）
径向电镀槽	① 带钢围绕一根直径很大的导电辊运行，适合单面镀锌 ② 不适合双面镀锌	美钢联的 CAROSEL 法；ITALSIDER 法；TDM 法

安德里兹重力槽的综合性能最优，在世界范围内应用最广，主要优点有：重力槽不需要设置边缘罩；单双面电镀产品切换方便；电镀过程中产生的氢气容易逸出；带钢与阳极之间间距小，节省电能；使用不溶性阳极，对镀液无影响；电流效率高。采用重力槽的电镀锌机组更容易实现高产能、低能耗、高带钢表面质量。

2. 重力法电镀的特点

重力法电镀是垂直式电镀工艺的一种，电镀时镀槽中不充满镀液，镀液仅存在于阳极和带钢之间，镀液的流动靠自身的重力来加速。镀槽系统结构示意见图 6-3。为了防止镀液被带到导电辊表面，在带钢出镀槽时采用了一对挤干辊；采用压辊使带钢和导电辊更加良好地接触；让导电辊表面浸在含硫酸的漂洗水中清洗并采用 FRP 加磨砂材料的刮刀对导电辊表面进行研磨，以去除沉积在辊子表面的锌。

重力槽结构见图 6-3，其与径向槽、卧式槽相比，具有以下优点：

① 电镀能耗相对较低。正常生产时，重力槽阳极与带钢的间距较小，阳极上部与带钢间

距为 9mm，阳极下部与带钢间距为 7mm，在相同的电流密度下可大大减小槽压、降低能耗。

② 无须设置边缘罩。电镀液由传输泵送至阳极箱，阳极箱中的液位达到溢流高度后开始溢流，溢流速率和宽度由变频泵根据带钢宽度控制，保证带钢表面和阳极板间充满电镀液，且防止带钢边缘液体过厚，产生边缘增厚。

③ 单、双面电镀切换方便。控制带钢上表面电镀的镀液循环管路上装有切断阀，单面镀时，可关闭切断阀，以实现单面电镀。

④ 多途径控制结晶。镀液中的盐若在导电辊表面结晶，会影响电流传导，降低电流效率；若在带钢表面结晶，会在带钢表面留下印记，甚至损坏带钢。为此设计了多种方式来减少结晶，一是在上行带钢出口设一对挤干辊，以减少带钢从电镀槽中带出的电镀液，减少电镀液损失，同时防止过多的电镀液残留在带钢和导电辊上引起结晶；二是在导电辊附近设置清理装置，可防止导电辊残留杂质或电镀液结晶；三是在导电辊下设漂洗托盘，使导电辊在托盘中转动，以保持润湿，同时溶解沉积锌；四是在电镀槽内设有 4 个喷管，分别向带钢上、下表面和导电辊喷洒脱盐水，保持带钢和导电辊表面润湿，防止电镀液结晶。

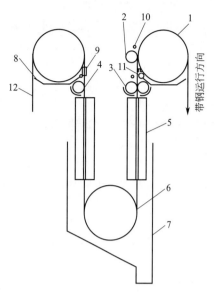

图 6-3 重力法电镀槽结构示意图
1—导电辊；2—压辊；3—挤干辊；4—稳定辊；
5—阳极箱（带阳极板）；6—沉没辊；7—槽体；
8—托盘；9—枝晶清理装置；10—喷管；
11—导电辊清理装置；12—带钢

⑤ 电镀效率高、质量好。重力槽电镀液的流速达 5m/s，电镀液交换速率高，可减少高电流密度（单面镀时最高电流密度为 180A/dm²）下产生的浓差极化，浓差极化增大易引起析氢副反应，降低电流效率；使 Zn^{2+} 扩散困难，镀层结晶粗大，从而降低电镀效率。此外，电镀液交换速率高可避免 Zn^{2+} 扩散困难引起的镀层结晶粗大；电镀槽采用不溶性 Ti 基阳极，尺寸稳定，可保证电镀均匀性，提高电镀质量。

3. 电镀循环系统的特点

电镀循环系统以电镀循环罐为中心，通过镀液在电镀循环罐与其他设备间的循环来控制电镀液浓度、温度以及液位稳定性，控制方式简单，便于实现。图 6-4 为电镀循环系统示意图。

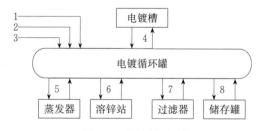

图 6-4 电镀循环系统
1—冷凝水注入口；2—浓硫酸注入口；3—镀锌后第 1 级漂洗水注入口；4—电镀循环；5—蒸发循环；
6—溶锌循环；7—过滤循环；8—存储循环

设置溶锌站控制电镀液中 $ZnSO_4$ 含量。溶锌站以电镀循环罐中的电镀液和溶解槽中的 Zn 为反应物，通过 $2H^+ + Zn \longrightarrow Zn^{2+} + H_2\uparrow$ 反应，生成 Zn^{2+}，补充电镀循环罐中因电镀反应损失的 Zn^{2+}，同时，消耗电镀过程中生成的 H^+，避免电镀液 pH 值变化影响电镀效果。溶锌泵的转速根据通过电镀槽的总电流或电镀液成分来控制，以维持电镀液浓度的稳定。

设置蒸发循环回收 Zn^{2+}，减少废水处理量。蒸发装置配有辅助加热器和板式换热器，用于保证电镀液温度的稳定。辅助加热器除用于补充闪蒸热负荷外，在机组初次启动或长时间停机后启动时，可预热电镀液；板式换热器采用冷却水换热，用于带走电流通过带钢和电镀液时产生的热量。电镀液温度升高会加快阴极反应速率和离子扩散速度，降低阴极极化作用，使镀层粗大；温度降低，阴极电流密度上限值就降低，会降低阴极极化作用，故电镀温度要控制在合适的范围内。

设置反冲洗过滤器维持电镀液的清洁度，避免杂质堵塞循环管路、喷嘴等。

设置储存罐用于维修等情况下临时存储系统中的镀液，恢复生产前，再将镀液泵回至电镀循环罐，以避免镀液的浪费。设置漂洗水补充口，节约冷凝水。蒸发器浓缩电镀液时，循环系统中水分损失大，电镀循环罐中液位过低时，需补充水分，保证液位稳定。

三、镀锌段循环系统

镀锌段循环系统主要包括镀液循环系统、镀液过滤系统、溶锌系统、蒸发器系统、镀液储存系统、导电辊清洗系统、导电辊冷却系统和镀后漂洗循环系统等，其流程见图 6-5 和图 6-6。

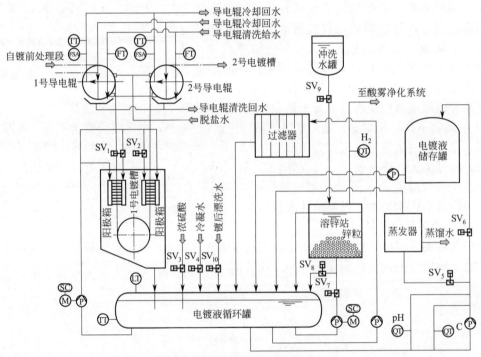

图 6-5 镀锌段循环系统流程图（一）

1. 镀液循环系统

电镀液循环罐中的电镀液由循环泵抽出后进入阳极箱的底部，经阳极箱顶部的 V 形口溢流而出形成电镀液"液幕"，"液幕"的宽度调节通过自动调节循环泵（变频泵）的流量来实现。当有浪形的带钢经过镀槽时，循环泵的流量会随着阳极的位置（窄位、宽位和非工作位）自动调节，一方面可以防止带钢与阳极碰撞导致阳极损坏，另一方面可保证轻度浪形带钢不会被漏镀。循环泵的转速（流量）会被提前输入系统中以实现自动控制。

电镀液的成分为：Zn^{2+} 浓度为 (90 ± 10) g/L，H_2SO_4 浓度为 $1\sim10$ g/L，$Fe^{2+}+Fe^{3+}$ 浓度小于 4g/L。其 pH 值为 $1.3\sim2.0$，温度约为 55℃。电镀液的 pH 值通过阀 SV_3 自动向循

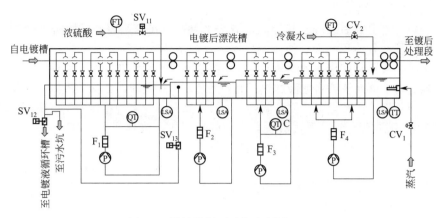

图 6-6　镀锌段循环系统流程图（二）

环罐中加入浓硫酸来调节，为防止加入硫酸过量，一般以间断模式加入。镀液的体积通过阀 SV_{10} 自动加入镀后漂洗水来调节，必要时打开阀 SV_4 自动加入冷凝水。为了使电镀液在循环罐中混合均匀并维持液位稳定，各电镀槽的回流管均插入到循环罐液面以下。当带钢单面镀锌时，则关闭阀 SV_1 和 SV_2。为了保持带钢表面湿润且不会出现"电镀斑"，在导电辊左右均向带钢上下表面连续喷少量脱盐水使带钢保持湿润，避免电镀液结晶。

电镀液浓度和 pH 值分别由 QT/C（电导率）和 QT/pH 持续在线监测，供操作员参考，当 Zn^{2+} 浓度和镀液 pH 值太高或太低时，均会报警。

2. 镀液过滤系统

在电镀锌生产过程中，带钢表面、空气、管道和溶锌系统中的杂质会进入镀液中，主要是细小固体悬浮物和胶体物质，这些杂质积累到一定浓度对电镀极为不利，必须除去。因此向过滤介质（滤网或滤布）表面均匀预涂覆一薄层硅藻土助滤剂滤饼，当电镀液通过这层硅藻土滤层时，借助硅藻土较强的吸附能力和良好的过滤性能，使电镀液中的杂质得以去除。

过滤时电镀液穿过硅藻土层，其中的大颗粒被截留在悬浮液一侧的硅藻土层表面，小颗粒则进入硅藻土层，在弯曲错综的孔道中被吸附截留，获得澄清的电镀液，返回循环罐使用。由于预覆层中不规则的孔道较长，且密集分布于整个预覆层，硅藻土颗粒的硅质壳壁上又具有许多天然的小孔和沟，预覆层可以吸附容纳较多的微细粒子，在相当长的时间内保持一定的过滤速率。当过滤孔隙大部分被堵塞时，过滤速率会大大降低，此时用少量电镀液反冲洗滤饼，并将反洗液排放掉。再次预涂覆助滤剂层，进行下一个过滤循环。

3. 溶锌系统

电镀液由溶锌泵从循环罐中抽出后从溶锌罐底部逆流通过罐中的锌粒层，锌粒便与电镀液中的 H^+ 发生反应变为 Zn^{2+} 进入电镀液中，使消耗掉的 Zn^{2+} 得到补充。溶锌泵为变频泵，其转速与酸雾中 H_2 浓度和电镀液的 pH 值联锁。当酸雾中 H_2 浓度大于某一较低阈值或电镀液 pH 值大于某一较高设定值时，溶锌泵的流量降到最低，即溶锌泵以最低转速运行，同时发出报警信号；当酸雾中 H_2 浓度大于某一较高阈值时，溶锌泵立即停止，阀 SV_7 自动关闭、阀 SV_8 自动打开，溶锌站中的电镀液立即回流至循环罐中，同时阀 SV_9 打开，自动向锌粒层和溶锌罐顶部喷大量的脱盐水，冲洗掉锌粒表面的镀液，尽快使溶锌反应终止，以降低酸雾中 H_2 浓度，避免发生爆炸。镀液中 Zn^{2+} 的浓度通过电导率仪 QT/C 反映，电导率仪将实际值报告给溶锌修正计算块，该计算块将实际值与设定值进行比较，如偏差超过允许值，确定一个对应于溶锌泵转速的合适修正值，使得电镀液中的 Zn^{2+} 浓度得到及时快速调节。这个闭环回路可以切换到手动模式，操作员根据实测值和修正建议进行手动操作。

4. 蒸发器系统

为了回收锌,部分镀后漂洗水和导电辊清洗水以及喷在带钢表面的脱盐水会进入循环系统中,使电镀液被稀释且体积增大。通过蒸发器蒸发掉多余的水分,即可控制电镀液的浓度和体积。蒸发器系统内设置有加热器和冷却器,在系统启动进行镀锌时,由于镀液温度较低不能满足工艺要求,通过蒸发器系统可将镀液加热;而当系统正常运行时,镀液温度则会缓慢升高,通过蒸发器系统又可将镀液冷却至工艺要求温度。通过温度联锁,实现了镀液温度闭环自动控制。

该机组采用引进的两级闪蒸式蒸发器。在闪蒸器中,液体进入低压容器中,压力突然减小,沸点突然降低,水吸热从电镀液中蒸馏出来,电镀液温度有所降低,必须补充热能。闪蒸室第 1 级用浓缩后的电镀液冷却蒸馏水,使闪蒸后的低温电镀液温度升高,回收热能,降低能耗;闪蒸室第 2 级用冷却水将蒸馏水冷却下来,用于补充漂洗用水。蒸发器配有 1 个辅助蒸汽加热器(管壳式),如果电镀循环罐的热负荷过低,则电镀液先通过辅助蒸汽加热器,与蒸汽换热,补充热负荷后,再进入闪蒸室,提高闪蒸效率。电镀锌蒸发装置设计处理能力为 $1278m^3/h$,蒸馏水最大生产能力为 $14m^3/h$,蒸发对象为电镀液、带钢喷淋水和导电辊漂洗水,成功解决了其他电镀锌机组中蒸发装置利用率低且带钢喷洗水量受限的问题。从蒸发器出来的蒸馏水具有很高的品质,电导率低于 $10\mu S/cm$,因此蒸馏水将被收集在冷凝水罐中供各个系统使用。

5. 电镀液储存系统

当镀液循环系统需要检修维护或有其他异常情况出现时,需要将循环罐中的电镀液转移至储存罐中暂时保存。转移电镀液使用蒸发器泵,转移时关闭至蒸发器的阀 SV_5、打开至储存罐的阀 SV_6。电镀液循环系统恢复正常时,再用泵将电镀液从储存罐转移至循环罐。

6. 导电辊清洗系统

电镀时,总会有部分电镀液被带钢带到导电辊上,导电辊会被镀上少量锌,从而造成"粘锌",且带钢带出的电镀液会黏附在导电辊表面而形成 $ZnSO_4$ 结晶,由此带来辊印、压痕等带钢表面缺陷。因此需设置导电辊清洗系统,以清除"粘锌"和 $ZnSO_4$ 结晶。每个导电辊下面都设有一个装有清洗水(脱盐水或稀硫酸溶液)的浸洗盘。导电辊下部浸入清洗水中,当导电辊运行时辊面便得到连续清洗。

导电辊清洗水定期更新,一定量的清洗水排放到电镀液循环罐或污水坑,随后自动向导电辊清洗循环罐加入冷凝水。只有选择了使用稀硫酸溶液清洗的操作模式后,才向循环罐中加入浓硫酸。清洗水的水质用电导率仪持续监测,流量用流量计监测。

7. 导电辊冷却系统

由于导电辊本身存在电阻,当有较大的电流通过时会产生热量,如不及时将热量带走,不仅会影响导电辊的使用寿命,而且使电流效率降低,因此需向导电辊内部通入循环冷却水使导电辊冷却,冷却水为闭路循环。由于冷却水热胀冷缩时不可避免地会发生体积变化,因此导电辊内部可能会出现未充满冷却水的情况,使导电辊的转动惯量发生变化,这将影响机组的稳定运行。因此各导电辊冷却水的出口装有排气阀,可将导电辊中的空气自动排出,从而保证导电辊冷却充分。同时出口管上还设有流量和温度监测装置,遇到异常情况会发出报警。

8. 镀后漂洗循环系统

根据带钢由电镀槽带出残留液的量和浓度,可以用下式近似计算漂洗槽级数和新水补充量:

$$Q = 1.2 q_0 Bv \left(\frac{C_0}{C_n}\right)^{\frac{1}{n}} \times 10^{-4}$$

式中,Q 为新水补充量,m^3/h;q_0 为带钢从电镀槽出来后单面的单位面积残液量,mL/

m^2；B 为带钢宽度，m；v 为带钢运行速度，m/min；C_0 为电镀槽中 $ZnSO_4$ 浓度，g/L；C_n 为第 n 级漂洗水中 $ZnSO_4$ 的控制浓度，g/L；n 为漂洗槽的级数。

当带钢双面镀或差厚镀时，漂洗槽各级均为水漂洗。若带钢单面带出液量 $q_0=20\text{mL}/m^2$，$C_0=250\text{g/L}$，$C_n=0.02\text{g/L}$，$B=1.8\text{m}$，$v=180\text{m/min}$，则采用 3 级漂洗槽时，新水消耗量为 $Q=18\text{m}^3/\text{h}$；采用 4 级漂洗槽时，新水消耗量为 $Q=8.2\text{m}^3/\text{h}$。

当带钢单面镀时，第 1 级漂洗为含硫酸的漂洗槽，目的是除去非镀锌面镀上的少量锌。若带钢从第 1 级漂洗槽单面带出液量 $q_0=10\text{mL}/m^2$，$C_0=50\text{g/L}$（$ZnSO_4$ 浓度），$C_n=0.02\text{g/L}$，$B=1.8\text{m}$，$V=180\text{m/min}$，则采用 3 级漂洗槽时，漂洗水消耗量为 $Q=19.4\text{m}^3/\text{h}$；采用 4 级漂洗槽时，新水消耗量为 $Q=5.3\text{m}^3/\text{h}$。

在保证漂洗槽出口带钢表面清洁度的前提下，综合考虑设备投资与耗水量成本，电镀后漂洗宜采用 4 级溢流串级漂洗（见图 6-6），可将新水的最大消耗量控制在 $10\text{m}^3/\text{h}$ 以下。

带钢单面镀锌时，第 1 级漂洗为含硫酸漂洗。硫酸直接加入到漂洗槽内，酸浓度通过电导率 QT/C 控制阀 SV_{11} 补充，其余 3 级为逆向溢流水漂洗。第 2 级漂洗水不经过第 1 级而直接溢流（阀 SV_{13} 打开）至电镀液循环罐（此时阀 SV_{12} 打开）或污水坑。对于其他种类的镀层（双面镀和差厚镀），镀后漂洗段为 4 级逆流水漂洗。

第 4 级漂洗补给新水的流量受第 3 级漂洗水电导率和 1～4 级漂洗槽液位控制，通过控制阀 CV_2 的开度来实现，使各级漂洗水质和液位保持稳定。最后一级漂洗槽直接通入蒸汽加热漂洗水。

四、闪镀镍系统

1. 闪镀镍技术概述

闪镀镍也叫纳米镍，是近十年左右在电镀锌行业逐步发展起来的一种新工艺，通过闪镀镍可以提高电镀锌的形核速度和数量，从而得到均匀、致密的底层结晶。在底层结晶基础上再进行电镀锌时，镀层的质量会更致密均匀，最终造成一种可以通过闪镀镍降低电镀锌基材表面微观质量要求的效果，如图 6-7 所示。

图 6-7 电镀锌工艺改进示意

具体机理是：电镀的实质是电沉积的过程，镀液中的金属离子传递到阴极带钢上，由于电荷传递反应形成吸附原子，最后形成晶格。在这当中，非常关键的步骤是新晶核的生成和晶体的成长，这两个步骤的竞争直接影响到镀层生成的晶粒状态。闪镀镍时，纳米镍预镀液高的阴极过电势、高的吸附原子总数和低的吸附原子表面迁移率，为大量形核和减少晶粒生长创造了必备的条件，使晶核和晶粒生长得到较大的抑制，从而得到纳米镍镀层。由于镀层处于晶核已经形成但并未长大的中间状态，因此镀层非常薄，而且很致密，不论是镀层的厚度还是晶核的大小都是呈纳米级状态，使之具有很多独特的特点，为后续的镀锌打下了基础。

2. 闪镀镍对电镀锌的作用

图 6-8 所示为闪镀镍电镀锌板用 400 倍金相显微镜放大后表面状况的对比图片。图 6-8(a) 所示是冷轧板基材，图 6-8(b) 所示是直接硫酸盐镀锌钢板，图 6-8(c) 所示是闪镀镍 5s 再硫酸盐镀锌钢板，图 6-8(d) 所示是闪镀镍 30s 再硫酸盐镀锌钢板。从四张图的对比可看出，经闪镀镍后的镀锌层表面更加光洁、细致，而且闪镀镍 30s 比 5s 效果更好。

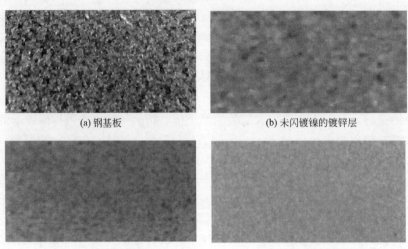

图 6-8　闪镀镍试验结果对比

3. 闪镀镍工艺原理

新增闪镀镍工艺段布置在硫酸酸洗槽和电镀锌槽之间，拆除原有的设备布置闪镀镍槽。采用卧式电镀镍槽，包括酸洗后漂洗、闪镀镍和镀后三级漂洗。

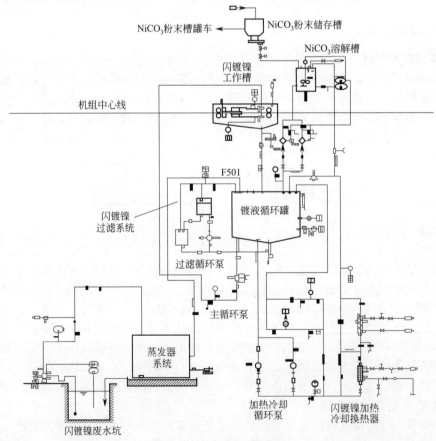

图 6-9　闪镀镍工艺流程

镍添加采用碳酸镍粉末投加，溶解方程式如下：

$$NiCO_3 + H_2SO_4 =\!\!=\!\!= NiSO_4 + H_2O + CO_2$$

镀镍方程式如下：

$$Ni^{2+} + 2e =\!\!=\!\!= Ni$$
$$4OH^- - 4e =\!\!=\!\!= 2H_2O + O_2$$

投加的 $NiCO_3$ 在硫酸酸性环境下变成 $NiSO_4$，Ni^{2+} 得到电子电镀到带钢上，H_2O 电离的 OH^- 失去电子放出 O_2，剩下的 H^+ 和 SO_4^{2-} 又变成硫酸，继续回流到 $NiCO_3$ 溶解罐溶解新的 $NiCO_3$。整个电镀过程形成一个闭环，不会增加新的阴、阳离子。

$NiCO_3$ 粉采用自动加料装置负压方式投加，不会导致粉末飞扬。闪镀镍之后采用漂洗装置，将带钢残余的 $NiSO_4$ 溶液冲洗干净后进入电镀锌镀槽。由于 Ni^{2+} 属于第一类污染物，要求在车间排放小于 0.1mg/L，因此漂洗废水不能直接排放，需要进行回收处理，将闪镀镍区域内含镍漂洗废水和废水坑废水统一收集到蒸发器废液罐，进行蒸发浓缩处理，浓缩之后的 $NiSO_4$ 溶液回流到闪镀镍主循环罐，冷凝水回到前清洗漂洗水罐补液。

闪镀镍工艺段主要包括 $NiCO_3$ 自动加料和配液系统、加热冷却系统、过滤系统、闪镀镍主循环供液系统、保湿水系统、含镍废水处理系统、镀前漂洗系统、镀后漂洗系统。闪镀镍工艺流程如图 6-9 所示。

第二节　电镀锌生产工艺

一、镀锌前处理

1. 脱脂处理

脱脂处理包括化学脱脂和电解脱脂，其目的是去除带钢表面的残余油迹、油脂和杂质颗粒。脱脂的效果跟脱脂液浓度和温度均有密切关系，浓度过低清洗能力不足，浓度过高会有残留的碱液带入酸洗段，中和酸液；温度过低碱液清洗效果不佳，温度过高导致脱脂液分解。脱脂后清洗的目的是冲洗带钢表面残留的清洗油污及脱脂液，防止带入酸洗段而中和酸液；温度也需达到最佳温度才能保证冲洗能力。

2. 酸洗处理

化学酸洗的目的是除去带钢表面的残铁及金属氧化层。酸液浓度过高会导致过酸洗，产生表面缺陷；浓度过低会导致酸洗能力不足，造成锌层附着力不好。

酸洗处理的使用原则是：①当来料表面情况良好时，酸洗段正常投入使用以激活带钢表面使锌层附着力更强；②当原料在库区内滞留时间过长或者明显可见锈蚀时，酸洗段必须投入使用，且必须适当提高酸洗液浓度；③某些原料存在一些隐性缺陷，在酸洗后会放大（如丝状斑迹），此时可以停止使用酸洗段。

二、电镀锌镀层控制

电镀锌镀层的控制是电镀锌生产的核心任务之一，主要包括对锌层厚度、结晶形貌、锌层附着力及耐蚀性等四个方面的控制。结合生产工艺及镀层控制的原理，通过工艺参数调节、产品质量跟踪及后续的分析讨论，总结出一套适合电镀锌机组的锌层控制的技术规范。

依据电镀锌机组的特性，在实际生产中，影响镀层的因素主要包括：电镀电流、镀液温度、镀液浓度、镀液流量和机组速度。

1. 电镀电流

(1) 电流密度的影响机理 任何镀液都有一个获得良好镀层的电流密度范围,获得良好镀层的最小电流密度称为电流密度下限,获得良好镀层的最大电流密度称为电流密度上限。一般来说,当阴极电流密度过低时,阴极极化作用小,镀层的结晶晶粒较粗,所以在生产中很少使用过低的阴极电流密度。随着阴极电流密度的增大,阴极的极化作用也随之增大,镀层结晶也随之变得细致紧密;但阴极上的电流密度不能过大,不同的电镀溶液在不同工艺条件下有着不同的阴极电流密度的上限值,超过允许的上限值以后,由于阴极附近严重缺乏金属离子,在阴极的尖端和凸出处会产生形状如树枝的金属镀层,即所谓的"枝晶",或者在整个阴极表面上产生形状如海绵的疏松镀层。在生产中经常遇到的是在零件的尖角和边缘处容易发生"烧焦"现象,严重时会形成树枝状结晶或海绵状镀层。

在正常的电流密度范围内,提高电流密度,不但可以得到比较细致的镀层,而且还能加快沉积速度,提高劳动生产率。镀液电流密度范围的大小,通常是由镀液的性质、主盐浓度、镀液温度和搅拌等因素决定的。

(2) 电镀电流的计算 电镀电流密度大小的设定基于带钢表面所要涂覆的厚度,双面镀时,最大为 $90A/dm^2$;单面镀时,最大为 $180A/dm^2$;一般情况下平均电流密度约为 $100A/dm^2$。

2. 镀液温度

(1) 镀液温度的影响机理 当其他条件不变时,升高溶液的温度,通常会加快阴极反应速度和离子扩散速度,降低阴极极化作用,因而也会使镀层结晶变粗。

但不能认为升高溶液温度都是不利的,如果同其他工艺条件配合恰当,升高溶液温度也会取得良好的效果。例如:升高温度可以提高允许的阴极电流密度的上限值,阴极电流密度的增加会增大阴极极化作用,以弥补升温的不足,这样不但不会使镀层结晶变粗,而且会加快沉积速度,提高生产效率。此外还可以提高溶液的导电性、促进阳极溶解、提高阴极电流效率(镀铬除外)、减少针孔、降低镀层内应力等效果。

(2) 镀液温度的控制 镀液温度过高会降低阴极极化作用,导致镀层结晶变粗。这是因为放电金属离子在镀液温度高时,具有更大的活化能,而降低电化学极化作用。然而适当的温度提高可增大由于热运动而产生的离子扩散速度,降低了浓差极化作用;另外,升高温度还有提高镀液的导电性、促进阳极溶解、减少镀层针孔、降低镀层内应力等优点。在温度一定的情况下,增大电流密度又可以提高阴极极化作用,有利于形成细晶镀层。因此,本机组的温度控制在 48~58℃下进行电镀,保证了良好的镀层晶粒的产生。

3. 镀液浓度

(1) 镀液浓度的影响机理 镀液的主要成分是硫酸锌溶液,控制镀液浓度主要是控制游离酸浓度和锌离子浓度。正常情况下,镀液中 Zn^{2+} 浓度应达到 90g/L,游离酸浓度应达到 5 g/L,这样保证了良好的镀层厚度和镀层均匀性。锌离子浓度过高会增加成本负担;而锌离子浓度过低,当 Zn^{2+} 浓度低于 80g/L 时,锌层会变得灰白、晶粒粗大、疏松。

(2) 镀液浓度的控制 当锌离子浓度过高时,首选降低溶锌速度,在机组状况允许的情况下也可以提高电镀速度;锌离子浓度低时则提高溶锌速度。

当游离酸浓度过高时,首选加速溶锌,可以先牺牲一部分的锌离子浓度,来让游离酸与锌达到平衡状态后,继续生产;游离酸浓度低时则通过加酸来实现。

4. 镀液流量

(1) 镀液流量的影响机理 镀液流量是通过镀液循环泵速来控制的。泵速高,流经基板表面的镀液就多;泵速低,流经基板表面的镀液就少。

适当地提高泵速会加速溶液的对流,使阴极附近消耗了的金属离子得到及时补充和降低阴极的浓差极化作用,因而直观地分析,在其他条件相同的情况下,提高泵速会使镀层结晶变粗。然而,提高泵速后,提高了允许的阴极电流密度上限值,可以在较高的电流密度和较高的电流效率下得到紧密细致的镀层,这样就可以克服因阴极极化作用的降低而产生的结晶变粗现象,还可以提高镀层的平整性。在某些情况下,还可以消除条纹或橘皮状镀层。

(2) 镀液流量的控制　生产线运行时,随着基板的宽度变化,泵速也随之发生变化,从而可以避免镀层分布不均及覆盖能力不好的情况。由于泵速的变化,电镀液在循环罐中的对流也发生变化,因此必须进行定期或连续过滤,以除去溶液中的各种固体杂质和渣滓,否则会降低镀层的结合力并使镀层粗糙、疏松、多孔。从实际生产中可以看到,经过一段时间,镀液循环罐镀液表层有厚厚的一层油污且镀液变黄,影响板面质量,必须通过清理使镀液恢复清澈。

5. 机组速度

机组速度高,会缩短沉积时间,使镀层厚度减小;机组速度低,会延长沉积时间,使镀层厚度增大。机组速度的加快或减慢,都会导致其他因素的重新调节,所以稳定的机组速度是保证镀层厚度的前提条件。

三、电镀液位的控制

1. 电镀液控制系统的组成

镀液控制系统主要由电镀循环系统、溶锌系统、蒸发系统和硫酸循环系统四个子循环系统组成。这四个系统中电镀循环系统处于主导地位,它会直接影响镀液的稳定。而其他三个系统则是为了补偿镀液的各种损失而存在的,属于从属地位。以上四个系统,并不是单一地影响镀液的某一个方面,而是多方面的。

2. 电镀液参数的影响关系

这四个子系统功能不同,对电镀液的工艺参数和液位的影响关系也不同,如表 6-3 所示。

表 6-3　电镀液控制手段

系统名称	电镀循环系统			溶锌系统	蒸发系统		硫酸循环系统
功能	电镀	过滤	储存	溶锌	温控	蒸发	加酸
pH 值	下降	不变	不变	上升	不变	略微下降	下降
锌离子浓度	下降	不变	不变	上升	不变	上升	不变
温度	不变	不变	不变	不变	上升/下降	不变	略微上升
液位	上升	不变	下降	上升	不变	下降	略微上升

从表 6-3 来看,首先对于电镀循环中的过滤功能以及蒸发系统的温控功能,这两个环节基本不影响镀液稳定,且是生产过程所必需的,所以在操作中常开;其次,其中注明为略微上升或下降的,其变化幅度基本都是极其微小的,相比其他参数都是数量级的差异,可以认为基本不变,在后续的工艺调整中可以不予考虑。

3. 电镀液参数控制策略

因此,针对镀液各种参数的变化,可以采取不同的应对措施策略,如表 6-4 所示。

表 6-4　镀液参数控制应对措施

镀液参数控制			应对措施					
循环罐液位	pH 值	锌离子浓度	电镀	蒸发	溶锌	加酸	储存罐	备注
过高	过高	过高	加速	开启/加速	降速/停止	降速/停止	维持/导入	
		过低	维持	开启/加速	开启/加速	开启/加速	维持/导入	
	过低	过高	加速	开启/加速	最低速	停止	维持/导入	①
		过低	维持	开启/加速	开启/加速	停止	维持/导入	

续表

镀液参数控制			应对措施					
循环罐液位	pH值	锌离子浓度	电镀	蒸发	溶锌	加酸	储存罐	备注
过低	过高	过高	加速	降速/关闭	降速/停止	降速/停止	导出[2]	
		过低	维持	降速/关闭	开启/加速	开启/加速	导出[2]	
	过低	过高	加速	降速/关闭	最低速	停止	导出[2]	[1]
		过低	维持	降速/关闭	开启/加速	停止	导出[2]	

[1] 首选加速电镀＋最低速溶锌的模式，此方法需要一定的时间来逐步改善镀液。如恰逢机组停机，则直接将循环罐部分镀液打入存储罐，然后再对循环罐补水来降低锌离子浓度。

[2] 优先选择导出电镀液，但如果存储罐已无液位，则需添加冷凝水来代替镀液提高液位。

4. 单一参数调整

以上各种措施都是为了应对两或三种工艺参数同时超标的情况而制定的，而对于单一参数控制，则可以根据以下原则进行选择：

① 液位调整。首选蒸发器蒸发功能控制，调节蒸发量；如果偏差过大则选择存储罐调节液位。

② pH值调整。pH值过高时首选加酸，不过单次加酸量应控制在下限，采取少量多次的原则，每次加酸间隔应控制在10min以上；pH值过低时首选提高溶锌速度。

③ 锌离子浓度调整。锌离子浓度高时首选降低溶锌速度，在机组状况允许的情况下也可以提高电镀速度；锌离子浓度低时则提高溶锌速度。

四、电镀生产工艺

1. 电镀液工艺参数

电镀液工艺参数见表6-5。

表6-5 电镀液工艺参数

参数性质	温度/℃	密度/(g/mL)	pH值	游离酸浓度/(g/L)	技术参数
目标值	53	1.25	1.5	5	$ZnSO_4$ 含量：310g/L Zn^{2+} 含量：90g/L 游离 H_2SO_4 浓度：5g/L 总的Fe含量：<4g/L
控制范围	53±5	—	1.3~1.8	1~10	Zn^{2+} 含量：80~110g/L 游离 H_2SO_4 浓度：2~10g/L 总的Fe含量：<4g/L
杂质范围	—	—	—	—	F^- 含量：<2mg/L Cl^- 含量：<10mg/L 铅含量：<8mg/L（如作为 $PbSO_4$） 铁含量：<4g/L（总铁，其中：约80% Fe^{2+}，20% Fe^{3+}） 铁伴随元素含量：Mn、Ni、Cu、Cd<5mg/L Cr^{3+} 含量：<20mg/L 有机杂质含量：<2mg/L

2. 电镀液的配制

电镀循环罐初次配液所需材料数量如下。

锌粒：循环罐有效容积×锌离子浓度＝240m³×90g/L＝21600kg（此锌粒量为反应所需质量，实际首次填充量为140t）。

硫酸：锌粒质量× H_2SO_4 原子量/(Zn原子量×硫酸利用系数)＝21600kg×98/(65.4×0.96)＝33716kg。

原酸：硫酸/(原酸浓度×原酸密度)=33716kg/(96%×1.835g/cm³)=19139L(原酸浓度：96%；20℃密度为1.835g/cm³)。

冷凝水：循环罐有效容积−原酸量=240m³−19.139m³=220.861m³。

3. 导电辊清洗

(1) 导电辊清洗的作用 在每个导电辊下面安装有一个充满蒸馏水或者弱酸水的蘸料托盘，辊子浸入到溶液中，对辊子表面进行连续的清洗，通过这样的方式保持辊面不会因为干燥而形成盐或锌渣。为使其干净，所有导电辊均设置有刮刀及刮水器分别用来清除辊面剩余的锌层、清洗水。

清洗水的浓度直接影响板面质量，浓度过高或者过低均会导致板面腐蚀不均，形成导电辊斑马纹缺陷。通过定量地向电镀循环罐或污水坑中排放，可使导电辊清洗液进行定时的更新，接着循环罐重新装满冷凝水。当选择"带硫酸"模式运行时，硫酸就被加入到清洗循环罐中。

(2) 导电辊清洗的管理 当导电辊清洗处于运行状态时，不仅要观察清洗液浓度指示，更应留意导电辊表面状况，正常情况下，导电辊表面不应该出现盐的沉积。如果导电辊表面出现薄的锌层，一般情况下对产品质量没有太大的影响，但是若发现锌层变厚且不均时，应提高酸的浓度；当看不到锌层时，应降低酸的浓度。清洗液与电镀液的游离酸浓度差值不能超过3.0%~4.0%，以免产生导电辊斑马纹。

(3) 技术参数

硫酸锌含量：Zn^{2+}含量<6g/L。

新H_2SO_4浓度：2~10g/L。

pH值：1.2~1.8（此值范围较大，应视现场具体工况灵活掌握）。

每辊清洗流量：约2000L/h。

4. 镀后清洗

(1) 镀后清洗的作用 电镀段之后一般设置有4段的漂洗槽。单面镀时，第1段以带酸清洗模式运行，以洗去不镀锌的一面少量非正常黏附的锌，酸的浓度由电导率控制回路调节；后3段则直接使用冷凝水逆向溢流，喷淋清洗操作模式。双面镀时，清洗段则以4段全部作为喷淋水清洗，冷凝水从第4段加入，加入量取决于第3段的电导率和1~4段的液位。此外，第4段以直接注入蒸汽的方式加热漂洗冷凝水。

(2) 技术参数 对于第1段的酸性清洗水，单面镀时第1段的电导率设定为30mS/cm，在双面/差厚镀时应设定为10mS/cm；硫酸锌含量：50g/L（$ZnSO_4 \cdot 7H_2O$）；总的Fe含量：<1g/L；游离H_2SO_4浓度：5~50g/L；pH值：<1.5。

对于第2~4段的清洗水，不含酸清洗水的电导率：30μS/cm；清洗水的温度：45℃。

5. 生产过程的质量控制

电镀锌生产过程质量控制的项目详见表6-6。

表6-6 电镀锌生产过程质量控制

序号	管理项目	分析指标	分析频次	温度/℃	浓度/(g/L) 设定值	浓度/(g/L) 目标值	pH值 设定值	pH值 目标值	电导率/(mS/cm)
1	化学脱脂	游离碱	每班1次	65	20~30	25	13~14		28~41
2	电解脱脂	游离碱	每班1次	65	30~40	35			41~53
3	脱脂后清洗	电导率	每周1次	40			8~13		≤5
4	酸洗段	Fe^{2+}	每班1次	常温	≤4				
4	酸洗段	Fe^{3+}	每班1次	常温	≤1				
4	酸洗段	H_2SO_4	每班1次	常温	18~25	20	<1		73~78
5	酸洗后清洗	电导率	每周1次	40	10		1~2		≤15

续表

序号	管理项目	分析指标	分析频次	温度/℃	浓度/(g/L) 设定值	浓度/(g/L) 目标值	pH值 设定值	pH值 目标值	电导率/(mS/cm)
6	电镀液	Zn^{2+}浓度	每班1次	53±5	80～110	90			60～70
		pH值	每班1次				1.3～1.8	1.5	
		Fe^{2+}	每班1次		≤4				
		游离酸	每班1次		3～8	5			
		Cl^-浓度	每月1次		0.01				
		微量元素	每月1次						
		Cu^{2+}浓度	每月1次		<0.005				
		F^-浓度	每月1次		≤2				
7	导电辊清洗水	H_2SO_4	每班1次	无	1.0～2.0	1～1.5			
		Zn^{2+}浓度	每班1次		<20				
		pH值	每班1次				1.8～3.0	2.0	
8	导电辊冷却水	温度		≤35					
9	镀后第1级酸性清洗水	游离酸	每班1次	45					10～80
		Zn^{2+}浓度	每班1次		<50				
		总铁含量	每班1次		≤1				
		pH值	每班1次				<1.5		
		电导率	每班1次						单面镀60,差厚镀30
10	镀后第3级清洗段	电导率	每周1次	45	≤0.01				≤0.03
		pH值	每周1次						
		游离酸							
11	活化剂	pH值	每班1次	≤30	1～5	4	8.5～10	9	
12	磷化剂	总酸度/(mg KOH/g)	1次/30min	第1段53	25～28	27			
		游离酸度/(mg KOH/g)		第2段55	1.7～2.2	2			
13	磷化后清洗	电导率	每周1次	35～45			0.03		

五、基板表面 R_{pc} 值的改进

1. 问题的提出

电镀锌板下表面密集的小亮点缺陷是影响产品质量的一大难题。

(1) **SEM 微观分析**　从 SEM 微观分析和能谱分析可以看出,亮点处并不存在其他污染物,能谱分析显示其为均匀的锌层表面,亮点部位的 SEM 照片如图 6-10 所示。

(2) **表面形态对比**　对比试产产品与标杆电镀锌耐指纹产品的金相显微照片,标杆产品表面细腻均匀,凸起点密集,而试产产品表面不均匀,凸起点较少,如图 6-11 所示。

(3) **表面特性对比**　进一步,对试产产品与标杆产品的表面粗糙度、R_{pc} 值进行了对比,如表 6-7 所示。

(4) **SEM 微观对比**　对试产产品与标杆产品进行 SEM 微观对比分析。SEM 显示,标杆电镀锌产品的晶粒发育较完全,表面虽然有亮点缺陷,但压痕较轻,具体反

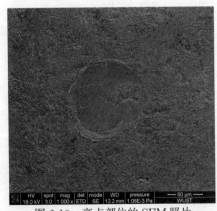

图 6-10　亮点部位的 SEM 照片

映为在晶粒被压平的地方仍然保留有微观结构,同时可以看出标杆产品的表面较平整,对应粗糙度 Ra 值较低,如图 6-12 所示。

(a) 试产产品　　　　　　　　　(b) 标杆产品

图 6-11　耐指纹产品金相显微照片的对比

表 6-7　样品粗糙度和 R_{pc} 值的对比

区分	样板	编号	上表面 R_{pc}/Ra 值		下表面 R_{pc}/Ra 值	
			纵向	横向	纵向	横向
试产产品	基板	1	72 个/1.034μm	88 个/0.837μm	72 个/1.034μm	88 个/0.837μm
		2	71 个/0.989μm	74 个/0.885μm	71 个/0.989μm	83 个/1.307μm
	电镀锌板	1	62 个/0.892μm	70 个/0.846μm	67 个/0.999μm	83 个/0.721μm
		2	62 个/0.890μm	67 个/0.82μm	66 个/0.830μm	82 个/1.17μm
标杆产品	电镀锌板	1	103 个/0.705μm	114 个/0.73μm	134 个/0.664μm	112 个/0.667μm
		2	106 个/0.701μm	110 个/0.669μm	123 个/0.667μm	148 个/0.683μm
		3	77 个/0.802μm	94 个/0.668μm	71 个/0.851μm	78 个/0.834μm

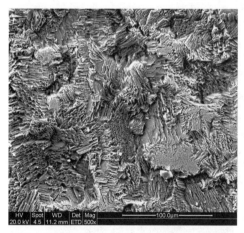
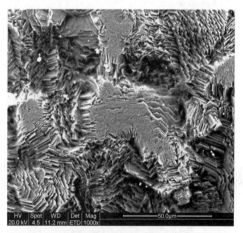

图 6-12　标杆电镀锌产品亮点放大

对比发现试产产品的粗糙度较高，且压痕比标杆产品要严重得多，其表面微观结构已完全消失，显示其表面与辊系摩擦较大，且存在轻微打滑现象，如图 6-13 所示。

2. 原因排查

(1) 传动优化　根据以上分析结果，对电镀锌机组的传动进一步进行了优化，然后对生产出的产品进行 SEM 分析，发现下表面亮点缺陷有一定改善，具体结果如图 6-14 所示。SEM 显示其压痕部位的微观结构得以保留，但肉眼观察改观并不明显，推断其与表面粗糙度和 R_{pc} 值有很大关系，要改善下表面亮点缺陷，

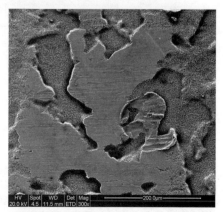

图 6-13　试制电镀锌产品亮点放大

必须降低 Ra、提高 R_{pc} 值。

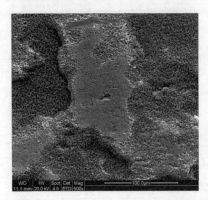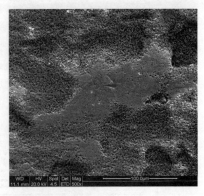

图 6-14 机组传动优化后亮点缺陷

(2) 辊面粗糙度优化 分别采用粗糙度 Ra 为 $2.0\mu m$、$2.5\mu m$、$3.5\mu m$ 的平整机工作辊，结果证明平整辊粗糙度越低，亮点表现越轻微，结果如表 6-8 和图 6-15 所示。

表 6-8 调整辊面粗糙度试验结果

项　目	喷砂辊	电火花 1	电火花 2
平整辊粗糙度 $Ra/\mu m$	3.5	3.5	2.0
板面粗糙度 $Ra/\mu m$	约 1.5	1.3～1.7	1.0～1.2
复印系数	约 43%	约 43%	约 55%
板面粗糙度 R_{pc}/个	20～40	60～70	80～100
亮点严重程度	严重	中度	轻度

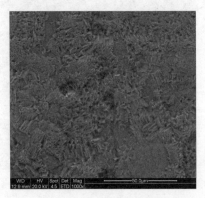

(a) 电火花 1 号试样　　(b) 电火花 2 号试样

图 6-15 改变粗糙度试验后亮点微观形貌

(3) 基板 R_{pc} 值的影响机理 由于电镀锌使用哈氏合金的钢质辊作为导电辊，因此在电镀过程中，刚刚形成的锌层本身软而疏松，带钢下表面接触钢辊后，镀锌层表面的大量凸点被压平，压平后的平面经光线反射，看上去就是一个个亮点。基板的 R_{pc} 值越高，微观形态上锌层的 R_{pc} 值也越高，再经过导电辊时所承受压力的点就越多，如图 6-16 所示，分配到每个点的张力减小，形成的亮点程度就减轻，宏观形貌上显示出小而密的亮点。因此，控制电镀锌下表面亮点缺陷的根本性措施是提高电镀锌基板表面的 R_{pc} 值。

图 6-16 基板 R_{pc} 值对亮点缺陷的影响

3. 控制要点

（1）电镀锌基板轧辊标准 为了提高电镀锌板镀层表面的 R_{pc} 值，必须从冷轧开始，通过规定合理的轧辊表面粗糙度和 R_{pc} 值，控制轧硬板的表面粗糙度和 R_{pc} 值；在连退生产线上，通过规定合理的平整机工作辊表面粗糙度和 R_{pc} 值，控制冷轧板的表面粗糙度和 R_{pc} 值；从而保证最终的电镀锌板表面粗糙度和 R_{pc} 值控制在合理的范围内，减少密集的小亮点缺陷带来的影响。

电镀锌基板轧辊规范如表 6-9 所示。

表 6-9 电镀锌基板轧辊规范

生产线	轧辊名称	$Ra/\mu m$	R_{pc} 值/个	毛化方式
冷轧线	Ⅰ～Ⅳ机架工作辊	0.5～0.7	—	光棍
	Ⅴ机架工作辊	4.0±0.5	—	EDT
连退线	平整机工作辊	2.5±0.2	≥100	EDT

（2）改进前后辊面比较 通过标准的贯彻实施，电镀锌基板的平整机用辊更为规范，辊面指标参数获得了显著的提高。前期辊面粗糙度 Ra 值大部分分布在 3.0～3.1μm 之间，R_{pc} 值分布在 95～100 个之间，如图 6-17 所示；而平整机工作辊复印到基板上的 R_{pc} 值仅有不到 70%。按照标准要求使用粗糙度为 2.5μm 的高 R_{pc} 工作辊后，实测数据辊面 Ra 值大部分分布在 2.5～2.6μm 之间，R_{pc} 值分布在 105～110 个之间，如图 6-18 所示；复印到电镀锌基板的 R_{pc} 值大部分在 80% 以上。

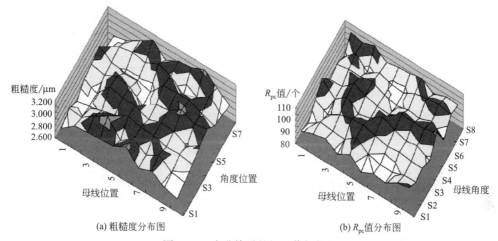

图 6-17 改进前平整机工作辊辊面

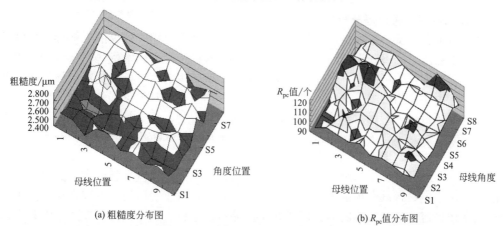

图 6-18 改进后平整机工作辊辊面

4. 改进效果论证

为了确认使用高 R_{pc} 值工作辊后电镀锌基板的改善情况,对改进前后电镀锌基板的 R_{pc} 值进行了跟踪测量,如图 6-19 所示,改进前 R_{pc} 均值仅有 61.43 个;改进后 R_{pc} 均值提高到了 82.28 个,R_{pc} 值高于 80 个的百分比为 70.45%,下表面亮点情况获得了明显的改善。

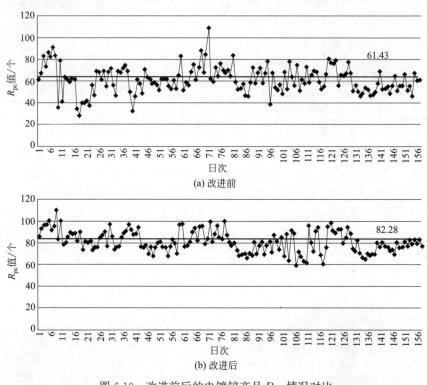

图 6-19　改进前后的电镀锌产品 R_{pc} 情况对比

第三节　汽车用电镀锌板的开发

一、汽车用电镀锌板开发策略

1. 汽车用电镀锌板市场分析

电镀锌板主要用于轿车外板,少量用于轿车内板,基本上用于较大的零部件。尽管随着热镀锌板生产工艺水平的不断提高、产品质量的逐步完善以及具有成本优势,经济型车用电镀锌板有被热镀锌板取代的可能性,但中高档乘用车、新型车用电镀锌板被热镀锌板取代的可能性很小。另外,由于使用习惯、材料性能的优势,许多车型及一些关键零件必须采用电镀锌板。

目前我国产量最大的民营汽车厂如奇瑞、比亚迪、吉利、长安等基本全部使用普板作为轿车外板;神龙、大众等合资品牌中低端车型外板采用热镀锌和冷板配合使用;一汽大众奥迪系列及迈腾、高尔夫等,上海通用别克、上海大众帕萨特车型部分外板一直使用电镀锌产品。随着汽车产业的不断升级、中高级车产能的不断扩张,未来电镀锌汽车板的市场必将持续扩大。

但是,由于电镀锌汽车板的主要应用在于轿车外板,对于表面质量和稳定控制能力的要求十分苛刻,而且进入汽车行业的最大困难在于产品认证过程。这个认证周期对于新建电镀锌生产线来说一般为 2~3 年。

2. 汽车用电镀锌板开发步骤

根据电镀锌产线调试进展和质量爬坡情况，结合市场调研结果，一般电镀锌汽车板产品开发计划如图 6-20 所示。

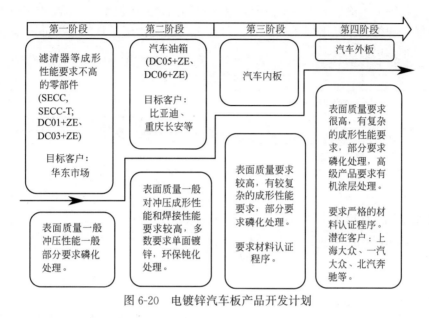

图 6-20　电镀锌汽车板产品开发计划

3. 电镀锌汽车板开发流程

相应地，制订了电镀锌汽车板产品开发流程，如图 6-21 所示。

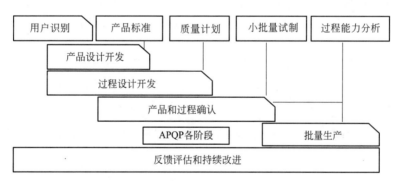

图 6-21　电镀锌汽车板产品开发流程

二、汽车配件用电镀锌板的开发

1. 滤清器用钢的开发

电镀锌板在汽车滤清器行业主要用作外壳体的冲压件，要求具有一定的冲压成形性能，对表面质量要求不高。各个厂家所需表面处理种类也不尽相同，有的要求环保钝化，有的要求耐指纹，有的要求预磷化处理。该市场进入门槛较低、利润率不高，电镀锌产线是新投产的产线，质量提高需要一定时间的积累。同时，由于滤清器为消耗类产品，因此市场容量较大，据保守估计，我国汽车滤清器行业每年消耗电镀锌产品约 30 万吨，主要客户集中在华东及华南地区。因此，一般选择该产品作为电镀锌汽车板产品质量爬坡初期的主要目标市场。

2. 油箱用钢的开发

（1）油箱用钢市场分析　油箱行业包括汽车油箱、摩托车油箱和小型发电机油箱。油箱是汽车和摩托车长时间、长距离安全行驶的重要保证,对材料性能的要求较高。汽车油箱用钢板在整个汽车钢板材料中所占的比例较小,但是属于技术含量高、附加值高的双高产品,代表了行业的水平。因此国外很多钢厂相继开发了油箱专用产品,如新日铁开发了环保型无铅无铬用电镀锌、电镀锌镍、预涂层电镀锌镍以及热镀锌锡等油箱专用板系列产品,JFE 开发了环保型电镀锌、电镀锌镍等油箱专用板系列产品。目前不同油箱使用材料的情况如表 6-10 所示,在油箱用料中,钢板仍占比较大的比例。

表 6-10 油箱使用的主要材料

序号	油箱类别	用料情况
1	汽车油箱	塑料、钢材(镀铅锡、电镀锌、电镀锌镍、镀锡等)
2	摩托车油箱	钢材(冷轧、电镀锌单面镀及电镀锌镍)
3	小型发电机油箱	钢材(冷轧、电镀锌耐指纹)

(2) 油箱用钢一般要求 油箱用钢总体上的技术要求如下:
耐蚀性:耐箱内汽油腐蚀和箱外的使用环境腐蚀。
冲压成形性:良好的复杂深冲拉伸性能。
焊接性:良好的缝焊和电阻焊性能。
涂装性:良好的磷化及喷涂油漆的涂装性能。

(3) 油箱用钢开发过程 一般情况,油箱由下属的油箱厂负责生产,先在下属冲压厂进行冲压成形后,送至油箱厂进行脱脂除油、钝化、焊接等后工序。

油箱用电镀锌钢板的主要规格有两种,一是燃油箱壳体材料,BUFDE+Z-35/0,厚度为 0.8mm,要求钝化涂油;二是油箱防波板,BUSDE+Z-35/35,厚度为 0.5mm,要求钝化涂油。

具体生产工序流程为:落料—涂油—冲压—脱脂—水洗—钝化—焊接。

某些汽车厂要求油箱用环保无机钝化电镀锌钢板必须保证通过 72h 盐雾试验。油箱用环保无机钝化电镀锌钢板辊涂工艺、膜厚和 72h 盐雾试验结果如表 6-11 所示。

表 6-11 油箱用环保无机钝化电镀锌钢板辊涂工艺、膜厚和 72h 盐雾试验结果

钢板号	辊速比/%		压力/kg		膜厚/(mg/m²)		72h 盐雾试验
	涂覆辊	粘料辊	涂覆辊	辊间	上表面	下表面	
①	140	100	93	71	850	790	合格
②	120	80	130	100	950	790	合格
③	120	80	130	100	950	790	合格
④	115	75	120	80	1450	1260	合格
⑤	115	75	120	80	1450	1260	合格

盐雾试验后的样品如图 6-22 所示。

三、客车蒙皮产品的开发

1. 客车蒙皮产品需求分析

电镀锌汽车板主要用于汽车外覆盖件,用于内板的很少。用于客车蒙皮的电镀锌产品对表面质量要求不高,达到 B 级表面即可,与内板要求基本一致。客车蒙皮市场一般不需要材料

认证过程。

2. 客车蒙皮产品开发过程

客车蒙皮使用的材料为 DC03+ZE、SECC-T 等,要求磷化或磷化封闭处理,对板形平直度要求较高。

客车蒙皮用电镀锌磷化封闭产品会出现部分车身脱漆现象,具体情况如图 6-23 所示。

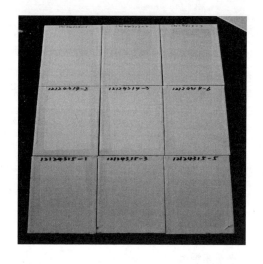

图 6-22 无机环保钝化产品盐雾试验结果

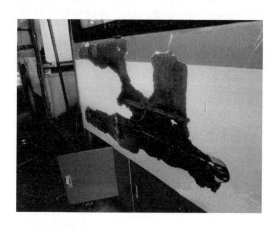

图 6-23 客户车身脱漆照片

为了解决这一问题,在实验室模仿客户的工艺流程进行了试验。该客户无清洗除油设备,其工序为开卷、裁切、冲压、焊接、涂底漆、原子灰处理、面漆涂装。在实验室试验的结果与客户反映的情况一致,也出现了严重的脱漆现象,如图 6-24 所示。

对实验室试验的结果进行分析,从图 6-24 可以看出,脱漆的部位为红色底漆部分与钢板的结合处,显示为钢板与底漆结合力不足。经过进一步分析,原因是:磷化后产品的油漆附着力已经很好了,但磷化后再进行封闭处理相当于在磷化膜层上又进行一道钝化处理,这种钝化处理为无机钝化,反而对油漆附着力有不利影响。同时,发现油漆脱落部位为公交车引擎部位,震动、温度、湿度变化大,在使用一段时间后由于外界的水分以及原子灰漆中未挥发的溶剂进入底漆与钢板结合处,造成钢板表面镀层在油漆层下的氧化,且在复杂的使用条件和高温、高湿下腐蚀进一步扩展,从而影响钢板与底漆层的结合力,最终造成油

图 6-24 实验室涂装分析结果

气层的成片剥落现象。如果直接使用磷化不封闭的电镀锌板产品,就不会出现这种现象。

经过对其他客户的调查发现,另一家客户采用类似的后续加工涂层工艺,但使用的是电镀锌磷化不封闭产品,就未出现这问题,客户使用情况良好。这也证实了分析是正确的。后来对客户的后续工艺进行了调查,采取了对不同的客户供应不同产品的措施,使得这一问题得到了彻底的解决。

四、电镀锌汽车外板产品的开发

电镀锌汽车外板产品主要应用于轿车的外覆盖件,如发动机罩外板、后备厢盖外板、车门

外板等，对于电镀锌产品的表面质量和性能要求都很高。从表面来说，要求 O5 表面以及严格的锌层厚度和均匀性，对表面粗糙度有严格的限制；从材料的性能来讲，要求深冲、高强度、烘烤硬化等性能。当时国内具备电镀锌汽车外板生产能力的只有标杆产品供应稳定、市场份额较高的生产厂家。

汽车厂反映电镀锌汽车外板存在的主要质量缺陷为边丝、粗晶、麻点、辊印、夹杂、丝状斑迹等。

电镀锌产线投产不久，产品质量尚不稳定，并不具备电镀锌外板的批量供货能力。因此，要借助家电用电镀锌产品的试制过程对产线存在的问题进行攻关和改进，为电镀锌汽车外板产品的生产积累经验，同时不失时机地与客户保持联系，推进电镀锌外板产品的认证进程。

在经过家电用电镀锌产品的试制以后，产品表面质量得到大幅度提升，就不失时机地进行汽车面板的试生产工作。先从普通外板开始进入，积累经验和业绩后再进行高端外板试制生产。

1. 普通外板认证

某车型整车使用电镀锌外板，主要为深冲及超深冲板，牌号包括 DC03+ZE、DC04+ZE、DC06+ZE 等多种规格，镀层结构为纯锌镀层，后处理为防锈涂油，需求情况如表 6-12 所示。用户要求提供样片进行化学、力学及焊接性能实验，通过后再提供试用料进行小批量试制等认证程序。

表 6-12 某车型电镀锌外板需求情况

编号	零件名称	牌号	规格/mm×mm	开平长度/mm
1	左侧围外板	DC06E+Z	0.8×1750	3360
2	右侧围外板	DC06E+Z	0.8×1750	3360
3	左翼子板	DC03E+Z	0.8×1190	2850
4	右翼子板	DC03E+Z	0.8×1190	2850
5	顶盖	DC03E+Z	0.8×1320	1870
6	顶盖（天窗）	DC03E+Z	0.8×1320	1870
7	左前门外板	DC03E+Z	0.8×860	2470
8	右前门外板	DC03E+Z	0.8×860	2470
9	发动机盖	DC04E+Z	0.8×1440	1640
10	左后门外板	DC03E+Z	0.8×1290	1900
11	右后门外板	DC03E+Z	0.8×1290	1900
12	后备厢盖外板	DC04E+Z	0.8×1180	1790

力学试样和焊接试样要求如表 6-13 所示。

表 6-13 力学及焊接试样取样要求

牌号	规格/mm	力学样条			焊接试验样条	
		制样号	炉数	每炉数量	规格/mm×mm	数量
DC03+ZE	0.8	Q1	3	9 根	100×30	70 根
DC04+ZE	0.8	Q1	3	9 根	100×30	70 根
DC06+ZE	0.8	Q1	3	9 根	100×30	70 根

其中力学样条的要求是，同牌号同规格下，每炉 3 种方向（与轧制方向夹角为 0°、45°、90°）各取 3 根，即每炉 9 根，至少取 3 炉，共计 27 根，取样位置在板卷的中间部位。要求送样时标识清楚，厂家同时提交对应的自检报告及同炉号的产品质量证明书。

2. 高端外板认证

某品牌电镀锌产品认证取样的力学性能要求见表 6-14。

表 6-14　某品牌认证材料的力学性能要求

钢种	屈服强度/MPa	抗拉强度/MPa	延伸率		r 值		n 值
			A_{80}/%	A_{50}/%	r_{90}	r_m	
DC04+ZE	140~180	270~350	≥40	≥40	≥1.9	≥1.6	≥0.20

提供样片信息要求明确：①卷号；②生产日期；③钢种牌号；④厚度规格；⑤在内侧表明轧向；⑥样片数量及规格（15 片 400mm×400mm）；⑦镀层质量（EG 53/53）；⑧涂油种类型号及供应商信息；⑨取样部位信息（头-中-尾；边-中）。

实验室检测项目见表 6-15，试验结果可由供方或授权实验室提供。

表 6-15　某品牌认证材料实验室检测项目

项目名称	项目名称
涂油	外观（仅对外板）
镀层	腐蚀试验结果
化学成分	焊接性能
力学性能	成形性能
E-Coat	实验室综合评估
附着力	

五、电镀锌外板生产操作要点

1. 生产前的准备

① 每次电镀锌外板生产前，必须安排至少 3 卷同钢种、同锌层厚度、后处理方式相同的前导料，以便机组及时调整机组状态。

② 每次电镀锌外板生产的前一个班，不得安排磷化品种、单面镀品种生产，以便排查机组质量问题。

③ 电镀锌外板为厚锌层，容易出现枝晶及导电辊粘锌缺陷，为提高产品的表面质量，上工序不剪边，待电镀锌机组生产完毕后到精整机组剪边。

④ 电镀锌外板锌层厚度达到 $60/60g/m^2$，且钢种达到 DC07 级别，易出雾状色差，如因整流器能力不够而不足以使机组速度达到 50m/min 以上时，为保证板面质量，不建议生产电镀锌外板，应利用检修时间将设备整改后方可生产。整流器投入率必须保证 75% 以上。

2. 入口段作业要求

(1) 原料　在按计划生产外板前，岗位人员必须到现场确认计划生产钢卷的表面质量和锈蚀情况，对于来料存在划伤等缺陷的确认情况必须记录在原料质量记录本中；出现边裂、边损、松卷、卷内径大于 610mm 等异常情况，要及时反馈给当班班长并做记录；要对每卷来料的带钢厚度和宽度进行测量，测量后记录在原料质量记录本上，并与生产计划中的规格进行核对，若两者冲突必须退料并填写异议单。

(2) 开卷　开始生产前和生产过程中，钢卷不能将鞍座占满，小车上不允许占有钢卷，确保生产计划能够迅速切换；并对上下通道各夹送辊的运行情况进行确认跟踪。

(3) 焊接　在焊接前，要确认焊接带钢的表面质量，如果发现锈迹或其他脏污要将其切除后再进行焊接；焊接结束后，用杯突法检查确认焊缝质量；确认焊缝质量正常后启动生产线，并于启动后跟踪焊缝直至顺利通过 1 号纠偏辊。

3. 前处理段作业要求

(1) 清洗　汽车面板过渡料生产前，必须对化学脱脂循环罐和电解脱脂循环罐内的脱脂液进行更新。

每班必须对清洗段挤干辊、刷辊状态以及电极板电压、电流值进行监测，出现异常状态须写入交接班本。

为保证清洗段清洗能力,从生产前导料开始,化学脱脂和电解脱脂采用连续溢流并逐渐补液的方式。工艺参数按照表 6-16 的要求执行。

表 6-16 清洗段工艺参数

生产流程	工艺参数	备 注
化学脱脂段	碱液温度 60～70℃	按 65℃ 设定
	化脱浓度 20～30g/L	
电解脱脂段	碱液温度 60～70℃	按 65℃ 设定
	电脱浓度 25～35g/L	
漂洗段	溶液温度 40～60℃	按 50℃ 设定
	电导率≤50μS/cm	按 10μS/cm 设定

同时,需确认平床过滤器正常投入使用,加强对设备的点巡检,发现问题及时通知设备人员处理,并将处理情况详细记录在交接班本上。

(2) 酸洗 酸洗的工艺参数按照表 6-17 的要求执行。

表 6-17 酸洗段工艺参数

生产流程	工艺参数	备 注
酸洗	酸洗浓度 140～160mS/cm	按 150mS/cm 设定

同时,必须检查酸洗后三级漂洗喷管喷淋功能能否正常投用,如果有堵塞,需及时清理。加强对设备的点巡检,发现问题及时通知设备人员处理,并将处理情况详细记录在交接班本上。

4. 工艺段作业要求

(1) 机组速度 依据锌层厚度和实际整流器投入率设定。

(2) 工艺参数 工艺参数按照表 6-18 的要求执行。

表 6-18 工艺段工艺参数控制表

生产流程	工艺参数	备 注
电镀段	锌离子浓度 90～120g/L	
	镀液温度 48～58℃	按 53℃ 设定
	游离酸浓度 2～15g/L	
镀后清洗	溶液温度 50～60℃	按 55℃ 设定
	电导率≤30mS/cm	按 15mS/cm 设定
导电辊刮刀	刮刀配重后移	现场放置于第 3～4 格处
导电辊清洗	游离酸浓度 2～10g/L	出现粘锌时可超上限但不允许突破 20g/L

(3) 全线刮刀 从生产前导料开始,1 号张力辊后喷吹装置必须投用,气囊式刮刀必须全部投用。

(4) 点巡检 每两小时巡视炭刷的温度情况,如温度超过 200℃,则必须限制整流器的电流。生产时必须确认导电辊刮刀的磨损情况,刮刀磨损严重的需及时更换。必须确认挤干辊的转动和辊面情况,如果辊面脱胶、裂纹或污染,则抬开挤干辊,关闭相应整流器,挤干辊压力设定值高于 2.0bar。

(5) 停机 遇到较长时间停机时,必须及时冲洗各镀槽和酸洗槽。

5. 出口段作业要求

(1) 分卷作业 根据计划进行表面质量确认和卷取分卷,取样送检;确认打捆质量,称重、钢卷标识正确;及时输入(四级)产销钢卷信息。

(2) 板面目测 必须全程跟踪板面质量,每小时到检查台观察板面质量,出现异常及时通知值班长，并在产出报表上记录。

（3）**打磨检测**　从外板生产前导料开始，检查员负责每卷对带钢进行一次打磨，打磨检查在卧式检查平台进行，要求同时停机打磨检查上、下表面。打磨油石应均匀贴合在钢板表面，打磨力度不宜过重；采取边打磨边发现缺陷的检查方法，发现疑似缺陷时应及时在缺陷处做上记号，如发现有周期的压印时，应测量边距和两点间的距离，并对打磨后的产品表面质量情况在产出报表上做好记录，通知值班长。若发现存在影响产品表面质量的缺陷（辊印、软压印、振痕等）应及时进行查找，并对影响质量的设备进行清理。

（4）**标签**　每卷贴标签时检查钢卷内径情况，并在出口记录台账上记录检查情况。

（5）**涂油机**　按生产计划要求涂油。

（6）**取样**　确保取样、送样及时正确，生产正常后第一卷取加急样，检测项目有锌层、粗糙度、W_a，由主控人员负责确认检验结果并作出相应调整。

（7）**设备点检**　出口人员在外板生产过程中严密监控出口岗位设备运行情况，确认卷取无褶皱。

第四节　电镀锌后处理

一、镀后处理流程

1. 电镀锌后处理概述

电镀锌后处理的主要目的是改善镀锌板的表面涂漆性能和抗腐蚀性能，以延长镀锌板的使用寿命。

电镀锌的后处理主要包括磷化处理和铬化处理这两种相对并列的处理方法。为了很好地完成这些处理，需要在处理之前进行活化处理、喷射清洗和漂洗等工序。

常见电镀锌机组的后处理工序如下：

活化处理→磷化处理→水冲洗→铬化处理→气刀擦净→烘干→空气冷却。

2. 活化处理

活化处理就是在磷化处理之前，先使电镀锌板表面形成小结晶核。由于预先形成了这些细小晶核，因此在磷化时在这些结晶核的基础上继续生长，就会形成磷化层，从而获得细小而均匀的磷化层。

电镀锌线采用磷酸钛胶体溶液进行活化处理，由于胶体微粒表面能很高，对物体表面有极强的吸附作用，因此胶体微粒吸附在零件表面上形成均匀的吸附层，在磷化时，这层极薄的吸附层就是一层分布均匀、数量极多的磷酸盐结晶晶核，因而促进结晶均匀快速形成，限制了大晶体的生长，结果就促使了磷化膜的细化和致密，提高了成膜性，缩短了磷化时间，降低膜厚，同时也能消除钢铁表面状态的差异对磷化质量的影响。

活化处理是在活化槽内进行的。活化槽由槽体、夹送辊、密封辊、循环槽、泵和传动系统构成，见图6-25。

活化液由循环槽用泵打到喷嘴中，每排有5个喷嘴，将溶液均匀喷到镀锌板的两面活化反应后，电镀锌带钢表面生成极薄的活化层，实质上是在带钢表面撒下磷化处理的结晶核，为下一步磷化处理打下基础。

3. 磷化处理

电镀锌表面十分光滑，这样涂油漆就十分困难，为了改善电镀锌板的涂漆性能，就必须进行磷化处理。

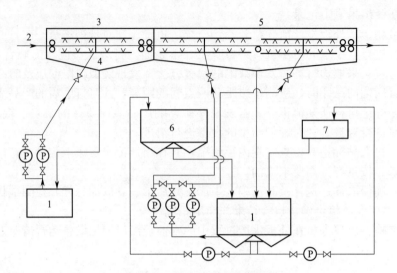

图 6-25 活化和磷化处理系统
1—循环槽；2—带钢；3—活化槽；4—喷嘴；5—磷化槽；6—调配槽；7—过滤槽；P—泵

磷化处理就是使电镀锌板的表面生成一层凹凸不平的结晶。磷化层表面结晶大小很不均匀。这样大小不均匀的结晶，虽然对涂漆性能有所改善，但是表面很不均匀，不仅造成表面不美观，而且其结晶体之间的空隙大小也不均匀，这样就给后工序的密封处理带来困难。

活化处理后，带钢立即进入磷化槽进行磷化处理。磷化槽的构造与活化槽完全一样，其不同之处就是尺寸大小和喷嘴数目。磷化槽宽度与活化槽相同，而长度比活化槽长 1 倍，为 10.5m；喷嘴也是两排，但是每排有 10 个喷嘴，也是比活化槽多 1 倍（图 6-25）。

另外，在磷化处理过程中会产生淤泥，这些淤泥必须清除，否则会把喷嘴堵塞，给产品质量带来影响，所以必须经过过滤处理。因此，在磷化处理系统中增加一套屏网形式的过滤器。

4. 密封处理和铬化处理

经过磷化处理的电镀锌带钢表面涂漆性能大大改善了，但是在磷化层中有许多孔隙，磷化层的结晶无论怎么小、怎么均匀，其表面都有空隙，这些空隙如果不密封起来，将大大降低电镀锌板的抗腐蚀能力，所以在磷化处理后有时需要进行密封处理。所谓密封处理就是采用 CrO_3 的稀溶液将磷化层的孔隙密封。

铬化处理是为了提高电镀锌带钢的防腐蚀能力，使带钢表面形成一层极薄的钝化层，钝化层的厚度为 $15 \sim 40 mg/m^2$。

密封处理和铬化处理液的成分基本相同，只是浓度不同，如表 6-19 所示。

表 6-19 铬化和密封处理液的成分与浓度

处理方法 成分及工艺参数	密封处理	铬化处理	处理方法 成分及工艺参数	密封处理	铬化处理
$CrO_3/(g/L)$	0.12	10	pH 值	4.0	1.5
$Zn^{2+}/(g/L)$	0.004	2	溶液温度/℃	45	$25 \sim 35$
$Cl^-/(g/L)$	0.005	2.5	处理时间/s	3	5
$BF_4^-/(g/L)$	0.014	6.0			

二、磷化处理工艺

磷化处理是指含磷酸二氢盐的酸性溶液涂敷到金属表面后发生化学反应，而在金属表面生成稳定的不溶性的无机化合物膜层的一种表面的化学处理方法。所形成的膜称为磷化膜。

1. 成膜机理

(1) 金属的溶解过程 当金属浸入磷化液中时,先与磷化液中的磷酸作用,生成 $Fe(H_2PO_4)_2$,并有大量的氢气析出。其化学反应为:

$$Fe + 2H_3PO_4 = Fe(H_2PO_4)_2 + H_2 \uparrow \quad (6-1)$$

上式表明,磷化开始时,仅有金属的溶解,而无膜生成。

(2) 促进剂的加速 上步反应释放出的氢气被吸附在金属工件表面上,进而阻止磷化膜的形成。因此加入氧化型促进剂以去除氢气。其化学反应式为:

$$3Zn(H_2PO_4)_2 + 2Fe + 2NaNO_2 = Zn_3(PO_4)_2 + 2FePO_4 + N_2 \uparrow + 2NaH_2PO_4 + 4H_2O \quad (6-2)$$

上式示出了以亚硝酸钠为促进剂的作用机理。

(3) 水解反应与磷酸的三级离解 磷化槽液中基本成分是一种或多种重金属的酸式磷酸盐,其分子式为 $Me(H_2PO_4)_2$,这些酸式磷酸盐溶于水,在一定浓度及 pH 值的条件下发生水解反应,产生游离磷酸:

$$Me(H_2PO_4)_2 = MeHPO_4 + H_3PO_4 \quad (6-3)$$

$$3MeHPO_4 = Me_3(PO_4)_2 + H_3PO_4 \quad (6-4)$$

$$H_3PO_3 = H_2PO_4^- + H^+ = HPO_4^{2-} + 2H^+ = PO_4^{3-} + 3H^+ \quad (6-5)$$

由于金属工件表面的氢离子浓度急剧下降,导致磷酸根各级离解平衡向右移动,最终成为磷酸根离子。

(4) 磷化膜的形成 当金属表面离解出的三价磷酸根离子与磷化槽液中的(工件表面)的金属离子(如锌离子、钙离子、锰离子、二价铁离子)达到饱和时,即结晶沉积在金属工件表面上,晶粒持续增长,直至在金属工件表面上生成连续的不溶于水的黏结牢固的磷化膜。

$$2Zn^{2+} + Fe^{2+} + 2PO_4^{3-} + 4H_2O = Zn_2Fe(PO_4)_2 \cdot 4H_2O \downarrow \quad (6-6)$$

$$3Zn^{2+} + 2PO_4^{3-} + 4H_2O = Zn_3(PO_4)_2 \cdot 4H_2O \downarrow \quad (6-7)$$

金属工件溶解出的二价铁离子一部分作为磷化膜的组成部分被消耗掉,而残留在磷化槽液中的二价铁离子则被氧化成三价铁离子,发生式(6-2)的化学反应,形成的磷化沉渣其主要成分是磷酸亚铁,也有少量的 $Me_3(PO_4)_2$。

磷化成膜原理可以用过饱和理论来解释,即构成磷化膜的离子积达到该种不溶性磷酸盐的溶度积时,就在金属表面沉积形成磷化膜。

2. 磷化工艺

(1) 总酸度 总酸度过低,磷化必受影响,因此总酸度是反映磷化液浓度的一项指标。控制总酸度的意义在于使磷化液中成膜离子浓度保持在必要的范围内。

(2) 游离酸度 游离酸度过高、过低均会产生不良影响,过高则不能成膜,易出现黄锈;过低则磷化液的稳定性受威胁,生成额外的残渣。游离酸度反映磷化液中游离 H^+ 的含量。控制游离酸度的意义在于控制磷化液中磷酸二氢盐的离解度,把成膜离子浓度控制在一个必要的范围内。磷化液在使用过程中,游离酸度会有缓慢的升高,这时要用碱来中和调整,注意缓慢加入,充分搅拌,否则碱液局部过浓会产生不必要的残渣,出现越加碱游离酸度越高的现象。

(3) 酸比 酸比即指总酸度与游离酸度的比值。一般来说酸比都在 5~30 的范围内。酸比较小的配方,游离酸度高,成膜速度慢,磷化时间长,所需温度高;酸比较大的配方,成膜速度快,磷化时间短,所需温度低。

(4) 温度 磷化处理温度与酸比一样,也是成膜的关键因素。不同的配方都有不同的温度范围。温度高时,磷酸二氢盐的离解度大,成膜离子浓度相应高些。

3. 磷化处理溶液的配制

① 活化液、磷化液的配制必须严格按照药剂商提供的配比精心操作，初次配制完成后必须多次检测酸点并进行成分微调，直至满足要求；

② 活化液配制必须在开机前 2h 内配制，生产结束后，活化液全部排放，不再重复使用；

③ 配制好的磷化液存放周期最长可达三个月，但使用之前必须进行各项指标检测以确认正常。

4. 磷化后的清洗与烘干

(1) 功能　清洗用冷凝水从第 3 段加入，第 2 段设置有电导率仪，电导率仪与冷凝水加入阀形成闭环。第 3 段以直接注入蒸汽的方式对清洗水进行加热。

带钢干燥器位于磷化后清洗之后，使通过该段的带钢干燥。带钢干燥器配备有蒸汽热交换器，用以加热干燥空气，然后用热空气吹净该段带钢上表面和边缘的水分。

(2) 技术参数　最后一段清洗水的电导率：$30\mu S/cm$ 以下。

最后清洗段的温度：$(65\pm5)℃$。

H_3PO_4 浓度：$\leqslant 3g/L$。

Zn^{2+} 浓度：$\leqslant 0.3g/L$。

Mn^{2+} 浓度：$\leqslant 0.2g/L$。

Ni^{2+} 浓度：$\leqslant 0.15g/L$。

NO^{3-} 浓度：$\leqslant 0.7g/L$。

带钢干燥温度：$(80\pm10)℃$。

三、磷化工艺参数对磷化膜的影响

以深冲 IF 钢为基板，研究了磷化工艺参数对磷化膜层晶粒度、表面粗糙度和色泽明度的影响。

1. 试验原理

电镀锌板的磷化包括电离、水解、氧化、结晶四个阶段，镀锌层在磷化液游离酸的作用下溶解，发生反应 $Zn-2e\longrightarrow Zn^{2+}$；游离酸中的氢离子相应转化为氢气析出，反应为 $2H^++2e\longrightarrow H_2\uparrow$；当磷化液中的 PO_4^{3-} 与 Zn^{2+} 浓度达到溶度积时，在镀锌板表面形成多元化磷酸盐膜层，主要成分为 $Zn_3(PO_4)_2\cdot 4H_2O$ 等。

生产线相关工艺参数如表 6-20 所示。

表 6-20　磷化工艺参数

项目	指标	项目	指标
磷化液温度/℃	40~50	表调液温度/℃	30~40
磷化液总酸度/(mgKOH/g)	30~35	磷化液游离酸度/(mgKOH/g)	2~4
表调液 pH 值	9~10	表调时间/s	20~30
磷化时间/s	50~60		

2. 磷化晶粒度的控制

磷化膜具有多孔性，均匀细致的晶粒能使涂料渗入到孔隙中，增加涂层的附着力和耐磨性，增强电泳效果。磷化晶粒度是磷化产品微观方面的重要指标，而诸多因素影响磷化产品的质量，例如基材化学成分、磷化液的成分、磷化工艺、活化液的成分等。依据大量的实际生产经验，最为关键的参数是活化液的 pH 值和磷化液的酸度。

(1) 活化液 pH 值的影响　图 6-26 显示了不同活化液 pH 值对磷化膜晶粒度的影响。

如图 6-26(a) 和图 6-26(b) 所示，分别为活化液 pH 值为 10 和 9.5 时的磷化膜微观形貌，

(a) pH=10　　　　　(b) pH=9.5　　　　　(c) pH=9

图 6-26　不同活化液 pH 值时磷化膜的微观形貌

结晶尺寸并无明显差别（约 3~4μm），但在结晶致密度上，pH 值为 10 时更为致密，这与活化液的作用机理有关。生产线采用某品牌活化溶液，其中以胶态存在的磷酸钛盐悬浮在水溶液中具有表面活化作用，胶体磷酸氧钛四钠 $[Na_4TiO(PO_4)_2]$ 作为结晶原点以物理吸附的方式附着在镀锌板表面，并在随后的磷化过程中形成网状结晶核。更多的晶核均匀地分布在金属表面，细密地堆积，才能确保在镀锌板表面形成初级磷化层和随后的晶体沉积，因此晶核的数量决定了磷化膜的细化程度，高的覆盖率会使磷化膜更加细致紧密且连续。由于活化液中的 $Na_4TiO(PO_4)_2$ 水解产生弱碱性的 $Ti(OH)_4$，因此 pH 值可反映出 $Na_4TiO(PO_4)_2$ 结晶原点的相对数量；当 pH 值为 10 时，充足的晶核致使磷化膜结晶更为均匀致密，这些晶核提供了后期磷化层外延生长的平台。

当活化液 pH 值调整为 9 时，获得的磷化结晶如图 6-26(c) 所示，在结晶形态上发生了明显的变化，晶粒尺寸明显增大且伴有疏松现象。这是因为 pH 值的降低反映了结晶原点 $Ti(OH)_4$ 的减少，活性结晶点的减少限制了磷化晶核的数量，磷酸盐微晶不能均匀地分布、细密地堆积在镀锌板表面，微晶成长后的晶粒之间存在明显的间隙。

(2) 磷化液总酸度的影响　生产线采用某中温磷化体系，酸度是控制磷化膜质量的最关键参数，而总酸主要起促进作用。

磷化液中基本成分是多种重金属的酸式磷酸盐，酸式磷酸盐溶于水，在一定浓度及 pH 值的条件下发生水解反应。当磷化槽液中的金属离子 Me^{2+} 达到饱和时，在电镀锌钢板表面上产生结晶沉积，晶粒持续增长生成磷化膜。

由图 6-27 可见，随着总酸度的提高，晶粒表面沉渣较多，有"挂灰"现象。控制总酸度的意义在于使磷化液中成膜离子浓度保持在必要的范围内。

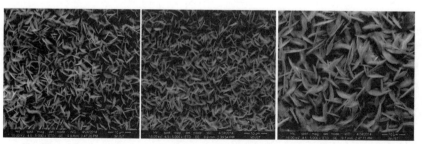

(a) TA=30mgKOH/g　　(b) TA=32mgKOH/g　　(c) TA=35mgKOH/g

图 6-27　不同总酸度时磷化膜的微观形貌

总酸度的提高本身可以加快磷化反应的进行，但是过高时，虽然可以生成外观较好的磷化膜，但晶粒粗大，附着力较差。而晶粒粗大对于预磷化板耐蚀性是不利的，因为粗大的晶粒伴随明显的孔隙，由于磷化膜附着在锌层之上，金属锌与磷酸盐 $Zn_3(PO_4)_2 \cdot 4H_2O$ 存在电位差异，在潮湿的环境中形成腐蚀原电池，加速镀层的腐蚀。

(3) 磷化游离酸度的影响 图 6-28 所示为游离酸度不同时的磷化膜结晶表面形貌。

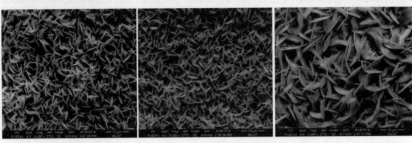

(a) FA=2mgKOH/g   (b) FA=3mgKOH/g   (c) FA=4mgKOH/g

图 6-28　不同总酸镀时磷化膜的微观形貌

图 6-28 表明了游离酸度在 2～4mgKOH/g 之间，磷化结晶均呈现叠片状，但是在结晶微观形貌上三者有明显的不同。图 6-28(a) 所示为游离酸度为 2mgKOH/g 时的结晶形貌，晶粒分布均匀，晶粒间隙清晰，取向杂乱。图 6-28(c) 所示为游离酸度为 4mgKOH/g 时的结晶形貌，晶粒尺寸多数在 $10\mu m$ 左右，有的甚至超过 $10\mu m$，且存在叠片集中的现象，这是因为游离酸度过高会抑制 $Zn_3(PO_4)_2$ 的水解，导致成膜缓慢，结晶粗大并疏松。游离酸度为 3mgKOH/g 时的结晶形态如图 6-28(b) 所示，微观形貌与图 6-28(a) 所示大致相似，但致密度略差，有少量孔隙存在，且表面存在少量沉渣，这是由于游离酸度过低，锌层溶解较为困难，导致成膜缓慢或难以成膜，$Zn_3(PO_4)_2$ 沉渣增多。

3. 色泽明度的控制

色泽明度一般并不作为汽车板客户的要求，但是出于对产品表面均匀美观度的考虑，钢铁企业需要追求预磷化板色泽明度的相对稳定。采用色差仪测试不同磷化膜厚时的色泽明度结果，分别选用 $1.50g/m^2$、$2.0g/m^2$、$2.5g/m^2$、$3.0g/m^2$ 四种膜厚，对每一种膜厚的色泽明度进行三次测量的平均值结果如图 6-29 所示。

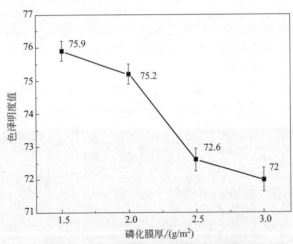

图 6-29　不同磷化膜厚时膜层的色泽明度

可以看出不同膜厚下的组间差距相对明显，说明磷化膜厚与色泽明度有直接的关系。虽然磷化膜结晶均匀，色泽明度会相对稳定，但磷化膜的厚度增加通常伴随着晶粒度的变化和沉渣的出现，当膜厚超过 $2.5g/m^2$ 时，结晶尺寸通常较为粗大，对入射光线的漫反射能力较差，同时，产生的沉渣颜色较磷酸盐结晶深，视觉上较暗。

4. 粗糙度的控制

由于涂装性能的需要，汽车板一般要求粗糙度 Ra 大于 $1.0\mu m$。试验应用轮廓仪测量了不同膜厚下的预磷化板表面粗糙度，结果见图 6-30。

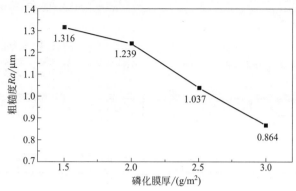

图 6-30　不同磷化膜厚时膜层的表面粗糙度

图 6-30 中显示磷化膜厚达到 $2.5g/m^2$ 时，Ra 值下降为 $1.037\mu m$；膜厚达到 $3.0g/m^2$ 时，Ra 下降为 $0.864\mu m$。

同时轮廓仪结果（图 6-31）显示膜厚增大时表面有更多的起伏，这与磷化膜厚增加时伴随出现的表面沉渣有关；表面沉渣不仅填充了膜层结晶的波谷，降低了 Ra 值，同时也影响了表面轮廓，形成更多的表面起伏。

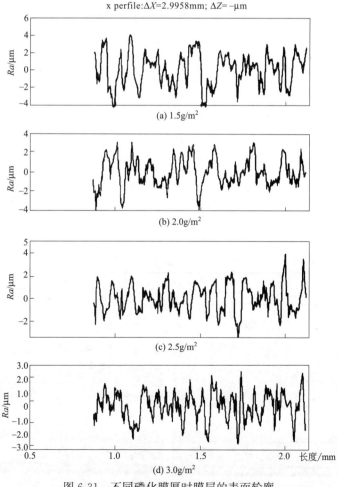

图 6-31　不同磷化膜厚时膜层的表面轮廓

四、电镀锌磷化处理工艺优化

1. 磷化段喷嘴的角度

为了提高磷化效果,对磷化段喷嘴的角度进行了调整,磷化喷嘴方向应与带钢运行方向相反,角度设置应向带钢运行方向倾斜30°～40°,如图6-32所示。

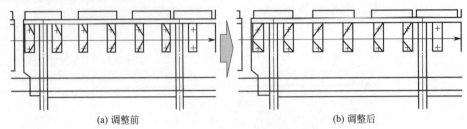

(a) 调整前　　　　　　　　　　　　　(b) 调整后

图6-32　磷化段喷嘴角度调整示意图

2. 电镀锌磷化的技术要点

① 由于磷化膜的生长与锌层密切相关,不同的电镀锌板的磷化工艺也有所不同,因此不能照搬一般工艺。以某企业生产的电镀锌板为基板,研究发现,控制好磷化的反应时间、游离酸度、总酸度、温度及活化温度、pH值这六个最为关键的参数(表6-21),且保持稳定不变,就能生产出优良的电镀锌磷化板。

表6-21　磷化重要工艺参数表

活化pH值	活化温度	磷化回流温度	磷化补充液量	游离酸度	总酸度
8.5～10.0	<40℃	53～55℃	1L/min	1.7～2.2mgKOH/g	24.4～26.7mgKOH/g

② 磷化时活化液的浓度为4～5g/L,在pH值比较稳定的情况下每2～3h排放1～2m³,然后按4g/L来补,生产稳定后要求pH值在9.0左右。

③ 加料面积:160m² 的通量面积加料泵开启15s。

④ 为防止生产进行后总酸度不断提高,应每隔1h左右排放0.2m³ 左右的磷化液。

⑤ 磷化喷射压力设置:上喷管在0.8bar左右;下喷管第一组、第二组在0.7bar左右,其余的在1.0bar左右。

⑥ 活化喷淋压力要求为2.5～3.0bar,在机组停产时活化槽要求不停搅拌。

3. 优化效果

经过上述优化电镀锌磷化膜的外观均匀,磷化膜颗粒大小一致,见表6-22。

表6-22　磷化膜结晶尺寸对比

晶粒尺寸	标杆	优化后1号	优化后2号	晶粒尺寸	标杆	优化后1号	优化后2号
最大尺寸/μm	3.38	3.44	3.69	最小尺寸/μm	1.22	1.51	1.77

标杆及优化后磷化产品表面形貌及晶粒对比如图6-33所示。

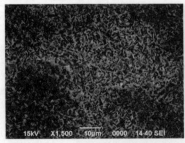 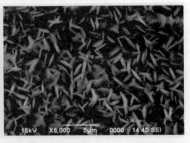

(a) 标杆磷化产品两种放大倍数的照片

第六章 电镀锌板生产技术 251

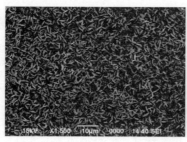 

(b) 优化后磷化产品两种放大倍数的照片

图 6-33 标杆及优化后磷化产品表面形貌及晶粒对比

可见，优化后的产品与标杆产品相比，基本不分上下。

第五节 电镀锌缺陷分析

一、基板类缺陷

电镀锌产品的板面质量严重依赖于基材，不可见的基材缺陷经过电镀锌后会显现出来，可见的基材缺陷在电镀锌工序会被放大得更为明显。

1. 亮点

(1) 缺陷形态 亮点出现在下表面，分布较为平均，仅边部 1～2cm 处没有。通过严重程度分级，可分为 1～5 五个级别，3～5 级基本改判。图 6-34 为 5 级的亮点缺陷图。

图 6-34 亮点缺陷

(2) 原因分析 下表面亮点缺陷出现概率几乎为 100%，典型形貌如图 6-35 所示。

从 SEM 微观分析和能谱分析可以看出，亮点并不是表面存在其他污染物，能谱分析显示其为均匀的锌层表面，亮点区域的锌层从微观上来说失去微观结构，因此显示为金属光亮色。

电镀时形成的较疏松的锌层在经过导电辊时，锌层的高点部位被压平，经光线反射就呈现亮点形态。基板的粗糙度越低，峰值密度越高，电镀锌形成的锌层被导电辊挤压后形成的亮点就越轻微。

(3) 解决措施 连退生产线采用低粗糙度、高峰值密度平整辊，使电镀锌基板的粗糙度 Ra 控制在 $0.7\mu m$ 左右，峰值密度 R_{pc} 值控制在 110 个以上。

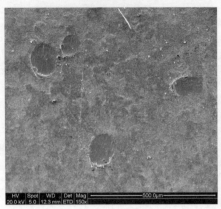
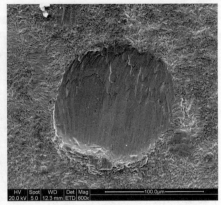

(a) 低倍放大　　　　　　　　　　　(b) 高倍放大

图 6-35　电镜亮点缺陷

2. 雾状色差

(1) 缺陷形态　此种缺陷呈现满板面的条痕状色差，上表面比下表面重，正观为黑色线条，侧观为白色雾状线条，贯穿整卷长度，多出现在 IF 钢产品表面，如图 6-36 所示。

图 6-36　雾状色差

(2) 原因分析　通过排查后发现雾状色差发生在工艺段，且随着镀层的增厚，色差趋于明显，普通冲压用钢种没有此类缺陷，怀疑是 IF 钢种的取向影响了锌层的沉积。

影响锌层电沉积的因素较多，包括镀液温度、电流密度、镀液成分、基板表面取向等，其中影响较大的是基板表面取向。

(3) 解决措施　在现场调试过程中发现关闭整流器后，带钢在工艺段镀槽中运行时镀液对基板板面进行了一定程度的反应，将基板表面的晶粒取向改变，从而消除了雾状色差的产生。

3. 基板轻微擦伤及辊印

(1) 缺陷背景　电镀锌采用不同的炼钢厂、热轧厂和冷轧厂交叉供料的方式，受制于各个机组的工艺设备的情况不同，因此基板波动的因素也更为繁多，如果电镀锌工序仅仅采用同样不变的电镀工艺，对基材质量波动的承受能力会较差。

(2) 原因分析　基板浅擦伤类缺陷时有发生，初步从电化学角度进行如下分析：电沉积的过程是在基板上首先形核，在大量晶核的基础上继续生长，晶粒不断长大，镀层不断增厚；大多数基板缺陷都是基板表面的晶粒出现了形貌和取向上的差异，导致在这样的基础上电沉积锌层会呈现不同的生长方式，最终导致锌层表面出现形貌上的缺陷。

(3) 解决措施　采取前面几个镀槽小电流＋其余镀槽释放电流的方式，首先通过低电流在基板表面形成大量均匀的晶核，以新形成的这批大量晶核取代钢基材表面有缺陷的晶粒，在这批新晶核的基础上电沉积锌层并继续成长，从而掩盖和完善基材的缺陷对锌层表面形貌的影响。

通过上述措施，轻微擦伤及辊印在电镀锌机组得到一定程度的掩盖，当然用此种方法为非正常电镀，因为副作用是提高了镀液铁离子含量，最好的措施是有完美的基材供应。

4. 小白线缺陷

(1) 缺陷形态 小白线缺陷的形态是：在带钢表面沿轧制方向呈白色线状色差，较短，有一定宽度，白线间有一定夹角并有交互，带钢运行时有轻微手感。通过严重程度分级，可分为 1～5 五个级别，其中 3～5 级必须改判。图 6-37 所示为 5 级的小白线缺陷。

图 6-37　小白线缺陷照片

(2) 原因分析　如图 6-38 所示，通过多次将电镀锌板退锌后进行电镜扫描发现，该缺陷位置晶粒是沿轧向呈层状排列的[图 6-38(b)]，而无缺陷位置晶粒生长取向是杂乱的[图 6-38(a)]。因此，初步判断是带钢表面状态不同引起镀锌结晶形貌不同造成视觉上的色差。

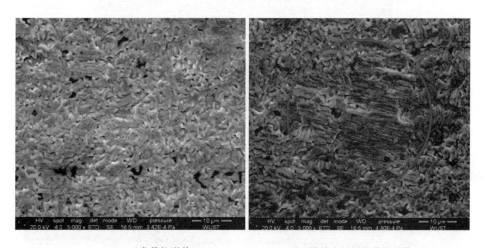

(a) 正常晶粒形貌　　　　　　(b) 沿轧向呈层状晶粒形貌

图 6-38　SEM 对比分析

结合显微分析、资料介绍以及现场工艺试验的验证，初步认为，小白线缺陷中的大部分是行业普遍命名为丝状斑迹的缺陷，与热轧晶粒取向有一定关系，具有高斯织构的组织更容易造成电镀时局部腐蚀不均从而导致宏观白色线状色差。热轧高斯织构的产生是带钢表面在近两相区处发生变形而导致的。高斯织构一旦形成，即使通过退火处理也不能改变。基板经过酸洗后，表面即会产生差异，从而引起镀后锌层反射不同，宏观上即为小白线状色差缺陷。

另外，还有一种形态的小白线缺陷是由于本机组电镀槽内原因产生的，主要原因为电镀液在带钢表面分布不均。此现象一方面和挤干辊、沉没辊表面状况有关，另一方面和挤干辊压力有关。同时电镀段保湿喷嘴的方向、流量以及雾化效果也对此现象有较大影响。

(3) 解决措施 对于因为热轧高斯织构产生的丝状斑迹，主要靠原料的改善，在电镀锌机组中可以考虑关闭酸洗段，减少对高斯织构的腐蚀，从而减小基板缺陷的影响。

对于本机组产生的小白线缺陷应对措施有：①增加挤干辊压力，确保挤干效果，尤其是带钢上行经过的第一对挤干辊；②对表面状况差的挤干辊，定期进行更换，尤其是前 3 个槽；③疏通喷嘴，保证喷嘴无堵塞，同时尽量使保湿水雾化，均匀覆盖在带钢表面。

(4) 预防措施 对于热轧高斯结构产生的丝状斑迹，必须在热轧过程中加以预防。首先，要求电镀锌原料由热轧厂排程生产，采用降低热轧带钢在炉温度和缩短在炉时间、增加除磷道次至 5 以上等工艺。其次，在热轧时采取以下措施：①采用强润滑轧制，降低轧件和轧辊间的摩擦系数；②调整轧制温度，可以升高变形温度，脱离两相区，也可以降低温度进入铁素体区，采用润滑轧制；③减小变形量，从而减小带钢表面的剪切变形。这些措施都可以减少高斯织构的产生。

5. 混晶缺陷

(1) 缺陷形态 该缺陷具体表现为表面存在目视较明显但无手感的树皮状色差条带，色差条带由许多细小的流星状斑点组成，在宏观上沿轧向分布，仔细观察这些细小的流星状斑点，在转动板面时随入射光的变化其颜色有明显的变化，严重影响产品表面质量，如图 6-39 所示。

图 6-39 混晶缺陷

(2) 缺陷镀层分析 将树皮状色差条带进行低倍放大观察，发现镀层存在明显的不均匀性，如图 6-40 所示。

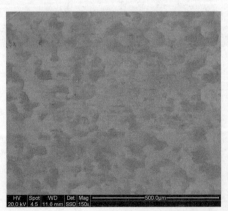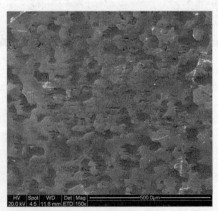

图 6-40 树皮状缺陷低倍放大形貌

对树皮状缺陷的 SEM 分析结果显示镀层存在微小孔洞，在镀层的孔洞周围有明显的晶粒取向异常，且具有一定的方向性，基本为沿轧向分布，如图 6-41 所示。

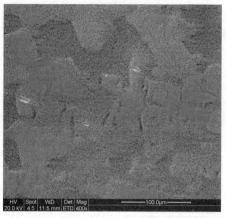 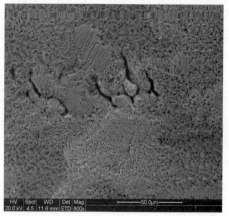

图 6-41　树皮状缺陷的 SEM 分析

将镀层脱去后对原板进行 SEM 分析，结果如图 6-42 所示。由图 6-42 中可以看出，有缺陷区域基板存在明显的沿轧向分布的脆性组织残留痕迹，部分区域有细小裂纹，这与镀层的微小孔洞有对应关系。

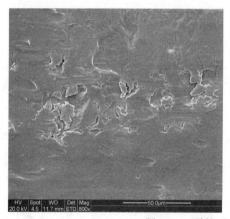 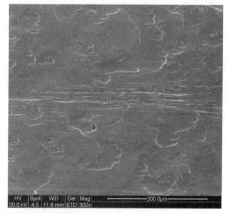

图 6-42　脱锌后基板的 SEM 分析

对微孔缺陷进行能谱分析，发现镀层中的铁含量较正常部位要高，如图 6-43 所示。这说明，微孔中的镀层较薄，基本上是外延生长，由于电流密度较高，镀层在外延生长时，基板的裂纹部分不能被完全覆盖，造成镀层存在微孔缺陷。

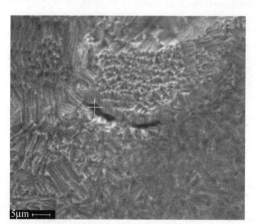 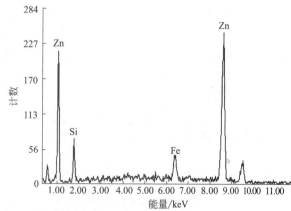

图 6-43　镀层微孔能谱分析结果

(3) 缺陷基体分析　在脱去镀层后，将缺陷样制成金相试样，发现与缺陷相对应的原板表面存在类似的缺陷形貌，如图 6-44 所示。

将原板抛光浸蚀后制成金相试样，发现与缺陷形貌对应的区域存在晶粒异常粗大现象，规律十分明显，晶粒异常粗大区域与镀层缺陷显示为一一对应关系，如图 6-45 所示。

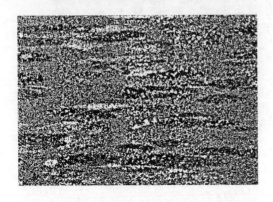
图 6-44　脱锌后原板表面缺陷形貌

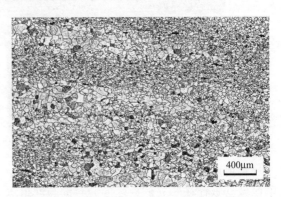
图 6-45　缺陷区域晶粒异常粗大

缺陷处与正常区域的金相照片对比显示，该缺陷由表面混晶组织引起，见图 6-46 和图 6-47。

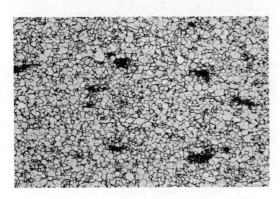
图 6-46　正常区域表面金相组织

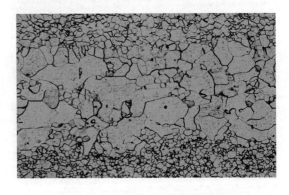
图 6-47　缺陷区域表面金相组织

将缺陷样品镶嵌成截面，磨制抛光后对其进行金相观察，并与正常部位截面金相组织进行对比后发现，该混晶组织仅存在于表面，在钢基内部的金相组织缺陷处与正常部位基本一致，见图 6-48 和图 6-49。

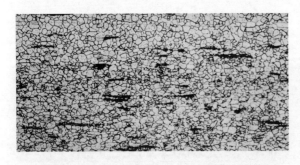
图 6-48　正常部位截面金相组织

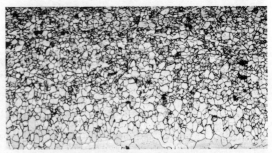
图 6-49　缺陷部位截面金相组织

对表面缺陷部位及正常部位进行硬度测试，结果显示缺陷部位表面硬度较正常部位要低

3～4个单位,见表6-23。

表 6-23 硬度测试结果（HRB）

部位	1	2	3	4	5
正常部位	48.5	49.2	48.2	48.6	49.0
缺陷部位	44.6	45.8	46.8	44.2	45.5

综合上述分析结果显示,该缺陷由基板表面存在晶粒异常粗大的混晶组织造成。

(4) 产生机理 进一步从该缺陷的形貌和分布规律上看,与热轧工序引起的表面混晶直接相关。分析形成该缺陷的原因是:热轧时带钢表面局部温度过低,进入两相区轧制,造成形变组织残留,由于热轧卷取温度较高,因此在卷取及冷却过程中发生回复,热轧卷晶粒异常长大。

有缺陷的热轧卷在冷轧时,在同样的压下率情况下,粗大晶粒的破碎和位错与正常组织相比要少,粗大晶粒缺陷组织就遗传下来了。在连续退火时,由于表面能的关系,粗大晶粒优先回复再结晶和长大,形成电镀锌基板的异常粗大的混晶组织。

这样的基板在电镀锌机组中进行酸洗时,酸洗的活化侵蚀作用使得混晶晶界进一步显现。在电镀时,由于镀层较薄,以铁锌位相的外延生长为主,造成晶粒粗大区域的锌镀层取向异常,对光的反射能力有一定方向性,因此显示为明显的色差,在侧光观察时尤其显著。

同时,由于组织遗传性,在两相区轧制造成的破碎和裂纹在冷轧和退火时也不能消除,因此经过电镀后,镀层较薄不能完全覆盖,显示为缺陷部位有较多的微孔结构。

(5) 解决措施 根据缺陷形貌和热轧工序排查,推断为设备异常所致,最可能的原因为热轧精轧机架切水板漏水,导致带钢表面被水滴溅部位温度异常,提前进入两相区轧制形成。所以要求热轧时排除设备异常,严格执行轧制计划,尽量采用润滑轧制,同时加强轧后冷却。

二、生产工艺类缺陷

1. 导电辊斑马纹

(1) 缺陷形态 此缺陷出现在下表面,呈沿带钢纵向分布的明暗相间条纹状,条纹宽度约为1～3cm,连续分布,类似于水迹残留,如图6-50所示。

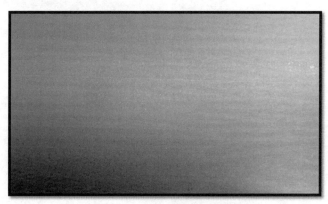

图 6-50 导电辊斑马纹缺陷

(2) 原因分析 此缺陷是带钢表面的酸性液体对带钢表面的不均匀腐蚀作用造成的,主要由于酸洗液在带钢表面有残留,同时此残液和导电辊清洗液之间pH值有差异,当机组速度较低、pH值相差较大时易产生腐蚀不均现象。同时保湿段保湿水的状况对此缺陷也有一定影响。

(3) 解决措施 基于上述分析,消除斑马纹的应对措施及步骤如下:

① 当斑马纹出现时,首先查看三种酸液（酸洗、镀液、导电辊清液）的游离酸浓度值,在保证酸洗液游离酸浓度为20g/L、镀液游离酸浓度为5g/L的前提下,调整导电辊清洗液的

pH 值在 2.0~2.2 之间后，立即送导电辊清洗液样至检验室，做加急游离酸检测。

② 当上述要求得到保证后，如斑马纹仍然存在，则关闭 1 号导电辊清洗循环，定期向导电辊清洗托盘里注入脱盐水，且关闭 1 号整流器。

③ 如果依然不能消除斑马纹，继续关闭 2 号、3 号整流器。

④ 如果以上措施还不能消除斑马纹，依次进行以下操作：

a. 关闭 17 号导电辊清洗水循环，并置换脱盐水，且关闭 32 号整流器。

b. 切换 16 号槽下表面保湿开关（若斑马纹出现时保湿开关打开，则关闭；反之打开）。

c. 镀后清洗一级加酸，目标电导率为 10~80mS/cm，此步骤由白班人员执行。

d. 打开酸洗保湿水，此步骤由白班人员操作。

待消除斑马纹后，可按上述步骤②~④（a~c）逐次恢复，但三种酸液的工艺参数一定要保证。

2. 纵向色差

(1) 缺陷形态 纵向色差包括大面积色差及细条纹色差，呈纵向分布的色差带多出现于下表面，将整个带钢横向分为 4~5 个明显的明暗相间的区域，暗色区域部分偶尔带些黄色，如图 6-51 所示。

(2) 原因分析 对镀后出现大面积色差缺陷的样板进行了光学显微镜与 SEM 分析，在低倍范围内不同倍数下的 SEM 分析显示板面色差有较明显的分界线，如图 6-52 所示。

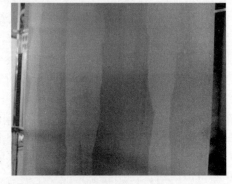

图 6-51 板面纵向色差缺陷照片

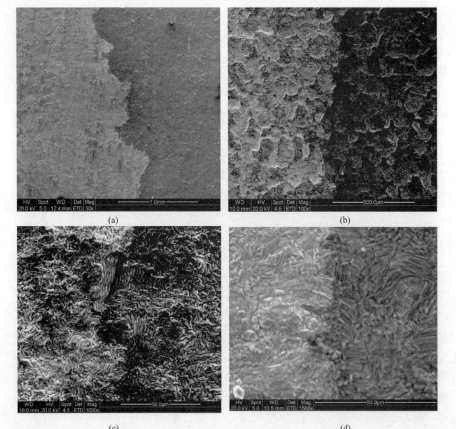

图 6-52 板面色差区不同倍数的低倍 SEM 分析

进一步放大显示，在色差分界线两边的亮区和暗区镀层结构并无显著不同，晶粒取向并无择优取向的趋势，只是亮区的镀锌层晶粒与暗区相比较细小，如图 6-53 所示。

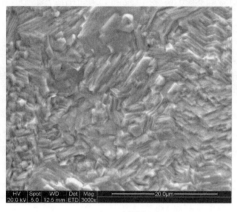
(a)亮区

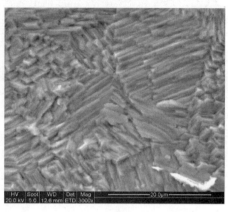
(b)暗区

图 6-53　亮区与暗区的镀锌层微观结构

对此缺陷样板进行二次电子像 SEM 的分析，两种不同倍数的图像如图 6-54 所示。从图 6-54 中发现亮、暗两个区域镀层中的化学元素有一定的差异，暗区的镀锌层杂质化学元素含量较多，而亮区的就较少。

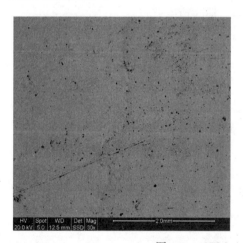
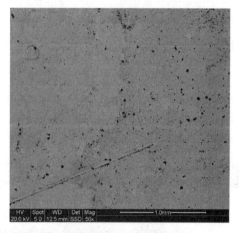

图 6-54　SEM（二次电子像）分析

将镀层除去以后，观察亮区和暗区的形态，发现基板表面有明显的色差带，与镀锌产品完全一致，如图 6-55 所示。由此分析，出现这种情况，主要与清洗段清洗效果、酸洗活化段的挤干效果有关，且镀前保湿段的保湿效果对板面色差的影响也非常显著。

产生纵向色差缺陷的原因是：由于清洗不良或进入镀槽前保湿不足，造成板面在开始电镀前就存在大面积的轻微氧化或污染等缺陷，在进入镀槽时由于镀液对其浸润和酸洗效果不同，导致镀锌后出现大面积色差。

（3）解决措施

① 确保挤干效果　对挤干辊进行定期修磨和维护，检查其圆周度、圆跳动、辊面粗糙度及硬度，保证挤干效果，防止脱脂液或酸洗液在板面形成局部残留，避免造成表面特性的大面积差异。

② 保证镀前保湿的效果　确保进镀槽前板面形成均匀连续的水膜，以保证镀液对板面的

润湿效果良好，形成均匀的表面镀层。

3. 沉没辊擦伤

(1) 缺陷形态 该缺陷出现于带钢上表面，一般遍布满整个板面，擦伤部分较为明亮，线条较短并不连续，无明显周期，如图 6-56 所示。

图 6-55 去除锌层后的基板表面照片

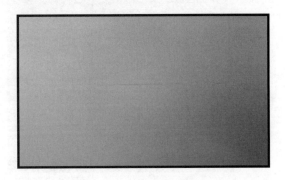

图 6-56 沉没辊擦伤缺陷

(2) 原因分析 此种缺陷是由于沉没辊与带钢间存在速度差，辊面与带钢表面存在打滑而产生的。在生产实际中，检查确认沉没辊速度与机组速度是否一致，当速度差超过 0.05m/min 时即会产生擦伤，随速度差增大，擦伤的长度会随之增加。

(3) 解决措施

① 立刻通知电气人员对沉没辊速度进行调整，消除速度差；

② 通知机械人员检查轴头与衬胶环间距，如有异常则进行记录，便于停机时调整。

(4) 预防措施

① 电镀段沉没辊传动采用速度控制模式；

② 机械人员定期检查轴头与衬胶环间距是否足够并随时调整。

4. 边部色差

(1) 缺陷形态 边部色差有暗条纹和亮条纹两种情况。

暗条纹的缺陷形态是：带钢边部出现色差带，且边部颜色比中部偏暗，一般出现在操作侧或两边都有。

亮条纹的缺陷形态是：带钢边部出现色差带，且边部颜色比中部偏亮，如图 6-57 所示。

图 6-57 边部色差缺陷

(2) 原因分析 暗条纹是由阳极箱喷出的镀液未能完全覆盖住整个带钢表面所致，在锌层测厚仪上可以观察到边部色差对应部分锌层偏薄。

亮条纹是由挤干辊对整个板面挤干状况不均匀造成的，一般来说边部压力大，挤得更干，因此边部更亮。

（3）验证手段 验证暗条纹的方法是：到电镀段进行巡检，目测阳极箱的位置，检查镀液的流量是否有异常，并检查电镀段带钢有无跑偏。

验证亮条纹的方法是：到电镀段进行巡检，目测每根挤干辊的挤干状况，尤其是电镀段前3个槽挤干辊的情况。

（4）解决措施 解决暗条纹缺陷的措施有：

① 如果是阳极箱位置有误，则在确认后联系机械或电气人员进行处理。

② 如果是镀液流量不足，则手动提高该电镀槽镀液循环泵速度，直到镀液完全覆盖住带钢表面为止；如泵本身出现故障导致无法调节，则关闭该镀槽，停止镀液循环系统。

③ 如果是带钢跑偏，则确认4号纠偏系统和拉矫机是否工作正常，电镀段张力是否按照二级张力设定表进行设置；如都正常带钢依然跑偏，则考虑通过适当增加电镀段张力及打开后处理部分挤干辊来纠偏。

解决亮条纹缺陷的措施有：当怀疑某根挤干辊异常时，首先关闭该槽相邻的两个整流器，然后将此挤干辊抬起观察板面是否有改善，如确认是该辊问题，则联系车间设备人员安排下次检修时换辊。

（5）预防措施 预防暗条纹缺陷的措施有：

① 巡检，确认镀液流量；

② 监控HMI上电镀循环泵速度是否有异常。

预防亮条纹缺陷的措施有：

① 巡检，确认挤干辊表面状况以及压力大小；

② 定期换辊。

5. 导电辊打火

（1）缺陷形态

带钢下表面出现小型凹坑，纵向分布，有周期；带钢上表面对应位置有凸起，有轻微手感，凸起顶部一般为黑色，如图6-58所示。

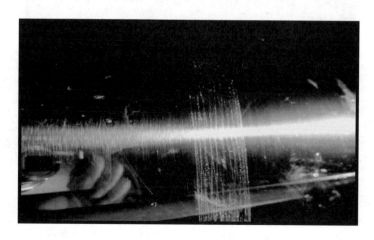

图6-58 缺陷形态

（2）原因分析 该缺陷是由于带钢运行中接触到阳极板产生短路，带钢与导电辊之间产生打火，损伤导电辊表面，产生结瘤，从而在带钢表面留下压印。

(3) 验证手段 此缺陷实质上就是一种压印,可通过测算周期等常规手段验证。

(4) 解决措施

① 停机,用油石对导电辊进行打磨处理;

② 如果压印位置处于单边边部,可联系计控人员将 CPC 控制中心线进行调整,以使带钢运行时在辊面的位置发生偏移,避开压印位置。

(5) 预防措施

① 对焊缝前后板形及跑偏状况进行确认。

② 作业线在停机处理故障之后必须将带钢摆正。

③ 严格关注原板板形以及拉矫机工作状态,杜绝瓢曲边浪等缺陷进入工艺段,原料板形标准要求:≤6Ⅰ。

④ 当发现存在产生瓢曲或大幅度跑偏的可能时,将电镀段整流器关闭,打开所有挤干辊,将所有阳极箱打到离线位置,降低生产线速度,增加工艺段张力;同时专人监控,随时准备停机处理。

三、污物类表面缺陷

1. 块状异色

(1) 缺陷形态 这种缺陷出现位置比较固定,集中在带钢中部偏传动侧 15~25cm 区域内,严重时操作侧边部也有,但相比中部频率低。

同时,分布状况和发生周期也比较固定,呈不规则多边形黑斑,大小不一,斜向分布;缺陷发生周期与沉没辊辊径匹配,如图 6-59 所示。

图 6-59 块状异色缺陷

(2) 原因分析 出现这种缺陷,初步判断是沉没辊表面有异物所致。经将这些沉没辊抽出检查,发现在辊面对应区域有难溶物质,难溶物的分布和形貌与缺陷高度相似,呈白色硬壳,怀疑为硫酸锌结壳,将其剥离后辊面未见异常。

(3) 解决措施

① 此缺陷出现时,通过提高镀液中的酸含量能减轻或消除此缺陷;

② 降低作业线速度能减轻或消除此缺陷。

(4) 预防措施

① 维持较高的镀液游离酸浓度;

② 及时检查沉没辊,如发生缺陷且无法改善,应立即更换沉没辊。

2. 电脱斑迹

（1）缺陷形态　电脱斑迹缺陷为沿轧制方向的黑色色差，呈现条状，分布在上表面，且贯穿通板长度，如图 6-60 所示。

（2）原因排查　出现这种缺陷以后，可以对机组进行如下排查：

① 后处理的涂敷辊辊面情况；

② 工艺段沉没辊和挤干辊的辊面情况；

③ 前处理段的清洗效果。

如果经过上述排查后能够排除这些因素，就可以确认该缺陷产生在前处理段的电解脱脂工序中。

（3）原因分析　电解脱脂的原理为通过电解过程中产生的气体对带钢表面的杂质和油污进行剥离，电脱段如果出现以下异常的话，就有可能产生斑迹缺陷：

① 极板与带钢之间的电势差不稳定；

② 电脱溶液不洁净；

③ 电脱极板表面不洁净。

（4）解决措施

① 检查电解脱脂段接地情况，确保极板与带钢之间有稳定的电势差，从而保证清洗效果的一致；

② 提高电脱溶液的电导率，开启电脱循环罐下方的排放阀到一定的开度，对电脱溶液持续泄流，依靠系统自动或操作工手动补充脱脂原液和水，保证电脱溶液的电导率在 34～41mS/cm；

③ 将电脱段换相的周期由 60min 调整为 6min，从而减少极板表面反应产物的沉积；

④ 每 3 个月使用稀硫酸对电脱极板进行清洗。

3. 磷化斜纹

（1）缺陷形态　当电镀锌磷化产品大量生产时，随着生产时间的延长，超过 1 个班后，有时上、下表面均出现斜向的白色条纹，主要分布在肋部，长度约为几十厘米，如图 6-61 所示。此类缺陷无法满足汽车外板的要求，且随着生产的进行会逐渐加重。

图 6-60　电脱斑迹

图 6-61　磷化斜纹

（2）原因分析　经对生产线进行排查，在生产过程中，磷化液正常补充和更新，并周期性排放，磷化液关键参数实时监控的数据也处于正常状态，可以排除是由磷化工艺异常造成的可能性。

随着生产的进行，活化液中活性成分的损失对磷化板面状态会有显著的影响，便会产生这种缺陷。

(3) 解决措施 活化液的持续更新可以消除此类缺陷，每 2h 排放 $1m^3$ 活化液，在配液桶中另行配置 5kg 活化液，充分搅拌后加入活化循环罐，将活化罐液位补至初始液位。

4. 活化滴液

(1) 缺陷形态 电镀锌后处理方式众多，包括涂油、耐指纹、环保钝化、磷化、磷化封闭等，后处理方式常常需要随时切换。尤其是在磷化和磷化封闭产品生产结束后，切换耐指纹产品生产时，必然会出现上表面斑状滴液，频率为几米一滴，如图 6-62 所示。

(2) 原因排查 出现这种缺陷以后，进行原因排查比较困难。一方面，缺陷产生的周期没有任何规律；另一方面，沿产线从出口检查室向前的逐步排查，可以确认产生区域为工艺段后、热风烘干前，包括镀后清洗、活化、磷化和磷化后清洗这四段，但由于以上四段为上方带有槽盖的封闭式产线，因此找到发生问题的点极为困难。为此，通过将镀后清洗、活化、磷化和磷化后清洗这四段各自连接处的挤干辊槽盖打开，细心观察板面是否有液斑，最终确认液斑来自于活化段。

确定了滴液来自于活化段，但是生产耐指纹板时，活化段只有保湿水，且保湿水水质纯净度良好，还不能找到出现黑色液斑的根本来源。通

图 6-62 活化滴液

过对活化段槽壁和槽盖进行观察，发现这些表面有紫色的絮状沉积，确认是具有活性成分的碱性活化液体的残留。

残留在喷管及隔离板上的活化粉剂，被镀后清洗水蒸气及保湿水的水雾再次溶解，从而滴落在板面上，与锌层发生反应后即形成活化液斑。

(3) 解决措施

① 关闭活化段保湿喷管，防止保湿水溅起到槽盖上形成活化液滴；

② 将隔离板及活化喷管擦洗干净；

③ 使用塑料薄膜包覆活化段喷管，防止活化喷管管道里面残留的活化液滴漏形成滴液。

第七章 汽车板表面形貌的控制

第一节 汽车板表面形貌

一、汽车板表面形貌参数

1. 表面形貌参数类别

常用衡量汽车板表面形貌的主要参数，包括表面宏观的几何形状误差、微观的粗糙度和介于这两者之间的波纹度三大类指标。

宏观几何形状是表面形貌中变化频率最低的部分，其波长大于10mm，肉眼可以看出。粗糙度是表面形貌中变化频率最高的部分，其波长小于1mm，肉眼无法看出，必须借助显微镜才行。波纹度的波长范围为1~10mm，介于宏观几何形状与粗糙度之间，在一定的光线条件下肉眼可以看出。

常用表面形貌的参数，属于宏观几何形状方面的指标，主要有板形的波长和波高等，是由薄钢板本身弯曲造成的。属于粗糙度的主要指标有：粗糙度轮廓的算术平均偏差 Ra，即在取样长度内粗糙度轮廓偏距绝对值的算术平均值；粗糙度轮廓最大高度 Rz，即取样长度内最大轮廓峰高和最大轮廓谷深之和的高度；峰值密度 R_{pc}，即在长度为10mm的标准距离内，过了所设定的统计边界上限和下限的波峰和波谷的数目。波纹度的主要指标是 W_a，即在取样长度内表面波纹轮廓偏距绝对值的算术平均值，是间距大于表面粗糙度但小于表面几何形状误差的表面几何不平度。

为提高汽车板带钢涂装后的鲜映性（DOI指标），减少橘皮纹，汽车厂家对钢板表面提出了严苛要求。一般影响DOI的钢板表面指标包括粗糙度 Ra、R_{pc} 和波纹度 W_a。

波纹度和粗糙度两者的区别如图7-1所示，图中 R_i 和 A_{Ri} 是粗糙度范畴的指标，而 W_i 和 A_{Wi} 就是波纹度范畴的指标。

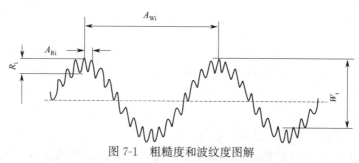

图7-1 粗糙度和波纹度图解

2. 粗糙度

表面粗糙度 Ra，指带钢表面具有的较小间距和高低不平的微小峰谷不平度，计算公式为：

$$Ra = \frac{1}{l} \int_0^l |Z(x)| \mathrm{d}x \tag{7-1}$$

如图 7-2 所示。

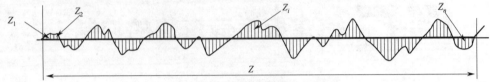

图 7-2 表面粗糙度 Ra

峰值密度 R_{pc}，指在一个取样长度内纵坐标值 $Z(x)$ 绝对值的算术平均值。$R_{pc}=$ 被计数的峰的个数/评定长度=峰数/cm，如图 7-3 所示。

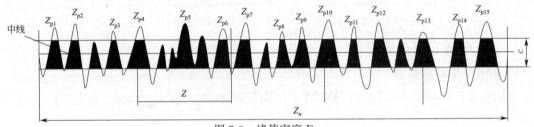

图 7-3 峰值密度 R_{pc}

有些汽车厂家为了降低成本和环保，将原来的三涂工艺变成了二涂工艺，为提高涂装后的鲜映性指标，缩小了 Ra 的数据范围，提高了 R_{pc} 值的要求，近年大致经历了三个阶段，如表 7-1 所示。

表 7-1 汽车板表面形貌变化表

阶段	第一阶段	第二阶段	第三阶段
$Ra/\mu m$	0.6~2.0	0.6~1.2	0.6~1.0
R_{pc} 值/个	无	≥60	≥100

而有些汽车厂由于冲压的要求，其要求一般是 $Ra \geq 1.0\mu m$、$R_{pc} \geq 50$ 个。此要求与前述要求基本相反，加上各个客户的个性化要求，导致生产厂对表面形貌的控制非常困难。

3. 波纹度 W_a

在汽车用薄钢板表面波纹度试验方法中，重点讨论波纹度轮廓算术平均偏差 W_a。W_a 可理解为在一个波纹度取样长度 l_w 内，检测时直接获得的实际表面断面曲线经过滤波所得曲线 $Z(x)$ 偏离最小二乘中心线的距离绝对值的算术平均值（图 7-4），单位为 μm，定义如下：

$$W_a = \frac{1}{l_w} \int |Z(x)| \mathrm{d}x \tag{7-2}$$

式中，l_w 为评定波纹度轮廓的取样长度，mm；$Z(x)$ 为波纹度轮廓曲线函数。

测试汽车用薄钢板表面波纹度 W_a 是 ISO 4287：1997 定义的参数，另外还有在 JISB 0610—1987 中定义、在 JISB 0610—2001 提到的参数 W_{ca}。W_a 与 W_{ca} 的区别在于测试参数设置中的评价条件选择的滤波器类型不同。W_a 选择 Gaussian 滤波器，主要在欧系汽车厂中使用；W_{ca} 选择 2CR75 滤波器，主要在日系汽车厂中使用。

W_a 过大会影响汽车用薄钢板冲压时的接触精度，对冲压成形性能有很大影响。当冷轧薄钢板用于汽车外板件时，其涂漆外观质量除受到油漆工艺本身的影响外，还受到冷轧薄钢板表

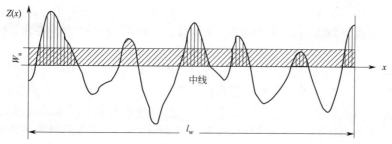

图 7-4　波纹度轮廓算术平均偏差

面形貌的影响。经过涂漆后，漆膜可以掩盖和消除表面粗糙度，而波长较长的波纹度部分则会保留在表面，甚至更加明显，直接影响汽车面板的涂装性能和涂漆后的光泽和鲜映性。因此，冷轧薄钢板的表面波纹度是评价其表面质量的一个重要指标。汽车用薄钢板表面波纹度是由轧辊的形状误差及轧机的振动造成的薄钢板周期性波浪形偏差。为了提高涂漆外观的质量，冷轧薄钢板的表面波纹度通常认为应小于 $0.6\mu m$，且越趋于零越好。

二、汽车外板涂装质量分析

随着汽车板开发和销售工作的进展，展开更深层次质量攻关，是进一步拓展高等级汽车外板市场、不断提高汽车外板质量的重要保证。汽车表面形貌控制技术及其对涂装性能影响的研究是重要攻关工作之一。以下首先对二次涂装工艺本身展开阐述。

1. 汽车外板涂装工艺及其演变

汽车外板涂装工艺及其演变如图 7-5 所示。

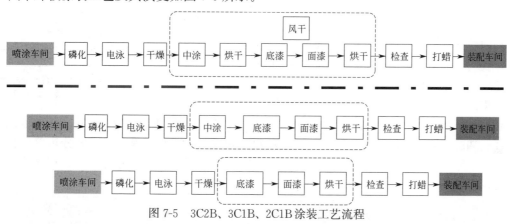

图 7-5　3C2B、3C1B、2C1B 涂装工艺流程

早期的主机厂涂装工艺流程主要为：磷化→电泳→干燥→中涂→烘干→底漆→面漆→烘干→检查→打蜡。电泳底漆的膜厚在 $20\mu m$ 左右；随后喷涂中涂底漆，膜厚在 $35\mu m$ 左右；然后是喷涂底色漆，膜厚一般在 $15\sim 25\mu m$ 左右；最后一道涂层是清漆，膜厚通常在 $30\sim 40\mu m$ 左右。在电泳底漆之后，通常工艺在喷涂完中涂底漆之后要进行高温（$140\sim 165℃$）烘烤固化，然后在底色漆喷涂完成后进行低温闪干，再和清漆一起进行高温（$130\sim 145℃$）烘烤固化，因此传统体系工艺被称为三涂两烘（3C2B）体系。

经过几年的演变发展，之后的工艺采用喷涂中涂层漆闪干或低温烘干，直接喷涂金属底色漆、罩光清漆，取消了中涂漆烘干工序，故被称为 3C1B 工艺。

当前最新的工艺为 2C1B 的二涂层涂装工艺，2C 是指喷底色漆工序、喷清漆工序，1B 是指使底色漆和清漆一同烘干工序。其中最大的差别是两涂一烘取消中涂工艺，涂料商通过改进涂料工艺，使底漆具备原来中涂层所具备的防紫外线、抗砂石冲击等功能。新的涂装工艺取消了中涂。中涂层的作用是阻挡紫外线对电泳底漆层的光氧化分解和粉化，防止因造成电泳与面漆结合力降低而最终导致漆层龟裂和剥离。新涂装工艺采用改进后的底漆具备抗紫外线功能，可防止紫外线对电泳层的影响。通过取消中涂，改善底漆和面漆的力学性能、耐候性能和表面装饰性能，达到三涂层涂装工艺的功能。与以前的涂装工艺比较，当前工艺显著降低了设备投资，增强了节能减排，减少了工艺使用面积和生产运行成本，代表了当今世界汽车涂装的最先进技术发展方向，目前已被各大主机厂纷纷采用。这些采用最新技术路线的涂装线的 VOC 排放和能源消耗水平，都能够达到当前世界汽车涂装先进水平。努力采用各种紧凑型涂装工艺，尽量减少投资和土地占用，着力节能降耗，并减少 VOC 排放，已经日益成为中国汽车涂装行业的共识，成为今后相当一段时间内汽车涂装的技术方向。

2. 车身涂装的主要表征参数

主机厂在光泽、雾影、橘皮及鲜映性四个方面展开涂装质量评价，而冷轧带钢表面的参数主要包括粗糙度、波纹度、R_{pc} 值等，如何将主机厂对质量的要求一一转为对应的对冷轧产品的要求是关键。其中，前两者主要是由涂料性质决定的，而钢厂需要重点关注的是橘皮和鲜映性，这些由钢材的表面粗糙度及波纹度所决定。

主流主机厂对鲜映性的评价是通过与标准板对比来判定的。

首先阐述橘皮表征。涂层表面类似橘子皮形状的波纹称橘皮，它是涂层最常见和难以控制的缺陷之一，已成为国内外各大汽车厂的棘手问题。橘皮表征又分为长波和短波，长波波长范围是 0.6～10mm，短波是 0.1～0.6mm，如果长短波数量超过主机厂标准，则涂装不合格。如图 7-6 所示，大脑把我们所见的阴影当作为三维的"山丘"和"山谷"，结构内的反差给我们结构深度的感觉和间接地评定波浪度。当光线聚焦在波纹表面时，我们可以看见高光亮区和非光亮区的反差，从而形成了视觉对橘皮的评估。

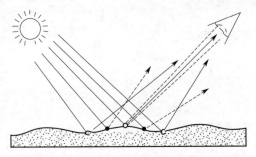

图 7-6 人眼对橘皮特征的视觉形成示意图

橘皮是人眼对表面状态的一种视觉感官特征，只有转换为量化指标，才具有客观工程意义，因此引入长短波概念，进一步对表面参数进行客观表征。如图 7-7 所示，人眼一般会分近距离观看和远距离观看。模拟人眼的分辨率，我们将波形分为长波和短波。在 50cm 的距离，人眼可看到 35 条 0.1mm 宽的线条；在 2.5m 的距离，人眼可看到 35 条 0.6mm 宽的线条。

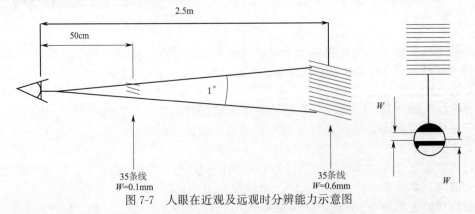

图 7-7 人眼在近观及远观时分辨能力示意图

为了模仿这种情况，橘皮仪在 10cm 的距离内读取 1250 个数，每个读数之间的距离为 0.08mm。此数比人眼的分辨率 0.1mm 要小，因此比人眼观察更精确。橘皮仪应用数学滤波的方式将结构尺寸＞0.6mm 的测量数据归纳为长波，代表了表面较长波幅的变化；将结构尺寸＜0.6mm 的数据归纳为短波，代表了表面较短波幅的变化。主机厂即用长、短波数值表征涂装后表面质量。

要满足主机厂对产品长、短波要求，首先要建立长、短波数值与钢厂带钢表面表征参数之间的联系。带钢表面表征参数包括粗糙度、波纹度等。实际上，人眼近观可见的短波超标，主要是由于粗糙度控制偏高引起的，而人眼远观可见的长波超标则主要是波纹度引起的。

综上所述，要控制带钢涂装后的表面长短波超标现象，需主要从控制带钢表面粗糙度和波纹度入手。此外，表面缺陷尤其是锌灰、锌渣、锌粒之类，如果尺寸超标，也会造成涂装不合格。因此，要获得满足主机厂要求的带钢，必须重点控制粗糙度、波纹度及表面锌粒等微小缺陷。

3. 新涂装工艺对冷轧产品的挑战

新工艺的突出优点是减少挥发性有机物 VOC 排放 70%～80%，减少 CO_2 排放 30%～52%，降低投资 20%，降低运行费用 20%，缩短生产线 47%，是迄今为止最环保的汽车涂装工艺之一，但其缺点是涂料成本增加。实际上涂料成本增加远小于厂房建设及产线建设等成本，总体上讲新工艺成本是大幅降低的。

如图 7-8 所示，对前述三种涂装工艺对冷轧产品的影响进行了对比。三涂变两涂，涂层减薄，带来的主要问题是对板材表面缺陷及波纹度的掩盖能力大大降低，长、短波超标。评价涂装后板面的指标主要包括长波、短波等。对生产厂而言，最重要的问题是全面识别主机厂要求，将主机厂对长、短波的要求转化为实际生产中对波纹度与粗糙度及其他相关工艺参数的控制。

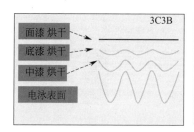
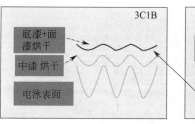
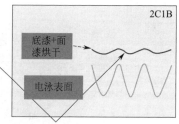

图 7-8 表面涂装示意图

4. 典型缺陷涂装后的表现

为了掌握汽车板典型缺陷涂装后的表现规律，在模拟涂装实验室中，对存在汽车板最常见的锌粒、短划伤等缺陷的样品和正常表面样品采用 2C1B 工艺进行了模拟涂装试验，研究在涂装条件下缺陷的表现行为，新的涂装工艺是否能掩盖这些缺陷，以及正常样品表面长、短波值及合格率。

在涂装之前，首先建立涂装截面模拟标准，根据此标准预先判断各缺陷在新涂装条件下是否会合格。

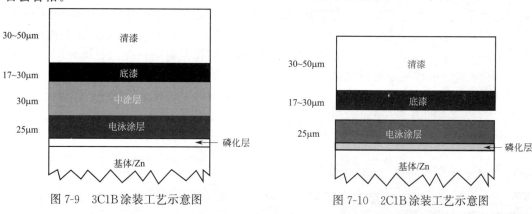

图 7-9 3C1B 涂装工艺示意图　　　　　图 7-10 2C1B 涂装工艺示意图

图 7-9 和图 7-10 分别为 3C1B 和 2C1B 涂装工艺条件下的漆膜截面示意图。一般而言，基板表面首先进行磷化及电泳处理，磷化层极薄，电泳涂层厚度为 $25\mu m$，中涂层厚度为 $30\mu m$，底漆厚度为 $17\sim30\mu m$，最表层是 $30\sim50\mu m$ 清漆。2C1B 及 3C1B 的差别在于有无中涂层。

首先分析锌渣缺陷在 2C1B 工艺条件下的表现行为，如图 7-11 所示为涂装后表面尺寸在 0.5mm 以下的锌渣缺陷，在涂装完毕后，表面会存在侧光隐约可见的点，基本无手感。

肉眼所见及手感并不能客观评价涂装后缺陷部位实际效果，如图 7-12 所示，采用三维轮廓仪对缺陷部位进行表征，获得该部位三维形貌及尺寸。从图中明显可见，缺陷部位并不能被涂装层所覆盖，一定程度上，涂装部位还会有放大效应，缺点部位最高峰值可达 $45.616\mu m$，因此，对锌渣类缺陷必须通过打磨之后才能进入涂装工序。为提高用户满意度、提高表面质量，镀锌汽车外板在实际生产中还必须从工艺上严格控制锌粒缺陷的形成。

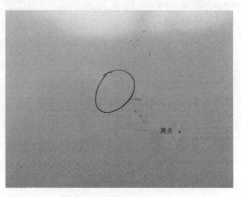

图 7-11 表面锌渣缺陷的基板涂装后照片

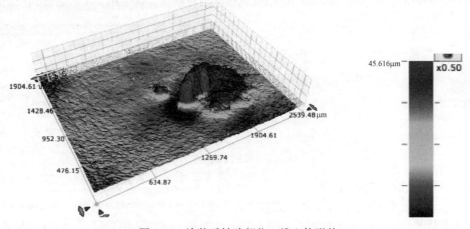

图 7-12 涂装后缺陷部位三维立体形貌

再看轻微短划伤类缺陷在 2C1B 工艺条件下的表现行为，此类轻微划伤无手感，正光、测光可见。首先看此类缺陷在涂装之前的表现，如图 7-13 所示，从中可以看出，轻微划伤缺陷在基板表面留下一小凹槽，但是此类凹槽在磷化及电泳工序后即可被逐渐覆盖，不会影响最终涂装质量。最终涂装后表面如图 7-13 所示，无手感，无侧光、正光所见缺陷，完全被涂装工艺所覆盖，因此，后续如果要处理短划伤缺陷，在判断放行标准时可以先做三维轮廓仪扫描，缺陷部位深度在 $15\mu m$ 内基本可以被涂装工艺所覆盖，如图 7-14 和图 7-15 所示。

选取生产状态好、表面质量符合汽车公司标准的样板进行了两种涂装条件下的对比，获得的表面长、短波范围如表 7-2 所示，由于 2C1B 工艺遮盖性相对 3C2B 工艺要差，因此，同基板表面涂装后长、短波值要相对较高。从实际涂装效果来看，目前影响热镀锌汽车外板的关键因素是波纹度，根据模拟涂装试验及汽车公司部分检测结果，水平面：长波$\leqslant 9$，单位合格率$\geqslant 80\%$，短波$\leqslant 30$，单位合格率$\geqslant 86\%$；垂直面：长波$\leqslant 18$，单位合格率$\geqslant 81\%$，短波$\leqslant 35$，单位合格率$\geqslant 89\%$。要满足 2C1B 工艺条件，波纹度最好控制在 $0.5\mu m$ 以下，轧辊毛化精度对波纹度影响较大。

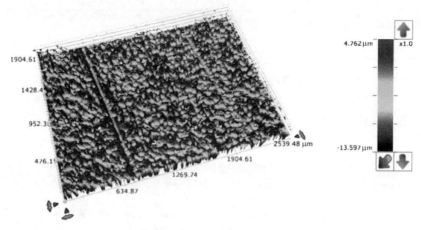

图 7-13 轻微划伤类缺陷三维立体形貌示意图

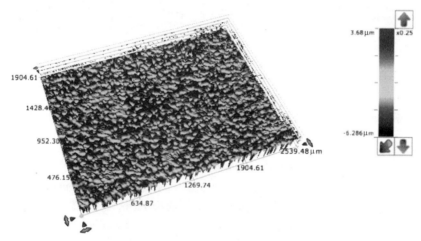

图 7-14 轻微划伤类缺陷经磷化电泳后三维立体形貌示意图

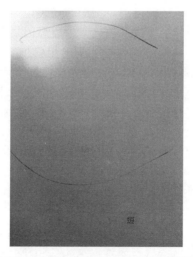

图 7-15 轻微短划伤缺陷涂装后表面形貌

表 7-2 同一基板在不同涂装工艺条件下的长、短波值

涂装工艺	长波值	短波值
3C2B	18～22	5～6
2C1B	24～28	7～9

如图 7-16 所示，当基板表面波纹度值偏高、W_{ca} 为 $0.65\mu m$ 时，虽然钢板表面参数表征未见明显差异，但是经冲压成形、电泳后表面纹路逐渐显现，造成长波值超标。控制长波值的关键因素在于控制轧辊波纹度，采用低 W_{ca} 值轧辊轧制，以获得低波纹度带钢，因此，降低轧辊波纹度是主要调整方案之一。

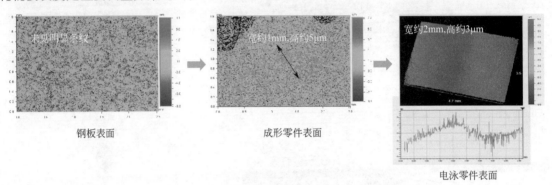

图 7-16 电镀锌板涂装过程波纹度影响示意图

三、汽车板表面形貌改善

1. 显微形貌对标

表面形貌较差的镀锌板与表面形貌较好的镀锌板之间，表观质量最直接的差距表现为镀锌板发亮、表面形态差、不致密。为了寻找具体差距原因，采用 SEM 等微观分析手段对表面形貌较差的镀锌板与表面形貌较好的镀锌板进行了对标研究分析。

带钢出锌锅后，通过气刀的高压气体作用，除获得厚度均匀的液态锌层外，还对附着在表面的液态镀层有快速冷却作用，冷却后形成具有一定尺寸晶粒的固态镀层，且表面相对光整。如图 7-17 所示为光整前镀锌板表面 SEM 形貌。直径为 $60\sim100\mu m$ 的晶粒实际上可视为一个个微小平面。这些平面对光将产生镜面反射，因此客观表现为未光整镀锌板表面非常光亮。

光整后镀锌板表面亮度将明显低于光整前，其主要原因是光整辊有一定粗糙度，轧制过程中将破坏带钢原来光整的表面，并使带钢获得一定的粗糙度。如图 7-18 所示为光整后镀锌板表面 SEM 形貌，对比可见原本规则的平面在获得一定粗糙度后光整的表面被破坏，呈凹凸不平状，只剩下极少数未破坏的小平面。凹凸不平的表面对光线主要产生漫反射，因此表观视觉结果是亮度有所降低，此时光整后表面不平度的均匀性及所剩余小平面的数量是最终表观视觉的决定性因素。

图 7-19(a) 所示为表面形貌较差的镀锌板的表面形貌，图 7-19(b) 所示为表面形貌较好的镀锌板的表面形貌。

通过对比，明显可见表面形貌较好的镀锌板表面非常均匀，且"小圆坑"明显密集，直径小且数量非常多，几乎很难观察到小晶粒及晶界的存在。相比之下，表面形貌较差的镀锌板表面保留了大量类似光整不完全的小晶粒平面形貌，有些还可观察到明显晶界形貌，这些小平面对光线的镜面反射作用在直观上就表现为镀锌板发亮。此外，表面形貌较差的镀锌板经光整轧制后的表面小圆坑数量明显偏少，这与粗糙度 Ra 及 R_{pc} 值直接相关，"小圆坑"直径明显偏大且尺寸不均匀，还有相当数量直径很大的"圆坑"。因此，需对光整轧制过程进行改进。

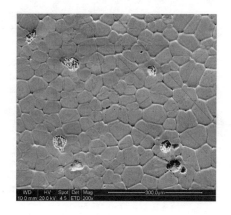
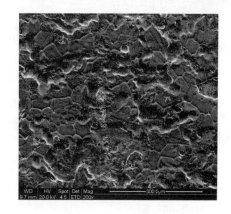

图 7-17 光整前表面形貌　　　　　　　　图 7-18 光整后表面形貌

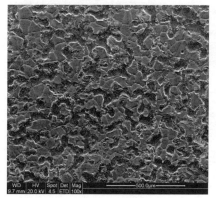

(a) 表面形貌较差的镀锌板　　　　　　　(b) 表面形貌较好的镀锌板

图 7-19 表面形貌较差的镀锌板与表面形貌较好的镀锌板的表面形貌对比

2. 表面 R_{pc} 值差异

如表 7-3 所示为试产与标杆的热镀锌、冷轧和电镀锌等汽车板表面粗糙度 Ra 值及 R_{pc} 值的对比。首先对比热镀锌板,总体上讲,试产产品热镀锌汽车板表面 Ra 值及 R_{pc} 值均低于标杆产品热镀锌板,试产热镀锌板表面 Ra 值低 $0.1\mu m$ 左右、R_{pc} 值低 10 个左右。同时,从实际测量结果可看出,试产热镀锌板 R_{pc} 值不但偏低而且非常不均匀,R_{pc} 值测量跨度达 20 个。这种测量结果也与前述表面 SEM 形貌分析结果相一致,进一步证实试产产品的热镀锌板表面形态分布不均,说明光整轧制过程存在不稳定状况。

表 7-3　汽车板表面粗糙度 Ra 及 R_{pc} 值的对比

钢种	样品	Ra 值/μm				R_{pc} 值/个			
		三点测量值			平均值	三点测量值			平均值
DX54D+Z	试产	0.743	0.822	0.932	0.832	85	90	105	93.3
	标杆	0.901	1.08	1.042	1.008	100	100	90	96.7
DC04	试产	1.322	1.294	1.544	1.387	63	80	65	69.3
	标杆	0.989	1.084	0.805	0.959	55	55	58	56.0

续表

钢种	样品	Ra 值/μm				R_{pc} 值/个			
		三点测量值			平均值	三点测量值			平均值
电镀锌	试产	0.991	1.015	0.915	0.974	115	113	100	109.3
	标杆	0.907	1.061	1.046	1.005	125	105	128	119.3

3. 差异原因分析

综上所述，要控制带钢涂装后的表面长、短波超标现象，需主要从控制带钢表面粗糙度和波纹度入手。当然，表面缺陷尤其是锌灰、锌渣、锌粒之类，如果尺寸超标，也会造成涂装不合格。

表面形貌较差的热镀锌板表面 Ra 值及 R_{pc} 值均低于表面形貌较好的热镀锌板，表面形貌较差的热镀锌板因光整不均所保留的大量小平面对光线的镜面反射作用，及轧制过程不稳定所导致的轧后表面"小圆坑"尺寸直径的不均匀性，是导致表面形貌较差的产品镀锌板表面发亮的最直接原因。

进一步分析表明，根本原因是：轧制过程不稳定、轧辊表面 Ra 值及 R_{pc} 值不合理、生产过程中未使用光整液等。

四、重点改进措施

经过以上分析，为了改善汽车板表面形貌，在后续汽车板生产中，将主要从如下几个方面进行改进：

第一步，改进光整机的工作状态，解决运行过程中的振动问题、造成支承辊表面缺陷的问题以及产品表面的色差问题。

第二步，在镀锌生产过程中引入光整液，研究光整液类别、浓度等对带钢轧制过程及表面形貌的影响，摸索出最适合汽车板生产的光整液工艺参数。

第三步，轧辊表面磨削及毛化工艺攻关，辊形磨削精度公差由 $\pm 0.006mm$ 提升至 $\pm 0.004mm$。毛化辊表面粗糙度控制精度范围从现有 $\pm 6\%$ 提升至 $\pm 4\%$。将磨削及毛化工艺控制在上述精度范围内后基本可以消除原板表面 $4\mu m$ 以上凸台或凹陷缺陷。

第四步，进行产品表面粗糙度的设计优化，在获得高精度辊面的基础上，展开对带钢表面形貌在酸轧、镀锌全过程演变的研究，即酸轧第五机架采用 $4.0\mu m$、$3.5\mu m$、$3.0\mu m$ 轧辊，分别配对镀锌采用 $2.8\mu m$、$2.5\mu m$、$2.0\mu m$ 轧辊进行试验，从中选取最优组合；并采用高 R_{pc} 值轧辊，提高带钢表面 R_{pc} 值，改善带钢表面均匀性。

第五步，在获得最优组合的基础上，验证镀锌工艺过程控制的稳定性，评价轧辊全轧制过程表面粗糙度衰减的趋势以及带钢表面粗糙度控制的稳定性。

下面分节介绍以上改进的具体情况。

第二节 光整机工作状态改进

对带钢进行光整或平整，可以提高产品的表面质量和内在质量，但也会带来带钢表面的色差等问题。为此，进行了专题研究，针对生产过程中带钢产生的色差、振痕缺陷等问题，研究光整机支承辊"锥形"、振动、纵向色差和横向色差的产生机理，从辊面清洗、传动机构设计方面进行分析研究，并探索控制和解决方法，从而全面提高镀锌板板面质量。

一、存在的问题

1. 带钢表面缺陷

在生产过程中,与此相关的带钢表面缺陷有光整辊印、光整色差等,出现缺陷的带钢表面亮度不同,甚至有时出现十分明显的纵向或横向间断条纹,严重影响了带钢表面质量,为保证生产被迫频繁更换光整机工作辊,严重影响生产作业率,也很大程度上提高了生产成本。

2. 工作中振动问题

光整机直接影响产品的力学性能和表面粗糙度,要获得合格的产品,要求光整机必须稳定地正常工作。但是,在生产中时常听到光整机规律性振动的响声,虽然振动主要产生在下支承辊与主传动接手连接处,可是振动传递到工作辊上后导致很难获得稳定的轧制力,无法保证带钢性能要求。

3. 支承辊表面不良

(1) 辊面出现带状辊纹 在支承辊使用一段时间以后,辊面出现了一条条带状辊纹,痕迹布满整个轧制区的辊身圆周。图 7-20 所示是实物照片,图 7-21 所示是实物照片的局部放大。对带状辊纹的测量显示,辊纹的发生有一定的周期性,带状辊纹的宽度基本相同,沿辊身长度方向间距有所变化,为 50~70mm 不等。在传动侧,痕迹由一个个的椭圆叠加而成,椭圆的长轴就是辊纹的宽度,短轴约为 40mm,相邻两椭圆的弧线沿辊身周向间距有两种尺寸,分别约为 5.5mm 和 7.3mm;而在操作侧,条纹痕迹为直条振痕,周向间距约为 5.5mm。

图 7-20 支承辊圆周方向带状辊纹

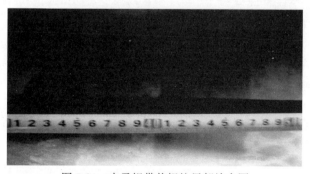

图 7-21 支承辊带状辊纹局部放大图

(2) 辊形严重破坏 对支承辊使用前后辊形跟踪的结果显示,经过一段时间使用以后,辊形被严重破坏,出现了锥度,锥度的方向是上支承辊传动侧大、操作侧小,下支承辊操作侧大、传动侧小。

(3) 辊面出现发蓝现象 如图7-22所示,支承辊传动侧未轧制区辊面出现发蓝现象。

图 7-22 辊面发蓝现象

(4) 扁头出现发蓝现象 如图7-23所示,支承辊轴端扁头出现发蓝现象。

(a) 正常扁头　　　　(b) 扁头发蓝

图 7-23 扁头发蓝现象

由于上述原因直接导致了带钢质量差,表现为带钢表面有明暗相间的条纹;另外边部沿带钢运行方向有条状亮带,位置在传动侧或操作侧不固定。

二、振动特性研究分析

对于光整机支承辊表面出现的振纹现象,观测振纹形态和形成规律,通过理论研究和现场测试,了解其振动特征和性质,分析形成原因,提出解决办法。

1. 机座垂直振动模型

采用的光整机为四辊湿式光整机,主要由牌坊装置、机械压下装置及弯辊装置、液压压上装置(HGC液压缸)、传动装置、辅助辊、辊面清洗装置、湿光整装置、换辊装置等组成。

实际上,光整机牌坊及辊系是一个复杂的多自由度质量分布系统。根据研究的目的和精度要求,使理论计算尽可能与实际相符,采用六自由度非对称弹簧质量系统,简化模型如图7-24所示:

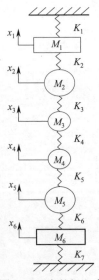

图 7-24 光整机六自由度弹簧质量模型

图 7-24 中:

M_1——机架立柱、上横梁质量;

M_2——上支承辊及其轴承、轴承座的等效质量;

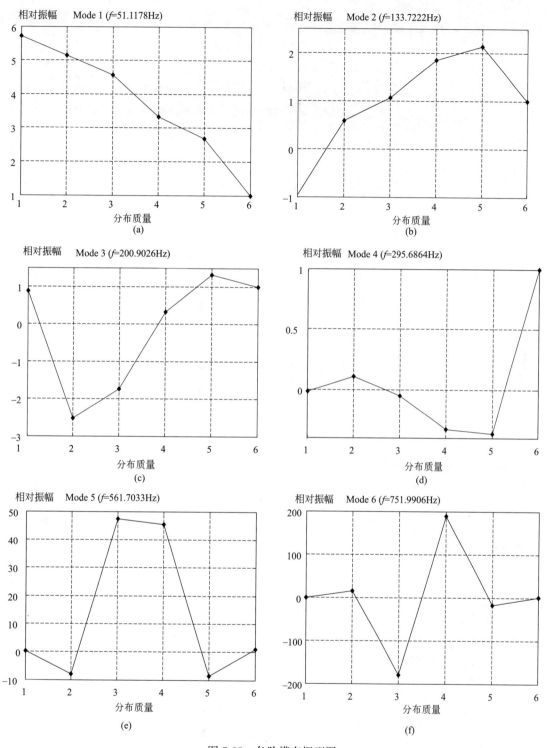

图 7-25　各阶模态振型图

M_3——上工作辊及其轴承、轴承座的等效质量；

M_4——下工作辊及其轴承、轴承座的等效质量；

M_5——下支承辊及其轴承、轴承座的等效质量；

M_6——斜楔、下横梁的等效质量;

K_1——机架立柱及上横梁的等效刚度;

K_2——上支承辊弯曲变形刚度及支承辊轴承座的刚度;

K_3——上工作辊与上支承辊之间的弹性接触刚度;

K_4——上、下工作辊以及带材之间在轧制力 P 作用下的等效刚度;

K_5——下工作辊与下支承辊之间的弹性接触刚度;

K_6——下支承辊中部至下横梁中部的等效刚度;

K_7——下横梁的弯曲等效刚度。

由此可进一步列出系统振动微分方程:

$$\begin{vmatrix} M_1 x_1 + K_1 x_1 - K_2(x_2 - x_1) = 0 \\ M_2 x_2 + K_2(x_2 - x_1) - K_3(x_3 - x_2) = 0 \\ M_3 x_3 + K_3(x_3 - x_2) - K_4(x_4 - x_3) = 0 \\ M_4 x_4 + K_4(x_4 - x_3) - K_5(x_5 - x_4) = 0 \\ M_5 x_5 + K_5(x_5 - x_4) - K_6(x_6 - x_5) = 0 \\ M_6 x_6 + K_6(x_6 - x_5) - K_7(x_7 - x_6) = 0 \end{vmatrix} \quad (7\text{-}3)$$

表 7-4 给出了图 7-24 中各参数的值,编写数值计算程序完成该振动系统的固有频率和相应振型的计算,结果如图 7-25 所示。

表 7-4 光整机机座系统参数

下标	1	2	3	4	5	6	7
M_i/t	65	32.572	5.2298	30.19	5.1338	24.12	
K_i/(1010N/m)	0.41441	2.58	5.479	2.8	5.479	2.654	4.7

由图 7-25(d) 可见第 4 阶固有频率 (295.6864Hz) 与后面介绍的支承辊表面测量计算得到的频率 273Hz 较接近,观察其振型,上支承辊与上工作辊运动方向相反,下辊系间运动方向相同。对于图 7-25(e) 所示第 5 阶振型,其振动频率处于五倍频程,此时支承辊振动相位相同,工作辊振动相位相同,支承辊与工作辊间振动相位相反。图 7-25(f) 所示的第 6 阶振动频率也处于五倍频程,该阶振型所对应的两工作辊运动方向相反,且上辊系间运动方向相反,下辊系间运动方向也相反,辊系间的这种相对运动有利于支承辊表面振纹的形成。

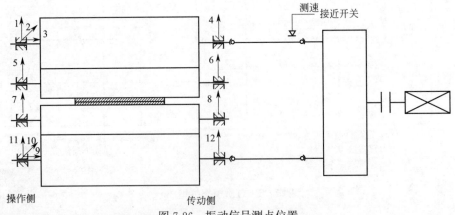

图 7-26 振动信号测点位置

从整体来看,三个低阶模态振型显示上辊系和机架反向运动,三个高阶模态振型显示上支承辊和机架基本不动,这符合实际轧机振动的特征。这种集中质量模型的计算结果是可信的。

上述各阶模态振型图有利于充分了解机座振动特性，但是光整机处于第 4~6 阶频率工作时，都有可能发生颤振，为确定光整机发生故障时具体哪一阶起主要作用及准确定位振源位置，进一步展开了机座振动测试工作。

2. 光整机振动测试研究

采用加速传感器拾取光整机辊系的水平轧制方向、轴向和铅垂方向振动信号，以专用振动信号处理软件对各测点信号进行实时观测、记录及分析。

(1) 振动测点布置 测点布置如图 7-26 所示，在上、下支承辊操作侧轴承座上分别布置一个三向振动传感器以测试轧制过程中的三向加速度，上、下支承辊传动侧轴承座上分别布置一个测试铅垂方向振动的传感器，上、下工作辊操作侧与传动侧轴承座上各设置一个测点测试铅垂方向的振动。

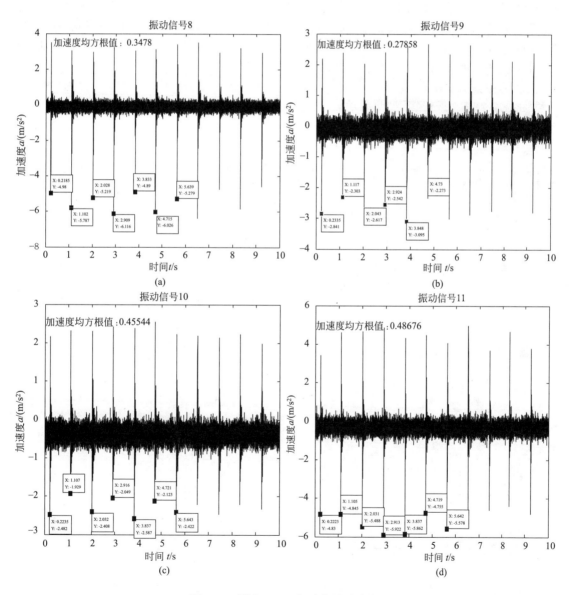

图 7-27 测点 8~11 振动信号时域图

(2) 测点信号时域分析 在光整机轧制过程中，所设的 12 个测点振动时域均有一个周期性的冲击振动。尤其对于测点8～11，也即下工作辊传动侧铅垂方向、下支承辊操作侧轴向、水平轧制及铅垂三个方向，该冲击振动的峰值尤为大，并且下支承辊铅垂方向的振动峰值要大于水平、轴向两个方向振动峰值，如图7-27所示。提取振动峰值所在位置的时间坐标，可以看出峰值与峰值之间的时间约为0.9s，正好是转动一周时间的1/2（传动轴转速为33.22r/min，转动周期约为1.806s）。结合现场安装情况，由于传动轴轴套与支承辊扁头在装配时存在间隙，因此初步怀疑传动轴转动过程中下滑冲击加剧支承辊振动，即支承辊每转动一周，万向接轴对光整机有两次冲击。

(3) 测点信号频域分析 选取较典型振动信号功率谱如图7-28所示，经过对比分析，在振动信号4、8、10、11（即上支承辊传动侧、下工作辊传动侧、下支承辊铅垂方向与轧制方向的振动信号）的功率谱图中有一个能量较大在290Hz左右的频率。该频率产生尖峰远大于其他频率处，若光整机在此频率处工作，极易引起颤振。此频率处于三倍频程，正好对应于前面计算得到的第4阶固有频率（295.6864Hz），可以认为光整机发生故障时，其颤振频率就处于290Hz左右。另外下支承辊操作侧沿铅垂方向、水平轧制方向及传动侧铅垂方向振动能量要大于其他测点的振动，下支承辊振动要剧烈些。

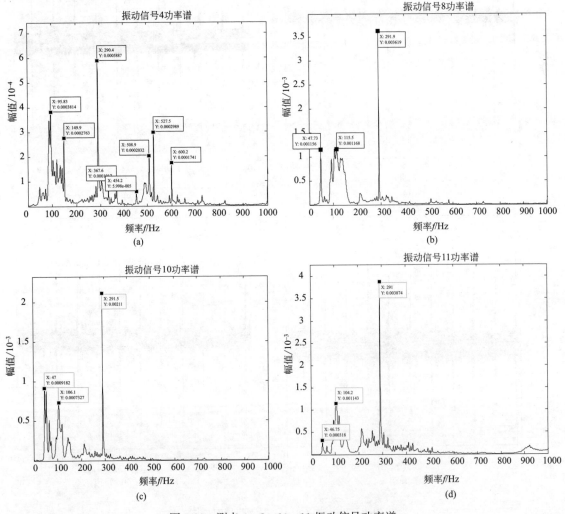

图7-28 测点4、8、10、11振动信号功率谱

(4) 结果讨论 结合上述情况，支承辊产生椭圆形振纹时，其故障频率就处于290Hz左右。但是对于振源位置的确立，必须根据现场安装情况进行分析。初步怀疑装配间隙引起的传动轴冲击作用在扁头上，进而引起支承辊颤振。具体影响有多大？被激发颤振时，其产生故障频率是不是处于290Hz？为此下一步将激励加载到扁头上，做谐响应分析，观察其频响曲线，判断猜测是否正确。

3. 谐响应分析

谐响应分析使设计人员能够预测结构的持续性动力学特性，从而能够验证结构能否成功地克服共振、疲劳及其他受迫振动引起的有害效果。为验证传动轴转动过程中下滑冲击对下支承辊振动特性的影响，进行谐响应分析。

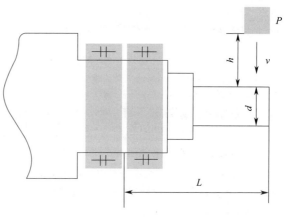

图 7-29 支承辊头部扁头示意图

(1) 扁头受冲击力分析 考虑极端情况，当传动轴带动扁头转动时，由于配合面存在间隙，传动轴从间隙最大处跌落，对扁头造成冲击，见图 7-29。

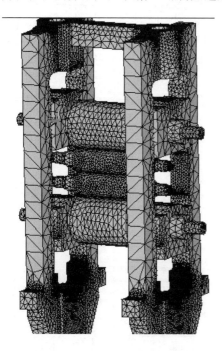

图 7-30 划分网格的有限元模型

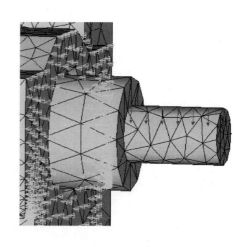

图 7-31 扁头处加载

此时有：

$$v = \sqrt{2gh}$$

$$I = \frac{\pi d^3}{64}$$

$$\Delta_{st} = \frac{PL^3}{3EI}$$

$$K_d = \sqrt{\frac{v^2}{g\Delta_{st}}} = \sqrt{\frac{v^2}{g} \times \frac{3EI}{PL^3}}$$

$$F_d = K_d P = \sqrt{\frac{3v^2 EI}{gPL^3}} P = \frac{v}{L}\sqrt{\frac{3EIP}{gL}}$$

将各参数代入得到 $F_d = 139.108$kN。

(2) 有限元模型建立 在 Pro ENGINEER 中建立机座三维模型，通过与 ANSYS 的无缝接口，导入 ANSYS，采用高阶 3 维 20 节点固体结构单元 Solid186 对机座模型进行自由网格划分，划分后的有限元模型如图 7-30 所示。

(3) 加载求解 在机架地脚螺栓处施加全约束，各辊施加轴向约束，防止轴向窜动（图 7-31）。在下支承辊与传动轴连接处施加垂直向下载荷，大小为 139.108kN。激振频率设为 200~300Hz，求解方法选取完全法（Full）。

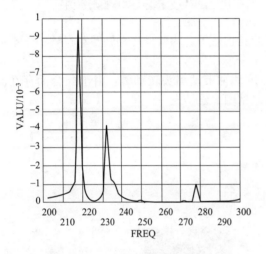

图 7-32 下支承辊扁头处 Node60110 响应　　图 7-33 下支承辊传动侧轴承座上 Node73281 响应

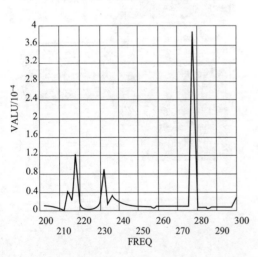
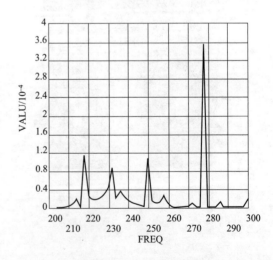

图 7-34 与下工作辊接触处下支承辊上 Node63619 响应　　图 7-35 与上工作辊接触处上支承辊上 Node4926 响应

(4) 结果分析 通过后处理得到机座各个组成部分在铅垂方向的频响曲线，比较分析可知：当传动轴下滑冲击作用在传动侧下支承辊扁头上时，幅值在 218Hz、232Hz 左右达到顶峰，在 278Hz 处产生一个较小的尖峰（图 7-32）；冲击经过下支承辊轴承座时，同样在

218Hz、232Hz 处作用达到顶峰，但幅值要比扁头处响应小，可见轴承座起到了缓冲作用（图 7-33）；传到下支承辊中部与下工作辊接触处时，在 278Hz 处响应幅值达到最大，在 218Hz、232Hz 处幅值减弱（图 7-34）；再经过下上工作辊传导至上支承辊时，依然在 278Hz 处响应最强（图 7-35）。由此可以得出：传动轴对扁头冲击作用确实使光整机辊系振动加强，在 278Hz 处幅值达到最大，引起上下支承辊颤振，使辊面产生振纹。这与前述测试得出的颤振频率 290Hz 处很接近，可以认为传动轴的冲击作用是一个诱因，破坏光整机工作稳定性，加剧光整机机座的振动，引起支承辊的颤振。

4. 振动特性研究分析结论

① 光整机机座发生的自激振动与其自身的固有频率及其振型密切相关。

② 由于轧制过程中激振力始终存在（冲击作用），因此光整机的垂直振动一直存在，特别是下支承辊振动愈加强烈，这对辊子的使用和带材的表面质量十分不利。

③ 系统在周期性载荷的作用下工作时，应该尽量避开 290Hz 左右的第 4 阶频率，防止出现剧烈振动，引起支承辊颤振。

④ 在实际生产过程中，扁头与传动轴轴套装配时，其间隙应尽量减小，使转矩平稳传至支承辊。

5. 定位轴头尺寸改进

通过跟踪观察下线的下支承辊，多次发现下支承辊定位轴头固定螺栓被切断，测量确认定位轴头与传动接手闷头配合间隙较大。定位轴头原设计尺寸为 $\phi140\mathrm{mm}$，与传动接手闷头设计尺寸相同，由于它们配合很紧，给换辊带来很大不便，因此后来将定位轴头尺寸改为 $\phi137\mathrm{mm}$，即现在的间隙配合。由于定位轴头与闷头存在 3mm 的间隙，传动接手闷头转动时圆跳动较大，致使在工作过程中每旋转一周产生两次振动响声，两者不断撞击摩擦产生很大热量，引起轴头发蓝。而振动测试结果也很好地证明了这一点。

重新设计加工定位轴头尺寸，保证其与传动接手良好配合，同时也提高了换辊效率，大大节省了换辊时间；另外定期检查轴头紧固螺栓使用情况。

三、轧制力研究分析

光整机轧制力主要来自两个液压压上缸（采用动态伺服控制，实现光整机的恒轧制力、恒延伸率控制），工作辊正、负弯辊缸主要控制带钢平直度。

对于扁头发蓝及辊身两侧的严重磨损情况，起初分析可能是轧制过程中辊系操作侧与传动侧轧制力有较大的偏差造成的，因此测试轧制力进行验证。

1. 操作侧与传动侧轧制力测试

如图 7-36 所示，测点 1 和测点 2 分别布置一个压力传感器于上支承辊轴承座上，牌坊上的压下螺纹作用在传感器上，对应测试操作侧轧制力和传动侧轧制力，测点 1 与测点 2 的信号引入测力计算机通道 CH0 与 CH1。测点 3～10 分别对应 8 个轴向力测试，分别引入测力计算机的信号通道 CH2～CH9。

图 7-36 中所示测点 1 为操作侧轧制力传感器，标定值取为 526kN/V；测点 2 为传动侧轧制力传感器，标定值取为 639kN/V。

2. 轧制力计算方法

图 7-37 所示为光整机辊系受力模型，根据受力分析有：

$$\begin{aligned} F_{\mathrm{WOS}} &= p_{\mathrm{OS}}A_{\mathrm{cyl}} - p_{\mathrm{rod}}A_{\mathrm{rod}} - F_{\mathrm{BUR}}/2 \\ &\quad - F_{\mathrm{WR}}/2 - F_{\mathrm{BWROS}}^{+} + F_{\mathrm{BWROS}}^{-} \\ F_{\mathrm{WDS}} &= p_{\mathrm{DS}}A_{\mathrm{cyl}} - p_{\mathrm{rod}}A_{\mathrm{rod}} - F_{\mathrm{BUR}}/2 \end{aligned} \qquad (7\text{-}4)$$

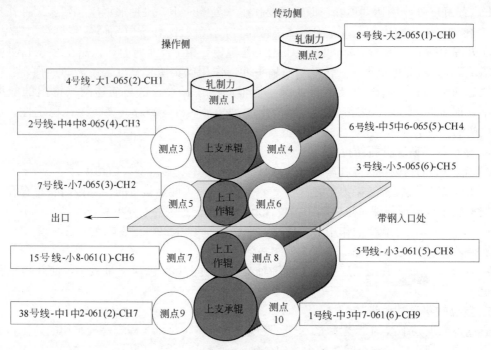

图 7-36 轧制力测点布置

$$-F_{WR}/2 - F_{BWRDS}^+ + F_{BWRDS}^- - F_{spindle} \quad (7\text{-}5)$$
$$F_{roll} = F_{WOS} + F_{WDS} \quad (7\text{-}6)$$

式中，F_{roll} 为总轧制力，kN；F_{WOS} 为操作侧轧制力，kN；F_{WDS} 为传动侧轧制力，kN；p_{OS} 为操作侧 HGC 压下油缸压力，MPa；A_{cyl} 为 HGC 压下油缸活塞侧作用面积，m²；p_{DS} 为传动侧 HGC 压下油缸压力，MPa；A_{rod} 为 HGC 压下油缸活塞杆侧作用面积，m²；p_{rod} 为 HGC 压下油缸活塞杆侧压力，MPa；F_{BWROS}^+ 为工作辊操作侧正弯辊力，kN；F_{BWRDS}^+ 为工作辊传动侧正弯辊力，kN；F_{BWROS}^- 为工作辊操作侧负弯辊力，kN；F_{BWRDS}^- 为工作辊传动侧负弯辊力，kN；F_{BUR} 为支承辊及轴承座重力，kN；F_{WR} 为工作辊及轴承座重力，kN；$F_{spindle}$ 为传动接轴重力，kN。

进一步，可根据图 7-38 所示的力学模型，确定实测压力与轧制力的关系，即
$$F_{roll} = F_{OS} + F_{DS} + F_{WR} - F_{BWROS}^- - F_{BWRDS}^- - 2F_{BBUR} + F_{BUR} + F_{spindle} \quad (7\text{-}7)$$
式中，F_{OS} 为操作侧实测压力，kN；F_{DS} 为传动侧实测压力，kN；F_{BBUR} 为支承辊平衡力，kN。
对于该光整机而言：

F_{BWROS}^- 和 F_{BWRDS}^- 分别为工作辊操作侧和工作侧的负弯辊力，均为 147.0kN。

F_{BBUR} 为单侧支承辊平衡力，$F_{BBUR} = 2N_1' = 2 \times 220.9 = 441.8$ kN；

N_1' 为单个平衡缸作用力，活塞杆直径 $D = 125$ mm，油压 $p_1 = 18.0$ MPa，其值：

$$N_1' = \frac{\pi D^2}{4} p_1 = \frac{\pi}{4} \times (125 \times 10^{-3})^2 \times 18 \times 10^6 \times 10^{-3} = 220.9 \text{ kN};$$

F_{WR} 为工作辊及轴承座重力，为 55.9kN；

$F_{BUR} + F_{spindle}$ 为支承辊及轴承座重力和传动接轴重力之和，为 349.86kN。

3. 轧制力信号及其分析

图 7-39 所示为 1 号和 2 号大压头的测量数据，1 号大压头为操作侧，2 号大压头为传动

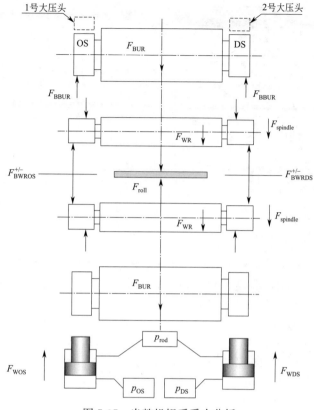

图 7-37 光整机辊系受力分析

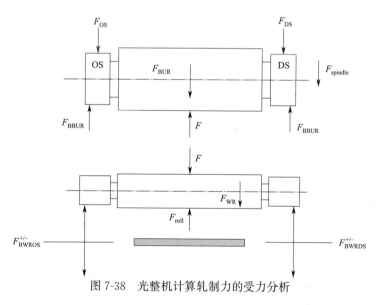

图 7-38 光整机计算轧制力的受力分析

侧；正常生产中，操作侧的压力约为 1460kN（149t），传动侧压力约为 1440kN（147t），操作侧较工作侧大约 1.37%。进一步根据式(7-7)和相关结构及工艺参数（即实测轧制力）分析。由图 7-40 可知，正常生产的轧制力约为 2150kN（219.4t）；而现场显示屏轧制力的读数为 229.5t，误差约为 4.4%。因此可以说，关于轧制力的测量是有效的，可排除"光整机两侧轧制力不等造成传动侧未轧制区辊面发蓝"这一说法。

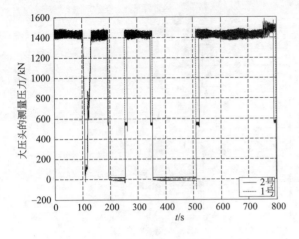
图 7-39 大压头的测量压力

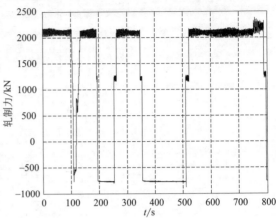
图 7-40 实测轧制力

图 7-41 与图 7-42 所示分别为传动侧与操作侧轧制力信号及其相应的功率谱分析。从轧制力的波形图中可以看出,传动侧与操作侧轧制力波形中均有一个不足 1s 的周期性波动。由轧制力功率谱分析结果,如图 7-41(a)、图 7-42(a) 中所示 0~20Hz 区间的功率谱,可以看出传动侧与操作侧轧制力信号中低频振动频率约为 1.099Hz;而由所测转速信号可知,轧制过程中支承辊系转动周期为 1.806s,即转动频率约为 $1/1.806 \approx 0.55$(Hz)。该低频振动频率正好是支承辊转动频率的 2 倍,说明该周期性振动也是由万向接轴所引起的。

在传动侧与操作侧轧制力信号功率谱分析的 100~1000Hz 段,可看出有 270Hz、360Hz 及 450Hz 左右三个主要频率成分,以及其相应倍频成分。由前面的分析可知,270Hz 左右及 450Hz 左右分别处于三音频与五音频这样一个频带范围内,说明在轧制力上也有相应的三音频与五音频颤振存在。且 270Hz 频率成分与辊身圆周方向上出现的间距 7.3mm 椭圆振痕频率很接近,两者之间存在着某种联系;对于 360Hz 的频率成分,与辊身圆周方向上出现的间距 5.5mm 椭圆振痕频率很吻合。整个测试过程中,多组数据均具有这样的特征。

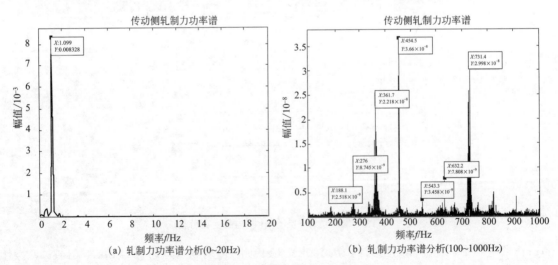
图 7-41 传动侧轧制力信号

4. 解决措施

根据以上分析结果,重新调整了改进方案,将措施确定为:定期检查压上缸比例阀工作情

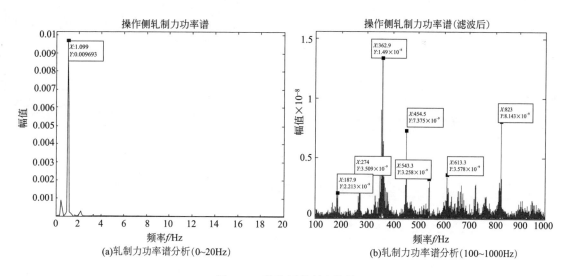

图 7-42 操作侧轧制力信号

况，每工作一段时间后将操作侧与传动侧比例阀对换使用。这样就使这一问题得到了顺利解决。

四、支承辊辊形分析

在生产镀锌宽料极限规格的过程中，发现由带钢两边部向带钢中心方向各有 150mm 宽的色差带，现对支承辊的辊形进行分析。

1. 改进前原辊形

改进前镀锌线使用的光整机支承辊均为设备供应商提供的原设计辊形，如图 7-43 所示。

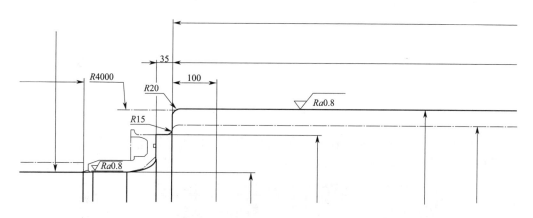

图 7-43 支承辊辊形部分加工图

原设计轧辊的辊形为：平辊加 $100\text{mm} \times R4000\text{mm}$ 的边部倒角。图 7-44 为辊形示意图。

2. 原辊形的不足

图 7-45 示意了改进前机架中的支承辊、工作辊和带钢的位置关系，在这种情况下支承辊对工作辊实际接触的宽度即带钢的有效轧制宽度只有 1500mm，在轧制极限规格 1550mm 时就会出现边部色差。

生产实际的结果也验证了以上理论分析的结论。从换回的旧支承辊上可以看出，在实际使

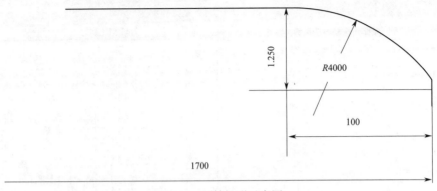

图 7-44 原始辊形示意图

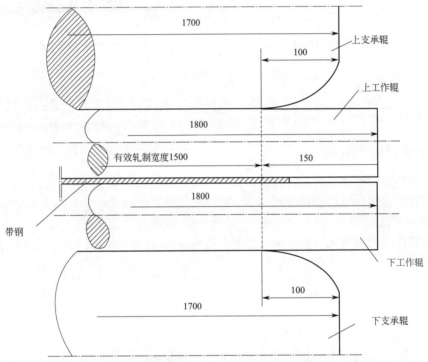

图 7-45 原始镀锌线支承辊、工作辊和带钢的相对位置示意图

用过程中,支承辊端部倒角处和工作辊没有完全接触,造成工作辊轧制区的载荷分布不均,辊面磨损不均匀,粗糙度复制效果不一致,因此造成了带钢表面的色差,如图 7-46 所示。

图 7-46 带钢表面的边部色差

3. 改进方案

为了解决这一问题，在保证支承辊安全运行的前提下，调整镀锌线支承辊的辊形，将原来的 100mm×R4000mm 的边部倒角改为 50mm×R4200mm，改进后的支承辊辊形见图 7-47。

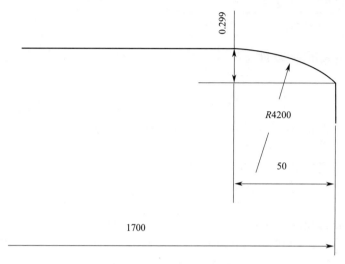

图 7-47　改进后的支承辊辊形

支承辊辊形更改后，机架中的支承辊、工作辊和带钢作用的关系如图 7-48 所示，带钢的有效轧制宽度增加至 1600mm，覆盖了产品规格的最大宽度范围。

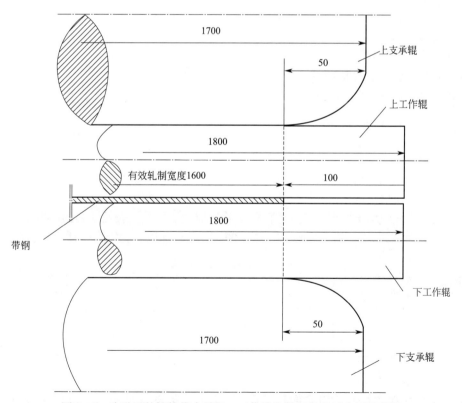

图 7-48　改进后的镀锌线支承辊、工作辊和带钢的相对位置示意图

改进以后，通过近两个月的跟踪观察，在生产极限规格带钢时，边部色差问题已完全解

决,支承辊倒角也未发现有异常损伤,说明对支承辊辊形的局部修改是成功的。

第三节　光整液引入改进

一、光整液引入的必要性

1. 存在的问题

光整压印是热镀锌生产过程中普遍存在的问题,主要原因是锌层较软,从锌层脱落的锌粒易于黏附在较硬的轧辊表面,从而形成周期性的粘锌压印,这种压印在高等级镀锌板表面是不允许存在。当生产中出现这种情况后很难在线解决,虽然高压水清洗能够减轻锌粒的黏附,但并不能完全消除,只能换辊,这样生产节奏就被严重打乱。因此,必须采取有效措施对压印进行有效控制。

2. 措施分析

目前,要解决粘锌问题,普遍采用三种方法:一是工作辊采用刷辊或刷头,二是工作辊采用高压水冲洗,三是采用润滑及抗粘锌性较好的光整液。采用刷辊或刷头对工作辊的粗糙度有不利的影响,同时刷辊上黏附的脏物也会不时掉落到带钢表面,从而影响产品质量。用高压水冲洗可避免对工作辊面粗糙度的影响,但高压水冲洗对辊面粘锌的清除不彻底,无法完全清除粘锌。因此,使用光整液是比较可取的办法。

3. 光整液的作用

采用特殊的光整液,有效地、从根本上防止锌粒与光整辊的黏附,是国外普遍采用的解决粘锌质量问题的手段,尤其是在生产高质量汽车板的生产线上。目前,国外已大量使用此方法来解决粘锌问题,并取得了良好的使用实绩。

此外,光整液的引入还能改善轧后带钢表面形貌,使其色泽更均匀、表观更美观。针对光整液的使用展开了较为全面的研究,并摸索出了汽车板生产过程中使用光整液的重点参数。

二、光整液工艺参数试验

1. 试验情况

镀锌光整液试用生产情况良好,未发现湿光整斑等质量缺陷出现。通过试验证实光整液对光整粘锌有明显改善作用,从板面取样结果来看表面亮度较之未使用光整液时有明显改善,全部光整液的生产试制过程中均未发现由于光整液的影响造成性能偏差及表面缺陷的产生。

表 7-5 所示为试验获得的三条镀锌线试用不同厂家的光整液时较为合适的工艺参数。

表 7-5　光整液工艺数据

光整液	光整液浓度	电导率/(μS/cm)
A 产品	4%	1376
	3.50%	1278
	3.50%	1234
B 产品	2.5%	260

2. 产品表面粗糙度 Ra 及 R_{pc} 值

表 7-6 所示为 A 光整液试用表面粗糙度 Ra 及 R_{pc} 值的统计结果,从表中可看出,在高 R_{pc} 值轧辊与光整液同时使用时效果非常好,窄幅汽车板表面 R_{pc} 值均高于 100 个,表面更均匀细腻;但对比超宽板在使用光整液时由于轧制压力出现较大幅度下降,导致边部出现少许欠

光整现象。此外，由于高R_{pc}值轧辊并不是镀铬辊，其粗糙度衰减比较快，因此在其使用到一定时间后，R_{pc}值及Ra值均有较大幅度下降，这是后期使用光整液时需要重点注意的问题，要配合使用高R_{pc}值的镀铬辊。

表 7-6　A光整液试用产品表面粗糙度 Ra 及 R_{pc} 值

卷号	项目	上表面			平均值	项目	下表面			平均值
		边	中	边			边	中	边	
1	$Ra/\mu m$	1.07	1.39	0.94	1.13	$Ra/\mu m$	1.08	0.96	0.93	0.99
	R_{pc}/个	127	139	106	124.00	R_{pc}/个	130	93	103	108.67
2	$Ra/\mu m$	0.9	0.88	0.84	0.87	$Ra/\mu m$	1.00	0.98	0.89	0.96
	R_{pc}/个	111	120	111	114.00	R_{pc}/个	136	114	121	123.67
3	$Ra/\mu m$	0.84	0.94	0.65	0.81	$Ra/\mu m$	0.71	0.81	0.69	0.74
	R_{pc}/个	142	159	107	136.00	R_{pc}/个	93	110	91	98.00
4	$Ra/\mu m$	0.85	0.75	0.59	0.73	$Ra/\mu m$	0.66	0.94	0.86	0.82
	R_{pc}/个	115	113	98	108.67	R_{pc}/个	103	130	90	107.67
5	$Ra/\mu m$	0.92	0.91	0.82	0.88	$Ra/\mu m$	0.76	1.07	0.74	0.86
	R_{pc}/个	99	106	120	108.33	R_{pc}/个	102	113	97	104.00
6	$Ra/\mu m$	0.88	0.94	0.85	0.89	$Ra/\mu m$	0.95	1.12	0.87	0.98
	R_{pc}/个	73	75	87	78.33	R_{pc}/个	70	92	89	83.67
7	$Ra/\mu m$	0.95	0.78	0.7	0.81	$Ra/\mu m$	0.96	0.93	0.98	0.96
	R_{pc}/个	60	72	65	65.67	R_{pc}/个	83	81	74	79.33

如图 7-49 所示为 H180BD+Z 产品在使用光整液与不使用光整液时的板面对比，明显可见使用光整液的带钢表面亮度较高，表面均匀性有了很大提升。

(a)不使用　　　　　　(b)使用

图 7-49　光整液使用与否产品形貌对比

3. 光整机工艺参数

表 7-7 所示为光整液使用过程中光整机重点生产工艺参数实际数据。

表 7-7　使用光整液时光整机重点工艺参数实际数据

卷号	项目	最大值	最小值	平均值	标准方差
1	机组速度/(m/min)	88.18	100.08	97.47	4.65
	轧制力/t	407.42	459.33	421.57	9.61
	延伸率/%	1.41	1.53	1.50	0.01
2	机组速度/(m/min)	90.16	100.06	91.59	3.18
	轧制力/t	388.40	441.15	400.55	11.11
	延伸率/%	1.48	1.53	1.50	0.01

续表

卷号	项目	最大值	最小值	平均值	标准方差
3	机组速度/(m/min)	88.16	100.06	89.79	3.32
	轧制力/t	411.53	451.92	424.42	9.40
	延伸率/%	1.47	1.53	1.50	0.01
4	机组速度/(m/min)	89.99	100.08	91.58	3.17
	轧制力/t	396.26	429.10	406.45	7.95
	延伸率/%	1.47	1.53	1.50	0.01
5	机组速度/(m/min)	60.00	139.98	93.90	7.42
	轧制力/t	1000.98	1455.23	1392.66	35.61
	延伸率/%	0.91	1.22	1.00	0.01
6	机组速度/(m/min)	60.00	139.98	91.81	6.05
	轧制力/t	1000.04	1423.07	1356.02	21.42
	延伸率/%	0.91	1.13	1.00	0.01
7	机组速度/(m/min)	60.00	139.98	101.29	6.35
	轧制力/t	1001.64	1423.71	1374.16	29.86
	延伸率/%	0.99	1.13	1.00	0.01

三、光整液自动配制

由于混合液罐浓度的测量是通过电导率来换算的，为确保 HMI 画面上混合液罐浓度显示正常，一项非常重要的工作是通过试验确定光整液浓度与电导率之间的关系，描绘趋势线。于是，在检验中心进行了浓度与电导率关系曲线分析，配制了 1％、3％、5％三种浓度的 A 光整液，建立了温度为 25℃时浓度与电导率的关系，并描出其趋势线如图 7-50 所示。并将该数据关系式输入计算机系统，提高了混合液罐浓度的测量的准确性，能够为自动配液系统提供准确依据。

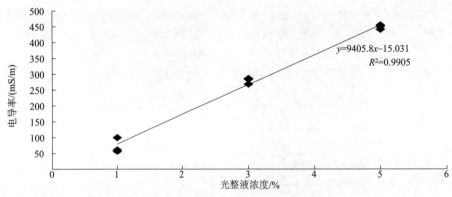

图 7-50　A 光整液浓度与电导率关系曲线

第四节　轧制及光整辊面形貌改进

为了改善带钢表面形貌，进行了对轧机及光整机轧制过程对带钢表面形貌影响规律及表面质量改进的专题研究，从控制轧辊及光整辊磨削工艺及毛化工艺入手，从源头上提高原板表面质量控制能力。

一、轧辊磨削精度改善

1. 轧辊磨削要求

作为毛化加工前的待加工辊，其表面粗糙度和表面刀痕轻重直接影响毛化的效果，粗糙度太高和砂轮在轧辊表面留下的刀痕过重时，毛化后的效果均不好。因此经过现场观察和试验，总结出需要从如下几个方面规范磨削辊面的表面要求：

① 磨削走刀量小于 $10\mu m/r$，辊面不能有肉眼可见的振痕和磨削时的走刀痕迹；

② 辊面粗糙度低于要求毛化的粗糙度的 40%；

③ 轧辊圆度小于 $0.002mm$、轧辊辊面无损伤。

为满足这些要求，对磨床进行了轧辊磨床中心架托瓦改造，对砂轮进行了硬度调整，并对软件控制程序进行了改进。

2. 磨床中心架托瓦改造

图 7-51(a) 是轧辊在中心架上的安装示意图。原始轧辊底托瓦在磨削一段时间后，在 A、B 处，由于磨损速度慢，会形成阻碍轧辊自动调心的凸点，使轧辊在磨削过程中出现不圆、刀花、振痕等缺陷，见图 7-51(b)。通过改进，将轧辊磨床底瓦的部分弧面削平成平面，可延缓阻碍轧辊自动调心的凸点的形成，使轧辊在磨削过程中减少出现不圆、刀花、振痕等缺陷的概率，见图 7-51(c)。

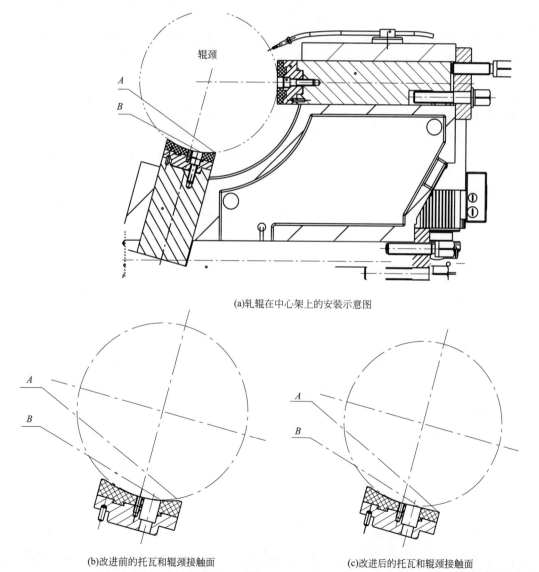

(a)轧辊在中心架上的安装示意图

(b)改进前的托瓦和辊颈接触面　　　　(c)改进后的托瓦和辊颈接触面

图 7-51　轧辊磨床中心架托瓦改造

3. 砂轮硬度调整

如图 7-52 所示,原砂轮硬度分布在整个直径方向上均为 G 级,经过改进,调整为 $\phi 750 \sim 650$mm 之间砂轮硬度为 F 级,其余硬度为 G 级。

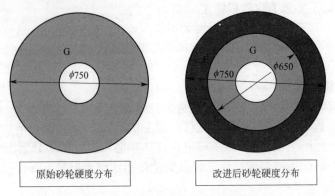

图 7-52 对砂轮的硬度进行调整

现场在磨削轧辊时发现刚换上的 $\phi 750$mm 砂轮外圆偏硬,磨削轧辊时磨头容易振动,效果不佳;而当砂轮直径变小达到 $\phi 650$mm 后,使用性就变得非常好。分析这种情况,可能原因是表层硬度值与使用直径不是非常匹配。因此,对砂轮硬度进行调整,使用外圈硬度稍低为 F 级、内圈硬度正常为 G 级的砂轮,以消除砂轮硬度因素造成的磨头振动。

4. 磨削控制精度改进

虽然磨床控制程序中有精度设定的功能,但实际使用结果表明,磨削后轧辊的实际值与设定值之间有一定的差距。为了提高轧辊的精度,必须提高磨削程序设定精度级别,在加工时公差按 ± 0.002mm 级别设定,(图 7-53);生产出的轧辊公差才能稳定达到 ± 0.004mm 级别,如图 7-54 所示。这样虽然延长轧辊磨削时间 10min,在轧辊产能非常有限的条件下是一个挑战,但大幅提高了磨削精度,能够从根本上减少因轧辊缺陷造成的异常换辊。

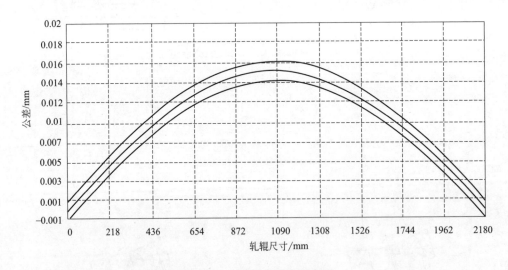

图 7-53 公差设定画面示意图

经过上述改进后,辊形磨削精度公差成功提升至 ± 0.004mm,为后续表面粗糙度及波纹度控制提供了极佳的前提。

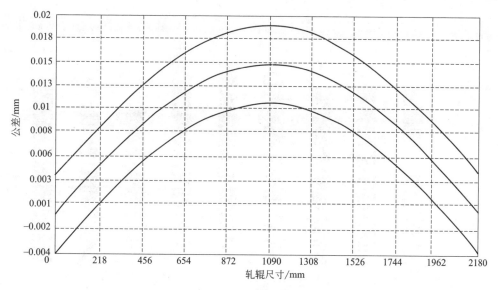

图 7-54 磨削完毕测得的辊形

二、轧辊毛化方式的选择

1. 不同毛化方式对比试验

目前轧辊的毛化加工方式一般有喷砂、电火花毛化、激光毛化三种方式。喷砂由于其喷射的角度不同等原因造成对辊面的冲击效果不同，使粗糙度不能保持均匀，而且产生大量的粉尘，对轧辊、带钢表面的清洁度产生影响，在生产高表面级别的汽车板时显然不能使用。电火花毛化和激光毛化都能使轧辊表面获得均匀的形貌，而电火花毛化方式又分为电容模式和脉冲模式。因此，为了获得高的表面质量，组织了激光毛化方式、电火花电容模式毛化方式和电火花脉冲模式毛化方式的对比，见图 7-55。产品钢种为 DC05，轧辊粗糙度均为 2.5μm。

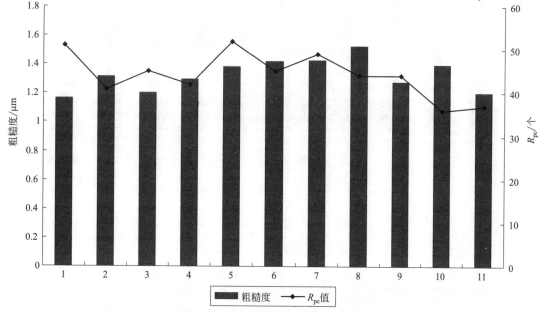

(a) 激光毛化的钢板表面粗糙度和 R_{pc} 值

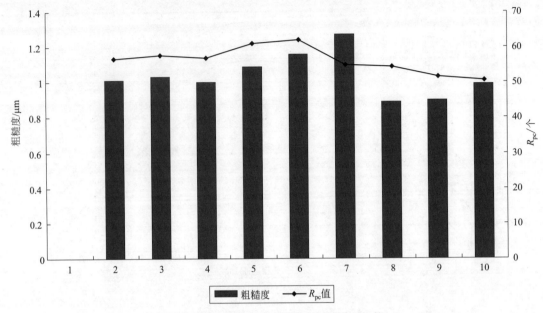

(b)电火花电容模式毛化的钢板表面粗糙度和R_{pc}值

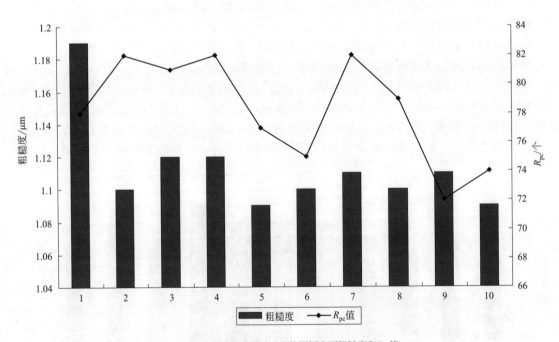

(c)电火花脉冲模式毛化的钢板表面粗糙度和R_{pc}值

图 7-55 三种毛化方式的对比

从实际结果来看,在轧辊粗糙度相同的情况下,采用三种毛化方式加工的轧辊钢板板面粗糙度的复印效果不同。对 Ra 进行比较,激光毛化的钢板表面粗糙度较高,两种模式电火花毛化的钢板表面粗糙度相对较低;而对 R_{pc} 值进行比较,电火花脉冲模式毛化方式最好,其次是电火花电容模式毛化方式,再次是激光毛化方式。根据以上结果,为获取高表面质量的产品,选择脉冲毛化方式比较好。

2. 不同毛化方式应用结果

经过长期跟踪，两种电火花毛化方式的实际应用效果对比如表 7-8 所示。

表 7-8　两种电火花毛化方式的实际效果对比

轧辊 $Ra/\mu m$	电容模式			脉冲模式		
	轧辊 R_{pc}/个	带钢 $Ra/\mu m$	带钢 R_{pc}/个	轧辊 R_{pc}/个	带钢 $Ra/\mu m$	带钢 R_{pc}/个
2.0	86～90	0.65	65	98～110	0.655	90
2.5	75～84	0.68	60	94～105	1.097	108
2.8	—	—	—	90～100	1.064	>80
3.0	70～75	0.89	55	85～100	1.25	>80
3.5	65～70	0.91	50	68～74	1.024	70

表 7-8 所示的数据表明，在各个粗糙度区间内，脉冲方式均能够获得比电容方式高的 R_{pc} 值，有利于满足现在汽车用户的涂装要求。

三、毛化辊粗糙度精度改进

1. 电火花毛化加工原理

电火花毛化加工流程为：将轧辊放入机床，机床中充满绝缘油，若干个电极在轧辊表面放电，轧辊进行左右周期性摆动，即形成加工表面，见图 7-56。具体来说，直流电压加在工件和电极上后，在绝缘油里建立起电场，当工件和电极间距离小到 0.01～0.1mm 范围时，电场强度达到极限，击穿绝缘油介质放电，温度上升到接近 10000K，轧辊表面物质汽化，产生气泡，电压和电流回到"0"，气泡破裂，一个过程结束，形成一个微观轧辊形貌，如图 7-57 所示。到下一个过程开始，中间有一个短暂的停顿，一个过程周期大约持续 10～50μs。

图 7-56　电火花加工机床示意图

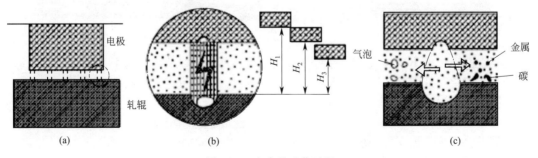

图 7-57　电火花毛化过程

2. 影响轧辊表面粗糙度的因素

电火花加工加到电极上电流脉冲时间越长、电流越大，则加工出的辊面越粗糙，可加工的粗糙度范围一般为 1.5～12μm。

加工工件表面的粗糙度还与电极到轧辊加工表面的距离 H 密切相关，H 大则形成粗表面，H 小则形成细表面，如图 7-58 所示。

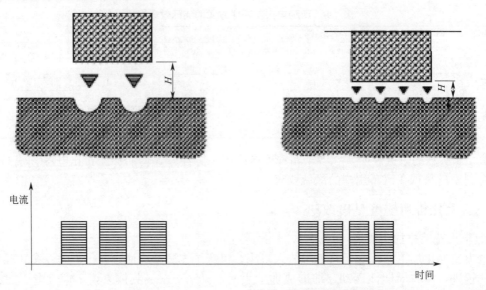

图 7-58　电极到辊面距离与表面粗糙度的关系

3. 辊面长度方向色差的消除

轧辊表面沿长度方向的色差是由于粗糙度出现较大差异而产生的，这种情况会复印到带钢表面造成带钢宽度方向的色差，如图 7-59 所示。

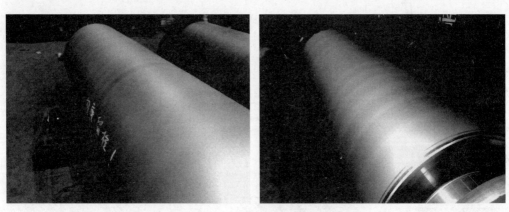

图 7-59　辊面色差照片

轧辊表面粗糙度出现较大差异有两方面原因，一是轧辊在毛化过程中本身毛化不均匀，二是使用过程中由于外部原因造成轧辊表面磨损不一致。这里重点讨论第一种原因。

如图 7-60 所示，毛化处理时很多电极同时对轧辊进行加工，因为各个电极的毛化效应不同，即各个电极毛化出的表面存在较大差异，所以造成辊面粗糙度不均。

根据毛化原理，出现这种现象时，必须检查如下几个方面：

① 各电极的伺服阀工作时是否存在差异？避免由于伺服阀的动作不准确，而造成电极与辊面距离过大或过小，进而产生毛化表面的粗糙度差异。

② 各个电极的加载电流是否正常一致，尤其是实际放电电压是否趋于一致？

③ 电极的喷油冷却功能是否达到要求？如果绝缘油不能及时将毛化过程中产生的碳化物

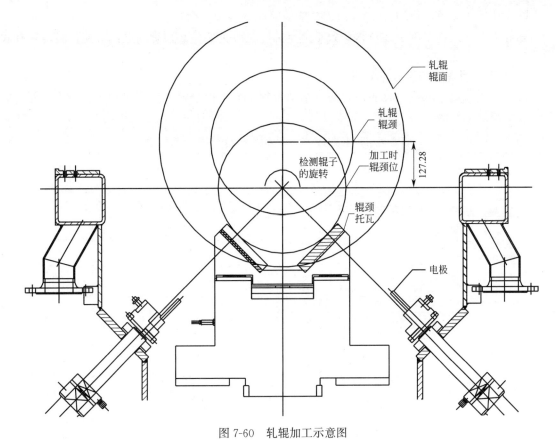

图 7-60 轧辊加工示意图

带走,碳化物附着在辊面就会影响毛化进程,影响电极毛化效率。

④ 待毛化轧辊表面粗糙度是否一致?

解决这种问题可采取的措施包括:调校 58 个电极的伺服阀,确保压力达到标准;校验各电极的脉冲发生器,确保放电电压均匀;检查并确认各电极的喷油功能完全,压力满足要求。

4. 辊面圆周方向色差的消除

一般而言,辊面存在圆周方向的色差主要有如下原因:

① 被加工轧辊在磨削阶段由于轧辊与磨床中心线不重合,轧辊旋转时产生跳动,导致辊面本身存在轴向尺寸偏差,电火花加工时并不能消除此缺陷;

② 电火花加工时轧辊旋转与电火花机床旋转中心不重合,轧辊旋转时存在跳动,电火花加工时电极与辊面距离发生瞬时变化,导致放电出现波动;

③ 当轧辊磨床、电火花毛化机床的床头拨爪磨损过大时,床头压紧装置将无法弥补磨损造成的间隙、轧辊中心与机床中心线偏离误差,在带动轧辊旋转过程中,会因工件上的拨盘和床头上的拨爪只有单边接触而产生周期性冲击,对砂轮磨削和电极毛化产生瞬间扰动,均会在轧辊辊面磨削和毛化时留下纵向印痕。

因此,针对毛化过程展开如下调整,可以提高毛化过程精度及表面质量。

① 电火花机床轴线与工件中心线重合的调校;

② 注意辊颈托瓦的质量,必须很耐磨、可抗重载且绝缘,同时要勤检查,磨损严重时及时更换;

③ 检查各电极的喷油功能是否完好,压力是否满足要求;

④ 校验各电极的脉冲发生器,确保放电电压均匀;

⑤ 调校各电极的伺服缸，确保压力、响应时间等各项参数达到要求。

在轧辊毛化过程中，上述过程参数是重点关注及改进点，必须确保过程可控且能得到有效检测。

5. 毛化辊粗糙度精度改进效果

经过上述改进，轧辊毛化表面粗糙度水平得到了显著提高，其精度可稳定控制在4%。抽查轧辊表面数据见表7-9，其中，公差实际值为0表示实测值与设定值高度吻合。

表7-9 磨辊磨削公差及表面粗糙度控制实测值数据

辊号	直径	公差/mm		$Ra/\mu m$					±6%合格	±4%合格	$Rz/\mu m$	$R_{max}/\mu m$	$R_{pc}/$个
		要求	实际值	要求	+6%	−6%	+4%	−4%	实测值					
1	555.46	0.004	0	3.00	3.18	2.82	3.12	2.88	3.032		√	20.30	22.90	83
2	511.88	0.004	0	4.00	4.24	3.76	4.16	3.84	4.195	√		26.30	30.10	58
3	521.79	0.004	0	2.80	2.97	2.63	2.91	2.69	2.828		√	19.50	22.60	77
4	524.20	0.004	0	4.00	4.24	3.76	4.16	3.84	3.996		√	26.80	28.70	69
5	646.36	0.004	0	2.80	2.97	2.63	2.91	2.69	2.827		√	17.90	20.90	78
6	435.21	0.004	0	3.50	3.71	3.29	3.64	3.36	3.537		√	24.80	29.90	85
7	461.45	0.004	0	4.00	4.24	3.76	4.16	3.84	4.074		√	26.30	28.40	58
8	551.84	0.004	0	2.00	2.12	1.88	2.08	1.92	2.098		√	14.30	15.20	111
9	437.36	0.004	0	3.50	3.71	3.29	3.64	3.36	3.577		√	23.20	29.80	76
10	551.27	0.004	0.003	3.50	3.71	3.29	3.64	3.36	3.418		√	23.70	28.60	76
11	555.08	0.004	0.003	4.00	4.24	3.76	4.16	3.84	3.976		√	25.40	30.10	66
12	642.33	0.004	0	2.50	2.65	2.35	2.60	2.40	2.413		√	20.50	24.30	103
13	646.63	0.004	0	3.00	3.18	2.82	3.12	2.88	2.902		√	22.60	25.30	102
14	644.50	0.004	0	2.50	2.65	2.35	2.60	2.40	2.476		√	20.10	24.10	90
15	615.52	0.004	0	2.50	2.65	2.35	2.60	2.40	2.584		√	18.60	25.20	102
16	531.82	0.004	0	2.00	2.12	1.88	2.08	1.92	1.922		√	13.40	15.30	98
17	559.95	0.004	0.003	3.50	3.71	3.29	3.64	3.36	3.428		√	24.00	28.40	74
18	539.60	0.004	0.003	3.00	3.18	2.82	3.12	2.88	3.111		√	22.10	28.90	74
19	555.49	0.004	0.003	3.50	3.71	3.29	3.64	3.36	3.576		√	26.00	29.90	77
20	460.49	0.004	0	3.50	3.71	3.29	3.64	3.36	3.483		√	22.40	25.80	82
21	464.22	0.004	0	3.50	3.71	3.29	3.64	3.36	3.377		√	22.60	24.00	83
22	467.31	0.004	0	3.50	3.71	3.29	3.64	3.36	3.347	√		21.50	24.20	82
23	437.71	0.004	0	3.50	3.71	3.29	3.64	3.36	3.382		√	21.30	23.60	84
24	439.31	0.004	0	3.50	3.71	3.29	3.64	3.36	3.32		√	21.10	24.50	94
25	456.26	0.004	0	3.50	3.71	3.29	3.64	3.36	3.411		√	23.1	26.8	90
26	444.10	0.004	0	3.50	3.71	3.29	3.64	3.36	3.385		√	22.40	28.30	91
27	465.91	0.004	0	3.50	3.71	3.29	3.64	3.36	3.577		√	24.50	29.10	82
28	464.53	0.004	0	3.50	3.71	3.29	3.64	3.36	3.486		√	24.80	28.10	86
29	448.52	0.004	0	3.50	3.71	3.29	3.64	3.36	3.488		√	23.10	26.80	90
30	465.93	0.004	0	3.50	3.71	3.29	3.64	3.36	3.466		√	21.06	21.82	71
31	468.02	0.004	0	3.50	3.71	3.29	3.64	3.36	3.328	√		22.93	25.17	99
32	464.64	0.004	0	3.00	3.18	2.82	3.12	2.88	2.931		√	23.15	26.58	90
33	460.21	0.004	0	3.00	3.18	2.82	3.12	2.88	3.159	√		21.51	23.06	80
34	456.65	0.004	0	3.00	3.18	2.82	3.12	2.88	2.959		√	22.24	25.65	99
35	430.65	0.004	0	3.00	3.18	2.82	3.12	2.88	3.044		√	22.39	25.54	103
36	444.79	0.004	0	3.50	3.71	3.29	3.64	3.36	3.391		√	25.69	30.77	80
37	460.05	0.004	0	2.50	2.65	2.35	2.60	2.40	2.563		√	17.00	19.27	97
38	459.33	0.004	0	2.50	2.65	2.35	2.60	2.40	2.581		√	15.74	17.32	91
39	458.12	0.004	0	2.50	2.65	2.35	2.60	2.40	2.407		√	16.07	20.16	97
40	441.38	0.004	0	3.00	3.18	2.82	3.12	2.88	3.093		√	18.64	19.28	86

续表

辊号	直径	公差/mm 要求	公差/mm 实际值	$Ra/\mu m$ 要求	+6%	-6%	+4%	-4%	实测值	±6% 合格	±4% 合格	$Rz/\mu m$	$R_{max}/\mu m$	$R_{pc}/$个
41	446.46	0.004	0	3.00	3.18	2.82	3.12	2.88	3.179	√		20.03	22.67	71
42	437.60	0.004	0	3.00	3.18	2.82	3.12	2.88	3.076		√	18.17	20.57	101
43	445.66	0.004	0	3.00	3.18	2.82	3.12	2.88	2.822	√		15.7	20.76	103
44	437.36	0.004	0	3.50	3.71	3.29	3.64	3.36	3.381		√	23.88	29.84	78
45	451.02	0.004	0	3.00	3.18	2.82	3.12	2.88	2.984		√	19.82	27.57	104
46	559.92	0.004	0.003	3.50	3.71	3.29	3.64	3.36	3.555		√	24	25.46	50
47	535.39	0.004	0.003	4.00	4.24	3.76	4.16	3.84	4.052		√	25.45	31.6	49
48	535.45	0.004	0.003	4.00	4.24	3.76	4.16	3.84	4.102		√	24.35	27.65	63
49	545.60	0.004	0.003	4.00	4.24	3.76	4.16	3.84	4.098		√	24.13	27.583	62
50	650.37	0.004	0	2.50	2.65	2.35	2.60	2.40	2.438		√	16.70	18.20	92
51	650.21	0.004	0	2.50	2.65	2.35	2.60	2.40	2.444		√	16.80	17.90	98
52	649.66	0.004	0.003	2.50	2.65	2.35	2.60	2.40	2.453		√	17.00	19.20	96
53	650.18	0.004	0.003	2.50	2.65	2.35	2.60	2.40	2.458		√	16.30	18.10	84
54	650.34	0.004	0.003	2.50	2.65	2.35	2.60	2.40	2.551		√	17.30	20.30	97
55	454.74	0.004	0.003	2.50	2.65	2.35	2.60	2.40	2.434		√	17.80	19.20	90
56	635.71	0.004	0	2.50	2.65	2.35	2.60	2.40	2.427		√	17.60	19.90	105
57	634.75	0.004	0	2.50	2.65	2.35	2.60	2.40	2.405		√	16.20	19.40	95
58	454.25	0.004	0.003	2.50	2.65	2.35	2.60	2.40	2.517		√	16.50	18.70	88
59	649.33	0.004	0.003	2.50	2.65	2.35	2.60	2.40	2.472		√	17.80	19.20	92

对于极少数超出精度控制的轧辊使用作出如下规定：超出4%精度的轧辊一律不得用于汽车板生产；精度在4%～6%之间，可以用于一般用途产品的生产；若精度超过6%，则重新磨削和毛化。

磨削工艺及毛化工艺的改进，为后续表面形貌演变试验及控制提供了良好的前提条件，为粗糙度、波纹度、R_{pc}值攻关及稳定控制也创造了良好条件。

四、冷轧镀铬辊应用技术

1. 镀铬轧辊背景分析

自20世纪80年代初以来，轧辊镀铬技术日趋成熟，先后在日、英、德、美等钢铁强国得到广泛应用和发展，如美钢联、澳大利亚BHP、德国的蒂森、法国Sollac、荷兰Hoogovens和比利时Sidmar钢厂等等。其中最有代表性的就是欧美钢厂广泛采用的由加拿大科德（COURT）公司研制开发的轧辊镀铬技术。在国内的主流企业也纷纷采用这项技术，进行了大量的研究与应用。应用冷轧辊镀铬技术将有效提高冷轧汽车板及重点品种钢等的质量和直接降低成本。能否成熟应用轧辊镀铬技术已经成为衡量冷轧技术与产品是否具有持续竞争力的重要标志之一。

2. 镀铬轧辊工艺试验

在连退机组中，采用Ra为$2.5\mu m$的单纯的毛化辊和毛化后镀铬辊轧制钢种为WH180B的普冷外板，对比两者粗糙度的复印情况和衰减情况。试验结果如图7-61所示。

从图7-61可以看出镀铬辊与未镀铬辊相比，使用结果的区别在于：镀铬后的轧辊能够在板面保持稳定的粗糙度和R_{pc}值，没有明显的衰减，而未镀铬的轧辊不论是粗糙度和R_{pc}值均有明显衰减，尤其是轧制里程数越大，其衰减规律越明显。

3. 镀铬辊轧制粗糙度衰减规律

（1）辊面粗糙度衰减 经采用轧制前原始粗糙度为$3.7\mu m$的新镀铬辊进行试验，镀铬辊

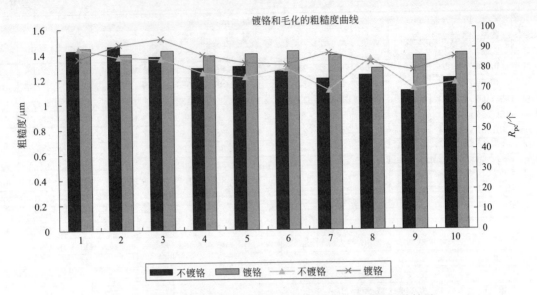

图 7-61 镀铬辊和未镀铬辊轧制带钢粗糙度和 R_{pc} 对比试验结果

面本身的粗糙度值的衰减如图 7-62 所示。

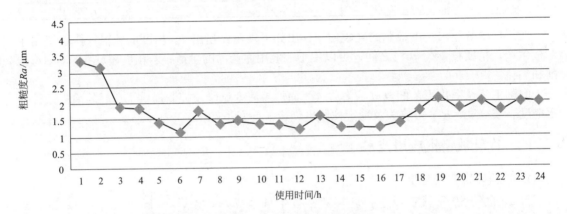

图 7-62 辊面粗糙度随时间衰减趋势图

由图 7-62 可以看出，在轧制初期，镀铬辊辊面本身的粗糙度值会有一个较大幅度的下降，但在随后的轧制中，其粗糙度值比较稳定，且基本维持在一个较高的水平，经过连续 24h 的轧制，辊面粗糙度值仍在 $1.5\mu m$ 左右。

(2) 产品表面粗糙度衰减 镀铬毛化辊与未镀铬毛化辊轧制时带钢表面粗糙度 Ra 随时间衰减趋势的比较，如图 7-63 所示。

由图 7-63 可以看出，正常使用情况下，毛化辊的使用周期为 8～10h，且带钢表面粗糙度值会下降到 $0.7\mu m$ 左右；而镀铬辊的轧制周期在 30h 左右，且带钢表面粗糙度值仍在 $1.0\mu m$ 左右。

镀铬毛化辊与未镀铬毛化辊轧制时带钢表面 R_{pc} 值随时间衰减趋势的比较，如图 7-64 所示。

由图 7-64 可以看出，正常轧制情况下，同一原始 R_{pc} 值的镀铬毛化辊与未镀铬毛化辊相比，镀铬辊复印在带钢表面的 R_{pc} 值高于毛化辊 5～10 个，镀铬辊的优势显而易见。

由图 7-63 和图 7-64 可得镀铬工作辊使用时带钢表面的初始粗糙度 Ra 和 R_{pc} 值均比毛化

第七章　汽车板表面形貌的控制　303

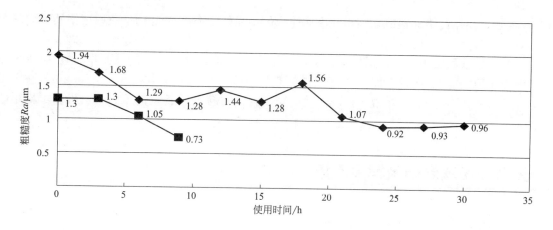

图 7-63　镀铬工作辊与毛化工作辊使用时带钢表面粗糙度随时间衰减趋势比较图

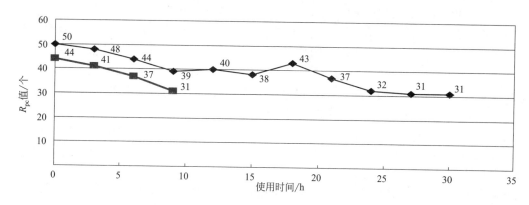

图 7-64　镀铬工作辊与毛化工作辊使用时带钢表面 R_{pc} 值随时间衰减趋势比较图

工作辊要高，衰减到换辊时仍能给予带钢较大的粗糙度 Ra 和 R_{pc} 值，且镀铬工作辊使用时带钢表面粗糙度 Ra 和 R_{pc} 值的衰减比毛化工作辊使用时的衰减慢较多，其正常使用寿命约为毛化辊的 4～5 倍。

4. 使用镀铬轧辊取得的成效

（1）表面质量提升　镀铬毛化辊的复印系数约为 0.5～0.6，而未镀铬毛化辊的复印系数仅为 0.3～0.4。虽然采用镀铬辊轧制时使得带钢表面原有的微观缺陷更易表现出来，但在带钢表面没有缺陷的前提下，用镀铬辊轧制的带钢表面质量明显优于未镀铬辊轧制的带钢表面质量。

另外，在生产汽车外板时使用镀铬毛化辊轧制的产品表面质量与使用未镀铬毛化辊轧制时相比，具有较高的表面光泽度。采用镀铬毛化辊和未镀铬毛化辊，生产的带钢产品表面反射率对比如表 7-10 所示。

表 7-10　镀铬辊和未镀铬辊效果对比

测量项目	工作辊	测量位置			平均值
		左侧	中部	右侧	
反射率平均值/%	镀铬毛化辊	95.4	99.3	97.8	97.5
	未镀铬毛化辊	88.3	89.6	89.1	88.9

(2) 产品合格率提升 以普冷汽车板为例，对粗糙度有苛刻要求的普冷汽车板月产量在1500t左右，使用镀铬轧辊前，因粗糙度而造成的产品降级率高达50%，使用镀铬轧辊后降为5%以内。按降级品比正品降价500元/t计算，通过使用镀铬轧辊，年创效300多万元。

(3) 换辊次数减少 以连退机组为例，使用未镀铬辊轧制时，平均轧制里程在100km左右，一个班要换1~2次辊；而改为使用镀铬辊轧制后，则可连续轧制400~500km，甚至更多，至少3~4个班才需要换辊。换辊次数的减少，同时缓解了备辊的压力，也提高了机组的产能。

第五节 带钢表面粗糙度改进

一、辊面粗糙度的优选

1. 辊面粗糙度影响分析

基板表面粗糙度对热镀锌及电镀锌板表面质量的影响都很大。

对于合金化热镀锌板产品而言，表面粗糙度不均会对镀层附着力产生影响。这是因为，基板表面粗糙度的增加使基板与锌液反应的表面积增大，同时使相对单位面积的抑制层厚度有所减小，Fe-Zn反应开始较早。因此，在相同合金化工艺下，基板表面粗糙度越大，镀层中的Fe含量越高。基板表面粗糙度过大时，镀层合金组织变得凌乱，不同走向的微裂纹增多，深度增加，从而破坏镀层的均匀性，使镀层的抗粉化性能降低。

同时，基板表面的显微凹凸形态会影响基板与锌液的反应，并影响热镀锌反应初期生成的Fe-Al-Zn相的分布。即在热镀锌反应初期，锌液中的Al易吸附在基板的凸起部位，与基板反应使抑制层增厚；而在基板凹陷部位Al含量较少，容易出现抑制层缺失和断裂，使此处的Fe含量升高。而且，抑制层的缺失或断裂容易在热镀锌合金化板合金化初期形成爆发组织，这些爆发组织容易在合金化退火过程中快速生长，破坏镀层均匀性。

对电镀锌产品而言，粗糙度R_{max}过高对电镀锌产品质量影响很大，除了影响电镀锌镀层附着力，一个突出的问题是直接导致电镀锌下表面亮点缺陷出现。

电镀锌在电镀过程中，全线导电辊全部与带钢下表面接触，电镀过程中带钢表面锌层在带钢不断运行中逐渐增厚，由于带钢表面大量绝对高度值较高的峰的存在，锌首先在这些峰值处沉积，沉积在峰值处的锌层由于受力高于其他部位，在带钢张力作用下不断被压平，从而形成亮点。消除亮点的措施首先是提高R_{pc}值，即提供更多与带钢接触的点，改善局部单点受力过大现象。

2. 轧辊粗糙度选择优化

汽车板表面粗糙度仅仅在成品线控制是远远不够的，考虑到粗糙度遗传等因素，要改善带钢表面均匀性，需要酸轧机组与成品机组联合控制，从酸轧第一机架就开始。因此，需要展开更为系统的试验，进行酸轧与镀锌轧辊选取不同粗糙度组合的对比，根据最终带钢表面参数，从中选择最优化组合。辊面选择方案如表7-11所示。

表7-11 轧辊粗糙度交叉试验选择方案

试样编号	酸轧线轧辊 $Ra/\mu m$	镀锌线轧辊 $Ra/\mu m$	备注
1	4.0	2.8	GI
2	3.5	2.5	GI
3	4.0	2.5	GI
4	光辊	1.5	GA

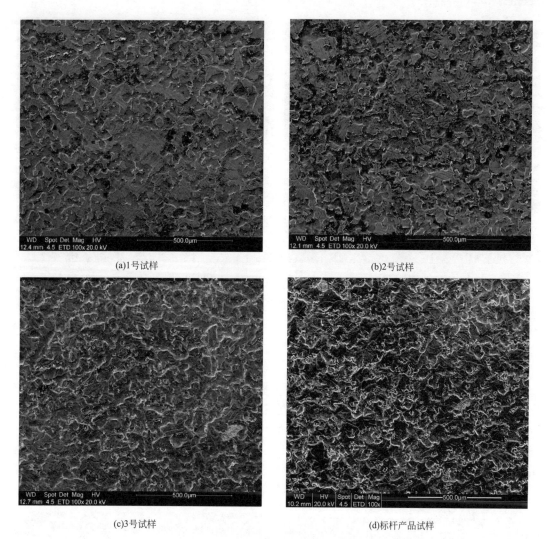

(a)1号试样　　(b)2号试样
(c)3号试样　　(d)标杆产品试样

图 7-65　镀锌板表面形貌特点对比

如图 7-65 所示，对于 GI 产品而言，根据四张图片对比可知，在酸轧线采用低粗糙度轧辊轧制的镀锌原板，生产的镀锌板表面在电镜下观察，其锌层形貌明显更为光整，无明显锌结晶晶界，锌液凝固过程表面纹理不可见。在酸轧线采用高粗糙度轧辊轧制的镀锌原板，凹凸不平的表面能够在锌液凝固过程中提供更多结晶形核核心，能有效细化锌液凝固后的晶粒组织，其晶粒晶界可见，凝固过程中液面收缩痕迹亦可见，最终形貌明显优于采用光辊轧制镀锌板。其中 3 号试样与标杆产品板材表面形貌最为接近。因此，酸轧采用 $Ra4.0\mu m$ 的轧辊，配合镀锌采用 $Ra2.5\mu m$ 的轧辊是比较好的组合。

如图 7-66 所示，对于 GA 产品而言，酸轧光辊轧制后的基板再进行镀锌和合金化处理的 4 号样品的合金相表层 δ 相与之前检测样品相比明显细化，尺寸更均匀细小。所以，从其合金化机理过程考虑光辊轧制可能是一个很好的选择。

二、使用高 R_{pc} 值轧辊

1. 轧辊 R_{pc} 值的攻关

为了采用高 R_{pc} 值轧辊改善带钢表面形貌，需要保证电火花电极、绝缘油清洁性等设备功

(a) 放大倍数为200倍　　　　　　　　　　(b) 放大倍数为400倍

图 7-66　4 号试样表面形貌特点

能精度，采用脉冲模式进行电火花毛化。以轧辊表面粗糙度 Ra 为 $2.5\mu m$ 时的 R_{pc} 值平均值从攻关前的 80 个提高到 108 个，R_{pc} 值最高值从攻关前的 90 个提高到 114 个。

2. 使用高 R_{pc} 值轧辊效果

镀锌线先后多次制备高 R_{pc} 值轧辊并在汽车板生产中使用，获得了良好效果，统计数据表明，在使用高 R_{pc} 值轧辊时带钢表面 R_{pc} 值均超过了 100 个，较使用普通轧辊获得的 R_{pc} 值有了大幅提升。更重要的是，经 SEM 观察结果表明使用高 R_{pc} 值轧辊获得的带钢表面形貌有了明显改善，如图 7-67 所示为使用高 R_{pc} 值轧辊获得的带钢表面与使用普通轧辊获得的带钢表面的形貌对比，明显可见使用高 R_{pc} 值轧辊后带钢表面形貌更加均匀细小，小平台数量明显减少，这种改善使得带钢宏观肉眼感觉也有了明显提升。

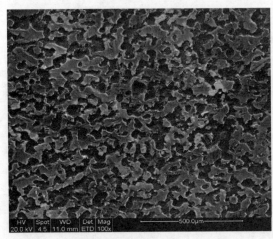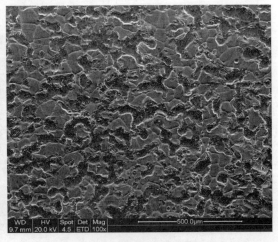

(a) 高 R_{pc} 值轧辊带钢表面　　　　　　　(b) 普通轧辊带钢表面

图 7-67　高 R_{pc} 值轧辊带钢表面与普通轧辊带钢表面对比

同时，光整工作辊要选用辊径较大且上下辊辊径差较小的工作辊。严格监控光整机高压喷嘴运行情况，光整机湿光整系统喷嘴压力要求达到 5bar，高压清洗系统喷嘴压力要求达到

90bar 以上。

汽车板生产轧辊使用应遵循如下原则：一是必须保证使用高 R_{pc} 值轧辊，这是改善带钢表面形貌的必要保证；二是尽量使用镀铬高 R_{pc} 值轧辊，这样轧辊使用过程中轧辊表面粗糙度和 R_{pc} 值不会衰减过快。

三、板面粗糙度控制稳定性评价

通过对镀锌板表面形貌的改进及对粗糙度、R_{pc} 值的攻关，镀锌板表面形貌及粗糙度已取得较大的进步，得到用户的认可。为了进一步稳定效果，对典型外板生产过程表面参数实际控制稳定性进行全面评价，对不同辊面粗糙度轧辊在实际镀锌轧制过程中的稳定性进行全面评价。

1. 表面参数稳定性评价

DX54D 热镀锌板是使用量最大的外板牌号之一。因此，首先以 DX54D 为对象展开实际生产过程控制评价。

轧制过程采用 $Ra2.5\mu m$ 的镀铬辊，实际生产过程中该钢种上下表面粗糙度、R_{pc} 值及波纹度随轧制里程变化的趋势分别如图 7-68～图 7-70 所示。

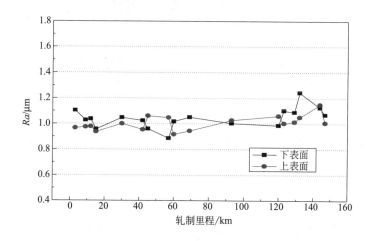

图 7-68　DX54D 镀锌外板上下表面粗糙度 Ra 随轧制里程变化的趋势

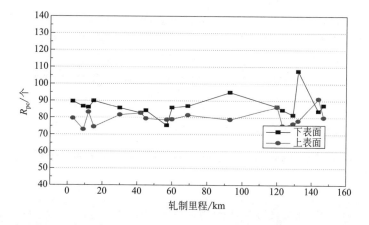

图 7-69　DX54D 镀锌外板上下表面 R_{pc} 值随轧制里程变化的趋势

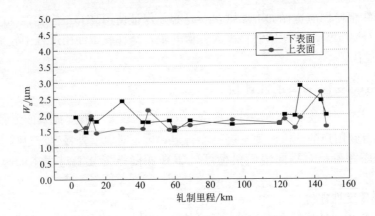

图 7-70　DX54D 镀锌外板上下表面波纹度随轧制里程变化的趋势

如图 7-68～图 7-70 所示,在当前实际外板生产过程中,表面粗糙度 Ra 可较为稳定地控制在 $0.9\sim1.1\mu m$,R_{pc} 值较为稳定地控制在 $75\sim100$ 个,波纹度 W 较为稳定地控制在 $1.5\sim2.0\mu m$,满足了用户的要求。其中,有个别钢卷表面检测值出现了异常偏高现象,如图 7-68～7-70 中所示在 130km、150km 轧制里程时对应的钢卷,经过现场工艺参数反查发现,上述钢卷在酸轧及镀锌工序中的工艺参数与正常钢卷不存在明显差异,而且酸轧后该钢卷表面参数就已经存在异常偏高现象,在镀锌工序中未见明显改善,因此推测造成的原因是热轧来料板形不良的可能性较大。

2. 表面参数均匀性评价

由于下表面是保证面,用户对下表面质量控制更关心,因此,针对 DX54D 镀锌外板下表面,从操作侧、中部、传动侧三点分别进行了全面评价,表面粗糙度 Ra 控制和 R_{pc} 值控制评价结果分别如图 7-71 和图 7-72 所示。

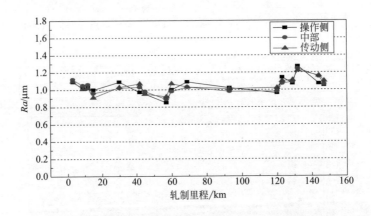

图 7-71　DX54D 镀锌外板下表面粗糙度 Ra 控制评价结果

从图 7-71 和图 7-72 中可以看出,对于同一板面而言,操作侧、中部与传动侧 Ra 控制较为均匀,同一板面测试数据离散性不大;对于 R_{pc} 值而言,同一板面测试数据也相对较为均一。

综上所述,以 DX54D 外板实际生产为例,在全面评价了实际生产过程表面参数控制水平后的结果表明,表面粗糙度 Ra 可较为稳定地控制在 $0.9\sim1.1\mu m$,R_{pc} 值较为稳定地控制在 $75\sim100$ 个,波纹度 W 较为稳定地控制在 $1.5\sim2.0\mu m$。对于同一板面而言,操作侧、中部与

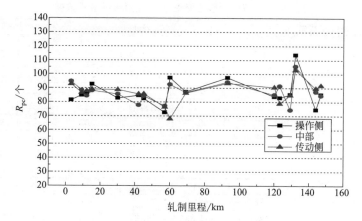

图 7-72　DX54D 镀锌外板下表面 R_{pc} 值控制评价结果

传动侧 Ra 控制较为均匀，同一板面测试数据数据离散性不大；对于 R_{pc} 值而言，同一板面测试数据也相对较为均一。上述过程控制稳定性能够较好地满足客户的要求。

3. BH 钢对粗糙度衰减的影响

在热镀锌机组，使用初始粗糙度 Ra 为 2.8μm、R_{pc} 值为 95 个的镀铬毛化辊，轧制规格为 0.8mm×1760mm、钢种分别为 DX54D+Z 的 IF 钢和 HC180BD+Z 的 BH 钢，板面 Ra 值及 R_{pc} 值衰减情况如图 7-73 所示。

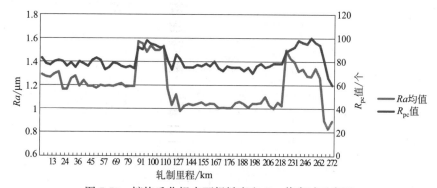

图 7-73　镀铬毛化辊表面粗糙度和 R_{pc} 值衰减示意图

如图 7-73 所示，粗糙度较大的两处即为生产 BH 钢时的参数，由于 BH 钢延伸率要求较大，带钢的轧制力较大，因此粗糙度和 R_{pc} 值均比普通 IF 钢大。同时，还可以看出，生产 IF 钢时，粗糙度衰减速度较为缓慢，但若生产轧制力较大的 BH 钢种则会加速衰减，例如图 7-73 中所示第一次生产烘烤硬化钢之后，IF 钢的粗糙度由 1.2μm 衰减至 1.0μm，而第二次生产烘烤硬化钢后，IF 钢的粗糙度由 1.0μm 衰减至 0.9μm 以下。

可以得出如下结论：生产 IF 钢时表面粗糙度能够较为稳定地控制在 1.0～1.1μm，如果不穿插生产高强钢，则粗糙度可稳定保持，证实生产过程控制能有效满足用户要求。但生产 IF 钢期间若生产高强钢及烘烤硬化钢则会造成带钢粗糙度加速衰减，衰减速率较快，极易造成带钢粗糙度超下限，因此面板生产中需要重点关注计划排程中高强钢穿插情况。

四、汽车外板表面形貌改进效果验证

为了综合验证上述改进的结果，对汽车外板表面形貌参数实际控制水平进行了检测，数据如表 7-12 所示。

表 7-12　汽车外板表面参数实际控制水平检测数据

钢卷号	钢种	规格 /mm×mm	参数	上表面			下表面		
				操作侧	中部	传动侧	操作侧	中部	传动侧
1	DX53D+Z-C	0.67×1320	$Ra/\mu m$	1.03	1.02	1.09	0.97	0.82	0.88
			R_{pc}/个	116.84	107.08	104.81	103.65	91.64	102.2
			$W_{ca}/\mu m$	0.54	0.5	0.61	0.52	0.51	0.54
2	DX53D+Z-C	0.67×1320	$Ra/\mu m$	1.16	1.2	1.03	0.88	0.75	0.78
			R_{pc}/个	108.73	99.2	110.03	118.75	95.57	107.14
			$W_{ca}/\mu m$	0.57	0.72	0.49	0.48	0.42	0.43
3	DX53D+Z-C	0.67×1320	$Ra/\mu m$	1.05	1.15	1.1	0.78	0.86	0.8
			R_{pc}/个	112.9	101.86	101.64	94.11	104.42	99.13
			$W_{ca}/\mu m$	0.49	0.54	0.56	0.52	0.48	0.46
4	DX53D+Z-C	0.67×1320	$Ra/\mu m$	0.98	1.06	1.14	0.78	0.86	0.88
			R_{pc}/个	99.83	111.38	104.93	92.15	101.95	92.05
			$W_{ca}/\mu m$	0.52	0.52	0.55	0.44	0.5	0.51
5	DX53D+Z-C	0.67×1320	$Ra/\mu m$	1.06	1.05	1.08	0.89	0.84	0.88
			R_{pc}/个	120.6	102.29	113.63	108.5	106.61	96.95
			$W_{ca}/\mu m$	0.54	0.53	0.55	0.46	0.47	0.51
6	DX53D+Z-C	0.67×1320	$Ra/\mu m$	1.37	1.37	1.35	0.91	1.13	1
			R_{pc}/个	83.04	84.93	89.48	101.5	78.07	89.37
			$W_{ca}/\mu m$	0.79	0.78	0.78	0.51	0.71	0.68
7	DX56D+Z-C	0.7×1660	$Ra/\mu m$	1.14	1.01	0.98	0.99	0.86	0.98
			R_{pc}/个	94.55	108.52	91.12	92.92	96.62	95.76
			$W_{ca}/\mu m$	0.61	0.58	0.56	0.59	0.48	0.55
8	DX54D+Z-C	0.7×1360	$Ra/\mu m$	1.12	1.19	1.23	1	0.95	0.88
			R_{pc}/个	93.91	90.26	83.6	85.5	84.25	92.45
			$W_{ca}/\mu m$	0.62	0.59	0.69	0.58	0.64	0.49
9	DX54D+Z-C	0.97×1450	$Ra/\mu m$	0.98	1.06	0.99	0.89	1.01	0.86
			R_{pc}/个	96.01	90.98	96.22	100.24	114.13	123.39
			$W_{ca}/\mu m$	0.55	0.59	0.56	0.45	0.52	0.43
10	DX54D+Z-C	0.97×1450	$Ra/\mu m$	1	1.02	1.03	0.76	0.88	0.8
			R_{pc}/个	96.54	79.23	80.7	124.26	94.49	115.64
			$W_{ca}/\mu m$	0.53	0.62	0.65	0.35	0.49	0.45
11	DX54D+Z-C	0.67×1350	$Ra/\mu m$	1.01	1.06	1	0.77	0.81	0.84
			R_{pc}/个	98.78	91.68	110.85	94.82	113.02	82.13
			$W_{ca}/\mu m$	0.58	0.58	0.5	0.49	0.43	0.49
12	DX56D+Z-C	0.7×1660	$Ra/\mu m$	0.86	0.93	0.86	0.69	0.59	0.75
			R_{pc}/个	112.66	115.23	97.43	111.09	111.63	97.14
			$W_{ca}/\mu m$	0.43	0.5	0.47	0.38	0.33	0.43
13	DX56D+Z-C	0.7×1660	$Ra/\mu m$	0.92	0.96	0.93	0.79	0.83	0.74
			R_{pc}/个	121.43	118.12	120.45	111.44	114.35	89.23
			$W_{ca}/\mu m$	0.46	0.47	0.45	0.44	0.47	0.51
14	DX56D+Z-C	0.7×1660	$Ra/\mu m$	0.85	0.9	0.87	0.8	0.87	0.78
			R_{pc}/个	110.39	113.19	106.35	108.97	103.62	85.14
			$W_{ca}/\mu m$	0.45	0.48	0.43	0.5	0.51	0.54
15	DX56D+Z-C	0.7×1660	$Ra/\mu m$	0.93	1	0.84	0.67	0.69	0.79
			R_{pc}/个	116.33	107.64	121.38	107.92	114.42	118.74
			$W_{ca}/\mu m$	0.49	0.52	0.45	0.36	0.43	0.47
16	DX56D+Z-C	0.7×1660	$Ra/\mu m$	0.8	0.85	0.89	0.73	0.62	0.64
			R_{pc}/个	114.73	99.66	111.63	101.42	104.02	121.23
			$W_{ca}/\mu m$	0.4	0.48	0.45	0.44	0.37	0.36

如表 7-12 所示为实测汽车板生产表面参数 Ra、R_{pc} 及 W_{ca} 实际控制水平，此表是按照日系标准测定的，波纹度测量的是 W_{ca} 值。由表中数据可以看出，经过攻关之后，W_{ca} 控制水平有了很大提升，正常控制水平为 $0.5\sim0.6\mu m$，仅少数测试值高于 $0.6\mu m$，达到了用户的要求。

第六节 光整缺陷分析

一、光整辊印

辊印是连续生产线最为常见的缺陷之一，产生辊印的原因很多，这里主要讨论光整辊印。

光整辊印是指光整机工作辊上的缺陷在轧制过程中印到带钢上而造成的，这种缺陷是周期性地出现在带钢上的。

1. 形貌特征

光整辊印的形貌特征见表 7-13。

表 7-13 光整辊印的形貌特征

缺陷分类	图片	形貌描述
光整辊印		带钢上凸出或凹进的区域（一般存在固定的周期）

2. 原因分析

① 工作辊上粘有坚硬的外来物，如支承辊的剥落碎片和镀锌板表面的锌渣等，在轧制过程中印到带钢表面上，从而出现辊印。

② 柔软的异物黏附在轧辊上，这种异物的形状就刻印在带钢上，这种异物包括退火时产生的碳和铁粉等。

③ 由于工作辊和支承辊的滑动或轧辊和带钢的滑动造成轧辊缺陷。

④ 由于轧辊本身研磨不良、毛化不均和组装不佳等原因，使得轧辊表面出现缺陷。

3. 解决措施

① 轧辊机组进行辊面磨削时，严格按照工艺执行，对辊面进行仔细的检查，不允许存在缺陷的轧辊上机；

② 处理机组在轧辊上机前，再次进行检查确认，核对轧辊信息，确保轧辊的信息正确，辊面质量满足上机需求；

③ 新工作辊上机后，及时对板面质量进行检查，并在打磨平台上进行打磨，查看板面是否存在辊印缺陷；

④ 正常生产过程中，按照质量检查规范来进行质量检查，发现问题，及时对轧辊进行更换。

二、湿光整斑

1. 形貌特征

湿光整斑的形貌特征见表 7-14。

表 7-14 湿光整斑的形貌特征

缺陷分类	图片	形貌描述
湿光整斑		主要集中在边部，干涸后易产生锈迹

2. 产生机理

连退机组出炉后采取湿平整工艺对板面进行再处理，以保证板形、板面粗糙度和消除屈服平台。光整混合液若大面积残留在板面，一段时间后板面会呈现黄褐色斑迹。

3. 解决措施

① 对平整系统原液罐及循环罐进行清洗。

② 减少平整液喷嘴喷射量。将上支承辊喷嘴由原来的 3 个调整为仅开中间 1 个，上工作辊喷嘴由原来的 6 个调整为仅开中间 2 个，下工作辊喷嘴由原来的 6 个调整为仅开中间 4 个。

③ 添加杀菌剂、抑菌剂。定期添加抑菌剂，抑制真菌生长。每天往平整液混合罐内添加 1000mL 的专业抑菌剂，抑制真菌的生长。机组检修前 8h，往平整液混合罐内添加杀菌剂，有效杀灭真菌。并在检修期间对管道和喷嘴进行清理。

④ 采用高压剥离真菌。由于常规清理仍有残留真菌附着在管壁等狭小部位，而真菌繁殖能力较强，在短时间内又使喷嘴堵塞影响正常生产，因此在平整液管道上加装四通阀，检修停机后使用压缩空气对管道和平整液混合罐罐体进行高压吹扫 2h，使真菌从管壁上剥落。

⑤ 对平整液喷射梁进行改造。平整液喷射梁分为上、下喷射梁，高压清洗时由于管道分压造成上喷射梁压力不足，因此在下喷射梁前管道上加装截止阀，提高上喷射梁的压力，如图 7-74 所示。检修期间，在对管道吹扫后，依次打开和关闭该截止阀，卸下喷嘴，对管道进行高压冲洗 1~2h，使剥落的真菌彻底被冲出。

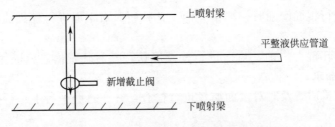

图 7-74 平整液喷射梁管道改造示意图

三、光整纵向条痕

1. 形貌特征

光整纵向条痕的形貌特征见表 7-15。

表 7-15 光整纵向条痕的形貌特征

缺陷分类	图片	形貌描述
光整纵向条痕	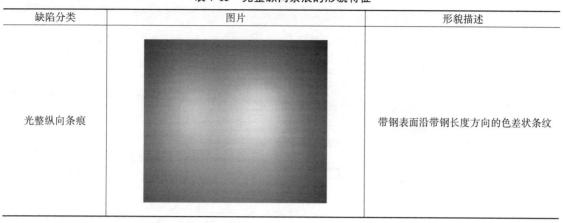	带钢表面沿带钢长度方向的色差状条纹

2. 产生机理

光整纵向条痕的产生机理为光整机轧辊高压清洗效果不好，造成光整机支承辊和工作辊在宽度方向上周期的粗糙度不均匀，使带钢表面出现纵向色差。

如图 7-75 所示，为了保证支承辊和工作辊辊面清洁并延长辊子的使用寿命，在光整机出口方向专门设计了高压清洗装置，在上下两台高压清洗小车上安装了四个高压清洗喷头，一台高压水泵专门为其提供高压水，高压水泵最高压力为 130bar。

分析表明，高压水的压力对产品质量影响很大。由于高压水泵离光整机较远，因此沿程压力损失较大，再加上管道经长时间的使用后，水压损失更大。当然，水压也不宜过高，水压过高时会在带钢表面留下明显的亮条纹，对带钢表面质量以及辊子使用寿命都不利。因此，必须将水压控制在合理的范围内。

3. 解决措施

① 观察喷头的喷射效果，若达不到标准应及时更换喷头。
② 调整高压水泵转速为其额定转速的 95%，确保光整机高压清洗压力≥100bar。
③ 每月更换 1 次光整机支承辊。

四、外圈欠光整

部分客户对汽车板外圈欠光整提出严苛的质量异议，有的厂家采取切除外圈的方式生产，导致成材率降低，并且人工切除不能保证切除干净。所以，为减少焊缝附近的欠光整带钢，对镀锌线光整机在不同的焊缝策略情况下机架的响应动作和时序进行了优化调节，解决了带钢欠光整长度过长的问题。

光整机置于热镀锌工艺段之后，热镀锌线光整机有三种不同的焊缝处理策略，即：焊缝到来时光整机无动作、焊缝到来时光整机减为最小轧制力、焊缝到来时光整机微开。

由于焊缝区域板面问题多而且焊缝容易断带，因此一般选择最小轧制力过焊缝和微抬过焊缝两种模式，于是重点对这两种模式所耗费的时间进行了优化。

1. 最小轧制力过焊缝模型优化

（1）优化前的模型 如果镀锌线采取的是激光焊机，焊缝质量较好，则光整机可以采取最小轧制力过焊缝策略，其中最小轧制力为 72t，优化前的轧制力变化曲线如图 7-76 所示。

从图 7-76 中可以看出，优化前过焊缝从减轧制力开始到恢复轧制力总共耗时 64s，其中 AB 段减轧制力用时 4s、斜率为 150t/s，CD 段加轧制力用时 38.5s、斜率为 15t/s。

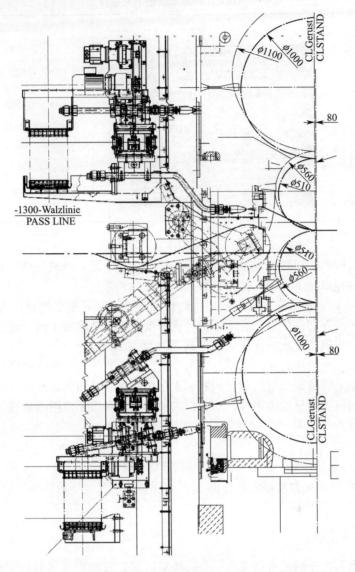

图 7-75　高压清洗示意图

(2) 优化后的模型　从优化前的数据中可以看出，最小轧制力过焊缝时光整机闭合所花的时间主要在加轧制力这一段上，即图 7-76 所示的 CD 段。如图 7-77 所示，首先对 CD 段时间进行了调节，该段时间的调节主要通过改变曲线的上升斜率来完成，斜率越大，曲线越陡，耗时越短，欠光整带钢的长度就越小。通过查阅相关伺服阀的技术参数，保证在较大斜率下不会出现较大的超调现象，在控制系统中增加了一个临界状态即图 7-77 中所示的 E 点，该处轧制力为目标轧制力的 96%，经过多次试验后将 CE 段的上升斜率调节为 170t/s，为保证系统的稳定，将 ED 段斜率调节为 70t/s，系统十分稳定，加轧制力的时间也由原来的 38.5s 缩短为 8.2s。其次，对 AB 段减轧制力的时间也有压缩的余地，和加轧制力一样，斜率越大，曲线越陡，耗时越短，带钢欠光整的长度就越小。通过试验将该段下降斜率由 150t/s 调节为 260t/s，同等轧制力情况下大概节约了一半即 2s 的时间。

优化后过焊缝从减轧制力开始到恢复轧制力总共耗时 25s，较优化前节约了 39s。处理 2 段在过焊缝时机组速度为 60m/min，节约 39s 后使得每卷钢原来的 39m 欠光整板变成了合格

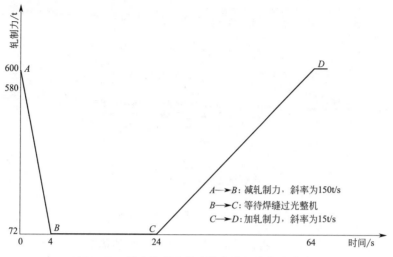

图 7-76 最小轧制力模式优化前的轧制力曲线

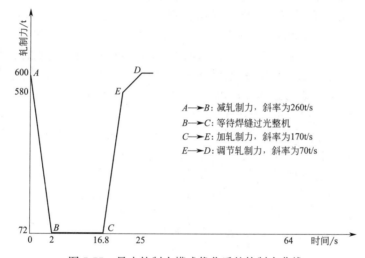

图 7-77 最小轧制力模式优化后的轧制力曲线

产品。

2. 微开过焊缝模型优化

(1) **优化前的模型** 如果镀锌线采用的是窄搭接焊,则焊缝处有较大的搭接量,为了避免伤辊,光整机过焊缝时采取微开策略,即焊缝到来前光整机开始动作,辊缝打开至 5mm,确保焊缝到达机架时辊缝处于打开状态,从而能够顺利通过,如图 7-78 所示。

在微开过焊缝策略中,完全打开涉及轧制力环和位置环,情况较为复杂。从图 7-78 中可以看出,焊缝到来触发机架动作,此时光整机仍然处于轧制环,用 4.9s 的时间将轧制力由设定值减小为 70t,即图 7-78 中所示的 AB 段;到达 70t 以后等待焊缝,此时由轧制力环切换为位置环,直至焊缝距离光整机机架 5m,即图 7-78 中所示的 C 点,在 CD 段辊缝位置由当前值以 1mm/s 的速率打开到 5mm,位置环动作时间为 5s。焊缝通过以后,基本也是按照这个步骤提升轧制力。整个微开模式优化前共用时 52s,其中完全打开 AD 段用时 25.1s,闭合 EH 段共用时 22.8s。

(2) **优化后的模型** 首先,对完全打开所需的 25.1s 时间进行优化,即图 7-79 中所示的

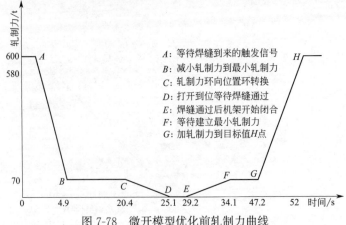

图 7-78 微开模型优化前轧制力曲线

AD 段。对其中的 AB 段轧制力环由正常轧制力减少到 70t 所需时间 5s 进行了调节,考虑到伺服阀的响应速度,将时间调节到 4s,节约时间 0.9s。位置环动作的 CD 段,为了稳妥起见不对其进行修改,CD 段的斜率为 1mm/s,最大所需时间为 5s,由于光整机工作时辊缝大于 1mm,在情况为 1mm/s 的情况下,要到达微开到位置值 5mm,所需时间一定小于 5s。考虑到系统的稳定,增加一个最大调节余量值 BC 段 2s。以上共计 11s 内机架能够动作到位。由于处理 2 段在过焊缝时机组速度为 60m/min,因此为了保证焊缝到达光整时光整机能够打开到位,在焊缝距离光整机前 11m 时,光整机就必须动作。因此,将 11m 固化于微开控制策略中,即 A 点的动作时间为焊缝距离光整机 11m 时。在 400 多吨轧制力的情况下,通过优化后的控制策略,完全打开用时 7.6s,比优化前节约时间 17.5s。

然后,光整机机架辊缝由 5mm 通过位置环开始闭合,即图 7-79 中所示的 E 点,闭合速度斜率与打开时一致,同样考虑系统的稳定性没有对其进行修改。优化前当机架闭合建立 70t 轧制力后会等待 13s 左右的时间,由位置环切换至轧制力环,通过调节伺服系统的 KP 值和 TN 值,保证获得较小的超调量,能够将机架闭合后的等待时间由 13s 左右缩短为 2s 左右,即图 7-79 中所示的 FG 段。同时轧制力环的动作时间也由 5s 左右缩短到 4s,即图 7-79 中所示的 GH 段。

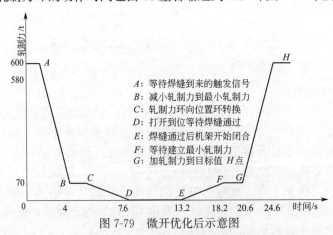

图 7-79 微开优化后示意图

优化后的微开模式共用时 24.6s,较优化前节约时间 27.4s,在过焊缝时机组速度为 60m/min,节约 27.4s 后使得每卷钢原来的 27.4m 欠光整板变成了合格产品。

通过以上两种过焊缝模型的优化,在提高成材率的同时解决了汽车厂家外圈欠光整的问题。

第八章　辊子的运行与管理

各种辊子是汽车板连续生产线上最常见的设备，对产品质量和生产线的运行有着非常重要的影响，是必须进行重点研究、控制与管理的设备。

第一节　带钢瓢曲与跑偏的控制

在对汽车板进行热处理的过程中，带钢瓢曲与跑偏是影响产品质量和生产线的运行的两大重要因素，是汽车板生产必须首先解决的技术问题。

一、瓢曲产生机理

在冷轧板连续退火生产线上，带钢有时会沿纵向或斜向出现不同程度的起皱，即横向瓢曲现象，如图 8-1 所示，它是运动中的宽薄带钢在高温态下的一种屈曲变形行为。

图 8-1　连续退火瓢曲变形的带钢

大量的研究表明，瓢曲本质上均为带钢横向所产生的局部张力不均，进而引起带钢横向的压缩应力，当带钢局部应力超过一定值（瓢曲产生的临界张应力）时，就会产生瓢曲现象。比如，经过仿真分析，带钢在过时效段辊子的锥肩处带钢的应力出现了从拉应力向压应力过渡的剧烈变化（图 8-2），就可能导致带钢出现对称性的瓢曲褶皱。

对于瓢曲产生的临界张应力，各研究者在理论分析基础上利用相关试验装置对其进行了研究，得出了单锥度辊瓢曲产生的极限张力的近似式，其中以如下公式最具代表性：

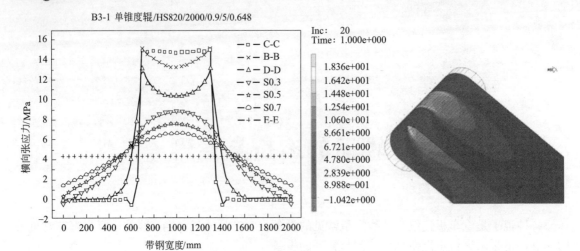

图 8-2 带钢过转向辊应力分布图

$$T_{CT} \approx \frac{KR^2}{a^2} \times \frac{\sigma_e^2}{E}\left[\frac{t}{\gamma\mu_d(B-L_c)}\right]^2 \tag{8-1}$$

式中，T_{CT} 为瓢曲发生的极限张力，MPa；K 为系数；R 为炉辊半径，mm；a 为两辊间板长度，mm；σ_e 为材料的屈服强度，MPa；E 为材料的弹性模量，GPa；t 为板厚，mm；γ 为辊子的锥度角，rad；μ_d 为钢板与辊间的摩擦系数；B 为板宽，mm；L_c 为辊子平直段长度，mm。

从上式可以看出，瓢曲临界张力与炉辊参数、带钢性能、带钢规格有关。

二、影响瓢曲产生的因素分析

1. 带钢规格和带钢材质

带钢规格指带钢的宽度和厚度，带钢的材质指材料的弹性模量和屈服强度性能。通过式(8-1)可看出，带钢宽度越大、厚度越薄、弹性模量越小、屈服强度越小，屈曲临界应力越小，带钢越容易产生瓢曲。

板宽越大，辊形的有效影响区域越大。这是由于当辊形确定后，导向辊中间平直段宽度确定，带钢越宽，辊形发挥作用的有效宽度相对于整个板宽就越窄，因而宽度方向上的张应力不均匀度增加，导致导向辊附近张应力不均匀度增加。

在生产实际中，对宽板瓢曲情况按规格进行了统计计算，可以看出宽板、薄板瓢曲发生率较高，如表 8-1 所示。

表 8-1 DC06 冷轧板瓢曲发生率

厚度/mm	宽度/mm		
	1800～1900	1901～2000	2001～2080
0.6～0.7	0%	39.9%	—
0.7～0.8	15.5%	10.6%	—
0.8～0.9	3.9%	—	—
0.9～1.0	—	4.5%	15%

另外，软质材比硬质材屈曲临界张力小。对于瓢曲而言，带钢屈服强度是影响其是否发生的重要指标，而影响屈服强度的因素有金属成分、晶粒大小、第二相粒子、温度等。

2. 带钢板形

常见的带钢板形分为五类：理想板形、潜在板形、表观板形、混合板形和张力影响的板形。对这几种板形的特点进行了汇总分析，具体如表 8-2 所示。

表 8-2　带钢板形及其特点列表

板形	特　点
理想板形	平坦且内应力沿带钢宽度方向均匀分布，当去除带钢所受外应力和纵切带钢时，带钢板形仍然保持平直
潜在板形	内部应力沿带钢宽度方向上不均匀分布，但带钢内部应力足以抵制带钢平直段的改变。当去除带钢所受外力时，带钢板形仍然保持平直。然而当纵切带钢时，潜在的应力会使带钢板形发生不规则改变
表观板形	内部应力沿带钢宽度方向上不均匀分布，同时带钢内部应力不足以抵制带钢平直段的改变。结果带钢局部产生弹性翘曲变形。去除带钢所受外力和纵切带钢都会加剧带钢的表观板形
混合板形	带钢的各个部分板形形式不同，如部分呈现潜在板形，部分呈现表观板形
张力影响的板形	张力产生的内应力足够大，以至于可以将整体的压应力减小到将表观板形转变为潜在板形的水平，则张力影响的板形可能是平的

对于表观板形而言，生产允许有一定的轻微浪形。基于此有人通过仿真研究得出了不同表观板形对屈曲临界应力的影响关系。研究结果表明：

对于边浪：边浪中间平坦区和导向辊平直段接触良好，当边浪浪宽过辊肩时还可以消除辊肩的影响，因此边浪板形对应的带钢张应力横向分布不均匀程度较中浪要小，且带钢入炉前的浪形为对称双边浪时，带钢张力的分布最均衡；当入炉前带钢浪形为左单边浪和右单边浪时，带钢张应力的分布最不均衡。

对于中浪：一方面，很容易导致带钢在辊肩处应力集中而使得带钢在较小张力下发生塑性变形；另一方面，在带钢宽度较窄时，具有中浪的临界应力都小于平板的临界应力，带钢宽度越窄，具有中浪带钢的临界应力与平板临界应力之差越大。在带钢较宽时，具有中浪带钢的临界应力基本接近平直带钢的临界应力。

考虑到连退炉内避免瓢曲缺陷产生的要求，对来料带钢的浪形和波高必须有一定的限制，因此需分别控制各种表观板形的浪形轧制标准，以保证来料带钢的平坦度。

3. 炉辊辊形

为了防止带钢跑偏，对于炉内各辊都加工有相应的凸度，以提供带钢一定的向心力，使带钢稳定对中运行。图 8-3 为带钢绕锥形辊运转示意图。

带钢紧贴在辊表面上，并且绕辊匀速旋转，如图 8-3(a) 所示。辊锥度角为 θ，a、b 之间宽度记为单位宽度，由于两边直径不同，导致两边线速度 v_a、v_b 存在差异，其差值 $\Delta v = \tan\theta \approx \theta$；正是 Δv 的存在使得带钢在运转过程中产生一逆时针偏转，导致带钢与辊运转方向形成夹角 β，起到纠偏作用，如图 8-3(b) 所示。

将带钢绕行炉辊一周获得的纠偏量记为 Δx，则 Δx 可按如下关系式进行计算：

$$\Delta x \approx 2\pi R \tan\beta \approx 2\pi R \beta$$

β 与辊锥度角 θ 成正比例关系，其比例系数记为 k，将这一系数代入上式则有 $\Delta x \approx 2k\pi R\theta$，可见炉辊纠偏量与辊径及锥度角有关。

运行中带钢受到辊的挤压及拉伸作用，同时带钢承受辐射管横向温度分布不均造成的热应力。当辊凸度过大或炉内横向温差过大使得带钢张应力和热应力的合力超出其瓢曲临界张力时，带钢发生屈曲褶皱，引起瓢曲，如图 8-4 所示。

由此可以看出，炉辊凸度与热瓢曲和跑偏之间密切相关，辊子凸度小，则带钢不易瓢曲，但窄带钢容易跑偏；辊子凸度大，则带钢不易跑偏，但宽带钢容易瓢曲。对于炉辊凸度，需要将其控制在一定的优化区间内，如图 8-5 所示。

连退炉中炉辊中部与带钢直接接触，而炉辊两端被炉内气氛包围。由于接触热源的不同，使得炉辊轴向温度分布不均，在不同温度作用下，炉辊不同部位呈现不同的胀缩作用，使辊凸度发生变化，即热凸度。加热初期，冷的带钢进入炉中并且与热的炉辊相接触，使炉辊与带钢

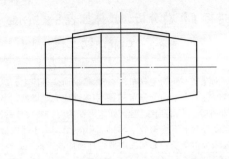

(a) 带钢紧贴在辊表面

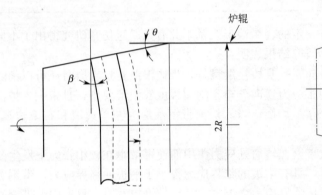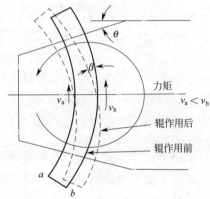

(b) 辊对带钢的纠偏作用

图 8-3 带钢绕辊运转示意图

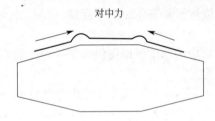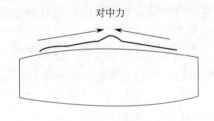

(a) 圆锥形凸度辊　　　　　　　　　　　　(b) 圆锥形凸度辊

图 8-4 辊对带钢的挤压作用

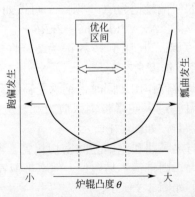

图 8-5 炉辊凸度与带钢热瓢曲和跑偏关系

接触部分温度低于两端温度，炉辊产生负凸度（使辊子的凸度减小），降低了炉辊的自动纠偏作用，使带钢容易跑偏。在冷却段，炉辊受热情况正好相反，辊两端接触冷却介质，温度低，而辊中间部分与热的带钢接触,温度高,这样就使炉辊产生正凸度(使辊子的凸度增大)。热凸度会导致带钢生产不稳定,在实际操作中,需要对其进行控制。

4. 温度工艺

退火温度将影响带钢的屈服应力值和瓢曲临界应力值,带钢温度越高,临界应力越小。带钢横向温差将引起纵向纤维不均匀延伸,改变带钢张力沿横向的均匀分布,从而影响带钢的平稳生产。

如上所述,采用低温退火对抑制瓢曲是有利的。有学者研究了退火温度与热瓢曲出现概率的关系,也证实了上述结论,如图8-6(a)所示。在实际退火过程中,采用了低温退火工艺,对瓢曲的产生有很好的改善作用,取得了良好的经济效益,具体将在后文叙述。

带宽上的温度差产生的热应力与张应力将产生一个沿带钢面方向的斜向力,在斜向力的作用下就会使带钢产生斜向褶皱,形成热瓢曲。尤其当带钢宽度上存在较大温差时,所产生的热应力与向心力叠加,更易使带钢在绕炉辊转动时产生热瓢曲,如图8-6(b)所示。

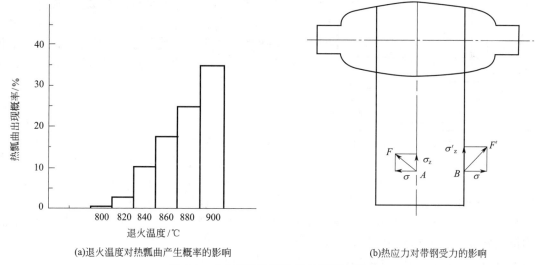

(a)退火温度对热瓢曲产生概率的影响　　　　(b)热应力对带钢受力的影响

图8-6　炉内温度及其分布对带钢的影响

所以在带钢的连续退火过程中,保证带钢横向温度的均匀分布是很有必要的。在加热段,采用交错布置的W形辐射管,可以将带钢横向加热温差保持在一定范围内。在冷却段,为保证带钢的均匀快速冷却,冷却风箱的布置需要满足一定的条件。图8-7为某连退炉中冷却风箱布置图。此套机组中,沿带钢运行方向布置3对风箱,风箱布置时需要考虑以下参数:喷嘴表面到带钢距离h、冷却风箱长度H、冷却风箱间距z等。

美国某学者对上述参数进行过详细的研究。对于h,其认为喷嘴到带钢表面的距离直接决定带钢的冷却强度。当这一距离较大时,虽然可以使带钢横向均匀冷却,但得不到较高的冷却强度;相反,当这一距离较小时,虽然可以保证较高的冷却强度,但冷却均匀效果差。该学者对喷嘴到带钢表面的距离提出如下关系式:

$$h \leqslant 10d \tag{8-2}$$

式中,d为喷嘴直径。h在此范围内可以保证带钢快速均匀冷却。但是如果h设置过小,带钢会经常性地与喷嘴产生摩擦碰撞,对防止带钢表面擦伤的出现是不利的。

冷却风箱长度H影响带钢的冷却效果,当H取较小值时,带钢可以均匀冷却,但冷却强度不够,影响带钢冷却速度;当H取较大值时,虽然可以提高冷却强度,但横向冷却均匀性较差,如图8-8所示。带钢冷却效果沿带钢宽度方向是对称分布的,所以选取带钢一半宽度

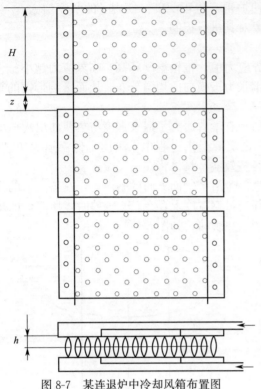

图 8-7 某连退炉中冷却风箱布置图

(示例中带钢宽度为 1800mm)进行研究。图 8-8 中横坐标表示带钢宽度方向位置,图 8-8(a) 中纵坐标表示气流喷吹速率,图 8-8(b) 中纵坐标表示各点传热系数与带钢横向最大传热系数的比值。实际生产中应使横向温差保持在 10% 以内,此处最好使 $H \leqslant 1200mm$,即 H 值应满足如下关系式:

$$H \leqslant 2/3W \tag{8-3}$$

式中,W 表示带钢宽度,mm。这样可以保证带钢宽度方向均匀冷却。

为了保证带钢的均匀冷却,最初的生产线采用的是中心部位孔径大、边缘部位孔径小的冷却气喷嘴,以提高中心部位的冷却速度而降低边缘部位的冷却速度。后来进一步发展到分区域采用隔离风道的办法,使各区域的风量可以进行量化调节,常用三风道或五风道可调分配风箱,控制中心、边缘部位的风量,达到均匀冷却的效果。

5. 张力工艺

一方面,要实现高速度的退火处理,关键是要确保带钢稳定运行,而张力在确保带钢的稳定运行中起到了至关重要的作用。由于炉内各区段工况不同,因此对炉内张力施行分区段控制。炉内带钢的加速、减速或与炉辊速度不匹配等诸多因素的影响都会造成炉内张力的波动,从而对带钢稳定运行产生影响。

另一方面,张力的大小和张力横向分布是影响热瓢曲产生的关键因素。其中张力增大、使张力横向分布向中部区域集中都会促进热瓢曲的产生。同时,炉辊辊形及炉内温度工况都会对张力的分布产生影响,在实际控制中,应综合考虑各相关因素的影响。

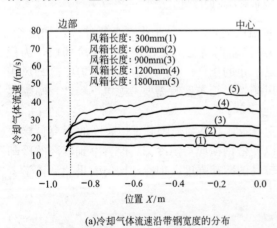
(a)冷却气体流速沿带钢宽度的分布

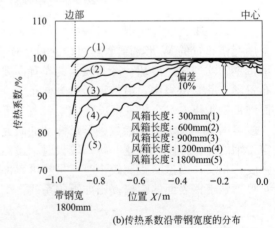
(b)传热系数沿带钢宽度的分布

图 8-8 冷却风箱长度对带钢冷却效果的影响

6. 跑偏的影响

带钢跑偏引起张应力分布不均。如果带钢在上辊跑偏而在下辊仍对中,显然,上炉辊张应力分布不均,集中在辊子中部的带钢上。这时带钢近似成平行四边形,如图 8-9 所示,其两个对角线上的延伸率不同,$\varepsilon' > \varepsilon$。对点 B 来说,对角线 BD 可看成是促使带钢跑偏的水平推力

N 和张应力 σ_z 的合力方向。如果带钢跑偏后形成塑性延伸,那么即使带钢运行到下一个道次恢复了对中运行,沿 BD 方向多延伸的部分也必然会形成褶皱,即带钢严重跑偏也会使带钢产生瓢曲。

带钢不产生偏移的条件是:①带钢与辊子均匀接触,受力均匀;②带钢只存在向前方向的运动。如果带钢所受的力是对称的,那么即使在整个板面存在一定的不均匀性对带钢运行方向的影响也不会太大。

不同的板形与辊受力作用不同,双侧边浪、中浪、双侧 1/4 浪的带钢受到辊的作用力是基本对称的,在其他条件正常的情况下,一般不会跑偏。对于单侧有浪形的带钢,在绕辊运转时会出现一边松一边紧的现象,此时炉辊对带钢的作用力呈现一边小一边大的分布规律,因而相应的先行带钢对辊子上带钢的牵引力的合力偏离辊子中心线一定的角度,其侧向分解力指向有浪形一边,因而带钢有向浪形一侧走偏的趋势。图 8-10 所示为各种板形的受力情况,图中箭头长度表示带钢受力大小。

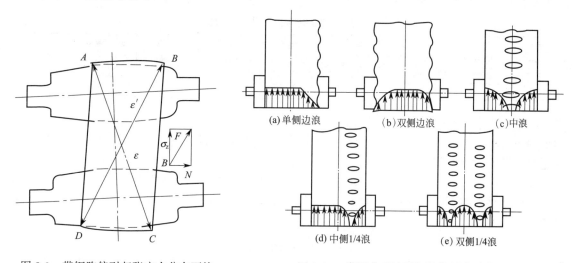

图 8-9 带钢跑偏引起张应力分布不均

图 8-10 带钢典型浪形与辊作用力示意图

三、实际解决措施

1. 带钢横向均匀冷却

为了保证带钢的均匀加热及冷却,防止瓢曲的出现,连退炉采取了各种调节措施。例如,在加热段,采取更为先进的 W 形辐射管,于操作侧传动侧交错布置,使带钢横向温差进一步降低;在冷却段,冷却风箱沿宽度方向分为几个区(5 个或 3 个),同时边部区域设置有挡板调节冷却气流量,保证带钢横向均匀冷却,减小由于热应力引起的带钢横向受力不均。冷却过程中如果采取无差别冷却措施,则冷却气喷出后通过冷却风箱间隙及带钢边部排出,导致带钢边部冷却气流量较中部大,从而使带钢边缘冷却较快,使带钢温度呈现边部低而中间高的特点,边部温度的下降不仅会导致辊形形成较大的正凸度,同时还会引起带钢横向上张力分布不均匀,不但对横向上带钢性能均一性产生影响,更是产生瓢曲的潜因。

实际生产中依据带钢宽度的变化对四个可调式挡板作出控制,通过调节挡板开度改变每个区域的冷却气体量,使带钢横向上的温度分布更为均匀。同时在冷却段的炉墙上安装了电加热系统,其目的同样是为了防止边部温度的过快下降。

宽幅板进入冷却段后,操作人员根据冷却段带钢横向温度检测进行风箱挡板开度调节。边部温度低则适当关闭边部挡板开度以减少冷却风量。以某机组为例,快冷段冷却风箱沿横向分为五个区域,每个区域都有 4 个开度可供选择(0%、33%、66%、100%)。调节的标准原则上使带钢边部温度和中心温度一致,甚至略高,即以 0~5℃ 的正偏差进行控制。当带钢边部温度在边部挡板全关的情况下仍过低时,则应提高炉壁上的电阻加热器温度来弥补边部温度的损失。这些措施保证了带钢在后续的过时效段温度横向分布均匀稳定。

2. 带钢低温退火

目前国际上对瓢曲现象产生的机理有多种理论,但其中仍存共通点,即连续退火炉中较高的退火温度(800℃以上)、较软的钢质以及宽幅规格对瓢曲的产生都有决定性影响。同时由于 IF 钢的退火工艺中并不需要过时效处理,因此相对于低碳钢,IF 钢在快冷出口可以有更低的温度。

在生产宽幅 IF 钢时,采取低温退火工艺,即对 IF 钢的退火采用比同规格低碳钢板更低的退火温度,同时将快冷段出口温度进一步降低。这样就使带钢的强度得到提高、抵抗变形的能力上升,很好地抑制了瓢曲的产生。具体的控制参数如表 8-3 所示。

表 8-3 DC06 钢退火工艺参数对比

宽度/mm	加热段板温/℃	均热段板温/℃	缓冷板温/℃	快冷板温/℃	过时效 1 段板温/℃	过时效 2 段板温/℃	过时效 3 段板温/℃	水淬板温/℃
<1800	830	830	650	450	430	410	390	170
>1800	820	820	600	400	350	340	330	170

经过多次生产试验,通过这种方式生产的产品的力学性能及冲压性能依然十分优秀,完全满足用户需求,如表 8-4 所示,同时在消除瓢曲、改善表面质量上有重大的飞跃,无论是合格率还是产量方面都取得长足的进步。更重要的是大大减少了因瓢曲停车断带造成的损失。

在经过多次试验观察后发现,降低炉内相关区段的温度对抑制瓢曲直接有效,且对产品的力学性能几乎没有影响。通过对温度工艺进行优化调整后,机组生产的极限规格产品产量和质量都大为提升。

表 8-4 IF 钢力学性能统计

牌号	屈服强度/MPa			抗拉强度/MPa			伸长率		r_{90}		n_{90}	
	实际	标准		实际	标准		实际 ≥/%	标准 ≥/%	实际	标准 ≥	实际	标准 ≥
		min	max		min	max						
DC04	162	140	210	304	270	350	44	38	2.6	1.8	0.23	0.18
DC05	150	120	180	288	270	330	47	40	3.1	2	0.24	0.2
DC06	143	120	170	288	270	330	46	42	3.1	2.1	0.24	0.22

3. 带钢过渡优化调整

在宽幅 IF 钢生产中,常常由于生产计划排程不合理对炉辊辊形等产生较大冲击,从而影响产品合格率、作业线产能,严重时会导致瓢曲停机断带事故,对机组稳定运行构成威胁,甚至毁坏设备。

所以每次生产某类产品之前需制定合理的排程规范。根据原料的宽度,按照从宽到窄的顺序进行排程,其宽度跨度应尽可能地平缓。在正式计划之前应先排布一个前导计划。前导计划的选择,除了在宽度上要逐步接近正式计划头卷的宽度以外,在钢种上也应该尽可能地选择与正式计划钢种较为接近的以便于钢种切换平稳过渡。种种措施的最终目的是使炉内工作状态平稳过渡,避免对炉辊产生较大冲击。IF 钢与常规钢种在钢板性质方面有较大差异,对排程规范也有不同的要求,以下分别对其进行阐述。

(1)常规带钢排程规范 生产时带钢规格应遵循由宽到窄逐渐过渡安排生产。当从窄料切换到宽料时应争取尽快切换至最宽的料,再逐渐由宽到窄生产,如此不断循环。在生产最宽的外板前应安排 100～150t 或 3～5 卷宽度大于该外板的软钢作为过渡，规格变化按前后带钢截面积之比为 0.7～1.4 进行，若外板无法过渡，则可用内板进行过渡。用不同厚度的钢板过渡的时候，要严格按照厚度过渡原则（最大厚度差为 0.4mm）。从宽钢板与窄钢板开始过渡的时候，要严格按照宽度过渡原则（最大宽度差不大于 200mm）。具体的规格跨度如表 8-5 所示。

表 8-5 允许的厚度和宽度的变化范围

先行带钢/mm	后行带钢/mm	最大宽度差/mm	先行带钢/mm	后行带钢/mm	最大宽度差/mm
0.3	0.3～0.35	100	1	0.8～1.3	200
0.35	0.3～0.4	100	1.2	1.0～1.6	200
0.4	0.35～0.45	100	1.4	1.2～1.8	200
0.45	0.4～0.5	100	1.6	1.4～2.0	200
0.5	0.45～0.6	100	2	1.6～2.3	200
0.6	0.5～0.8	150	2.3	2.0～2.5	200
0.7	0.6～0.9	150	2.5	2.3～2.5	200
0.8	0.6～1.0	150			

另外，为保证一定的焊透率，防止虚焊的产生，必须控制前后带钢的相对厚度差 Δ：

$$\Delta = \frac{|T_1 - T_2|}{T_1} \times 100\% \tag{8-4}$$

式中，T_1 为先行带钢尾部实际厚度；T_2 为后行带钢头部实际厚度。

$T_1 = 0.2\sim0.5$mm 时，$\Delta \leqslant 8\% \sim 10\%$；

$T_1 = 0.5\sim1.0$mm 时，$\Delta \leqslant 9\% \sim 12\%$；

$T_1 = 1.0\sim2.0$mm 时，$\Delta \leqslant 12\% \sim 15\%$。

生产不同钢种时，遵循同钢种同退火温度优先的原则。同钢种退火温度不一样时，以退火温度为原则。超过此范围需要考虑过渡卷。生产计划中最大宽幅 IF 钢（厚度<1.2mm）前，需要用 5 卷 DC01 或 DC03（宽度大于 IF 钢宽度）过渡，预热 OAS 的炉辊，纠正热凸度辊形。

(2) IF 钢生产规程 由于 IF 钢的特殊性，其过渡规程更加严格，具体如下：

① 宽度≤1800mm 的过渡：按已有的连退常规排程规范过渡。

② 宽度>1800mm 的过渡：用低碳钢［DC01、DC03、SPCC 等：厚度≥0.8mm；前后带钢宽度变化≤100mm。直至带钢宽度≥计划中 IF 钢的最大宽度；厚度≥计划中 IF 钢（宽度最大时）的厚度］过渡。

③ 如果最大宽幅 IF 钢厚度（成品目标厚度）≤1.0mm，继续用 4～5 卷同等规格的低碳钢［宽度≥IF 钢的最大宽度；厚度≥计划中 IF 钢（宽度最大时）的厚度］过渡，改善过时效和终冷段炉辊辊形。

计划中宽幅 IF 钢按照宽度（宽→窄）和厚度（厚→薄→厚）过渡原则组织排程。宽度过渡：≤100mm。厚度过渡：±0.1mm。且在生产过程中还应注意：

① 宽度>1800mm IF 钢合同接单时，必须考虑连退机组生产时的过渡要求。

② 宽度>1800mm IF 钢尽量安排集中生产，减少过渡卷的使用。每月安排 1～2 次最佳。

③ 宽度>1800mm IF 钢完成过渡，生产过程中避免 IF 钢与非 IF 钢的切换（钢种变化炉内张力调整，容易出现带钢瓢曲）。

4. 实际辊形管理

经对实际辊形与设计辊形进行测量，发现部分辊子在长时间使用后辊形发生了较大变化（图 8-11），辊子凸度的变化剧烈，这会导致带钢出现应力分布不均从而产生瓢曲。因此要利用检修更换部分辊形异变的转向辊。

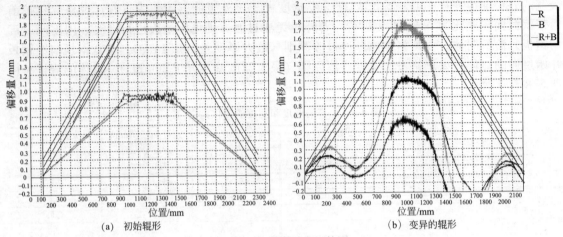

图 8-11 辊形异变比较图

另外辊子粗糙度对带钢的瓢曲和跑偏也有较大影响,粗糙度大会加剧应力分布不均,粗糙度小会造成带钢跑偏。通过实践总结,适合的辊子粗糙度范围为 $6\sim 8\mu m$。

为规范炉内转向辊的使用、检测、更换,机组确定了炉内转向辊的使用规程,确定了炉内转向辊的使用寿命为 3~5 年,并确定了中修、年修的炉辊检查、更换制度等。

5. 张力优化

理论分析与生产实际证明,优化炉子段的张力是解决瓢曲的优先考虑措施。张力优化主要从以下几个方面考虑:

① 加热 1 段与加热 2 段经常出现跑偏,但该区域炉辊凸度较大,在工况异常时容易出现热瓢曲,因此该区域张力值的设定需兼顾跑偏与瓢曲;

② 加热 3 段和均热段带钢温度高、带钢软,容易出现热瓢曲,该区域张力需适当减小;

③ 快冷段冷却风速大,容易使带钢摆动产生擦伤,张力需适当增大;

④ 因为冷瓢曲和擦伤出现在过时效段和终冷段,所以重点优化过时效 3 段和终冷段的张力。该区域张力过大会造成冷瓢曲程度加大,过小会使擦伤程度加大,因此该区域张力值的设定需兼顾防止擦伤和瓢曲;

⑤ 根据张紧辊电动机的能力,相应地对退火炉前后张力进行了优化。

经过数轮试验,确定了 DDQ/EDDQ/SEDDQ 各级别钢种不同规格的张力,优化前后张力的对比见表 8-6。

表 8-6 炉内张力优化前后数据   kN

厚度/mm	宽度区间/mm	区分	加热1区	加热2区	加热3区	均热段	快冷段	过时效1区	过时效2区	过时效3区	终冷段
0.7	1799	优化前	6.4	5.8	4.0	3.9	10.8	7.1	7.1	7.1	9.4
		优化后	10.0	8.5	7.5	6.0	12.0	6.0	7.0	8.0	10.0
	1999	优化前	6.2	5.9	4.1	3.8	10.5	7.0	7.0	7.0	9.1
		优化后	10.0	8.0	7.0	6.0	12.0	6.0	7.0	8.0	10.0
	2199	优化前	6.2	5.7	5.5	4.0	10.9	6.9	6.9	6.9	8.5
		优化后	10.0	8.0	7.0	6.0	12.0	6.5	7.5	8.5	11.0
0.8	1799	优化前	10.1	7.9	5.8	4.9	12.4	9.4	9.4	9.4	12.2
		优化后	10.5	9.0	8.0	7.0	12.0	6.0	7.0	8.0	10.0
	1999	优化前	10.4	7.2	5.6	5.1	12.0	8.8	8.8	8.8	12.0
		优化后	11.0	8.5	7.5	6.5	12.5	6.5	7.0	8.0	10.0
	2199	优化前	10.6	7.0	5.3	5.1	11.4	7.9	7.9	7.9	11.4
		优化后	11.0	9.0	7.5	6.5	12.5	7.0	7.5	8.5	11.0

续表

厚度/mm	宽度区间/mm	区分	加热1区	加热2区	加热3区	均热段	快冷段	过时效1区	过时效2区	过时效3区	终冷段
0.9	1799	优化前	6.6	6.3	5.5	5.3	10.5	8.3	8.4	8.6	12.1
		优化后	11.0	9.5	8.5	7.0	12.5	6.0	7.5	8.5	10.0
	1999	优化前	8.1	6.5	5.8	5.6	8.8	9.0	9.0	9.0	13.0
		优化后	12.0	9.0	8.0	7.0	13.0	7.0	7.5	8.5	10.5
	2199	优化前	7.9	6.5	5.9	5.7	10.3	8.9	8.9	8.9	12.3
		优化后	12.0	10.0	8.0	7.0	13.0	7.0	8.0	8.5	11.0
1.0	1799	优化前	7.2	6.8	5.4	5.2	9.0	5.0	5.2	5.2	6.3
		优化后	12.0	10.0	8.5	7.0	13.0	6.0	7.5	8.5	10.0
	1999	优化前	11.0	9.0	6.4	6.2	13.2	9.4	9.6	9.8	12.2
		优化后	13.5	11.0	9.0	7.5	13.5	7.0	8.0	9.0	10.5
	2199	优化前	11.0	8.8	6.6	6.2	13.4	9.7	9.9	10.1	12.5
		优化后	14.0	11.5	9.0	8.0	14.0	7.0	8.0	9.0	11.0
1.2	1799	优化前	12.1	10.4	7.8	7.1	16.2	11.4	11.9	12.3	16.2
		优化后	12.5	10.5	9.0	8.0	13.0	7.0	8.0	9.0	11.0
	1999	优化前	11.5	11.0	8.2	7.4	16.1	10.8	11.3	11.8	16.3
		优化后	14.0	11.5	9.0	8.0	13.5	7.0	8.0	9.0	11.0
	2199	优化前	11.9	11.3	8.2	7.7	16.1	10.3	10.8	11.3	16.4
		优化后	14.0	12.0	9.5	8.0	14.0	7.0	8.0	9.0	11.5
1.5	1799	优化前	12.1	11.9	9.4	8.6	18.9	10.8	11.3	11.9	17.5
		优化后	13.0	11.0	9.0	8.0	13.5	7.0	8.5	9.5	12.0
	1999	优化前	11.7	11.1	9.9	9.0	17.7	9.9	10.5	11.1	17.4
		优化后	14.0	12.0	9.5	8.0	14.0	7.0	8.0	9.0	12.0
	2199	优化前	11.9	11.2	9.9	9.2	17.8	8.9	9.6	10.2	17.2
		优化后	14.5	12.0	9.5	8.0	14.0	7.0	8.0	9.0	12.0

第二节 辊子技术改进

一、连退辊子结瘤处理技术

1. 问题描述

连退机组生产冷轧板过程中曾发现带钢下表面有"白点"（图 8-12），随着机组的生产运行，"白点"情况加重且恶化。

有时也出现长条状结瘤，结瘤缺陷在带钢下表面表现为凹状，在上表面表现为凸状，严重时则不局限于钢卷某部位，整板面都会出现结瘤现象，轻则无手感，重则有明显手感，如图 8-13 所示。

2. 问题分析

一般认为，炉辊结瘤主要有两种产生机制。一种是高温时，带钢和辊子存在相互滑动，发生机械摩擦作用，带钢表面的氧化物、铁屑等在辊子表面黏结形成的；另一种是由于辊子本身磨损氧化，辊子表面的氧化物附着聚集形成的。无论

图 8-12 带钢下表面"白点"情况

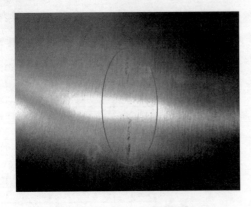 

(a) 长条状结瘤图（下表面呈凹状）　　　　　(b) 长条状结瘤图（上表面呈凸状）

图 8-13　冷连退带钢表面结瘤缺陷图

图 8-14　炉顶辊表面结瘤

哪一种结瘤机制，都经历了形成瘤核和聚集长大两个过程。聚集长大是一个层层累积的过程，因此表现在瘤状物的形貌上就出现了可以层层剥离的现象。当形成的瘤状物与辊面发生轻微的熔融、扩散和合金化现象后，部分瘤状物牢固黏附于辊面成为划伤和辊印的危害物，即板面的麻点缺陷；另一部分瘤状物熔融后脱落附着于带钢表面，成为异物压入缺陷。

于是，进行开炉检查。打开炉盖后，对炉内的炉辊进行检查，发现加热段炉顶辊的表面均出现大面积的结瘤，如图 8-14 所示。

经观察得知，表面结瘤物长度约在 1～3mm 之间，剖面如图 8-15 所示。

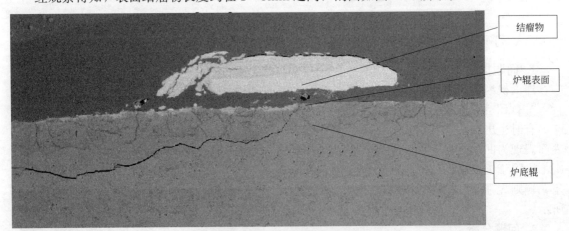

图 8-15　炉辊结瘤物剖面图

对结瘤取样进行化学分析，由定性分析结果来看，结瘤物基体含少量 Si、Al、Mn，主要成分为 Fe 和 O，如图 8-16 所示。

3. 原因排查

根据分析的结果，从氧的来源入手进行原因排查。开机时，注意到加热段的露点值、氧含量偏高，炉内气氛不正常，因此认为首先应以造成气氛不正常的原因为切入点进行分析。

① 为了尽快找出问题的根源，借助"鱼骨图"法来确定主要原因，如图8-17所示。

② 借助"鱼骨图"的分析，将导致炉内气氛不正常的原因尽可能罗列出来，并对每一个问题点进行逐一排查。排查结果及处理方式如下：

a. 加热段板温计的水冷套均出现漏水。

b. 对炉辊进行检查时，未发现炉辊轴承座冷却循环水有漏水迹象。

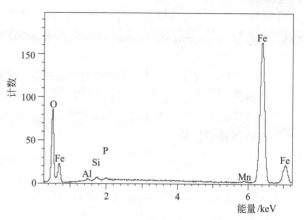

图8-16 结瘤物成分定性分析图

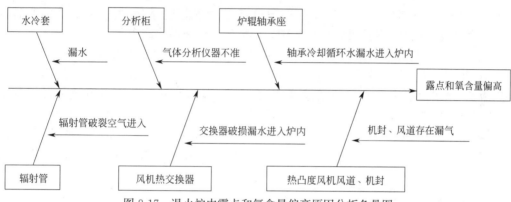

图8-17 退火炉内露点和氧含量偏高原因分析鱼骨图

c. 对气体分析柜进行检查。检查过程中发现分析仪的抽吸泵管路有漏气现象，存在分析不准的情况。于是对分析柜的抽吸泵进行了更换，密封了管路的漏气点。

d. 对加热段的辐射管进行检查。检查发现，由于辐射管的设计缺陷，W形辐射管的V形处支撑挂钩不能受力，在炉内高温的作用下断裂（图8-18），从而造成辐射管变形。此次检查过程中还发现有一根辐射管破裂，该辐射管位于结瘤炉辊的下方。对此根破裂的辐射管采取的措施为：停用此根辐射管的烧嘴，关闭煤气阀，用盲板将辐射管的进出口和空气管路堵住，防止气体泄漏。

图8-18 辐射管支撑挂钩设计不良

e. 对缓冷段、快冷段、终冷段的风机热交换器进行了检查，均未发现有漏水迹象；由于热凸度风机的热交换器焊接于箱体内，且机封固定于风壳内，不便于内部检查，因此决定开机时关闭三个风机的风门，逐一进行启动，观察炉内气氛变化情况，如有问题，可采取停用风机、关闭风门处理的方式。

4. 原因确认

在处理后开机时，着重对热凸度风机进行观察，比对露点值及氧含量。经观察发现，凸度风机可能存在漏气的现象。为了保证机组的运行，尽可能降低因风机漏气对露点产生的影响。经我们反复调试观察，凸度风机转速设定为80%时，露点和氧含量均可保持在正常范围值内，即露点为$-25\sim-20$℃、氧含量为$10\times10^{-6}\sim20\times10^{-6}$。

综合以上分析可以得出，影响炉内气氛不正常的主要因素归为以下两点：
① 辐射管破裂，造成空气进入炉内；
② 凸度风机机封、风道处存在漏气，影响炉内气氛。

5. 防范技术措施

经过认真分析及经验总结，制订了相应的防范技术措施，主要为以下几点：

① 对辐射管开裂造成的后果和影响认知不足，主要是认为辐射管内部存在负压区，即使破裂后也不会有氧化气氛泄漏对辐射管的排查不足，措施：提高认知，加强对辐射管的排查。

② 辐射管空燃比没有定期进行调节，烧嘴燃烧不充分，烧嘴过氧燃烧致使辐射管破裂。措施：定期进行空燃比的调节，保证烧嘴充分燃烧。

③ 辐射管设计缺陷，挂钩断裂，导致大量变形。措施：在原挂钩处增加一个挂钩，增强受力面。

④ 辐射管定期更换制度不健全。措施：每半年对辐射管进行一次生产状态下的泄漏检查，并将辐射管更换制度纳入预防性检修计划中，建立健全预防性检修台账。

⑤ 计控监测设备存在误差，造成误判。措施：更换气体抽吸泵和漏气的管路。

⑥ 热凸度风机风道、机封存在泄漏，造成气氛不正常，主要表现为露点值偏高。措施：更换热凸度风机的换热器，将风机转速设定为80%；检查风机进、出口风道是否存在孔洞；更换泄漏的机封。

⑦ 辐射管破裂、管内气氛溢出，在钢板表面形成氧化物，氧化物被炉内的还原气氛还原成海绵铁，海绵铁附着在炉辊表面形成结瘤。措施：停用破裂的辐射管，用盲板封住该辐射管的气体进、出口，防止空气进入。

二、塔顶辊自动清理技术

1. 问题描述

连续热镀锌的带钢出锌锅后，必须经过冷却塔顶的塔顶辊。由于塔顶辊是最先接触刚出锌液面带钢的转向辊，未完全冷却的带钢镀层有可能会黏附到塔顶辊的表面，特别是带钢接头处以及停机时的废带钢表面黏附的杂质相对较多。这就会造成后续产品表面出现压印、划痕等缺陷。对于汽车板生产而言，塔顶辊辊面的清洁是一个非常重要的方面。

2. 技术方案

如图8-19所示为塔顶辊辊面自动清理装置结构。塔顶辊辊面自动清理装置的安装平行于塔顶辊，按设定的程序要求自动清理辊面，包括床身和抛光清理头两大部分。床身上有大拖板，可在滚珠丝杠结构的驱动下沿导轨作横向移动；大拖板上平面装有工作拖板，可在气缸驱动下沿导轨作纵向移动，气缸的工作压力为$1\sim1.5$bar。抛光清理头装在工作拖板上，其磨轮为千页抛磨轮，粒度为$320\sim400$目，同轴装四个磨轮，磨轮间距为$20\sim30$mm。抛光清理头带有吸尘功能，采用附壁效应原理的气流放大器吸尘，气流放大比为1:100。全套装置采用PLC程序控制，程序控制部分由装在滚珠丝杠上的编码器以及各位置控制件等关联件组成。工作时，大拖板作横向移动，在有两个磨轮进入辊面段后气缸才能推进，气缸驱动工作拖板使抛光清理头的磨轮接触在线的辊面，使其磨轮进入抛磨阶段。抛磨过程中横向移动距离以两个磨轮留在工作状态为往返距离，一次自动清理过程只要大拖板横向往返一个来回即可。

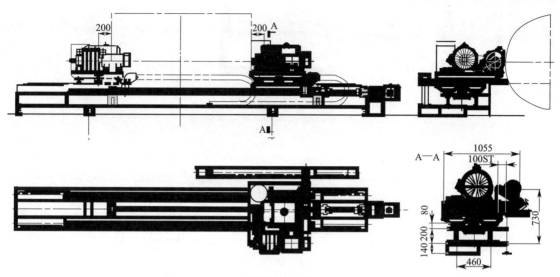

图 8-19 塔顶辊辊面自动清理装置结构图

三、塔顶辊辊套应用技术

1. 问题描述

对于水冷的塔顶辊可以使用塔顶辊辊套来消除粘渣问题。塔顶辊辊套为无缝毛毡套，由纤维经机械技术加工交络而成，除了能够保护钢辊表面以外，还具有相当优秀的耐热性、弹性和耐磨耗性，如图 8-20 所示。

2. 维护技术

在使用过程中需每十天左右收紧一次钢丝线或兰花螺钉，特别是在最初安装的一个月内。在停机时应对辊套表面进行清扫，去除黏附的杂质。使用 90 天后，如产品表面成深褐色且磨损大于 2mm 应予以更换。在安装和使用过程中应特别注意辊套表面保护。使用辊套后应对辊径参数重新设定，一般单边增加 7～10mm。带钢偏移量不要超过±50mm，否则带钢有可能产生轻微褶皱，但辊套寿命不受影响。

图 8-20 塔顶辊辊套

四、沉没辊刮刀应用技术

1. 问题描述

锌锅杂质主要是带钢带入的铁粉与高温锌液发生反应生成的铁锌合金及原料锌锭中的杂质和少量灰尘。它们的熔点大于锌，在锌锅中呈团粒状结构且极具黏附性。在生产过程中由于带钢和辊子的相互挤压，这些杂质会不断地黏附在沉没辊和稳定辊表面，当积累到一定厚度时便会使带钢表面产生凹陷。在生产实践中这种缺陷叫渣压痕和宽辊印。沉没辊刮刀的作用就是使用硬度合适的刀头在这些杂质层刚开始形成时便将其刮除掉。

2. 技术方案

沉没辊刮刀控制系统结构如图 8-21 所示。

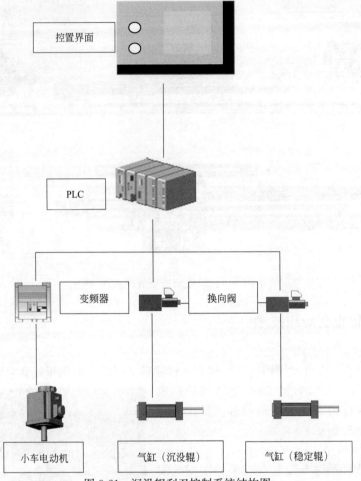

图 8-21 沉没辊刮刀控制系统结构图

刮刀结构如图 8-22 所示。

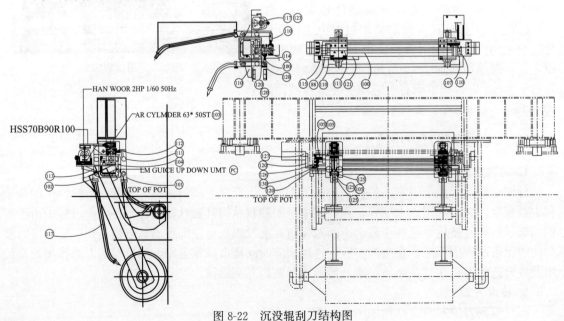

图 8-22 沉没辊刮刀结构图

3. 实施效果

沉没辊刮刀使用前后情况对比如图 8-23 所示。

(a) 使用前

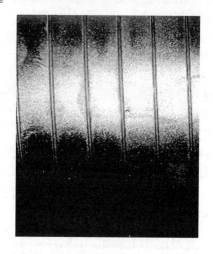
(b) 使用后

图 8-23　沉没辊刮刀使用前后情况对比

第三节　辊系管理标准

一、炉辊相关标准与规范

1. 炉辊安装、点检维护标准

安装标准：
① 辊身水平度不超过 0.05mm/m；
② 辊身垂直度不超过 0.05mm/m。

点检维护标准：
① 每次大定修时对辊面状况进行检查，并登录在案（有异常时在点检日志中记录）；
② 每次大定修时检查辊面粗糙度，登录在案（检测公司的检测报告）并做趋势分析；
③ 每周检查轴承振动以及轴承温度状况；
④ 每天点检辊子运行情况、有无噪声等异常情况。

2. 炉辊更换、报废标准

更换标准：
① 辊面工作范围内均长测 5 点，粗糙度 Ra 均值下降到 $5\mu m$ 以下；
② 辊面出现异常磨损、黏结、划痕、剥落、热损伤等劣化迹象，预计会影响带钢表面质量；
③ 辊子轴头变形或辊身变形，导致辊子出现负荷异常波动（定义为负荷波动大于 20%）；
④ 辊系其他零部件损坏，导致辊子无法正常使用。

报废标准：出现其他无法修复或修复代价高昂的缺陷，如辊身严重裂纹、缩孔、不均匀磨损等；需要提供相应的技术证明作为支撑。

3. 炉辊修复标准

炉辊修复技术要求和验收标准：
① 按图纸检查轴承挡、密封挡、接手挡的直径、粗糙度以及跳动值，如超差则修复；

② 辊面毛化处理，粗糙度 Ra 为 $[(5\sim8)\pm1]\mu m$；
③ 修复后辊面要求圆度、圆柱度、跳动在 0.05mm 以下，动平衡不平衡量在 50g·mm/kg 以下；
④ 修复后取两条辊面母线，沿辊面每 50mm 间隔测量直径，沿辊面均长测 5 点辊面粗糙度；
⑤ 辊子包装作防锈防撞处理，合格证和检测报告中应包括上述各项记录。

4. 炉辊验收标准
新品技术要求和验收标准：
① 辊身外径：$D\pm0.3$mm。
② 轴头采用锻件，锻件标准：YB/T 036.7—92 Ⅱ级。焊后去应力处理。
③ 焊缝着色探伤，探伤按 YB/T 036.10—92 2级，焊缝不可有连续的熔合不良及裂纹，焊缝小于 0.50mm 的分散状气孔的总数少于 5 个，局部 100mm 范围内不允许超过 2 个，禁止气孔相连。
④ 几何尺寸满足图纸要求；形位公差：辊面跳动≤0.05mm；辊形：按图纸要求。
⑤ 滚筒壁厚偏差不能超过±0.2mm；静平衡达到 G16 级，补偿位置按图设置，动平衡达到 G6.3 级。

二、张力辊相关标准与规范

1. 张力辊安装、点检维护标准
安装标准：
① 辊身水平度不超过 0.05mm/m；
② 辊身垂直度不超过 0.05mm/m。
点检维护标准：
① 每次大定修时对辊面状况进行检查，并登录在案；
② 每次大定修时检查辊面粗糙度，登录在案并做趋势分析；
③ 每周检查轴承振动以及轴承温度状况；
④ 每天点检辊子运行情况、有无噪声等异常情况。

2. 张力辊更换、报废标准
更换标准：
① 辊面工作范围内均长测 5 点，粗糙度 Ra 均值下降到 $5\mu m$ 以下；
② 辊面出现异常磨损、黏结、划痕、剥落、热损伤等劣化迹象，预计会影响带钢表面质量；
③ 辊子轴头变形或辊身变形，导致辊子出现负荷异常波动（定义为负荷波动大于 20%）；
④ 辊系其他零部件损坏，导致辊子无法正常使用。
报废标准：出现其他无法修复或修复代价高昂的缺陷，如辊身严重裂纹、缩孔、不均匀磨损等；需要提供相应的技术证明作为支撑。

3. 张力辊修复标准
① 修复技术要求和验收标准：
② 按图纸检查轴承挡、密封挡、接手挡的直径、粗糙度以及跳动值，如超差则修复；
③ 辊面毛化处理，粗糙度 Ra 为 $[(5\sim8)\pm1]\mu m$；
④ 修复后辊面要求圆度、圆柱度、跳动在 0.1mm 以下，动平衡不平衡量在 80g·mm/kg 以下；
⑤ 修复后取两条辊面母线，沿辊面均长测 5 点辊面粗糙度和直径；
⑥ 修复后检查辊内，清除辊内残留的各种液体介质。

4. 张力辊验收标准
① 辊身外径：$D\pm0.3$mm。
② 辊子材质为 16Mn。轴头采用锻件，锻件标准：YB/T 036.7—92 Ⅱ级。
③ 焊后去应力处理；焊缝着色探伤，探伤按 YB/T 036.10—92 2级，焊缝不可有连续

的熔合不良及裂纹，焊缝小于 0.50mm 的分散状气孔的总数少于 5 个，局部 100mm 范围内不允许超过 2 个，禁止气孔相连。

④ 几何尺寸满足图纸要求；形位公差：辊面跳动≤0.05mm；辊形：按图纸要求。

⑤ 静平衡达到 G16 级，补偿位置按图设置，动平衡达到 G6.3 级；滚筒壁厚偏差不能超过±0.2mm。

三、沉没辊标准

1. 处理要求

包括：退锌、退锌后检查、退锌后加工处理、辊子安装、转运与包装等。

2. 新品验收标准

① 辊身外径：(800±0.3) mm。

② 辊子材质：SUS316L。

③ 辊面粗糙度：$3.2\mu m$，无镀；动平衡不平衡量：<500g·mm/g。

④ 其他尺寸和技术要求见零件图。

⑤ 制作新辊时与委托方签订技术协议，交货时附检测报告和产品合格证。

3. 点检维护标准

每次换辊时对辊面状况进行检查，测量外径并登录在案。

4. 更换、报废标准

更换标准：

① 辊面粘锌渣，导致辊印产生，而且刮刀刮不掉时；

② 换辊周期到了以后。

报废标准：

① 辊身直径小于 760mm；

② 出现其他无法修复或修复代价高昂的缺陷，如辊身严重裂纹、缩孔、不均匀磨损等。

四、稳定辊、校正辊标准

1. 处理要求

包括：退锌、退锌后检查、退锌后加工处理、辊子安装、转运与包装等。

2. 新品验收标准

① 辊身外径：(230±0.3)mm。

② 辊子材质：SUS316L。

③ 辊面粗糙度：$3.0\mu m$，无镀。

④ 动平衡不平衡量：<150g·mm/kg。

⑤ 其他尺寸和技术要求见零件图。

⑥ 新辊制作时与委托方签订技术协议，交货时附检测报告和产品合格证。

3. 点检维护标准

每次换辊时对辊面状况进行检查，测量外径并登录在案。

4. 更换、报废标准

更换标准：

① 辊面粘锌渣，导致辊印产生，而且刮刀刮不掉时；

② 换辊周期到了以后。

报废标准：

① 辊身直径小于 200mm；

② 出现其他无法修复或修复代价高昂的缺陷，如辊身严重裂纹、缩孔、不均匀磨损等。

五、镀铬转向辊管理标准

1. 新辊验收标准
① 辊子材质：轴头采用锻件，锻件符合 YB/T 036.7—92 Ⅱ级。焊后去应力处理。
② 焊缝着色探伤，探伤按 YB/T 036.10—92 2级，焊缝不可有连续的熔合不良及裂纹，焊缝小于 0.50mm 的分散状气孔的总数少于 5 个，局部 100mm 范围内不允许超过 2 个，禁止气孔相连。
③ 辊身外径：$D\pm0.3$mm。几何尺寸满足图纸要求，形位公差辊面跳动≤0.05mm，辊形：按图纸要求。
④ 辊面镀铬前粗糙度 Ra≤0.8μm，辊面无振痕、导程印、擦伤等缺陷，辊面镀铬，硬度为（900+100）HV3，镀层厚度为 80~100μm。
⑤ 滚筒壁厚偏差不能超过±0.2mm；静平衡达到 G16 级，补偿位置按图设置，动平衡达到 G6.3 级。
⑥ 辊子成品检验后包装；交货时附各项检验质量合格证书。

2. 安装标准
① 辊身水平度不超过 0.05mm/m；
② 辊身垂直度不超过 0.05mm/m。

3. 点检维护标准
① 每次大定修时对辊面状况进行检查，有异常时在点检日志中记录；
② 每次大定修时检查辊面粗糙度，由检测公司出具检测报告，并做趋势分析；
③ 每周检查轴承振动以及轴承温度状况；
④ 每天点检辊子运行情况及有无噪声等异常情况。

4. 更换报废标准
更换标准：
① 辊面工作范围内均长测 5 点，粗糙度 Ra 均值下降到 2μm 以下；
② 辊面出现异常磨损、黏结、划痕、剥落、热损伤等劣化迹象，预计会影响带钢表面质量；
③ 辊子轴头变形或辊身变形，导致辊子出现负荷异常波动（定义为负荷波动大于 20%）；
④ 辊系其他零部件损坏，导致辊子无法正常使用。
报废标准：出现其他无法修复或修复代价高昂的缺陷，如辊身严重裂纹、缩孔、不均匀磨损等；需要提供相应的技术证明作为支撑。

5. 修复标准
① 按图纸检查轴承挡、密封挡、接手挡的直径、粗糙度以及跳动值，如超差则修复；用数控磨床打出辊形图。
② 按图纸加工凸度辊面，要求使用数控磨床加工。
③ 辊面毛化处理；辊面镀铬处理：0.08mm 镀 Cr，镀后辊面抛光，粗糙度为 2~5μm。
④ 修复后辊面要求圆度、圆柱度、跳动在 0.1mm 以下，动平衡不平衡量在 80g·mm/kg 以下。
⑤ 修复后取两条辊面母线，沿辊面均长测 5 点辊面粗糙度和直径。
⑥ 修复后检查辊内，清除辊内残留的各种液体介质。
⑦ 辊子包装做防锈防撞处理，合格证和检测报告中应包括上述各项记录。

第四节 辊子管理系统

一、系统开发意义

机组辊系人工管理不科学、不系统，对机组辊系的实际运行情况掌控度不够，数据记录分散，不能保证及时地点检和更换问题工作辊，导致机组非计划停机、生产计划变更和质量改判等问题，对生产造成了很大的影响。

针对这一问题，开发机组辊系的信息集成管理系统，将原有的人工管理改为计算机管理，提高辊系的总体管理水平。在进行设备硬件改造的同时，更需要加强辊系的标准化管理，建立完善的作业标准和管理流程，同时需要一套相应的辊系管理系统软件。

二、系统设计

1. 总体设计

根据用户的不同工作地点和实际工作情况，将本系统的使用者分为四类：设备科管理人员、生产车间管理人员、磨辊车间管理人员和系统管理员。其中设备科管理人员负责对轧辊的出入库管理和对轧辊的基本信息进行维护；生产车间管理人员负责记录从设备科到生产车间的入库、从生产车间到加工车间的出库、对轧辊的配套和解套以及对轧辊的使用做生产记录等；磨辊车间管理人员负责对轧辊在本车间的出入库和轧辊的加工情况信息进行维护；系统管理员负责管理（增加、删除、修改等）所有用户的基本信息。

该系统主要由机组辊位信息管理、工作辊基本信息管理、在线工作辊信息管理以及工作辊状态实时监控四大模块组成。系统结构如图8-24所示。

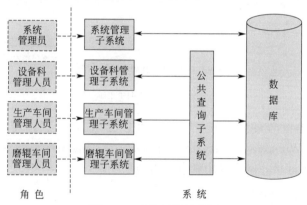

图8-24 系统总体结构图

2. 辊系管理流程

根据生产及管理需求，确定辊系管理流程如图8-25所示。

3. 辊系管理数据库设计

数据库设计是整个系统设计阶段的核心。数据库设计的好坏极大地影响了软件开发的效率和系统的可维护性。在数据库设计过程中应遵循三个范式理论对数据的结构进行规范化的组织，以在冗余性和灵活性等方面获得最优效果。根据这一原则，得到关系型的逻辑数据库。本系统的数据信息包括：轧辊编号、位置编码、规格型号、辊形、材质、硬度、精度等级、配套部件、安装标准、更换标准、修复标准、制造厂商、修复厂商、入库单编号、上机时间、下线时间、点检时间等。

4. 开发环境及运行环境

由于系统应用覆盖区域广、网络节点多，考虑采用目前主流的B/S模式，程序放在服务器上，客户端只需浏览器即可运行，这样可有效简化客户端电脑载荷，减轻系统维护与升级的成本和工作量，降低用户的总体成本，并与现有的设备管理网进行整合，统一到设备管理平台，提供一套完整的解决方案。

开发环境：程序设计基于Web应用平台，微软的.net框架，前台页面设计语言HTML和Javascript，后台控制开发语言Visual C++，数据库采用SQL SERVER 2005。

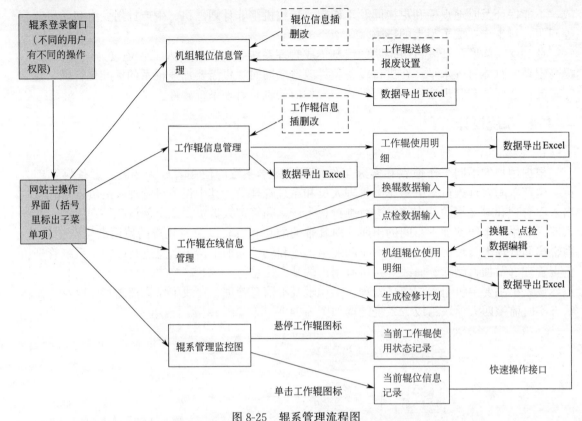

图 8-25 辊系管理流程图

运行环境：服务器配置硬件 Inter XEON CPU 2.0G 以上，内存 2G 以上，SICS 硬盘 144G 以上，系统平台 Windows Server 2003，IIS6.0，Frame.net3.5。客户机配置要求能正常运行 IE6.0 或以上版本即可。网络采用现有的内网系统。

三、主要功能及运行界面

该系统主要由机组辊位信息管理、工作辊基本信息管理、在线工作辊信息管理以及工作辊状态实时监控四大模块组成，并结合设备管理维护实际，将点检、换辊等日常维护功能也贯穿其中，对辊系的整个作业流程和工作辊的全生命周期都实现了有效的监控管理。

1. 主界面

主界面由三个部分组成——主菜单、机组树结构、辊系图，如图 8-26 所示。

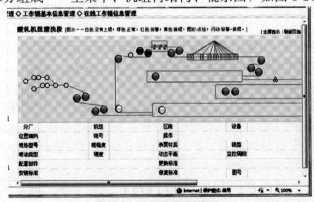

图 8-26 系统主界面图

主菜单：点击菜单上各项可进入相关画面操作，并严格进行权限控制。

机组树结构：机组树结构列出机组号及该机组各段的辊系图名称，通过点击不同的辊系图名称来切换在辊系图区域显示的辊系图。

辊系图区域：显示与实际机组布局相一致的辊系图，各个辊位的相对位置直观清晰，其上可以用不同的操作来显示每个辊位的作业安装标准、当前使用状态、工作辊的详细使用数据等。

2. 工作辊管理

新辊到货后，先入库，记录辊号、规格型号、制造厂商、修复厂商等基本信息（图 8-27），并拟定编写与之相对应的验收标准和验收记录。

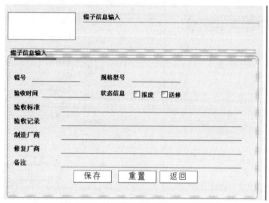

图 8-27　工作辊入库管理界面

使用中可以显示工作辊的状态，如离线可以进行送修、报废操作，基本流程如图 8-28 所示。

图 8-28　工作辊全生命周期管理流程图

3. 辊位信息管理

为了便于对工作辊进行科学、系统的管理，软件编写之初，已经按照机组、辊类，对辊位进行了系统编码，确保辊位 ID 的唯一性。其中更换周期以及点检周期，将对安装在该辊位的工作辊进行监控。同时也拟定该辊子的安装标准、报废标准、更换标准、修复标准等各类规范化标准，给该辊位的换辊、点检一个明确的指导。辊位信息管理界面如图 8-29 所示。

4. 工作辊换辊管理

在辊系图中，根据机组、工艺段找到需要更换的辊位，点击"换辊输入"进入换辊管理界面，上半部分提示该辊位的基本信息，如果已有在线工作辊，则显示在线辊号；输入新辊号以及更换时间等完成更换后，辊系图对应的辊位将自动显示新工作辊的信息，如图 8-30 所示。

5. 工作辊点检管理

同样的方法进入点检管理界面，该界面中提供了各类点检标准作参考，如图 8-31 所示。这些标准为减少因机组辊系管理不科学、不系统造成机组非计划停

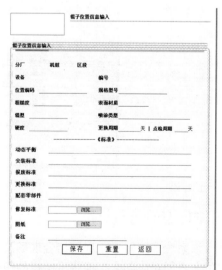

图 8-29　辊位信息管理界面

机、生产计划变更和质量改判而开发制定，如表面清洁度检查、评价和清理标准，辊面涂层/镀层、粗糙度、辊面质量的验收、检查、评价和处理标准等。点检后可根据这些评判标准打分，完成后系统在辊系图中将根据不同的分数给予相应的提示。

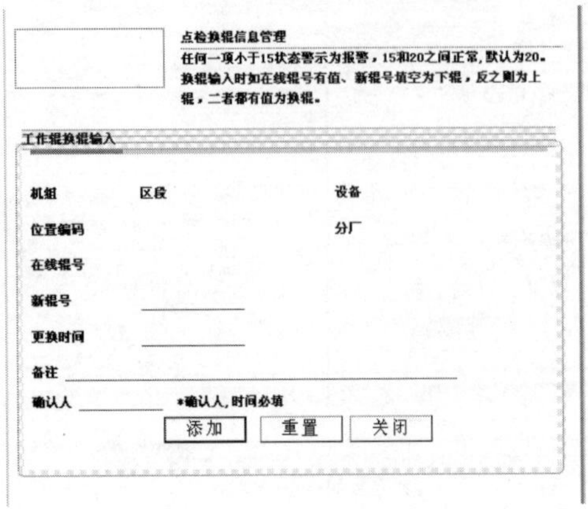

图 8-30 工作辊换辊管理界面 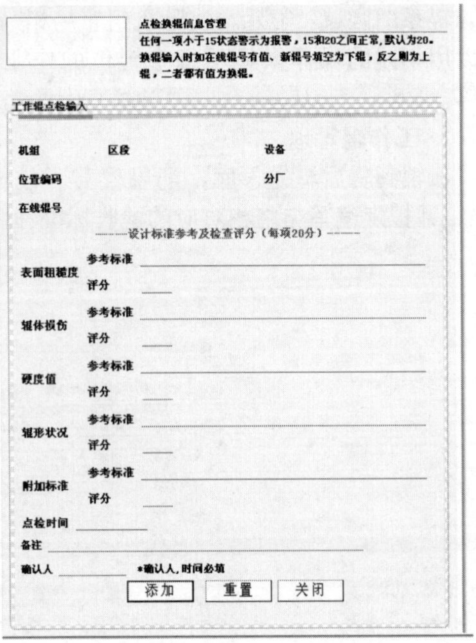　　图 8-31 工作辊点检管理界面

6. 辊系图在线实时监控

辊系图可以显示各区段辊位和工作辊使用状态，如图 8-32 所示。上部分为辊系图，图中圆形图标对应不同的辊位，它们之间的连线为带钢走向，将鼠标移到图标上可以显示工作辊当前的详细提示信息，如上次换辊点检时间、下次预知换辊点检时间、相关说明等。单击图标在下部分显示机组辊位的详细信息并提供换辊输入、点检输入、换辊点检明细、单辊明细等操作接口。

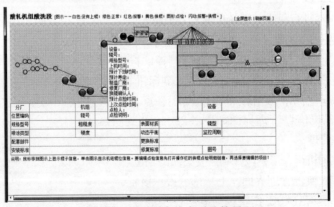

图 8-32 辊系图在线实时监控界面

四、软件特点分析

该系统采用图形化界面结合现场设备管理实际进行软件开发设计，将辊系管理与实际机组辊位布置图对应起来，能将机组树的切换快速地定位到全厂任何一个机组区段的辊位。

辊系图和后台数据库为动态的关联，在其他各窗口编辑的数据都能在图中及时地反映出来,定位后马上就能看到当前所需要的数据信息,同时图中针对每个辊位提供相应的操作接口,界面上更为简洁明了,减少了人为失误,极大地提高了管理和作业效率。

提供预知点检和更换功能,及时提醒操作人员做相应的维护,降低了工作辊的故障率。

同一个工作辊可以根据全厂各个机组的实际需要用在不同的位置,工作辊不依赖辊位实现相互独立,使用更灵活。

对历史的点检换辊记录进行统计,针对工作辊生成其在不同位置的全周期使用报表,针对辊位生成该位置所有使用过的工作辊更换点检报表,为事故缺陷提供分析依据。

将各项管理和作业标准与操作界面有机地结合起来,操作时能随时查到相应的标准并给予提示,为标准化作业提供了保障。

第五节 辊子相关缺陷分析

一、表面短线状细小擦伤

1. 形貌特征

表面短线状细小擦伤的形貌特征见表 8-7。

表 8-7 表面短线状细小擦伤的形貌特征

缺陷分类	图片	形貌描述
擦伤		带钢表面沿带钢长度方向的色差状条纹

2. 产生机理

下表面短线状擦伤的缺陷在自润滑板的生产过程中时有发生,产生位置为张紧辊 1 号辊处。

如图 8-33 所示,该张紧辊位于辊涂机、后处理烘干塔之后,中间活套入口处,该张紧辊 1 号辊表面接触带钢下表面。由于该张紧辊为 1 号辊单辊传动,总包角仅为双辊传动 S 辊系包角的 1/2,张力隔断能力较差。

张力损失计算公式为:

$$T_1/T_2 = e^{f\theta}$$

式中,T_1、T_2 为张力辊前后张力;f 为摩擦系数,θ 为带钢在 S 辊上的包角。

可见,带钢在 S 辊上的包角越大,前后张力差就越大。但由于单辊传动的总包角 θ 非常小,加上在生产耐指纹板时,带钢与辊面摩擦系数 f 较普通产品有非常大的降低,导致该张紧辊达不到生产普通产品时的张力隔断能力,因此在原有的张力差下,带钢与该张紧辊 1 号辊辊面之间会产生相对滑动,造成表面短线状擦伤缺陷。

上表面短线状擦伤则产生于另一对张紧辊处,该张紧辊位于检查台之后,卷取机、涂油机之前,为全线最后一对张紧辊。该张紧辊 1 号辊表面接触带钢上表面,缺陷产生机理与前面论述的相同。

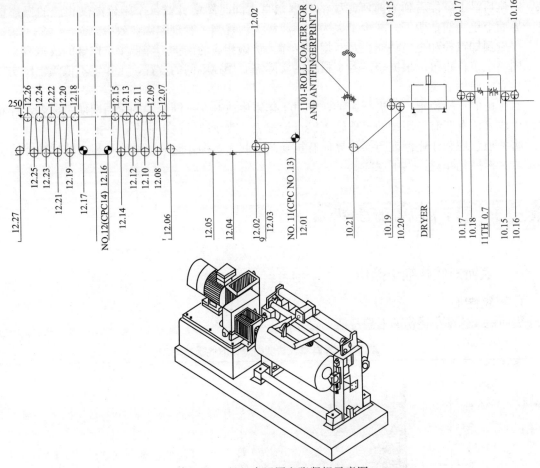

图 8-33 机组布置图和张紧辊示意图

3. 解决措施

① 对张力调节方法进行优化。对所有擦伤卷与无擦伤卷的生产工艺数据进行了系统对比分析；当张力辊前后张力差超过 7~9kN 时，生产耐指纹板时容易产生擦伤；当张力差超过 10kN 时必定会产生擦伤；而当张力差控制在 5kN 之内时，擦伤基本消除。如图 8-34 所示两卷钢出口段的张力对比，为典型张紧辊打滑造成擦伤卷与无擦伤卷的张力对比，该张紧辊前后张力差分别为 11kN 与 2kN。

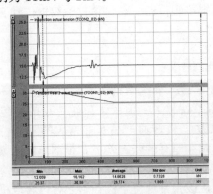 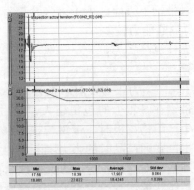

(a) 擦伤卷出口段张力　　　　　　　(b) 无擦伤卷出口段张力

图 8-34 擦伤卷和无擦伤卷张力对比

② 制定产品出口段张力调节规范。
③ 按照辊系管理周期对辊面进行清洁。

二、压印缺陷

1. 形貌特征

压印是带钢表面形状不同、大小不一的凹陷，或断续性出现，或具有周期性。其主要表现形貌如图 8-35 所示。

对于需要冲压的带钢来说，压印的部位会导致冲压开裂或产生明显纹路，不仅会造成零件失效，更会造成对冲压模具的损坏。在汽车面板等高端产品中，压印会直接影响成品涂装质量。

2. 原因分析

压印产生的主要原因是：

① 带钢表面黏附异物，受外力作用在带钢表面形成的大小不一的凹坑或凸起；

② 机组辊面上粘有异物，在带钢运行过程中形成压印；

图 8-35 典型压印缺陷形貌

③ 带钢存放位置下方存在异物，带钢在自身重力作用下形成压印；

④ 冷轧使用的焊机是采用激光或者电流对焊接区域进行熔化，钢板经过高温熔化造成碳化，形成焊渣，如果不及时清除，则杂质颗粒粘在板面上也会形成压印。

3. 解决措施

① 原料上机前需要对即将生产的钢卷进行确认，对于板面或者钢卷侧面带有杂质、浮尘的情况，上机前做好人工处理；对于来料表面杂质较重的钢卷，必须对缺陷进行切除。

② 优化焊接工艺参数。为不同厚度和硬度的钢板匹配最合适的电压和电流，从而提高焊缝质量，减少杂质颗粒的产生。

③ 每次检修要对焊机焊轮等关键部位进行清洁，用修磨轮进行修磨，去除表面焊渣，减少杂质颗粒的产生。

④ 在机组关键辊子上安装辊面刮刀，对辊面进行在线清洁。

⑤ 对机组各处除尘装置按照标准进行使用。

三、水淬辊斑

1. 形貌特征

水淬辊斑的形貌特征见表 8-8。

表 8-8 水淬辊斑的形貌特征

缺陷分类	图片	形貌描述
水淬辊斑		大片状，连续性，经高温烘干后，呈现微黄色，程度较重

2. 产生机理

水淬辊斑看起来像是辊子造成的，但经过仔细分析，其实是带钢在水淬槽中产生的氧化层。通过长期的统计分析发现，水淬斑大多出现在厚料上，且在机组速度接近或等于相应规格钢种的最大速度时发生。此时水淬槽内水温较高，有时甚至接近于设计的最高温度，因此认为水淬水温偏高，水淬槽内水蒸气成饱和状态，造成较高温度的带钢进入水淬槽内和水蒸气接触产生氧化。

3. 控制措施

① 增大冷却水的流量，降低冷却水温，提高热交换器的换热效果，见表8-9。

表8-9　水淬槽冷却水设计流量改进

区分	冷却水流量/(m³/h)	冷却水入口温度/℃	冷却水出口温度/℃
原设计值	300	35	47.6
调整前实际均值	300	—	34~40
调整后实际均值	450	—	30~38

② 增大水淬槽内循环水流量，降低水淬槽内的水温，并加速水淬槽内水的流动速率，提高带钢与槽内循环水的换热效果，见表8-10。

表8-10　水淬槽内循环水设计流量改进

区分	循环水流量/(m³/h)	循环水进水淬槽温度/℃	水淬槽内水温/℃
原设计值	140	35	47.6
一台泵工作实际均值	130~150	33~40	59(max)
两台泵工作实际均值	170~177	30~38	53(max)

使用两台泵工作后，水淬槽内最高水温明显降低，尤其是机组满负荷生产厚料时的水温降低后，对抑制水淬斑的产生起到了良好效果。

③ 每次检修清洗水淬热交换器和循环水过滤器，提高冷却效果。

④ 增大水淬槽排雾阀门开度，降低水淬槽内水蒸气浓度。

水淬排雾阀门开度设定在50%~60%左右，水淬槽内水蒸气浓度偏高，较高温度的带钢与过饱和的水蒸气接触是产生水淬斑的原因之一。将排雾阀的开度设定至100%，在没有改变排雾电动机功率的情况下增大排雾功率，抑制水淬斑的产生。

四、掉胶辊印

掉胶辊印缺陷是由于生产线胶辊表面胶层脱落，在带钢表面造成的压印。

1. 产生原因

① 带钢温度过高，导致机组上胶皮辊表面部分区域的胶皮熔化，粘到带钢上形成周期性辊印；

② 胶皮辊质量问题造成的胶皮脱落；

③ 胶皮辊使用时间过长，导致的胶皮老化、软化问题。

2. 解决措施

① 严禁高温卷上机生产，机组上料岗位严格检查钢卷温度，超过80℃严禁上机；

② 严格按标准验收胶辊、轴承备件，确保备件质量；

③ 检修施工时，严格按照标准装配胶辊、胶辊轴承，避免因安装造成的胶辊运行、轴承运行不稳定问题；

④ 执行周期管理（详见辊系管理规定），按周期更换全线胶辊；

⑤ 每周检修对全线胶辊进行检查，发现异常立即组织更换；

⑥ 加强圆盘剪、轧机岗位带钢表面检查，及时查找，及时发现。

第九章 汽车板的认证与应用

第一节 汽车板的认证

为了做好汽车板的销售工作,创建了汽车厂家认证模式,明确了各部门的责任,规范了工作流程和推进要求。并根据用户需求,建立了试模料库,制定了试模料库管理办法,使产品认证工作取得了突出效果。

一、二方审核工作流程

汽车用钢二方审核工作流程举例见图9-1。

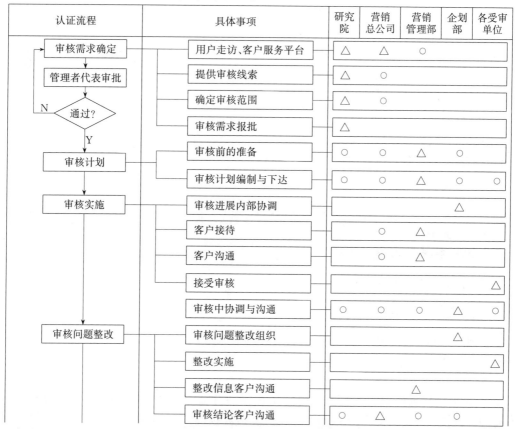

图9-1 汽车用钢二方审核工作流程举例

二、新车型先期介入工作流程

汽车用钢新车型先期介入工作流程举例见图 9-2。

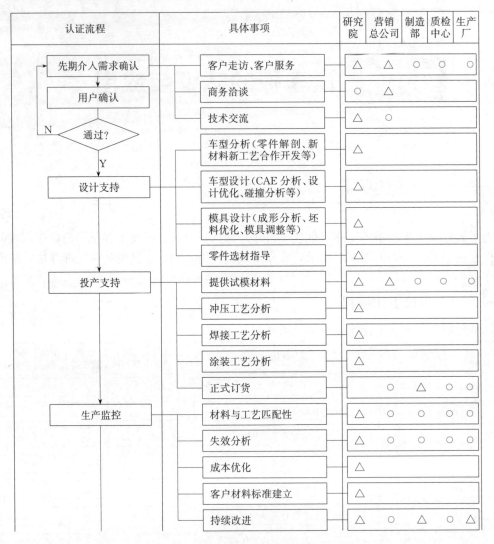

图 9-2 汽车用钢新车型先期介入工作流程举例

三、钢种和零件认证工作流程

汽车用钢钢种和零件认证工作流程举例见图 9-3。

四、试模料库管理

需要建立试模料库,以提高为用户试模的准确性和及时性,解决现场取样容易出现的质量不良问题,使认证质量和及时性得到保证。具体管理要求举例如下:

1. 试模料库的建立流程

① 汽车板销售部根据市场开拓需要,提出需要建立试模材料储备的品种、规格、数量、进库时间、试模料来源建议等,以书面形式提交研究院。

② 制造部定期将溢余品明细提供给研究院,研究院筛选出需要作为试模料的明细,制造

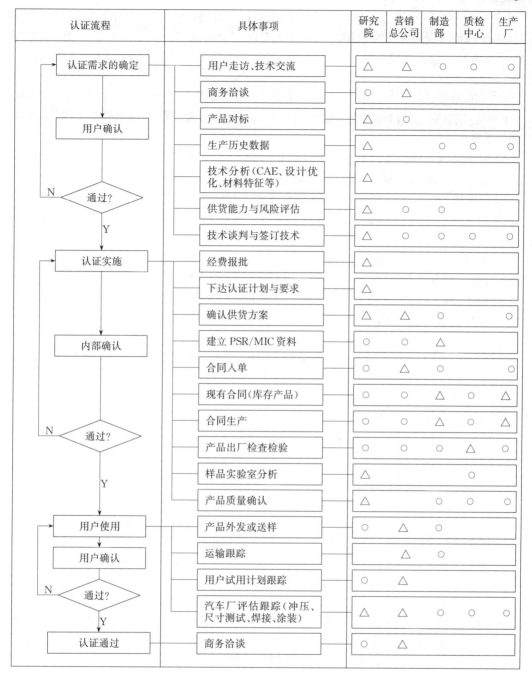

图 9-3　汽车用钢钢种和零件认证工作流程举例

部组织对质量进行确认。

③ 研究院根据制订的认证计划、汽车板销售部建议、制造部挑选过的溢余品清单、每月合同清单，制订试模料备料方案和质量要求，于 1 个工作日内报制造部。试模料来源主要有溢余品、内部订单（包括研究院订货的免费试模料订单）。

④ 制造部根据研究院制订的备料方案，组织质检中心对拟进试模料库的产品（溢余品、内部订单）进行质量确认后，于 2 个工作日内下达订货通知。

⑤ 剪配中心根据订货通知和订货价格组织订货，将试模料发往剪配中心指定仓库（库

位），由剪配中心登记造册，编制库存明细报表，每周报研究院、汽车板销售部。

⑥ 需要启用试模料库库存给用户提供试模料时，由需求部门到剪配中心订货，按研究院下达的要求剪切、验收、包装并经研究院确认后发往客户，并于当日将发货信息反馈给汽车板销售部。

⑦ 对于库龄超过3个月（或者即将过时效期：酸洗钢整包2个月，开包后15天）的试模料，剪配中心报研究院、汽车板销售部备案后可自行销售处理，销售价格低于成本价时需报营销管理部批准。

⑧ 研究院根据试模料库存消耗情况和认证计划需求情况定期评估试模料库存，必要时重新申报补充库存，确保试模料库正常稳定运营。

2. 执行要求

① 研究院负责按时制定供货方案和质量要求，对试模料质量进行全程监管和掌控，负责对相关部门的考核和奖励。

② 制造部负责组织溢余品（包括期货合同未发品）转订试模料合同，协调试模料的订货、生产相关工作，确保快捷高效。

③ 质检中心确保试模料质量符合研究院制定的质量要求。

④ 汽车板销售部及时跟踪用户需求和库存情况，及时提出调整意见，确保试模料库发挥最大功效。

⑤ 剪配中心确保试模料库存安全、加工及时、保证质量、包装合格，为用户提供优质服务。

第二节　汽车板冲压成形

一、汽车板的冲压

1. 冲压的概念

汽车板用户在使用汽车板时，首先要进行冲压成形，把钢板冲压成汽车制造所需要的形状和尺寸。薄板的冲压成形是一个非常复杂的过程，是靠压力机和模具对板材等施加外力，使之产生塑性变形或分离，从而获得所需形状和尺寸的工件的成形加工方法。冲压和钢板的自身性能、钢板与模具之间的接触摩擦条件、模具及压力机的功能等都有关系。

2. 冲压工艺特点

① 冲压是一种高生产效率、低材料消耗的加工方法。冲压工艺适用于较大批量零件制品的生产，便于实现机械化与自动化，有较高的生产效率。同时，冲压生产能做到少废料和无废料生产，即使在某些情况下有边角余料，也可以充分利用。

② 冲压操作工艺方便，不需要操作者有较高水平的技艺。

③ 冲压出的零件一般不需要再进行机械加工，具有较高的尺寸精度。而且采用冲压工艺能制造出采用其他金属加工方法难加工出的形状复杂的零件。

④ 冲压件有较好的互换性。冲压加工稳定性较好，能获得强度高、刚度大而重量轻的零件，同一批冲压件，可相互交换使用，不影响装配和产品性能。

⑤ 冲压件用钢板作为材料，它的表面质量较好，为后续喷漆表面处理工序提供了方便。

3. 冲压工艺简介

冲压工艺包括分离工序和成形工序两大流程。这两个流程又有不同的加工方法的分类，如图 9-4 所示。

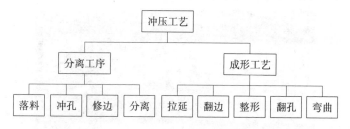

图 9-4　冲压加工流程和分类

（1）分离工序　分离工序指钢板在外力作用下沿一定的轮廓线分离而获得一定形状、尺寸和切断面质量的成品和半成品。分离的条件是变形材料内部的应力超过强度极限。

① 落料　用冲模沿封闭曲线冲切，冲下部分是零件；用于制造各种形状的平板零件。

② 冲孔　用冲模沿封闭曲线冲切，冲下部分是废料；有正冲孔、侧冲孔、吊冲孔等几种形式。

③ 修边　将成形零件的边缘修切整齐或切成一定形状。

④ 分离　用冲模沿不封闭曲线冲切产生分离。左、右件一起成形时，分离工序用得较多。

（2）成形工序　成形工序指坯料在不破裂的条件下产生塑性变形而获得一定形状和尺寸的成品或半成品。成形的条件是，屈服强度＜材料内部应力＜强度极限。

① 拉延　把钢板毛坯成形制成各种开口空心零件。

② 翻边　把钢板或半成品的边缘沿一定的曲线按一定的曲率成形成竖立的边缘。

③ 整形　为了提高已成形零件的尺寸精度或获得小的圆角半径而采用的成形方法。

④ 翻孔　在预先冲孔的钢板或半成品上或未经冲孔的钢板上制成竖立的边缘。

⑤ 弯曲　把钢板沿直线弯成各种形状，可以加工形状极为复杂的零件。

4. 冲压设备器具

模具按工作原理可以分为：拉延模具、切边冲孔模具和翻边整形模具。冲模通常由上、下模或凸、凹模两部分构成。

压力机按驱动滑块力的种类可分为机械压力机和液压机两大类。

检具是一种用来测量和评价零件尺寸质量的专用检验器具。在汽车制造中，无论是对于具有复杂空间几何形状的大型冲压件、内饰件、焊接总成等，还是对于简单的小型冲压件、内饰件等，都较多采用专用检具作为主要检测手段，用于控制工序间的产品质量。检具检测具有迅速、准确、直观、方便等优点，尤其适合大批量生产的需要。检具常由骨架和底座部分、型体部分以及功能件三部分组成，其中功能件包括：快速夹头、定位销、检测销、移动式间隙滑块、测量表、型面卡板等。典型的检具如图 9-5 所示。

二、汽车板的二次加工脆性

1. 二次加工脆性的概念

IF 钢和高强 IF 钢等汽车板在冲压加工时会出现二次加工脆性。其原因是 IF 钢的晶界上存在诸如碳、氮等固溶原子，使晶界的结合力大大降低，从而使深冲钢板在低温高速变形时发生晶界断裂现象。对高强 IF 钢而言，因为常采用加磷固溶强化，磷在晶界的偏析使晶界断裂更容易发生。由于以上原因，IF 钢汽车板在冲压成形后的使用过程中存在受低温冲击而断裂的危险，这种事故是破坏性的，该现象就是二次加工脆性，简称 SWE。

2. 检测抗 SWE 能力的原理

检测汽车板抗 SWE 能力常采用冲杯法。冲杯法就是将要测试抗 SWE 能力的钢板首先冲制成杯体，然后将该杯体置于不同低温下再次冲击或静压至破裂。将宽度为 D_0 的钢板冲

图 9-5　典型的汽车板检具

成直径为 D_p 的杯,从而获得一个应变,其应变量由拉深系数 α 表示,$\alpha = D_0/D_p$,如图 9-6 所示。

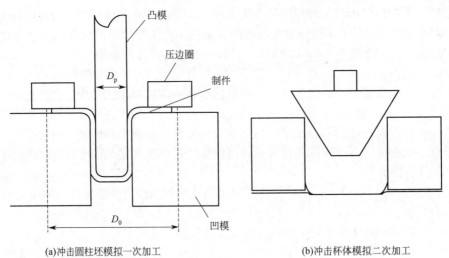

(a)冲击圆柱坯模拟一次加工　　　　　　　　(b)冲击杯体模拟二次加工

图 9-6　冲击圆柱坯模拟一次加工和冲击杯体模拟二次加工

3. 检测抗 SWE 能力的方法

　　从检验的冷轧板和热镀锌板上剪切直径为 69mm 的圆形料片,然后冲压成外径为 34.7mm、高为 23mm 的平底无凸缘杯样杯,如图 9-7 所示。

　　在第二次变形前,杯体用干冰-甲醇、液氮或其他冷却介质冷却至预定试验温度。冷却槽采用干冰和异丙醇进行冷却,以达到需要的试验温度。冷却箱结构如图 9-8 所示。采用数字式热电偶温度计进行测温。同一温度下,在冷却槽中放入 8 个样杯;添加干冰到异丙醇中以获得理想的温度,去除余下的干冰,稳定冷却槽温度 5min。

　　进行二次变形时是采用一个锥形锤压入杯口,可以是静态压下,如图 9-6 所示;也可以冲入,如图 9-9 所示。

　　杯体是以脆性方式破裂还是以韧性方式破裂,决定于试验温度的高低。脆性转变温度 (DBTT) 的含义是指不产生脆性断裂发生的临界温度。DBTT 越低,说明抗 SWE 性能越好。可用以下方法测定 DBTT:①载荷-温度曲线;②能量-温度曲线;③测量破裂长度;④观测破裂表面。

　　在初始温度下选择 4 个样杯进行试验,若未出现裂纹,则降低温度再试验 4 个样杯;若出现裂纹,则在该温度下再试验 4 个样杯;若两个或两个以上样杯出现裂纹,则升高试验温度

5℃再试验 8 个样杯,每升高 5℃重复进行试验,直到少于 2 个样杯出现裂纹。两个或两个以上样杯出现裂纹的最高温度即为二次加工脆性温度。

图 9-7　平底无凸缘样杯

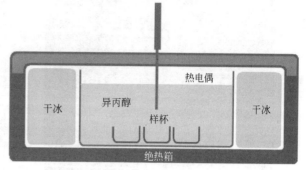

图 9-8　冷却箱结构

图 9-9　落锤冲击仪

三、镀锌板的冲压特性

镀锌板表面有一层镀锌层,耐腐蚀性能很好,是最常用的汽车板,但也会因此而带来冲压的困难,在冲压过程中模具表面会出现异物,就是要解决的一大难题。

1. 异物成分分析

经多次对模具表面出现的异物进行取样检测,典型模具表面异物的形貌和成分分析如图 9-10 所示。

异物具体成分如表 9-1 所示,主要由铁和锌组成,铁元素质量分数为 48.17%,锌元素质量分数为 51.83%。

表 9-1　异物具体成分

成分	质量分数/%	原子分数/%	成分	质量分数/%	原子分数/%
Fe	48.17	52.10	Zn	51.83	47.90

所以,可以判断,模具表面的异物为锌铁混合物,即是由热镀锌钢板表面摩擦下来的锌粉和模具表面摩擦下来的铁粉与润滑油组成的混合物。

2. 钢板受力情况分析

为了弄清楚镀锌板冲压时模具表面的异物产生的过程,对镀锌板与模具之间的受力作用情况进行了分析。

使用 AutoForm 软件分析了钢板和模具的接触压力分布情况。钢板在模具表面滑动过程中的受力可以分成两大类:一类是正压力,通过模具施加到钢板,力的方向垂直于模具表面;另一类是摩擦剪应力,这类应力在钢板滑动过程中由摩擦引起,力的方向为滑动的切向。冲压过程中钢板的受力状况如图 9-11 所示。

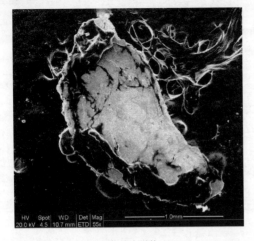

(a)异物放大形貌

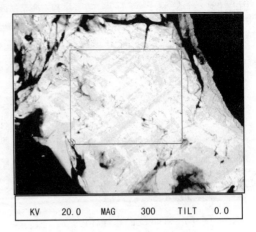

(b)分析取样位置

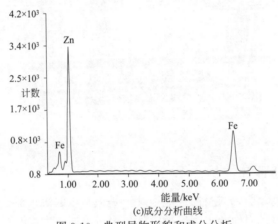

(c)成分分析曲线

图 9-10　典型异物形貌和成分分析

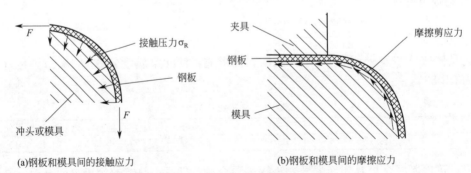

(a)钢板和模具间的接触应力　　　　　　　　　(b)钢板和模具间的摩擦应力

图 9-11　冲压过程中钢板的受力状况

3. 钢板受力分布计算

以轿车侧围零件为例,通过有限元软件计算了钢板在模具中成形过程中的接触正压力和摩擦剪应力分布情况。模拟条件为:压边力为200t,摩擦系数为0.15。图 9-12 和图 9-13 中数据的单位为 MPa。

冲压过程中钢板的接触正压力分布情况计算结果如图 9-12 所示。从图 9-12 中可以看出,钢板流动时的接触正压力主要存在于模具入口线附近,压力数值在 20～25MPa 左右。

冲压过程中钢板的摩擦剪压力分布情况计算结果如图 9-13 所示。从图 9-13 中可以看出,钢板流动的摩擦剪应力主要分布在拉延筋及模具入口线附近,剪应力的大小约为 3～5MPa。

图 9-12　冲压过程中钢板的接触正压力分布情况

图 9-13　冲压过程中钢板的摩擦剪应力分布情况

从以上的模拟可以看到，侧围零件冲压过程的主要正压力和摩擦力都在模具的入口线及零件尖锐圆角处附近，其正压力值可达到 20MPa，拉延筋附近和圆角处的摩擦剪应力也达到 3MPa 以上。

一般认为，冲压时，合适摩擦状况下的正压力极限为 2MPa。根据上述模拟分析以及摩擦试验结果，模具入口线圆角部位钢板与模具表面的接触力非常高，钢板与模具表面的力学条件已经远超了合适摩擦状态范围。因此，这些部位是关注的重点。

4. 镀锌层受力分析

图 9-14 是钢板在模具入口线圆角过渡处受拉的力学状态示意图。从图 9-14 中可以看出，钢板在冲压时圆角附近的部分材料受力比较大，而且比较复杂。因此，钢板流经圆角时，也经历了复杂的变形过程，在接触模具的一侧和自由表面侧都会因受压和受拉而出现较大的塑性变形。

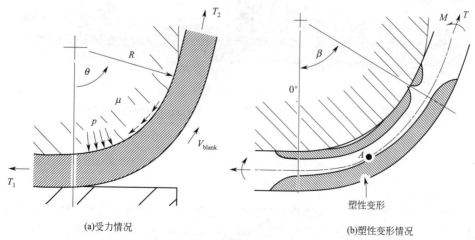

图 9-14　钢板在模具入口线圆角过渡处受拉的力学状态示意图

可见,钢板在塑性变形的同时承受巨大的正压力,在较大反向摩擦力拉扯的情况下滑动。此处的力学条件对锌层的要求相当苛刻,锌层同时承受模具和基板之间的、方向相反的摩擦力作用。由于基板和锌层的力学性能不同,锌层的延展性能弱于基板,因此当塑性变形较大时就容易产生裂纹和脱落。

现场跟踪调查证实了理论模拟分析研究的结果。根据现场跟踪和了解的情况,镀锌板主要是在拉延筋和模具入口线附近脱锌,脱落后的锌粉在随后的冲压过程中通过钢板表面带入到模腔,并局部堆积结瘤。

5. 受力状态的影响因素

影响圆角处钢板受力状态的因素主要有钢板受到的正压力、圆角直径以及摩擦条件。因此,采用有限元模拟的方法改变压边圈的压力和摩擦系数,进行了成形模拟。

模拟结果显示,模具压边圈的压边力从150t上升到200t和300t时,压边面及附近圆角处的正压力线性上升,从14~26MPa增加到17~26MPa和21~27MPa;摩擦剪应力也从2.9~4.7MPa增加到3.1~5.0MPa和4.0~6.0MPa。

图9-15和图9-16所示为冲压过程中的受力分布模拟结果,图9-15(a)和图9-16(a)所示为接触正压力分布,图9-15(b)和图9-16(b)所示为摩擦剪应力分布。

图9-15所示的模拟条件为:压边力为300t,摩擦系数为0.16。图中数据的单位为MPa。

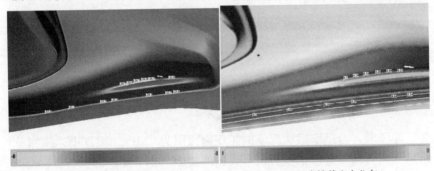

(a)接触正压力分布　　　　　(b)摩擦剪应力分布
图9-15　冲压过程的受力分布模拟结果(一)

图9-16所示的模拟条件为:压边力为150t,摩擦系数为0.14。图中数据的单位为MPa。

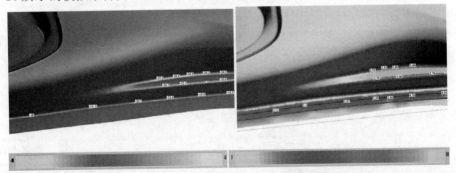

(a)接触正压力分布　　　　　(b)摩擦剪应力分布
图9-16　冲压过程的受力分布模拟结果(二)

6. 分析结论

(1) 模具表面异物产生的过程

理论模拟分析研究显示,模具表面异物产生的过程为:汽车板冲压时,钢板在模具内发生拉延变形,在拉延筋和压边处产生锌粉和铁粉脱落,随着冲压时金属的流动,锌粉和铁粉被带到钢板表面,一部分留在冲压件上,另一部分就印到模具上。随着冲压片数的增加,锌粉和铁粉在模具上不断积聚，便形成异物。

（2）影响异物产生的因素

影响模具表面异物产生的因素包括：

① 与普冷板相比，镀锌板表面锌层比钢基软，镀层与模具发生相互摩擦时更容易掉落粉末；

② 镀锌板的表面缺陷如锌灰、夹杂、划伤等突起状缺陷区域与正常镀层相比，其镀层和钢基的结合力相对较弱，冲压时存在应力集中，因而缺陷较大、较多的镀锌板更易产生模具表面异物；

③ 带钢表面粗糙度 Ra 的大小以及涂油量的多少与冲压时的摩擦系数有关，而冲压时的摩擦系数直接影响着摩擦力的大小，匹配的粗糙度 Ra 和涂油量可以降低热镀锌钢板和模具之间的摩擦系数。

7. 改进措施

从钢厂方面来说，改进措施主要是：提高镀层附着力、减少镀锌轿车外板表面缺陷的数量、优化表面缺陷在线识别技术、优化表面粗糙度、优化热镀锌轿车外板检查放行标准。

从汽车厂方面来说，改进措施主要是：优化零件结构和尺寸、优化冲压参数、提高擦模频率、加强钢板的润滑、减小摩擦力等。

第三节　汽车板的选择

一、汽车板的选材

1. 汽车的设计理念

汽车设计主要考虑的是安全性，在确保安全的前提下考虑经济性，但不管是安全性还是经济性，都需要汽车板有良好的性能。

在安全性方面，汽车的抗冲击性能越来越受到重视，汽车设计和定型考核时，需要对汽车进行各种形式的碰撞安全试验，如图 9-17 所示。

图 9-17　乘用车碰撞安全试验示意图

为了保证汽车的安全性，经过大量的碰撞试验后，在设计汽车时，将汽车整体分为前后的能量吸收区和乘员区分别对待，如图 9-18 所示。

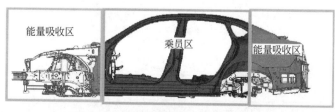

图 9-18　汽车的能量吸收区和乘员区

能量吸收区包括发动机舱和后备厢（图 9-19）。这个区域需要以变形吸收冲击时的能量，减轻对乘员区的震动和对行人的伤害，要求材料具有更高的冲击吸收能，而吸收能是用应力应变曲线下的面积来衡量的，所以要求高的强度和塑性的组合。

乘员区包括驾驶舱和乘客舱（图 9-20），是汽车的最要害的区域。这个区域需要更高的抵抗冲击时造成变形的能力，避免外部侵入导致乘员受到伤害，所以要求材料具有高的强度。

图 9-19　汽车的能量吸收区

图 9-20　汽车的乘员区

无论是以变形吸收能量还是以不变形保证乘员区安全，主要都是通过汽车车身的骨架实现的，为了实现这些功能，汽车的骨架由左右两侧连续的纵梁和三至四道横向的封闭环组成，如图 9-21 所示。纵梁和封闭环之间用接头相互连接，保证了乘员区的刚性，如图 9-22 所示。

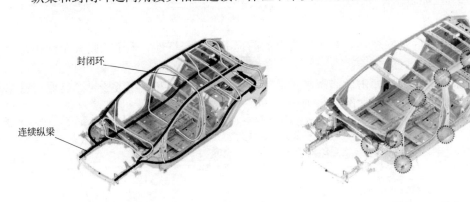

图 9-21　汽车的骨架　　　　　　　　图 9-22　接头

2. 汽车板的分类

汽车车身的整体构造如图 9-23 所示，是由功能件和底盘类零件组成的骨架和在骨架上的外覆盖件、内覆盖件、加强板类零件组成的。

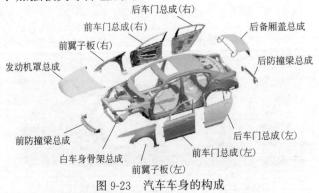

图 9-23　汽车车身的构成

在汽车不同部位的钢板功能不同，对其性能的要求也就不同，这些不同的要求主要体现在钢板的力学性能、规格精度和表面状态方面。用在外部的外板用钢板要求高的表面质量、高的抗凹陷性能和高的形状稳定性，用在内部的内板用钢板则需要高的成形性和耐蚀性，主要组成骨架的结构件用钢板则需要高的强度、高的抗疲劳性能、良好的焊接性能和高的碰撞吸收能等性能。

现代汽车尤其是中、高档轿车，在对冷轧汽车板表面质量的要求中，涂漆表面的光亮、美观是非常重要的。因而要求轿车外覆盖件用钢板的表面光洁、没有影响涂漆后质量的缺陷，即所谓零缺陷，表面质量级别为 C 级（或 O5 级）；内部件用钢板表面质量级别为 B 级（或 O3 级）。

3. 汽车板的选择

（1）外覆盖件

外覆盖件包括翼子板、侧围外板、车门外板、发动机罩外板、后备厢盖外板等汽车暴露部分的零件。外板是汽车板中对表面质量要求最高的钢板，必须达到 O5 级板；要具有良好的抗腐蚀能力，使用表面有镀层的镀锌或锌铁合金钢板；同时有一定的强度和刚性的要求，要具有良好的抗凹陷性以及良好的成形性。一般选用厚度在 $0.6\sim1.0\text{mm}$ 之间的薄板，当前多采用 BH 烘烤硬化钢或者 DP450 双相钢；一般抗拉强度 $\geqslant300\text{MPa}$、$n\geqslant0.21$、$r\geqslant1.3$、$\delta\geqslant34\%$、屈强比 $\leqslant0.61$，这样也达到了减轻车体重量的效果。

（2）内覆盖件

内覆盖件变形复杂，深拉延多，因此对塑性应变比和延伸率要求高；由于变形大，对变形均匀性也要求较高。一般选用厚度为 $0.8\sim1.2\text{mm}$ 的钢板，$n\geqslant0.24$、$r\geqslant1.5$、$\delta\geqslant42\%$、屈强比 $\leqslant0.61$，同样也需要具备一定的防腐能力。

（3）加强板类零件

加强板零件一般有三种：一是作为一些局部受到集中载荷作用零件的辅助件，增加强度可分担部分载荷，提高该部位的刚度；二是具有吸振功能的加强件，以起到减振作用，保证整车安全性；三是一些加强板本身同时也是结构件，如挡泥板、下边梁等，需要良好的抗腐蚀功能。这类零件对强度要求也较高，要求在 300MPa 以上，$n\geqslant0.21$、$r\geqslant1.3$、$\delta\geqslant34\%$，屈强比小于 0.66。

（4）功能件

功能件有门柱、门框、横梁、加强梁等，这类零件需要承受较高的载荷甚至受到冲击作用，既要保证有良好的成形性，也要求有足够的强度和刚度。其中如门柱、窗柱等结构件，抗拉强度要求在 600MPa 以上，当前多选择双相 DP 钢、相变诱导塑性 TRIP 等高强度钢，$n\geqslant0.24$、$r\geqslant1.4$、$\delta\geqslant45\%$。

（5）底盘类零件

底盘类零件主要是汽车结构件、安全件和加强件，如车轮、保险杠、横梁、纵梁、座椅导轨等零件。一般选用 DP 双相钢，强度为 $500\sim1200\text{MPa}$；也可选用 TRIP 相变诱导塑性钢，强度为 $600\sim1000\text{MPa}$，其特点是初始加工硬化指数小于 DP 钢，但在很长的应变范围内仍保持较高的加工硬化指数，因此特别适合于挤胀成形。

二、高强钢使用过程中的主要问题

1. 高强钢的成形问题

高强钢的塑性较差，变形时易开裂，变形抗力大，成形后的回弹也大，零件尺寸精度控制困难。可以通过高强钢板的激光拼焊板，使变形较大的部位由软钢或成形性较好的高强钢来承受，而变形量较小或需要承受较大负荷的部位则使用强度等级更高的高强钢。除此之外，还可以应用新的成形技术，如液压成形、温成形和热冲压成形等。

2. 高强钢的焊接问题

高强钢由于生产工艺技术不同，其合金元素的添加量也要有所不同。当退火过程的冷却速度较低时,必须添加较多的合金元素,但也会引起焊接性能恶化。对于高强钢涂镀产品来说,涂镀层成分及其组织结构和镀层厚度均影响其焊接性能。

3. 高强钢的涂装问题

高强钢合金元素的表面富集和氧化会影响其涂装性能。镀层化学成分及镀层表面形貌等也影响材料的涂装性能。通过控制热处理过程中炉内气氛,来控制高强钢合金元素的表面富集和氧化,从而改善高强钢涂装性能。采用酸洗方法将扩散到镀层表面的合金元素清洗干净,然后电镀一层极薄的镍,也可以改善其涂装性能。

第四节 汽车板的使用

一、汽车板的点焊

点焊作为薄板连接的一种重要焊接方法在机器制造业中有广泛的应用,在汽车行业中尤其如此。以轿车为例,每一辆轿车上都有几千个焊点,而这些焊点的质量直接影响汽车的使用性能。镀层钢板与无镀层冷轧钢板在点焊工艺性方面有着不同的特性,随着镀层钢板在汽车工业中的大量使用,研究不同镀层汽车板的点焊工艺及性能就显得非常重要。

1. 汽车板点焊原理

点焊是将焊件装配成搭接接头,并压紧在两电极之间,利用电阻热熔化母材金属,形成焊点的电阻焊焊接方法。点焊过程通常有3个彼此衔接的阶段,分别是:焊件在电极间预先压紧;通电后把焊接区加热到一定温度;在电极压力作用下冷却。点焊时由于一定直径电极的加压,使被焊工件变形,且仅在焊接区紧密接触形成电流通道,而其他部分不构成电流通道,从而在焊接区域得到极高的电流密度,如图9-24所示。

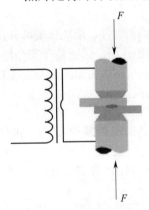

图9-24 点焊示意图

2. 材料对焊接性能的影响

镀锌钢板与普通冷轧钢板在点焊时表现出不同的工艺性,这种差异主要是由镀层的影响而造成的。

对镀锌板而言,由于锌镀层先熔化,并产生锌环,从而使试样实际的接触面积扩大,电流密度减小,因此为得到同样尺寸的熔核,焊接镀锌钢板的焊接电流要比焊接无镀层钢板的大。当其他参数相同而镀层厚度不同时,随镀层厚度的增加,最小焊接电流 I_{min} 需要增大,最大焊接电流 I_{max} 需要减小,因而可焊电流范围减小。在其他参数相同而钢板厚度不同时,则焊接电流随板厚的增加而增大,可焊电流范围变化不大,但焊点的拉剪强度增加较多。

3. 工艺对焊接性能的影响

焊接电流对焊点静载强度的影响显著,在可焊电流范围内焊点静载强度随焊接电流增加而增大。在靠近电流下限时,随电流的增加焊点强度的增长速度比靠近电流上限时快。

为了得到合格的熔核尺寸和焊点强度,焊接时间与焊接电流在一定范围内可以互补。为了获得一定强度的焊点,可以采用强规范,即大焊接电流和短时间;也可以采用弱规范,即小焊接电流和长时间。选用强规范还是弱规范,取决于金属的性能、厚度。

4. 电极对焊接性能的影响

在增大电极压力的同时,增大焊接电流或延长焊接时间,以弥补电阻减小的影响,可以保持焊点强度不变。采用这种焊接条件有利于提高焊点强度的稳定性。电极压力过小,将引起喷溅，会使焊点强度降低；电极压力过大，会使焊接区压痕太深，减薄严重，也会使焊点强度降低。

当其他参数不变时，电极端面尺寸增大，则电极与试样接触面积增大、电流密度减小、散热效果增强，均使焊接区加热程度减弱，因而熔核尺寸减小，使焊点承载能力降低。实际生产中，随着电极端头的变形和磨损，接触面积将增大，焊点强度将降低。

5. 汽车板点焊工艺的选择

焊接电流的下限以允许的最小熔核尺寸为标准，焊接电流的上限以产生飞溅或电极与钢板粘连为标准。

不同种类汽车板的焊接工艺对比如图 9-25 所示。

不同厚度钢板的焊接工艺对比如图 9-26 所示。

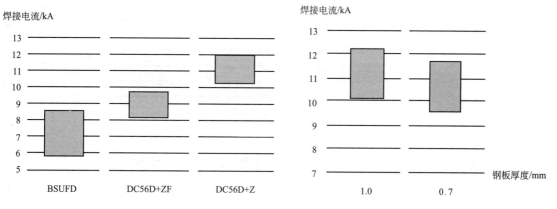

图 9-25　不同种类汽车板的焊接工艺对比　　　图 9-26　不同厚度钢板的焊接工艺对比

不同镀层质量镀锌板的焊接工艺对比如图 9-27 所示。

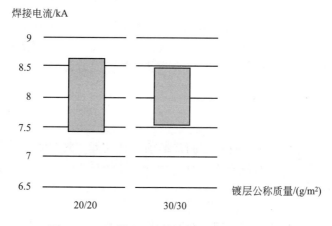

图 9-27　不同镀层质量镀锌板的焊接工艺对比

6. 点焊接头性能

点焊接头强度用拉剪力与正拉力来评定。正拉力 F_n 通过十字拉伸试验（CTS）获得；拉剪力 F_s 通过拉剪试验（TSS）获得。正拉力 F_n 与拉剪力 F_s 的比值（$K=F_n/F_s$）称为延性比，它的数值越大，接头的塑性越好。

普通冷轧板点焊的拉剪试验和十字拉伸试验结果如图 9-28 所示。从图 9-28 中可以看出，随着熔核直径的增加，搭接接头断裂的拉剪力有所增加。

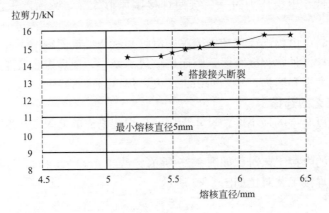

(a)拉剪试验

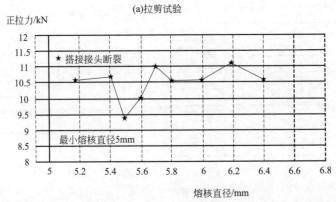

(b)十字拉伸试验

图 9-28 冷轧板点焊的拉剪试验和十字拉伸试验

镀锌铁合金板点焊的拉剪试验和十字拉伸试验结果如图 9-29 所示。从图 9-29 中可以看出，与普通冷轧板相比，如果熔核直径相同，镀锌铁合金板搭接接头断裂的拉剪力和正拉力相对低一些，但随着熔核直径的增加，搭接接头断裂的拉剪力显著增加。

二、车身的磷化

1. 涂装前处理

为了提高白车身的涂装性能，必须进行涂装前的预处理，典型的轿车涂装前处理工艺流程有：预脱脂→脱脂→水洗→纯水洗→表调→磷化→水洗→封闭→水洗→纯水洗→烘干→下件→检测。该工艺流程如图 9-30 所示。

2. 磷化作用

在车身涂装前的预处理中，磷化是前处理的核心工艺。它是使钢板或镀锌层表面与酸性磷酸盐溶液反应生成一层非金属的、半导电的多孔磷酸盐无机转化膜的过程。该转化膜的主要功能是提高基板与漆膜的结合力，并改善涂层的膜下防腐和耐水性。由锌、锰、镍三元改性磷化体系通过浸喷结合工艺处理得到的低锌伪转化型磷化膜作为电泳底漆的底层，已在汽车行业广泛应用了 40 余年，并在全球范围内成为了标准化的前处理模式。

3. 磷化反应

磷化膜的沉积是一个复杂的化学反应（包括电化学反应）的过程，可用以下的一系列化学方程式简单表述。

第九章 汽车板的认证与应用

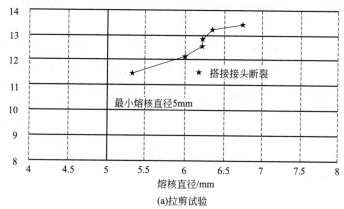

(a)拉剪试验

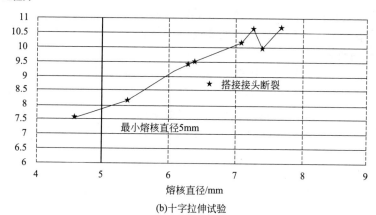

(b)十字拉伸试验

图 9-29 镀锌铁合金板点焊的拉剪试验和十字拉伸试验

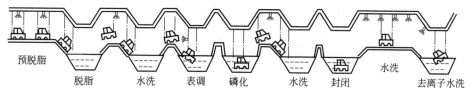

预脱脂　脱脂　水洗　表调　磷化　水洗　封闭　水洗　去离子水洗

图 9-30 典型的轿车涂装前处理工艺流程

冷轧板磷化工程：

$Fe+2H^+ \longrightarrow Fe^{2+}+H_2 \uparrow$

$Me(H_2PO_4)_2 \rightleftharpoons MeHPO_4+H^+ \rightleftharpoons Me_3(PO_4)_2+H^+$（未配平）

$Fe+Me(H_2PO_4)_2 \longrightarrow MeFe(HPO_4)_2+H_2 \uparrow$

$Me(H_2PO_4)_2+Fe(H_2PO_4)_2+H_2O \longrightarrow \underline{Me_3(PO_4)_2 \cdot 4H_2O+Me_2Fe(PO_4)_2 \cdot 4H_2O}+H_3PO_4$（未配平）
　　　　　　　　　　　　　　　　　　　　　　　　　　　　磷化膜

镀锌板磷化过程：

$Me(H_2PO_4)_2+H_2O \longrightarrow Me_3(PO_4)_2 \cdot 4H_2O+H^+$（未配平）

Me：Zn,Mn,Ni,Ca

4. 磷化膜特点

不同种类汽车板磷化膜的结构特点见表 9-2。

表 9-2 不同种类汽车板磷化膜的结构特点

汽车板种类	晶粒尺寸/μm	膜厚/(g/m^2)	磷化膜特性
冷轧板(CR)	3~7	2~5	磷化膜含 Fe，成膜物质为 $Me_2(PO_4)_3 \cdot 4H_2O$ 和 $Zn_2Fe(PO_4)_2 \cdot 4H_2O$，具有优异的耐水性和抗碱性
热镀锌板(GI)	3~7	2~5	磷化膜不含 Fe，成膜物质为 $Me_2(PO_4)_2 \cdot 4H_2O$，其中 Me 为 Zn、Mn、Ni，膜下防腐性能较差，通过 Mn、Ni 改善
热镀锌铁合金板(GA)	3~7	3~8	磷化膜含少量 Fe，膜下防腐性能优于 GI 板
电镀锌板(EG)	3~7	1~3	为钢厂提供的预磷化膜，结构和性能与车厂的磷化膜一致，车厂磷化后基本不改变形貌

三、车身的涂装

为了获得汽车优良的耐蚀、耐候性和高装饰性外观，以延长使用寿命、提高商品价值，车厂有一项非常重要的工序就是对白车身实施涂装工艺。

1. 对汽车板的要求

汽车板的涂装对汽车板提出了特殊的要求，首先，涂装后的汽车板应具备高度的功能性，即良好的耐蚀性、耐候性、抗机械冲击性等，其性能的优劣取决于被涂装材料自身的防腐性能和涂装特性以及覆盖于其上有机、无机复合涂装层的综合性能。同时，涂装后的汽车板还应具有很好的装饰性，一般用肉眼结合仪器测定的外观评估法来表征，主要有涂层表面的橘皮值以及反映反射影像的鲜映性 DOI 值等。

2. 车身涂层结构

一般轿车车身表面涂层的结构如图 9-31 所示。

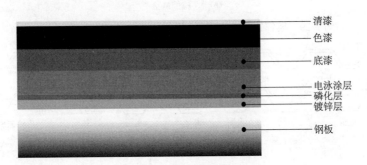

图 9-31 轿车表面涂层结构

3. 车身涂装流程

一般轿车车身表面涂装流程如图 9-32 所示。

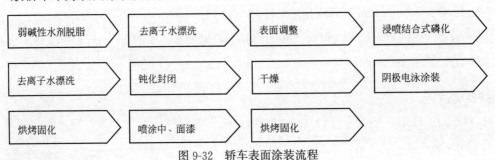

图 9-32 轿车表面涂装流程

四、电泳涂装技术

电泳涂装法在汽车涂装中获得应用已有 30 多年历史，它是汽车工业中普及最快、技术更新最多的金属件涂漆方法。

1. 电泳涂装原理

电泳涂装是一种特殊的漆膜形成方法。其基本原理类似于金属的电镀，只不过镀在磷化膜表面的是有机高分子物质。电泳后得到的湿膜再通过加热进行交联固化。

20 世纪 70 年代开发的阴极电泳涂料具有泳透率高、涂层耐腐蚀性好的优点，加之无铅、无锡环保型阴极电泳漆的开发成功，形成了阴极电泳涂装替代阳极电泳涂装之势。至今在技术上已形成了 5 代阴极电泳产品。目前所有的高级轿车均采用阴极电泳进行第一层有机涂层的涂装。

阴极电泳涂装原理如图 9-33 所示。阴极电泳涂料所含的树脂带有碱性基团，经酸中和后成盐而溶于水。通直流电后，树脂离子及其包裹的颜料粒子带正电荷向阴极移动，就会沉积在阴极车身上形成漆膜。电泳涂装是一个很复杂的电化学反应，一般认为至少有电泳、电沉积、电解、电渗这四种作用同时发生。

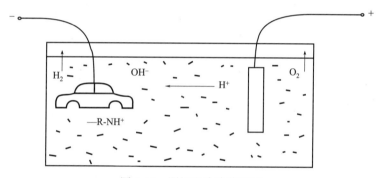

图 9-33 阴极电泳涂装原理

在进行阴极电泳涂装时，带正电荷的粒子在阴极上聚集，带负电荷的粒子在阳极上聚集。当带正电荷的树脂和颜料胶体粒子到达阴极车身表面区后，得到电子，并与氢氧根离子反应变成不溶于水的物质，沉积在阴极车身上。

在车身和极板上发生的反应如下：

阴极：(车身)

$$2H_2O + 2e^- \longrightarrow 2OH^- + H_2 \uparrow$$

$$R\text{-}NH^+ + OH^- \longrightarrow R\text{-}N + H_2O$$

（未固化漆膜）

阳极：(极板)

$$2H_2O \longrightarrow 4H^+ + 4e^- + O_2 \uparrow$$

2. 电泳涂装特点

电泳漆膜具有涂层丰满、均匀、平整、光滑的优点，电泳漆膜的硬度、附着力、耐腐性能、耐冲击性能、渗透性能明显优于其他涂装工艺。其主要特点如下：

① 采用水溶性涂料，以水为溶解介质，节省了大量有机溶剂，大大降低了大气污染和环境危害，安全卫生，同时避免了火灾的隐患；

② 涂装效率高，涂料损失小，涂料的利用率可达 90%～95%；

③ 涂膜厚度均匀，附着力强，涂装质量好，工件各个部位如内层、凹陷、焊缝等处都能获得均匀、平滑的漆膜，解决了用其他涂装方法对复杂形状工件涂装困难的问题；

④ 生产效率高，施工可实现自动化连续生产，大大提高劳动效率；

⑤ 设备复杂，投资费用高，耗电量大，其烘干固化要求的温度较高，涂料、涂装的管理复杂，施工条件严格，并需进行废水处理；

⑥ 只能采用水溶性涂料，在涂装过程中不能改变颜色，涂料储存过久稳定性不易控制；

⑦ 电泳涂装设备复杂，科技含量较高，适用于颜色固定的生产。

参 考 文 献

[1] Debanshu Bhattacharya. Metallurgical Perspectives on Advanced Sheet Steels for Automotive Applications. Springer-Verlag Berlin Heidelberg and Metallurgical Industry Press, 2011.
[2] Kuziak R, Kawalla R, Waengler S. Advanced high strength steels for automotive industry. Archives of Civil and Mechanical Engineering, 2008.
[3] Marder A R. The metallurgy of zinc-coated steel. Progress in Materials Science, 2000 (45).
[4] Characterising the surface waviness of hot dip galvanised steel sheets for optical high-quality paintability (Carsteel). Luxembourg: Office for Official Publications of the European Communities, 2009.
[5] Advanced High-Strength Steels Application Guidelines Version 6.0. www.worldautosteel.org. 2017.
[6] 李德超, 韦加利, 刘强, 等. 热镀锌 GI 锌锅的铝含量稳定控制研究. 安徽冶金科技职业学院学报, 2014, 24 (1): 1-3.
[7] 杜建华. 热浸镀锌锌锅锌液流动与传热的数值模拟. 包头: 内蒙古科技大学, 2011.
[8] 邓照军, 林承江. DP780 热镀锌板表面点状缺陷分析: 第十一届中国钢铁年会论文集. 北京: 冶金工业出版社, 2017.
[9] 周元贵, 白会平. IF 钢合金化镀锌板相结构和抗粉化性能研究: 第十一届中国钢铁年会论文集. 北京: 冶金工业出版社, 2017.
[10] 吕家舜, 李锋, 刘仁东, 等. 合金化热镀锌钢板的性能影响因素及研究进展. 热加工工艺, 2010, 39 (24): 155-159.
[11] 孙方义, 陈园林, 冯冠文. 合金化热镀锌汽车外板冲压脱锌分析及改进. 武汉工程职业技术学院学报, 2016, 28 (1): 32-34.
[12] 范王展, 刘学春, 关菊. 表面检测系统在热镀锌线的应用. 金属世界, 2014 (2): 51-55.
[13] 王亚芬, 赵广东, 陈立红. 合金化热镀锌板表面亮点缺陷分析. 中国冶金. 2012 (8): 59-61.
[14] 金鑫焱, 刘昕, 钱洪卫. 合金化热镀锌镀层剥落引起的点缺陷研究. 宝钢技术, 2008 (3): 59-61.
[15] 张喜秋, 宋玉苏, 葛浩. 合金化热镀锌汽车板冲压亮点分析. 科学与财富, 2016 (6): 591.
[16] 张霞, 卢秉仲, 张冰, 等. 连续热镀锌汽车面板锌渣缺陷产生原因及改善. 金属世界, 2017 (6): 40-43.
[17] 鲍成人, 康永林, 李研. 气刀工艺参数对热镀锌板亮点缺陷的影响分析与模拟. 电镀与涂饰, 2016 (8): 402-406.
[18] 孙海燕, 石建强, 王连轩, 等. 汽车用镀锌板表面亮点缺陷产生机理研究: 2014 年全国轧钢生产技术会议论文集. 北京: 中国金属学会, 2014.
[19] 蒋光锐, 刘李斌, 王自成, 等. 热镀锌板镀层表面点状缺陷的分析方法. 轧钢, 2015, 32 (5): 40-44.
[20] 崔磊, 赵云龙, 杨兴亮, 等. 热镀锌带钢表面亮点缺陷成因分析. 河北冶金, 2012 (8): 24-27.
[21] 孙方义, 周诗正, 周元贵, 等. 热镀锌带钢镀层亮点缺陷形成分析及改进控制. 武汉工程职业技术学院学报, 2015, 27 (2): 45-47.
[22] 郭太雄, 刘春富, 金永清. 热镀锌亮点缺陷成因及其预防. 轧钢, 2012, 29 (4): 56-60.
[23] 吴庆美, 郑připравить, 蔡传博, 等. 热镀锌双相钢中亮点缺陷分析. 金属热处理, 2016, 41 (10): 195-197.
[24] 容添, 彭震, 林章. 信息化在高端热镀锌外板表面质量检测中的应用: 2012 年全国轧钢生产技术会论文集, 2012.
[25] 赵春晖, 胡吟萍. 冷轧汽车板钢质纯净度控制的研究进展. 武汉工程职业技术学院学报, 2015, 27 (3): 7-10.
[26] 胡斯尧. 冷轧带钢连续电镀锌机组工艺设计分析. 轧钢, 2013, 30 (6): 33-37.
[27] 吴锡明. 宝钢 C111 电镀锌机组改造工艺设计探讨. 机械设计与制造, 2015 (7): 233-235.
[28] 蔡玲, 邵远敬, 胡斯尧, 等. 武钢连续电镀锌机组电镀段技术特点. 轧钢, 2011, 28 (4): 29-31.
[29] 陈连龙, 蔡玲, 远敬. 重力法电镀锌机组镀锌段高效循环系统. 轧钢, 2011, 28 (5): 30-33.
[30] 李九岭. 带钢连续热镀锌. 第 3 版. 北京: 冶金工业出版社, 2010.

化学工业出版社相关图书推荐

书号	书　名	定价/元
32314	高炉炼铁操作	68
31625	高档钢板生产工艺与控制	98
32194	汽车板生产技术与管理	108
28580	薄板坯连铸连轧工艺与设备	69
24658	轧制板形与板凸度控制(王国栋)	98
22667	炼铁原料生产与操作	68
23206	轧制检测与自动化控制技术	58
25365	利用红土镍矿冶炼镍铁合金及不锈钢	148
25387	冷轧带钢生产工艺及设备	138
21701	金属塑性成形CAE应用——DYNAFORM	68
15847	铝加工技术问答	88
15158	废钢铁加工与设备	68
15490	转炉炼钢技术问答	48
15238	连续铸钢技术问答	49
15239	电炉炼钢技术问答	49
13561	高炉炼铁技术问答	48
15219	经济型轧制生产	68
14754	计算机在材料热加工工程中的应用	48
13770	铝加工缺陷与对策	88
13630	铸钢件特种铸造技术	88
14402	镁冶炼及镁合金熔炼工艺	58
14171	铜冶炼工艺	58
10226	冷弯成型及焊管生产技术	49
10095	废钢铁回收与利用技术	58
08758	高炉炼铁操作	35
08681	轧钢设备及自动控制	79
13642	冶金操作岗位培训丛书——炉外精炼工	49
13158	冶金操作岗位培训丛书——电弧炉炼钢工	48
08559	冶金操作岗位培训丛书——轧钢工	38
06741	冶金操作岗位培训丛书——转炉炼钢工	29
05314	冶金操作岗位培训丛书——轧钢加热工	29
10552	冶金操作岗位培训丛书——连铸工	38

欢迎登录化学工业出版社网上书店　www.cip.com.cn。
地址：北京市东城区青年湖南街13号（邮政编码：100011）购书咨询：010-64518888
如果出版新著，请与编辑联系。
编辑：010-64519283　投稿邮箱：editor2044@sina.com